黎虎文集 第二卷

# 汉唐外交制度史（下）

黎虎◎著

中国社会科学出版社

# 目　　录

## 下编　唐代外交制度

# 下　编

# 唐代外交制度

# 第七章　唐代外交决策制度

隋唐时期是我国古代皇权社会的鼎盛时期。它结束了近四百年的分裂割据局面，继秦汉之后再建了强大的统一皇朝，尤其到了唐代，古代的政治、经济、文化空前繁荣，综合国力空前强大，在当时的世界上处于发展的最前列，与其时的法兰克王国、拜占庭帝国和阿拉伯帝国等世界强国相比较，不论政治、经济、文化和综合国力，均无出其右者，是世界上最繁荣昌盛、富庶强大、文明先进的国家。以此为依托，唐代推行积极的对外开放政策，把我国古代外交推进到了一个崭新的阶段，使以中国为中心的东亚外交圈更进一步向四外辐射、拓展。唐代外交不仅是中国古代外交发展的鼎盛阶段，而且在当时的世界上也处于领先地位。以唐朝为中心的东亚外交圈，其所交往国家和地区之繁多，其辐射范围之广阔辽远，其经济文化交流之频繁和影响之深刻，其向心力之强大持久，足与当时以法兰克、拜占庭和阿拉伯帝国为中心的西方外交圈匹敌，东西辉映。唐代外交的空前大发展，要求并推动了这一时期外交制度的发展。

与此同时，我国古代国家机器从两汉以来经历近八百年的实践而日益完善和加强，其突出表现是以三省六部制为核心的中央职官制度的确立，形成了“中书出令，门下封驳，尚书受而行之”的一套制度。在此基础上确立和完善了一整套系统的中枢决策体制。相应地外交决策制度也进入一个新的阶段和水平，更加规范化和制度化，其突出表现是：在总结前代经验的基础上，形成了完备、周密、行之有效的决策机制，这就是以御前决策为核心，宰相决策为基础，百官决策为辅助，多层次、多渠道密切配合、相辅相成的外交决策体制。[①] 这一外交决策体制的确立和正常运转，保证了外交方针政策的相对正确性，减少了错失，反过来又为这一时期外交的空前活跃与发展，为统一的多民族国家的发展，为开创对外交往的新局面，发挥了巨大作用。

公元581年杨坚代周建隋，确立了以三省六部制为核心的职官制度，在总结前代经验的基础上使古代国家机器日趋完善。日后建立的唐朝，最初官制“皆依隋旧”[②]，以后又在隋制的基础上更进一步发展完善。外交决策方面同样如此，唐代外交决策的一些主要方式大都可以在隋代找到它的原型。隋朝虽然在政治制度上集前代之大成，确立了以三省六部制为核心的职官制度，但是，由于隋朝国祚短促，在外交方面建树相对而言尚不算太多，外交制度方面还没有来得及作出过多的改进并使之发挥更大的效用，就在各种内外矛盾的交织下灭亡了。外交决策制度的真正完善和周备亦还有待唐朝来完成。隋代处于中国古代外交决策制度从南北朝到唐代的承前启后阶段。公元618年隋亡，李渊建唐。唐朝的建立标志着我国古代社会进入鼎盛时期，我国统一的多民族国家的发展进入一个崭新的阶段。与此同时，外交决策制度也迈进了新的更高的阶段和水平。唐代国祚绵长，从618年建国至907年灭亡，历时289年，其外交决策制度在这漫长的时期中也发生着变化，如御前决策之从朝参决策而仗下决策而延英决策，宰相决策之由政事堂而中书门下的递嬗就是其突出表现。

## 第一节　御前决策

同历朝皇权统治时期一样，外交这种国家大政在唐朝也是集权于最高统治者皇帝手中。贞观二十年（646）唐太宗下诏曰：“祭祀、表疏、藩客、兵马……皆以闻，余委皇太子。”[③] “藩客”，或作“胡客”，胡三

---

① 本章关于唐代外交决策的三个层次，于谢元鲁《唐代中央政权决策研究》第二章《决策层次与方式的变迁》多所参考，台北文津出版社1992年版，第53—127页。

② （后晋）刘昫等撰：《旧唐书》卷四二《职官志一》，中华书局1975年版，第1783页。

③ （宋）欧阳修、宋祁撰：《新唐书》卷二《太宗纪》，中华书局1975年版，第45页。

省曰："胡客，四夷朝贡之客。"① 这显然是指外交事务。而"表疏""兵马"亦包含不少外交事务。当然，御前决策并非皇帝单独对外交问题进行决策，而是以不同方式召见臣下进行商议，或根据臣下的奏议而作出决断。御前决策在唐代先后有如下几种主要方式。

## 一　朝参决策

朝参决策是唐前期御前决策最经常行用的一种方式。这一方式与隋朝的朝会决策存在着继承关系。对于外交这种国家大政，隋朝同以往各朝一样，主要由皇帝直接进行决策。由于其时皇权有了更大的加强，因此御前决策是其外交决策的最高层次和最主要的方式。皇帝与群臣经常在朝会中商讨外交大计。隋朝初建时，与江南的陈朝还保持比较友好的关系，双方"遣使赴吊，修敌国之礼，书称姓名顿首"。但后来陈后主"益骄，书末云：'想彼统内如宜，此宇宙清泰'。隋文帝不说，以示朝臣。清河公杨素以为主辱，再拜请罪，及襄邑公贺若弼并奋求致讨"②。隋文帝将陈国来书给朝臣观看，显然是在朝会场合。北周曾以千金公主和亲突厥，隋代周后改称为大义公主。大义公主因其宗国覆亡，怀恨于隋，又与西面突厥泥利可汗勾结。开皇十三年（593）突利可汗遣使向隋求婚，隋提出要求杀掉大义公主才许通婚。于是突厥杀了大义公主，"更表请婚，朝议将许之"③。这种"朝议"亦当是在朝会中所进行的决策。隋初林邑曾遣使来献方物，"其后朝贡遂绝。时天下无事，群臣言林邑多奇宝者"。于是遣大将军刘方"经略林邑"，林邑"于是朝贡不绝"④。这是皇帝根据群臣所献计策做出的决策。

到了唐代朝会已经制度化，"凡京司文武职事九品已上，每朔、望朝参；五品已上及供奉官、员外郎、监察御史、太常博士，每日朝参"⑤。

---

① （宋）司马光编著，（元）胡三省音注：《资治通鉴》卷一九八，唐太宗贞观二十年（646）十一月胡注，中华书局1956年版，第6241页。

② （唐）李延寿撰：《南史》卷一〇《陈后主纪》，中华书局1975年版，第306页。

③ 《资治通鉴》卷一七八，隋文帝开皇十三年（593），第5543页。

④ （唐）魏徵、令狐德棻撰：《隋书》卷八二《南蛮·林邑传》，中华书局1973年版，第1832—1833页。

⑤ （唐）李林甫等撰，陈仲夫点校：《唐六典》卷四《尚书礼部》，中华书局1992年版，第114页。

在朝参时可以就外交问题进行商议决策。但是这两种朝参中，朔望朝参主要是礼仪性的，每日朝参则以议政为主。这种每日举行的朝参又称“常参”，欧阳修曰：“唐故事，天子日御殿见群臣，曰常参。”[①]

在常参会议上，皇帝可以就外交方面的重大问题提出征询群臣的意见，进行讨论决策。武德五年（622）东突厥进犯太原，同时又遣使和亲，“帝问计群臣”[②]，群臣“多言战则怨深，不如先和”[③]。事实上在此次会议上有两种不同的意见：“辛酉，帝谓群臣曰：‘突厥入寇而复请和，和之与战，其策安在？’”太常卿郑元璹认为：“若击之则怨深，难以和缉。”中书令封德彝不同意这种意见，说：“若不战而和，夷狄必谓中国畏惧，未若击之克捷而后和亲，此则威恩兼举。”[④] 唐高祖采纳了封德彝“克捷而后和亲”的计策，一方面部署兵力进行反击，另一方面派遣郑元璹出使东突厥，达成和解。

为了进一步对付屡为边患的东突厥，唐高祖又遣使与西突厥连和。武德八年（625）西突厥统叶护可汗遣使来请婚，于是：“帝与群臣谋：‘西突厥去我远，缓急不可杖，可与昏乎？’封德彝曰：‘计今之便，莫若远交而近攻，请听昏以怖北狄，待我既定，而后图之。’帝乃许昏。”[⑤] 唐高祖接受了臣下的计策，于是派遣其侄高平王李道立出使西突厥，约结和亲，以牵制东突厥。

群臣关于外交方针政策的建议，也可以在朝参时提出，请求皇帝决断。贞观四年（630）林邑来献火珠，“有司以其表辞不顺，请讨之，上曰：‘好战者亡，隋炀帝、颉利可汗，皆耳目所亲见也。小国胜之不武，况未可必乎！语言之间，何足介意！’”[⑥] 这是“有司”因林邑之外交文书失礼，而在朝参时建议讨伐之，被皇帝所否定。

中宗景龙二年（708）四月，“和蕃使左骁卫大将军杨矩奏言：‘吐蕃

---

① 《资治通鉴》卷二四一，唐宪宗元和十五年（820）十月胡注引“欧阳修曰”，第7783页。

② 《新唐书》卷一〇〇《封伦传》，第3930页。

③ 《旧唐书》卷六三《封伦传》，第2397页。

④ （北宋）王钦若等编：《册府元龟》卷九九〇《外臣部·备御三》，中华书局1960年版，第11634页。

⑤ 《新唐书》卷二一五下《突厥传下》，第6057页。此事《资治通鉴》卷一九一唐高祖武德八年（625）四月（第5995页）及《新唐书》卷一〇〇《裴矩传》（第3934页）均谓裴矩所对。

⑥ 《资治通鉴》卷一九三，唐太宗贞观四年（630）五月，第6078—6079页。

先遣使来此迎公主，兼学汉语。今欲放还吐蕃，于事不便。伏望报之云其使已死。’帝曰：‘凡事须示人以信，宜应实词报之，使无猜贰。’遂放其使还”[①]。这是臣下在朝参时提议扣留吐蕃使节，而被皇帝所否定。

在朝参时，皇帝就臣下报告的外交事项做出决断时，往往也是其发表关于外交方针政策的时机。贞观五年（631）“康国求内附。上曰：‘前代帝王，好招来绝域，以求服远之名，无益于用而糜弊百姓。今康国内附，傥有急难，于义不得不救。师行万里，岂不疲劳！劳百姓以取虚名，朕不为也。’遂不受”[②]。这是唐太宗利用朝参之机，通过处理康国请求内附问题，阐述外交上不可因图虚名而增加国内人民负担的方针政策。

贞观元年（627）鸿胪卿郑元璹出使突厥还朝后，向唐太宗报告其所了解到的情况，说：“戎狄兴衰，专以羊马为候。今突厥民饥畜瘦，此将亡之兆也，不过三年。”于是“群臣多劝上乘间击突厥”。唐太宗不同意群臣的这种意见，说：“新与人盟而背之，不信；利人之灾，不仁；乘人之危以取胜，不武。纵使其种落尽叛，六畜无余，朕终不击，必待有罪，然后讨之。”[③] 不同意乘危伐国，主张只有对方“有罪”之时方可致讨。

贞观十六年（642）唐太宗已答应以公主嫁薛延陀真珠可汗，次年又下诏拒绝与其和亲。“是时群臣多言：‘国家既许其婚，受其聘币，不可失信戎狄，更生边患。’上曰：‘卿曹皆知古而不知今。昔汉初匈奴强，中国弱，故饰子女，捐金絮以饵之，得事之宜。今中国强，戎狄弱……薛延陀所以匍匐稽颡，惟我所欲，不敢骄慢者，以新为君长，杂姓非其种族，欲假中国之势以威服之耳……今以女妻之，彼自恃大国之婿，杂姓谁敢不服！……今吾绝其婚，杀其礼，杂姓知我弃之，不日将瓜剖之矣，卿曹第志之！”[④] 唐太宗认为，和亲要根据时代条件和双方国力对比的变化而区别对待；他分析了薛延陀的内外矛盾，认为与之和亲则助长其势，绝其和亲则适足以促使其内部矛盾之爆发。

由此可见，举凡外交方面的各种问题和方针、政策均可以在朝参会

① 《册府元龟》卷九七九《外臣部·和亲二》，第 11498 页。
② 《资治通鉴》卷一九三，唐太宗贞观五年（631）十二月，第 6091 页。
③ 《资治通鉴》卷一九二，唐太宗贞观元年（627），第 6046 页。
④ 《资治通鉴》卷一九七，唐太宗贞观十七年（643）闰六月，第 6201 页。

上提出进行讨论，君臣之间直接交流，乃至进行争论。这对于优化决策方案是有意义的。当然在朝参会议上，皇帝是主导的方面，他可以接纳臣下的意见，但更多的是以他的意志为转移，并最后由他做出决断。朝参决策在唐代前期是外交决策的重要方式，发挥了巨大的作用。

由于朝参时礼仪隆重，人数较多，有些问题不便在这种场合进行深入的讨论。唐太宗曾谓侍臣曰："朕每日坐朝，欲出一言，即思此言于百姓有利益否，所以不能多言。"以一代英主如唐太宗，卓有政治经验与谋略，尚且在这种大的朝会中"不能多言"，其余君主可想而知。苏冕曰："及高宗朝会，端拱无言，有司唯奏辞见二事。"① 这不完全是高宗个人性格特征原因，与这种会议形式的局限性也有一定关系。到了唐后期，朝参在外交决策中仍有一定作用，但已改为要求朝参官员将有关外交方面的问题和意见写成书面文字上呈皇帝，以备决策参考。贞元三年（787）诏曰："安边之策，必有良算，宜令常参官各陈边事，随所见封进以闻。"② 虽然唐代一直实行朝参制度，但是辍朝、废朝之事亦时有发生，并日益向着礼仪性质转化，故其在决策中的作用和地位也随之日益削弱。

### 二　仗下决策

外交问题往往涉及国家机密，有时不便于在朝参会议上讨论；有些外交问题也不是一时可以决断，需要深入地反复地加以讨论，这就不适宜于在人数众多的朝参会议上进行。于是一种比朝参会议范围小、机密程度高、便于深入讨论的决策方式便应运而生，这就是"仗下"决策。唐制：举行朝参时例需排列仪仗，朝参结束便需撤退仪仗，故朝参结束便称为"仗下"。

唐代的"仗下"决策方式，也可以溯源于隋制。隋朝御前决策的一种方式是皇帝就有关外交问题召见少数大臣进行决策。公元6世纪五十年代突厥汗国崛起于北方，对中原皇朝构成严重的威胁，北齐、北周争相屈己奉之。隋朝建立后，开皇元年（581）突厥南侵，隋文帝大惧，"屯兵数万人以为之备"。长孙晟曾出使突厥，洞悉其内部分裂矛盾之状，

① （宋）王溥撰：《唐会要》卷五六《起居郎起居舍人》，中华书局1955年版，第961页。
② 《旧唐书》卷一二《德宗纪上》，第356页。

认为“难于力征，易可离间”，于是上书建议：“今宜远交而近攻，离强而合弱”，令其“首尾猜疑，腹心离阻，十数年后，承衅讨之，必可一举而空其国矣”。隋文帝“省表大悦，因召与语”。亲自向他了解突厥情况，商讨对策。长孙晟“口陈形势，手画山川，写其虚实，皆如指掌。上深嗟异，皆纳用焉”。隋文帝接受了长孙晟的建议，采取了一系列分化瓦解的外交措施，“反间既行，果相猜贰”①，再加以军事配合，从而导致突厥汗国分裂为东西两部，国势大削，东、西突厥先后向隋称臣。长孙晟的建议为隋皇朝制定了对付突厥的重要外交方针，日后的实践证明这一方针是十分有效的。

炀帝时，西域诸国多至张掖互市，炀帝派裴矩前往负责掌管此事。裴矩利用这个机会向胡商广泛了解各国风俗和山川险要，撰成《西域图记》三卷，入朝奏之。炀帝“大悦，赐物五百段。每日引（裴）矩至御坐，亲问西方之事。矩盛言胡中多诸宝物，吐谷浑易可并吞。帝由是甘心，将通西域”②。由于裴矩熟悉西方诸国国情，他的介绍和分析对于隋炀帝制定“通西域”的方针起了重要作用。外交方针政策的制定有其特殊性，熟悉外情的使节、官员在这方面具有特别重要的作用。

隋朝已经产生了“入阁”决策这样一种御前决策方式，这是皇帝在朝会后入阁与宰臣进行外交决策，这与后来唐代的仗下、延英决策十分相似，当为其雏形。隋代除了以三省长官为宰相外，还有另外一种宰相，所谓“以他官参掌机事及专掌朝政者，并为辅弼”③。皇帝常在朝会之后，即召他们入阁议政决策。炀帝时虞世基“专典机密，与纳言苏威、左翊卫大将军宇文述、黄门侍郎裴矩、御史大夫裴蕴等参掌朝政。于时天下多事，四方表奏日有百数。帝方凝重，事不庭决，入阁之后，始召世基口授节度”④。所谓“庭决”，即在朝会中进行决策；炀帝主要是在散朝入阁之后进行决策。

---

① 《隋书》卷五一《长孙览附从子（长孙）晟传》，第1330—1331页。

② 《隋书》卷六七《裴矩传》，第1580页。

③ 《册府元龟》卷三〇八《宰辅部·总序》，第3627页。

④ 《隋书》卷六七《虞世基传》，第1572页。

有关外交方面的问题，也同样经常在“入阁”之后与宰相议决。隋朝既已确立了集体宰相制，由若干宰相“参掌朝政”，那么就应当有宰相会议这种决策形式。“隋制，以三省之长中书令、侍中、尚书令共议国政。”① 可见隋朝已实行宰相集体议政决策的制度。但是我们没有发现隋代就外交问题单独召开的宰相会议。炀帝在外交决策中更多的是运用“入阁”或在其他场合与宰相中的少数人商议决策，其中尤与裴矩谋议最为频繁，“四夷经略，咸以委之”②。事实正是如此，炀帝时的外交大事，多是与裴矩商定的。大业三年（607）炀帝出巡塞北，幸突厥启民可汗帐，“时高丽遣使先通于突厥，启民不敢隐，引之见帝”。裴矩就此向炀帝献计，认为高丽通突厥已被发现，一定担心我们进攻，因而可以趁机“胁令入朝，当可致也”。炀帝问如何致之？裴矩答道：“请面诏其使，放还本国，遣语其王，令速朝覲。不然者，当率突厥，即日诛之。”③ 炀帝采纳了裴矩的建议。

大业五年（609）炀帝西狩，曾遣使召西突厥处罗可汗，令与会于大斗拔谷，但是，“其国人不从，处罗谢使者，辞以他故”。炀帝大怒，但亦无可如何。大业七年（611）恰逢其酋长射匮遣使来求婚，裴矩因奏曰：“处罗不朝，恃强大耳。臣请以计弱之，分裂其国，即易制也。射匮者……世为可汗，君临西面。今闻其失职，附隶于处罗，故遣使来，以结援耳。愿厚礼其使，拜为大可汗，则突厥势分，两从我矣。”炀帝曰：“公言是也”④，采纳了裴矩的计策。

大业十一年（615）炀帝北巡，被突厥包围于雁门，“诏令（裴）矩与虞世基每宿朝堂，以待顾问”⑤。前线尚且如此，则平时可想而知。无怪乎炀帝曾“顾谓宇文述、牛弘曰：‘裴矩大识朕意，凡所陈奏，皆朕之成算。未发之顷，矩辄以闻。自非奉国用心，孰能若是！’”⑥ 但是炀帝的这种做法，由于未能集思广益，也造成了外交上的不少失误，正如魏徵

① 《新唐书》卷四六《百官志一》，第 1182 页。
② 《隋书》卷六七《裴矩传》，第 1580 页。
③ 《隋书》卷六七《裴矩传》，第 1581 页。
④ 《隋书》卷八四《北狄·西突厥传》，第 1878 页。
⑤ 《隋书》卷六七《裴矩传》，第 1582 页。
⑥ 《隋书》卷六七《裴矩传》，第 1581 页。

等人所批评的，“然承风望旨，与时消息，使高昌入朝，伊吾献地，聚粮且末，师出玉门。关右骚然，颇亦（裴）矩之由也”①。

唐代从太宗开始，便经常在“仗下”之后召集少数大臣商讨大政，苏冕曰：“贞观中，每日仗退后，太宗与宰臣参议政事。”② 可见“仗下决策”的主要特点就是皇帝与宰臣等少数官员在朝会之后议政。

贞观元年（627）“突厥颉利可汗新与中国和盟，政教紊乱，言事者多陈攻取之策。太宗召萧瑀及（长孙）无忌问曰：‘北蕃君臣昏乱，杀戮无辜。国家不违旧好，便失攻昧之机；今欲取乱侮亡，复爽同盟之义。二途不决，孰为胜耶？’”这里所谓“言事者多陈攻取之策”，当是指在朝参会议上的情况。由于在朝参会议上群臣纷纷建议进攻突厥，唐太宗一时拿不定主意，便在朝会仗下之后召见萧瑀和长孙无忌细商决策。他们二人当时都是宰相。萧瑀认为“兼弱攻昧，击之为善”。主张用武。长孙无忌不同意，说：“今国家务在戢兵，待其寇边，方可讨击。彼既已弱，必不能来。若深入虏庭，臣未见其可。且按甲存信，臣以为宜。”主张坐观其变。唐太宗接受了长孙无忌之议。突厥果然“寻政衰而灭”③。

其时东突厥分裂，颉利、突利两可汗对立。贞观二年（628）颉利可汗发兵攻突利可汗，突利遣使向唐求救。为此，“上谋于大臣曰：‘朕与突利为兄弟，有急不可不救。然颉利亦与之有盟，奈何？’”兵部尚书杜如晦对曰：“戎狄无信，终当负约，今不因其乱而取之，后悔无及。夫取乱侮亡，古之道也。”④ 唐太宗采纳了杜如晦的主张。贞观二年正月，杜如晦以兵部尚书检校侍中，侍中为门下省首长，是为宰相。这里所谓“谋于大臣”，即谋于宰相等。根据这个决策，于是“诏秦武通以并州兵马随便应接”⑤。

不过，参加仗下会议的人员似不仅是宰相，根据需要皇帝也召见其他有关官员参与。贞观十六年（642）薛延陀遣使求婚，“帝与大臣计曰：‘延陀屈强，朕策顾有二：选士十万击之，使无遗种，百年计也；绝昏羁

① 《隋书》卷六七《裴矩传》“史臣曰”，第1584页。

② 《唐会要》卷五六《起居郎起居舍人》引“苏氏曰”，第961页。

③ 《旧唐书》卷六五《长孙无忌传》，第2447页。

④ 《资治通鉴》卷一九二，唐太宗贞观二年（628）四月，第6049—6050页。

⑤ 《旧唐书》卷一九四上《突厥传上》，第5158页。

縻，使无边忧，三十年计也。然则孰利?'"唐太宗以这两个方案征求大臣意见，房玄龄认为："今大乱余氓，痍破未完，战虽胜，犹危道也。不如和亲。"[①] 他根据唐初社会经济尚未完全苏息的现实情况，建议采取和亲政策。唐太宗接受了他的建议，于是以新兴公主下嫁薛延陀。这是皇帝向少数大臣问计。此事《资治通鉴》记作"上谓侍臣曰"[②]，表明不是在朝参会议上向群臣问计，而是与少数近臣商议。

同年，高丽西部大人盖苏文杀国王建武，立藏为王，自专国政。唐臣劝太宗乘机讨伐，但他犹豫未决。于是唐太宗征求大臣意见，他说："盖苏文杀君攘国，朕取之易耳，不愿劳人，若何?"司空房玄龄对曰："陛下士勇而力有余，戢不用，所谓'止戈为武'者。"司徒长孙无忌也说："高丽无一介告难，宜赐书安尉之，隐其患，抚其存，彼当听命。"[③] 他们都主张和平解决这个问题，唐太宗采纳了他们的意见。这也是皇帝向少数大臣问计。当时房玄龄为司空，长孙无忌为司徒，是三公而非宰相，但他们也被召与唐太宗议政。

这种会议也当为仗下会议，这可以太宗立晋王事为证。贞观十七年(643)，太子承乾得罪被废，太宗欲立晋王，但碍于长幼非次，迟疑不决。有一次唐太宗"御两仪殿，群官尽出，独留（长孙）无忌及司空房玄龄、兵部尚书李勣，谓曰：'我三子一弟，所为如此，我心无憀。'因自投于床，抽佩刀欲自刺。无忌等惊惧，争前扶抱，取佩刀以授晋王"。可知参加会议的除太宗外，只有长孙无忌等三位大臣和晋王李治。长孙无忌等人问太宗有何旨意，太宗报之曰："我欲立晋王。"于是长孙无忌曰："谨奉诏。有异议者，臣请斩之。"但唐太宗仍未放心，便问长孙无忌等人："公等既符我意，未知物论何如?"担心群臣是否赞同，长孙无忌说："晋王仁孝，天下属心久矣。伏乞召问百僚，必无异辞。若不蹈舞同音，臣负陛下万死。"认为百官不会有异议，"于是建立遂定"[④]。此次定立太子的会议就是仗下会议。唐太宗是在两仪殿常参之后、群臣退去

---

① 《新唐书》卷二一七下《回鹘传下》，第6136—6137页。

② 《资治通鉴》卷一九六，唐太宗贞观十六年（642）十月，第6179页。

③ 《新唐书》卷二二〇《东夷·高丽传》，第6188页。

④ 《旧唐书》卷六五《长孙无忌传》，第2452—2453页。

后，留下两位三公和宰相李勣等进行废立决策的，这就是仗下会议。两仪殿是西内正殿。“两仪殿，常日听朝而视事焉。”① 这里是举行常参的场所。

此次会议后，唐太宗按照长孙无忌的建议召开了百官大会。“上乃御太极殿，召文武六品以上，谓曰：‘（李）承乾悖逆，（李）泰亦凶险，皆不可立。朕欲选诸子为嗣，谁可者？卿辈明言之。’众皆讙呼曰：‘晋王仁孝，当为嗣。’上悦。”② 太极殿在两仪殿之前，“朔望御太极殿视朝”③。这里是朔、望朝参的场所。而两仪殿是日常朝参的场所。可知唐太宗是在隆重的朔、望朝参时向百官宣告废立大事的。

从唐太宗立晋王为太子之决策过程，我们可以清楚地看到：机密大事一般不在两仪殿举行的常朝中讨论，而是待“群官尽出”之后，留下少数高级官员进行商议，此即“仗下”会议。至于唐太宗把仗下会议所决定立晋王事在太极殿举行的朔、望朝参会上提出讨论，不过是试探百官的态度，并有宣告这一决策之意义。由此可见，前文所述唐太宗与少数三公商议对薛延陀、高丽的计策，也当是仗下会议。

高宗以后仗下决策运用更加频繁。“高宗临朝不决事，有司所奏，唯辞见而已。”④ 永徽二年（651）十二月下诏：“五品以上上封事，不能进，听仗下面奏。”⑤ 可见高宗在朝会时基本上不议政，主要在仗下之后议政决策。

从此之后仗下决策成为常制，参加的官员也更为广泛。吐蕃屡为边患，高宗忧之，仪凤三年（678）“乃博咨近臣，求所以御之之术”。高宗问道：“朕未始擐甲履军，往者灭高丽、百济，比岁用师，中国骚然，朕至今悔之。今吐蕃内侵，盍为我谋?”中书舍人刘祎之等人认为，“须家给人足可击也”。其他人“或言贼险黠不可与和，或言营田严守便”。只有中书侍郎薛元超主张发兵驱逐，认为“纵敌生患，不如料兵击之”。于是高宗顾谓黄门侍郎来恒曰：“自李勣亡，遂无善将。”来恒即言：“向洮

① 《唐六典》卷七《尚书工部》，第217页。

② 《资治通鉴》卷一九七，唐太宗贞观十七年（643）四月，第7196页。

③ 《唐六典》卷七《尚书工部》，第217页。

④ 《新唐书》卷四七《百官志二》，第1208页。

⑤ 《唐会要》卷二五《百官奏事》，第477页。

河兵足以制敌，但诸将不用命，故无功。”但“帝殊不悟，因罢议”[①]。关于这次会议，《旧唐书·吐蕃传》谓“召侍臣问绥御之策”[②]，《资治通鉴》谓“悉召侍臣谋之”[③]，可见这是一次仗下会议。但参加会议的官员较多，见于记载的除宰相来恒、薛元超之外，还有给事中刘景先、皇甫文亮、杨思徵，中书舍人郭正一、刘祎之等[④]。

在仗下决策时，奏事者可就外交问题进行争论。武则天神功元年（697）阎知微与田归道同使突厥，册封默啜为可汗。田归道被突厥扣留，后被放还。田归道回来后，“遂面陈默啜不利之状，请加防御”[⑤]。关于这次会议，《资治通鉴》记曰，他“与阎知微争论于太后前。归道以为默啜必负约，不可恃和亲，宜为之备。知微以为和亲必可保”[⑥]。他们二人向武则天报告出使情况，并在其面前进行争论，表明这不是在人数众多的朝会上，而应是人数较少的仗下会上。

不过，从武则天以后“奏事官多俟仗下，于御坐前屏左右密奏”[⑦]，出现了在仗下后“密奏”的情况，导致有的官员借密奏而营私售奸。后虽有所纠正，但据景龙二年（708）二月七日敕，规定“若有秘密”[⑧]仍可密奏。外交大计，事关秘密者当然仍可以密奏。玄宗时“吐蕃既自恃兵强，每通表疏，求敌国之礼，言词悖慢，上甚怒之”[⑨]，玄宗意欲讨之。开元十三年（725）玄宗泰山封禅毕，中书令张说“密奏许其通和，以息边境，玄宗不从”[⑩]。玄宗拒绝了张说的通和主张，而表示要与王君㚟商议之后再作决定。当时张说与源乾曜同为宰相，一般情况下应同时入见，但这次因事机重大，且明知拂逆玄宗本意，因此张说单独密奏，另一宰相源乾曜等候在外。张说从宫中出来，对源乾曜说：“㚟勇而无谋，常思

① 《新唐书》卷二一六上《吐蕃传上》，第 6077 页。
② 《旧唐书》卷一九六上《吐蕃传上》，第 5224 页。
③ 《资治通鉴》卷二〇二，唐高宗仪凤三年（678）九月，第 6386 页。
④ 《旧唐书》卷八七《刘祎之传》，第 2847 页。
⑤ 《旧唐书》卷一八五上《良吏上·田归道传》，第 4795 页。
⑥ 《资治通鉴》卷二〇六，唐则天后神功元年（697）三月，第 6516 页。
⑦ 《资治通鉴》卷二一一，唐玄宗开元五年（717）九月，第 6728 页。
⑧ 《唐会要》卷二五《百官奏事》，第 477 页。
⑨ 《旧唐书》卷一九六上《吐蕃传上》，第 5229 页。
⑩ 《旧唐书》卷九七《张说传》，第 3055 页。

侥幸，两国和好，何以为功？若入陈谋，则吾计不遂矣。”不久王君㚟入朝奏事，“遂请率兵深入以讨之”①。王君㚟果然利用独奏的机会鼓动玄宗兴兵伐吐蕃。由此可见，玄宗时仗下后密奏这种方式仍然盛行，而它对于外交决策带来一定的负面影响。张说之所以力主和边，是因为深感与吐蕃战争数十年，“胜负略相当，甘、凉、河、鄯之人奉调发困甚。”但当时玄宗“方宠（王）君㚟，不听”②。

宰相以外的其他官员，如对外交方面有何意见，也可以在仗下后向皇帝陈奏。玄宗时，在唐朝的大力打击下，吐蕃在军事上频频失败。开元十七年（729）“吐蕃频遣使请和。忠王友皇甫惟明因奏事面陈通和之便。”但是玄宗不同意，说：“吐蕃赞普往年尝与朕书，悖慢无礼，朕意欲讨之，何得和也！”皇甫惟明针对玄宗的想法，作了深入细致的分析，他说：“开元之初，赞普幼稚，岂能如此。必是在边军将务邀一时之功，伪作此书，激怒陛下。两国既斗，兴师动众，因利乘便，公行隐盗，伪作功状，以希勋爵，所损钜万，何益国家。今河西、陇右，百姓疲竭，事皆由此。若陛下遣使往视金城公主，因与赞普面约通和，令其稽颡称臣，永息边境，此永代安人之道也。”③ 玄宗终于同意了皇甫惟明的意见，决定派他和内侍张元方“充使往问吐蕃”。《资治通鉴》记此事曰：“皇甫惟明因奏事从容言和亲之利。”④ 当面向皇帝陈奏而且可以从容敷奏，这在朝参会上难以做到，而在仗下后则有可能。由于皇甫惟明得以从容面陈，晓之以理，动之以情，使唐玄宗消除误会，改变成见，遣使和蕃，终于恢复了唐、蕃友好关系，双方使命往还，维持了数年边境和平。

在唐代前期，仗下决策与朝参决策相辅相成，在外交决策中发挥了重要作用，成为这一时期御前决策的基本的、主要的方式。但是，由于种种原因而辍朝的情况时有发生，朝会常常中断而不能按时举行，仗下会议也因而同样不能按时举行，影响了对于外交问题的及时处理。因此一种比仗下会议更为灵便的决策方式——延英决策会议便应运而生，并

① 《旧唐书》卷一九六上《吐蕃传上》，第5229页。
② 《新唐书》卷二一六上《吐蕃传上》，第6083页。
③ 《旧唐书》卷一九六上《吐蕃传上》，第5230页。
④ 《资治通鉴》卷二一三，唐玄宗开元十八年（730）九月，第6790页。

逐渐取而代之。

### 三　延英决策

由于外交问题的需要，宰臣临时请求皇帝接见的情况早就有所发生。高宗仪凤三年（678）“新罗叛，帝将出兵讨之。时（张）文瓘病卧家，自力请见，曰：‘吐蕃盗边，兵屯境未解，新罗复叛，议者欲出师，二虏俱事，臣恐人不堪弊，请息兵修德，以怀异俗。’诏可”①。张文瓘时为宰相，高宗应其请求而临时接见。这种根据需要君臣约定临时会商的做法，到了肃宗时固定于大明宫西部便殿——延英殿，从而形成了延英会议这种新的决策形式。后唐卢文纪追述其事道：“窃惟本朝故事……每正衙奏事，则泛咨访于群臣，及便殿询谋，则独对扬于四辅。自上元元年后，于长安东置延英殿，宰臣如有奏议，圣旨或有特宣，皆于前一日上闻。及对御之时，只奉冕旒，旁无侍卫，献可替否，得曲尽于讨论，舍短从长，故无虞于漏泄，君臣之际，情理坦然。”② 这段文字告诉我们，延英召对始于肃宗上元元年（760）；皇帝或宰臣认为有必要时都可以预约开延英；延英会议只限于皇帝和议事宰臣，旁无侍卫；其优点是君臣之间可以充分讨论，且无泄密之虞。这一方式一经确立，就以其优越性而在唐代中后期外交决策中被充分运用，成为御前决策的主要方式。

关于延英会议的产生，《唐语林》有较具体的记载：德宗贞元时“韩太保皋为御史中丞、京兆尹，常有所陈，必于紫宸殿对百寮而请，未尝诣便殿。上谓之曰：‘我与卿言，于此不尽，可来延英。’访及大政，多所匡益。或谓皋曰：‘自乾元已来，群臣启事皆诣延英得尽，公何独于外庭对众官以陈之？无乃失于慎密乎？’公曰：‘御史，天下之平也。摧刚植柔，惟在于公，何故不当人知之？奈何求请便殿，避人窃语，以私国家之法？且肃宗以苗晋卿年老艰步，故设延英，后来得对者多私自希宠，干求相位，奈何以此为望哉？’”③

---

① 《新唐书》卷一一三《张文瓘传》，第4187页。

② （清）董诰等编：《全唐文》卷八五五《请对便殿疏》，中华书局1983年版，第8975页。

③ （宋）王谠撰，周勋初校证：《唐语林校证》卷三《方正》，中华书局1987年版，第195—196页。

关于延英召对的起始时间，这里说是乾元以来，乾元（758—760）为肃宗年号。这与卢文纪所说始于上元元年并不矛盾，乾元三年闰四月始改元，即为上元元年。因而大体可以认为是在乾元三年，即上元元年（760）始设。其直接原因是为了照顾宰相苗晋卿年老，行动不便。之所以把皇帝与宰相议政场所固定于延英殿，是因为与宣政殿、紫宸殿等正殿相比，作为偏殿的延英殿距离宰相府中书省较近，召对方便。早在玄宗开元初已在延英殿议政①，不过那时只是偶尔为之，肃宗时始成定制，正式成为御前决策的主要方式。到了德宗时更明令规定："自今勿正衙奏事，如陈奏者，宜诣延英门请对。"② 肃宗以后的唐代诸帝都居住在大明宫，不再轻易迁居③，因而从肃宗以后延英召对一直延续下来，成为唐代中后期御前决策的基本方式。

延英会议的参加者主要是宰相，而且他们一般须集体面见皇帝。文宗开成五年（840）回鹘被黠戛斯破亡，一支残部流窜至天德塞下一带，成为唐朝北边之患。次年（即会昌元年，841）宰相李德裕为解决回鹘问题，向武宗"请遣使慰抚回鹘，且运粮三万斛以赐之，上以为疑"。由于武宗对李德裕的请求犹豫未决，于是武宗"开延英，召宰相议之"。在进入延英殿之前，另一宰相陈夷行"于候对之所，屡言资盗粮不可。德裕曰：'今征兵未集，天德孤危。傥不以此粮啖饥虏，且使安静，万一天德陷没，咎将谁归！'夷行至上前，遂不敢言"。由于陈夷行在延英会上没有提出反对意见，因而李德裕的主张得以被皇帝批准，"上乃许以谷二万斛赈之"④。这就是宰相们集体参加延英殿议政。除了宰相以外，根据需要其他官员也可以参加延英议政。

这里我们须注意，由于德宗以后御前外交决策基本上是在延英会议上进行，所以尽管有的史书没有说明是延英会议，而实际上却是延英

① 见《旧唐书》卷一〇五《宇文融传》，第3219页；《旧唐书》卷一八五下《良吏下·杨瑒传》，第4820页。

② （宋）宋敏求编：《唐大诏令集》卷一〇一《罢百官正衙奏事敕》，中华书局2008年版，第514页。

③ 参见杨鸿年《隋唐宫廷建筑考》，陕西人民出版社1992年版，第8页。

④ 《资治通鉴》卷二四六，唐武宗会昌元年（841）八月、闰八月，第7954—7955页。宰相在谒见皇帝之前先在"候对之所"等候，胡三省注："唐自德宗以后，群臣乞对延英，率于延英门请对。"

会议。

会昌三年（843）“上欲令赵蕃就黠戛斯求安西、北庭，李德裕等上言：‘安西去京师七千余里，北庭五千余里，借使得之，当复置都护，以唐兵万人戍之。不知此兵于何处追发，馈运从何道得通，此乃用实费以易虚名，非计也。’上乃止”①。关于这次决策，两《唐书·李德裕传》的记载与《资治通鉴》基本一致，都没有说李德裕的上言是在延英会议上提出的。但是李德裕自己却明确记述是在延英会议上提出的，李德裕《献替记》谓：会昌“三年，二月十一日，延英，德裕奏：‘九日奉宣，令臣等向赵蕃说，于黠戛斯处邀求安西、北庭。深恐不可”② 云云。在“深恐不可”以下就是前引《资治通鉴》所记李德裕分析不可求取安西、北庭的那段话。由此可知，这次关于安西、北庭问题的决策是在延英会议上做出的。与此相似，前文所述会昌元年（841）关于赐回鹘二万斛粮食的延英会议，两《唐书·李德裕传》《回鹘传》都没有记载是延英会议，只是记作“德裕曰”云云。这样我们可以知道，在唐后期文献中“帝召宰相议”一类记载，大多可能是延英会议，如《册府元龟》所载德宗贞元三年（787）闰五月“丁未，帝召宰相议与吐蕃会盟之所。”③《新唐书·周墀传》所载宣宗大中三年（849）“会吐蕃微弱，以三州七关自归。帝召宰相议河湟事”④。这类御前决策会议都可能就是延英会议。

有时史书记载皇帝与宰相在“便殿”会议，实际上也是延英会议。因为延英殿是大明宫中轴线西部偏殿，对于在中轴线上的宣政殿、紫宸殿等正殿而言，它就是便殿。前引《唐语林·方正》所载德宗对韩皋所言及卢文纪《请对便殿疏》也都以延英为便殿。由此可见，便殿召对一般即指延英召对。

德宗贞元三年（787）“及浑瑊与吐蕃会盟之日，上御便殿谓宰相曰：‘和戎息师，国之大计，今日将士与卿同欢。’马燧前贺曰：‘今之一盟，百年内更无蕃寇。’（柳）浑曰：‘……今日盟约，臣窃忧之。’李晟继言

---

① 《资治通鉴》卷二四七，唐武宗会昌三年（843）二月，第 7974 页。

② 《资治通鉴》卷二四七，唐武宗会昌三年（843）二月《考异》引，第 7974 页。

③ 《册府元龟》卷九八一《外臣部·盟誓》，第 11530 页。

④ 《新唐书》卷一八二《周墀传》，第 5371 页。

曰：'……今日之事，诚如浑言。'上变色曰：'柳浑书生，未达边事；大臣智略，果亦有斯言乎！'皆顿首俯伏，遽令归中书"①。这次在便殿的会议实际上就是延英会议，德宗生气解散了会议，让宰相们回中书省去。中书省在延英门外②，是唐代永淳以后的宰相政事堂。

由于延英召对参加人数少、不受时间限制、减少了繁文缛礼，因此君臣之间有时可以就一些重大、疑难的外交问题进行比较充分的、反复的、深入的商讨，从而制定出比较切实可行的、正确的方针政策。贞元三年（787）宰相李泌经过十五次以上的召对，终于说服了德宗同意联合回鹘等共图吐蕃一事就是一个典型事例。

贞元三年五月平凉会盟破裂后，唐、蕃关系更加紧张，新上台的宰相李泌计划联合回鹘、大食、云南共图吐蕃，令其四面防守。但是德宗为雍王时，于宝应元年（762）曾被回鹘所屈辱，因此对回鹘一直耿耿于怀。李泌知道如果贸然向德宗提出联合回鹘，他一定会反对的。于是李泌利用延英召对这种便利形式，慢慢地开导德宗。有一次他在与德宗讨论利用戍卒屯田、募人入粟补边地官以解决边境军粮缺乏的问题时，乘机对德宗说："'臣能不用中国之兵使吐蕃自困。'上曰：'计将安出?'对曰：'臣未敢言之，俟麦禾有效，然后可议也。'上固问，不对。泌意欲结回纥、大食、云南与共图吐蕃，令吐蕃所备者多；知上素恨回纥，恐闻之不悦，并屯田之议不行，故不肯言。"③

此后不久，回鹘遣使屡求和亲，德宗不答应，恰巧这时边将报告马匹紧缺，李泌又乘机提出这个问题，"言于上曰：'陛下诚用臣策，数年之后，马贱于今十倍矣！'上曰：'何故?'对曰：'愿陛下推至公之心，屈己徇人，为社稷大计，臣乃敢言。'上曰：'卿何自疑若是！'"在这种情况下，李泌才把自己的计划和盘托出："臣愿陛下北和回纥，南通云南，西结大食、天竺，如此，则吐蕃自困，马亦易致矣。"德宗听后果然坚拒，"上曰：'三国当如卿言，至于回纥则不可！'泌曰：'臣固知陛下

---

① 《旧唐书》卷一二五《柳浑传》，第3555页。

② 参见［日］平冈武夫《唐代的长安与洛阳地图》图版17、18，上海古籍出版社1991年版。

③ 《资治通鉴》卷二三二，唐德宗贞元三年（787）七月，第7495页。

如此，所以不敢早言。为今之计，当以回纥为先，三国差缓耳。’上曰：‘唯回纥卿勿言……朕于卿言皆听之矣，至于回纥，宜待子孙；于朕之时，则固不可！’……对曰：‘臣为社稷而言，若苟合取容，何以见肃宗、代宗于天上！’”经过君臣间这一番论难，德宗的态度有了一些松动，最后说：“容朕徐思之。”①

后来君臣间又就此问题继续反复讨论，“自是（李）泌凡十五余对，未尝不论回纥事，上终不许”。但经过多次讨论，德宗最终还是接受了李泌的主张，同意在回纥答应“称臣、为陛下子”等五项条件的前提下与其和亲。实行结果：“回纥可汗遣使上表称儿及臣，凡泌所与约五事，一皆听命。”德宗大喜，问李泌道：“回纥何畏服卿如此！”李泌对曰：“此乃陛下威灵，臣何力焉！”德宗又问道：“回纥则既和矣，所以招云南、大食、天竺奈何?”李泌答道：“回纥和，则吐蕃已不敢轻犯塞矣。次招云南，则是断吐蕃之右臂也。云南……苦于吐蕃赋役重，未尝一日不思复为唐臣也。大食在西域为最强，自葱岭尽西海，地几半天下，与天竺皆慕中国，代与吐蕃为仇，臣故知其可招也。”② 从此唐与回纥恢复了友好关系，次年云南王异牟寻果遣使欲内附，并于贞元十年（794）正式归唐，这对于遏止吐蕃的侵扰起了积极的作用。

这一决策过程，非常详尽地、生动地反映了一个成功的外交决策产生的情形，充分表明延英召对这种决策方式的优越性，它可以使君臣之间从容地就重大外交问题进行反复商讨，使宰相有机会说服皇帝接受正确的意见，有利于制定出比较妥善的外交政策。象李泌这样经过反复开导皇帝，最终达成君臣共识，从而制定重要外交政策，如果没有延英会议这种方式恐怕也是难于做到的。他之被史家誉为“时时谠议，能寤移人主”③，与德宗大力推行延英决策当不无一定关系。

但是唐代中后期，随着翰林学士地位的上升，成为决策中枢的重要成员，从而削弱了宰相的权力。皇帝在进行外交决策时也经常与学士商议，德宗时陆贽“在翰林，为上所亲信，居艰难中，虽有宰相，大小之

---

① 《资治通鉴》卷二三三，唐德宗贞元三年（787）九月，第7501—7502页。

② 《资治通鉴》卷二三三，唐德宗贞元三年（787）九月，第7502、7505页。

③ 《新唐书》卷一三九《李泌传》，第4638页。

事，上必与贽谋之，故当时谓之内相”[①]。宪宗时“上每有军国大事，必与诸学士谋之”[②]。天复二年（902）朱全忠、李克用之乱时，“（四月）辛丑，回鹘遣使入贡，请发兵赴难；上命翰林学士承旨韩偓答书许之。乙巳，偓上言：‘戎狄兽心，不可倚信。彼见国家人物华靡，而城邑荒残，甲兵彫敝，必有轻中国之心，启其贪婪。且自会昌以来，回鹘为中国所破，恐其乘危复怨。所赐可汗书，宜谕以小小寇窃，不须赴难，虚愧其意，实沮其谋。’从之”[③]。由此可见，翰林学士在外交决策中握有不小权力。

翰林学士虽然侵夺了宰相的决策权力，但是以宰相为主参与的延英决策也还存在，呈现政出多门的混乱情形。

## 四　谏诤奏议

在谈到唐代的御前决策时，还必须说说当时的谏议制度及其在御前决策中的作用。汉魏以来已有谏议制度，但是它到唐代才臻于完备和成熟，在决策体系中发挥了一定的作用。唐代的谏诤体制由谏官之谏和百官之谏构成。

### （一）谏官之谏

到了唐代，不仅谏官名号增多，而且成为正式的职事官。唐代重视谏官的作用，规定：“谏官所献封事，不限早晚，任进状来，所由门司，不得辄有停滞，如需侧门论事，亦任随状面奏，即便令引对……其常参官六品已上，亦宜准此。”[④] 臣下的谏议一般直接上呈皇帝，另有《令台省详议封事诏》规定，或“于尚书省详议可否，具闻奏”[⑤]，最后由皇帝裁决。谏议制度是御前决策的重要补充。唐太宗对于谏诤在外交决策中的作用尤其有突出的认识，贞观中罽宾国遣使来献名马，“太宗

① 《资治通鉴》卷二三〇，唐德宗兴元元年（784）三月，第7418页。

② 《资治通鉴》卷二三八，唐宪宗元和五年（810）六月，第7676页。

③ 《资治通鉴》卷二六三，唐昭宗天复二年（902）四月，第8573—8574页。《新唐书》卷二一七下《回鹘传下》所记与此有异：“昭宗幸凤翔，灵州节度使韩逊表回鹘请率兵赴难，翰林学士韩偓曰：‘虏为国仇旧矣。自会昌时伺边，羽翼未成，不得逞。今乘我危以冀幸，不可开也。’遂格不报。”（第6134页）

④ 《唐大诏令集》卷一〇五《令百官言事诏》，第536页。

⑤ 《唐大诏令集》卷一〇五《令台省详议封事诏》，第536页。

诏大臣曰：‘朕始即位，或言天子欲耀兵，振服四夷，惟魏徵劝我修文德，安中夏；中夏安，远人伏矣。今天下大安，四夷君长皆来献，此（魏）徵力也。’”[①] 他把外交上的成绩归功于魏徵的劝谏。他既为纳谏促其外交成功而欣喜，也为拒谏而致外交失策而悔恨，其东征高丽后，“及凯还之日，顾谓左右曰：‘使朕有魏徵在，必无此行矣。’”[②]

唐代中书、门下官员都有谏诤的职责，但是为了更好地发挥谏诤的作用，又特设置专以谏诤为职能的谏官，主要有隶属于中书、门下的左右散骑常侍、谏议大夫、给事中、补阙、拾遗等。

谏官们可以参加御前会议，并对于决策提出谏议，其方式有两种。

一为上疏。中宗景龙元年（707）“又命内外官各进破突厥之策。右补阙卢俌上疏曰：‘臣闻以蛮夷攻蛮夷，中国之长算”，建议“请购辩勇之士，班（超）、傅（介子）之俦，旁结诸蕃，与图攻取，此又掎角之势也……’ 上览而善之”[③]。面对突厥默啜政权的侵扰，中宗准备组织反击，于是下诏征求破突厥之策。右补阙卢俌的上书，除了主张加强武备之外，还就外交上的配合提出了建议。

二为廷争。大历九年（774）四月甲申，郭子仪“如行营，引辞于延英殿，语及边事，涕泗交集。由是中书舍人常衮率常侍、给、舍、谏议、遗、补一十八人诣阁门请论事。有诏三人一引，各尽己怀。帝皆毕词听纳”。参加这次进谏的十八人多是谏官。在他们进谏后的第二天乙酉就发布了针对吐蕃“大阅甲兵，以增捍御，且弘不战之道，用举备边之常……永全二国之好，傥更侵冒，必示威刑”[④] 的敕书。

德宗时为了平定朱泚之乱，约请吐蕃出兵相助，事成以后以安西、北庭之地与之。兴元元年（784）朱泚平，吐蕃“来请如约。帝业许，欲遂与之”。这时谏官左散骑常侍李泌进谏曰：“安西、北庭，控制西域五十七国及十姓突厥，皆悍兵处，以分吐蕃势，使不得并兵东侵。今与其地，则关中危矣。且吐蕃向持两端不战，又掠我武功，乃贼也，奈何与

① 《新唐书》卷二二一上《西域传上》，第 6241 页。

② 《旧唐书》卷一九九下《北狄传》“史臣曰”，第 5364 页。

③ 《旧唐书》卷一九四上《突厥传上》，第 5170、5171 页。

④ 《册府元龟》卷九九二《外臣部·备御五》，第 11656—11657 页。

之?"[①] 德宗采纳了他的意见，下令停止执行。

不过，对于谏官在唐代外交决策中的作用亦不能估计过高。褚遂良为谏议大夫时，于贞观十七年（643）前后曾多次对外交决策提出谏议，均未被唐太宗接纳。薛延陀遣使请婚，太宗已答应以女妻之，并且收了他们的聘财，但不久又反悔。褚遂良上疏反对，太宗不纳。又，"时太宗欲亲征高丽，顾谓侍臣曰：'高丽莫离支贼杀其王，虐用其人。夫出师吊伐，当乘机便，今因其弑虐，诛之甚易。'"褚遂良又加以谏阻，"太宗深然之"。接着兵部尚书李勣提出异议，太宗"由是从勣之言，经画渡辽之师"。在这种情况下，"遂良以太宗锐意三韩，惧其遗悔，翌日上疏谏"，但是"太宗不纳"[②]。谏议大夫是唐代最重要的谏官，而褚遂良又是号称"上书言事，亹亹有经世远略"[③] 的名臣，其谏议之遭遇尚且如此，其余可想而知。前述卢俌向中宗之建议，虽然中宗称善，"然无施行者"[④]。这在外交决策中并非个别现象。

（二）百官之谏

唐代的谏议制度规定，不仅谏官可以进谏，"文武百官，及诸色人等"[⑤] 均可上书言事，而且"五品已上官，仍许其廷争"[⑥]。他们也主要运用上书与廷争两种方式。

唐朝建立伊始，大臣就外交决策进行庭谏就时而有之。突厥处罗可汗于隋大业中入朝，赐号为曷萨那可汗，后归唐住在长安。始毕可汗与其有隙，武德二年（619）"始毕遣使请杀之，高祖不许。群臣谏曰：'今若不与，则是存一人而失一国也，后必为患。'太宗曰：'人穷来归我，杀之不义。'骤谏于高祖，由是迟回者久之。不得已，乃引曷萨那于内殿，与之纵酒，既而送至中书省，纵北突厥使杀之"[⑦]。这是因谏议意见分歧而采取的折中办法。

---

① 《新唐书》卷一三九《李泌传》，第4635页。

② 《旧唐书》卷八〇《褚遂良传》，第2733—2735页。

③ 《旧唐书》卷八〇《褚遂良传》"史臣曰"，第2744页。

④ 《新唐书》卷二〇〇《儒学下·卢俌传》，第5705页。

⑤ 《唐大诏令集》卷一〇五《令台省详议封事诏》，第536页。

⑥ 《唐大诏令集》卷一〇五《听百寮进状及廷争敕》，第536页。

⑦ 《旧唐书》卷一九四下《突厥传下》，第5180页。

武德八年（625）“时高丽遣使贡方物，高祖谓群臣曰：‘名实之间，理须相副。高丽称臣于隋，终拒炀帝，此亦何臣之有？朕敬于万物，不欲骄贵，但据土宇，务共安人，何必令其称臣以自尊大？可即为诏，述朕此怀也。’（温）彦博进曰：‘辽东之地，周为箕子之国，汉家之玄菟郡耳。魏、晋已前，近在提封之内，不可许以不臣。若与高丽抗礼，则四夷何以瞻仰？且中国之于夷狄，犹太阳之比列星，理无降尊，俯同夷貊。’高祖乃止”①。高祖虽已做出决定，但因臣下进谏而撤销原先的决定。

唐太宗以善于纳谏而著称，当时的许多名臣不仅对于内政多所进谏，对于外交亦时有匡正。贞观四年（630）高昌王麴文泰将入朝，西域诸国纷纷要求借机跟随遣使贡献，于是太宗令麴文泰的使者前往迎接他们，宰相魏徵谏曰：“中国始平，疮痍未复，若微有劳役，则不自安。往年文泰入朝，所经州县，犹不能供，况加以此辈。若任其商贾来往，边人则获其利；若为宾客，中国即受其弊矣……今若许十国入贡，其使不下千人，欲使缘边诸州何以取济？”② 唐太宗接受了魏徵的意见。当时麴文泰的使者厌怛纥干已经出发，唐太宗急忙派人前往追赶而止之。

贞观十八年（644）“高丽莫离支遣使贡白金，（褚）遂良言于太宗曰：‘莫离支虐弑其主，九夷所不容，陛下以之兴兵……若受不臣之筐篚，纳弑逆之朝贡，不以为愆，何以致伐？臣谓莫离支所献，自不得受。’”③ 唐太宗接受了褚遂良的意见，决定不受其贡献，并将其使者交有关部门处置。

臣下不仅对于外交大政方针进谏，而且对于比较具体的外交事务亦多所进谏。贞观五年（631）十月“丁巳，林邑献五色鹦鹉，丁卯，新罗献美女二人，魏徵以为不宜受。上喜曰：‘林邑鹦鹉犹能自言苦寒，思归其国，况二女远别亲戚乎！’并鹦鹉，各付使者而归之”④。对于魏徵的进谏，太宗以欣然的态度接纳，实属难能可贵。

---

① 《旧唐书》卷六一《温彦博传》，第2360页。两《唐书》《东夷传》均谓乃侍中裴矩、中书侍郎温彦博二人同时进此谏。

② 《旧唐书》卷七一《魏徵传》，第2548页。

③ 《旧唐书》卷八〇《褚遂良传》，第2735—2736页。

④ 《资治通鉴》卷一九三，唐太宗贞观五年（631）十一月，第6089—6090页。

天宝十一载（752）“倭国遣使入朝，自陈国人愿得萧夫子为师者，中书舍人张渐等谏不可而止”。萧夫子即文学家、学者萧颖士，其“名播天下”①，故倭国遣使请其东渡为师。这也是臣下对具体的外交事务提出谏议。

进谏的另一重要方式是以书面向皇帝陈述对于外交问题的意见，用这种方式可以比较从容、详尽地申述自己的建议或主张，皇帝也可有一个思考、斟酌以定取舍的过程，比起廷谏来又有其长处，因此而被广泛运用。我们可以看到唐代官员关于外交方针政策方面留下了许多奏议，其中不乏真知灼见。这些奏议不少被皇帝采纳，有的虽然没有被采纳，但对于推动和提高当时的外交决策水平仍然是有益的。

唐代的宰相作为决策集团的核心成员，虽然经常有机会与皇帝直接面商外交大计，但是，由于这样那样的原因或理由，他们也经常通过上书进谏的方式就外交问题向皇帝陈述己见。贞观十五年（641）唐太宗遣使至西域册立西突厥叶护可汗，“未还，又遣使多赍金银帛历诸国市马”。魏徵为此谏曰：“今以立可汗为名，可汗未定，即诣诸国市马，彼必以为意在市马，不为专意立可汗。可汗得立，则不甚怀恩。诸蕃闻之，以为中国薄义重利，未必得马而失义矣。”② 唐太宗采纳了他的意见，立即下令停止市马西域。

武则天万岁通天元年（696）“时有大石国使请献狮子，（姚）琦上疏曰：‘狮子猛兽，唯止食肉，远从碎叶，以至神都，肉既难得，极为劳费……’疏奏，遽停来使”③。大石国，或作“大食”④。姚琦时为宰相，也是通过上书而进谏。

贞观二十二年（648）宰相房玄龄病重，“因谓诸子曰：‘……当今天下清谧，咸得其宜，唯东讨高丽不止，方为国患。主上含怒意决，臣下莫敢犯颜；吾知而不言，则衔恨入地。’”这位病休宰相对东征高丽的决定忧心忡忡，于是“抗表谏曰：‘……向使高丽违失臣节，陛下诛之可

---

① 《新唐书》卷二〇二《文艺中·萧颖士传》，第5768页。

② 《旧唐书》卷七一《魏徵传》，第2559页。

③ 《旧唐书》卷八九《姚琦传》，第2903页。

④ 《资治通鉴》卷二〇五，唐则天后万岁通天元年（696）三月，第6505页。

也；侵扰百姓，而陛下灭之可也；久长能为中国患，而陛下除之可也。有一于此，虽日杀万夫，不足为愧。今无此三条，坐烦中国，内为旧王雪耻（指贞观十六年高丽东部大人泉盖苏文杀其王建武而立藏为王之事），外为新罗报仇，岂非所存者小，所损者大？……’”他也是通过上书而进谏。“太宗见表，谓玄龄子妇高阳公主曰：‘此人危惙如此，尚能忧我国家。’”① 唐太宗女高阳公主为房玄龄子房遗爱妻，故太宗对其论及此。

边将或使节由于对蕃情有更具体、深入的了解，他们的进谏对于皇帝进行决策往往有更直接的助益。贞观十七年（643）唐太宗已答应以公主嫁与薛延陀，使臣已经出发了几天。这时契苾何力“抗表固言不可”，也是通过上书对此决策提出谏议。唐太宗览表后对契苾何力说：“吾闻天子无戏言，既已许之，安可废？”契苾何力进一步口头申述并提出了具体的建议，说：“然。臣本请延缓其事，不谓总停……宜告延陀亲来迎妇，纵不敢至京邑，即当使诣灵州。畏汉必不敢来，论亲未可有成日。既忧闷，臣又携离，不盈一年，自相猜忌……坐而制之，必然之理。”太宗终于采纳了他的意见。用这个计策后，“延陀恐有诈，竟不至灵州，自后常悒悒不得志，一年而死，两子果争权，各立为主”②。契苾何力出身于铁勒别部酋长，归唐之后任唐将，曾多年在西北征战。贞观十六年（642）契苾何力被其族人挟持至薛延陀，薛延陀逼其投降，何力不从，唐太宗遣使承诺以新兴公主下嫁薛延陀为条件，赎回了契苾何力。契苾何力之族与薛延陀本同属铁勒诸部之一，加以他刚从薛延陀返回，洞悉薛延陀的内情，因而他所献计策切中要害。实行此计后，果然导致其“诸部怨叛，延陀由是衰弱”③。

万岁通天元年（696）吐蕃请和亲，于是派郭元振出使吐蕃“往察其宜。吐蕃将论钦陵请罢安西四镇戍兵，并求分十姓突厥之地”④。吐蕃遣使随郭元振入朝进一步提出这些要求。“四镇”即龟兹、于阗、疏勒、碎

① 《旧唐书》卷六六《房玄龄传》，第2464、2466页。

② 《旧唐书》卷一〇九《契苾何力传》，第3292页。

③ 《唐会要》卷九四《沙陀突厥》，第1696页。

④ 《资治通鉴》卷二〇五，唐则天后万岁通天元年（696）九月，第6508页。

叶；“十姓”，即“十姓突厥，五咄陆，五弩失毕也”[1]。此即所谓西突厥“其人杂有都陆及弩失毕、歌逻禄、处月、处密、伊吾等诸种”[2]。正当“朝廷疑未决”之时，郭元振上疏曰：“今吐蕃请和，默啜受命，是将大利于中国也。若图之不审，则害必随之。今钦陵欲分裂十姓，去四镇兵，此诚动静之机，不可轻举措也。今若直塞其善意，恐边患之起，必甚于前。若以镇不可拔，兵不可抽，则宜为计以缓之……今宜报钦陵云：‘国家非吝四镇，本置此以扼蕃国之要，分蕃国之力，使不得并兵东侵。今委之于蕃，力强易为东扰。必实无东侵意，则还汉吐浑诸部及青海故地，即俟斤部落亦还吐蕃。’如此，则足塞钦陵之口，而事未全绝也。如钦陵有小乖，则曲在彼矣。”[3] 郭元振分析了唐与吐蕃、突厥的关系，提出了既保全国家根本利益，又不致引发与吐蕃矛盾的缓兵之计。武则天采纳了他的建议。

不久郭元振又上书武则天，进一步贡献计策说：“臣揣吐蕃百姓倦徭戍久矣，咸愿早和。其大将论钦陵欲分四镇境，统兵专制，故不欲归款。若国家每岁发和亲使，而钦陵常不从命，则彼蕃之人怨钦陵日深，望国恩日甚，设欲广举丑徒，固亦难矣。斯亦离间之渐。必可使其上下俱怀猜阻。”分析了其内部矛盾，建议采取促进其矛盾发展的外交策略。武则天深表赞同。照此实行之后，“自是数年间，吐蕃君臣果相猜贰，因诛大将论钦陵”[4]。

由于郭元振曾出使吐蕃，洞察其内部情况。他的两份上书，透彻地分析了吐蕃的内外矛盾、民心所向及统治集团之间的利害冲突；以及四镇、十姓之地与吐谷浑、青海之地得失之间的利害关系。据此而向朝廷提出了十分高明的对策。不仅挫败了吐蕃觊觎四镇、十姓之地的图谋，而且加速了其内部矛盾斗争，削弱了其侵略势头。

从以上的叙述可以看到，谏诤奏议在唐代的外交决策中起了重要的作用，它有助于减少决策中的失误，防止独断专行和偏听偏信，从而制

---

① 《资治通鉴》卷二〇五，唐则天后万岁通天元年（696）九月胡注，第6508页。

② 《旧唐书》卷一九四下《突厥传下》，第5179页。

③ 《旧唐书》卷九七《郭元振传》，第3043页。

④ 《旧唐书》卷九七《郭元振传》，第3044页。

定出比较符合实际和反映统治阶级最大利益的方针政策。它对于皇帝在决策中不仅发挥了制约作用，而且有着重要的参考价值。从有唐一代的实际情况来看，百官的奏议谏诤对于外交决策的作用，要大于专职谏官的作用。这除了谏议制度本身的局限性之外，还与外交决策有其特殊性，需要对于蕃情及错综复杂的双边、多边关系有深刻的了解和认识，具有处理外交问题的实际能力和一定的专业知识，这不能不说是一个原因。百官较专职谏官庞大，从而具有更广泛的专业人才和实践经验，故其在外交决策中发挥更大的作用，也是很自然的。

## 第二节　宰相决策

隋朝宰相决策还基本上附属于御前决策，尚未完全从御前决策中分离出来。到了唐代宰相决策已经正式成为外交决策的第二个层次。唐代实行多相制，故宰相需集体会议以商讨国家大政，宰相每日“午前议政于朝堂”①，即召开宰相会议。唐代的宰相会议有一个变化过程，“旧制，宰相常于门下省议事，谓之政事堂。永淳二年（682）七月，中书令裴炎以中书执政事笔，遂移政事堂于中书省。开元十一年（723），中书令张说改政事堂为中书门下，其政事印，改为中书门下之印也”②。由此可知，宰相会议经历了两个发展阶段，开元十一年以前为政事堂会议，其后为中书门下会议。政事堂会议的地点，从唐初至永淳二年（682）在门下省，永淳二年至开元十一年（723）在中书省，开元十一年以后政事堂改称中书门下。政事堂会议地点的改变，大体反映了唐前期门下重于中书向中书重于门下的权力嬗变。唐代早期特别是高祖、太宗时期，鲜见由宰相会议进行外交决策，而以皇帝亲自决策为主。高宗、武后以后宰相会议决策始逐渐增多。开元以前宰相数较多，政事堂议事制度严格执行。李林甫入相后宰相一般为二人，宰相会议名存实亡。宰相人数的变化，“开元以来，常以二人为限，或多则三人。天宝十五载之后……其秉钧衡

① 《通典》卷二三《职官典五・尚书下・吏部尚书》，第632页。

② 《旧唐书》卷四三《职官志二》，第1842页。

亦一、二人而已”[①]。宪宗以后才又恢复比较正常。

宰相会议的议题一般由皇帝下达。开元十九年（731）吐蕃使者称金城公主求《毛诗》《礼记》《左传》《文选》等文籍四种，秘书正字于休烈上表投招谏匦表示反对，认为“吐蕃国之寇仇，今资之以书，使知用兵权略，愈生变诈，非中国之利也”[②]。于休烈“疏入，诏中书门下议”。皇帝接到臣下上书后，认为有必要，遂将其下达宰相会议议决。在中书门下会议上，侍中裴光庭曰：“吐蕃不识礼经，孤背国恩，今求哀启颡，许其降附，渐以《诗》《书》，陶一声教，斯可致也。休烈但见情伪变诈于是乎生，不知忠信节义亦于是乎在。”[③] 中书门下会议否定了于休烈的意见，玄宗同意宰相的意见。于是将《诗》《书》等文化典籍赐予吐蕃。

乾符五年（878）南诏派遣赵宗政来请和亲，并请为弟而不称臣。唐朝统治集团对如何处理这一问题，意见分歧很大，以礼部侍郎崔澹为代表坚决反对与南诏和亲。广明元年（880）赵宗政返回南诏后，西川节度使崔安潜上表支持崔澹的意见，“且曰：‘南诏小蛮，本云南一郡之地；今遣使与和，彼谓中国为怯，复求尚主，何以拒之！’”于是“上命宰相议之”。当时宰相卢携、豆卢瑑，经讨论之后上言：“不若且遣使臣报复，纵未得其称臣奉贡，且不使之怀怨益深，坚决犯边，则可矣。”宰相会议的决策得到僖宗批准后，“乃作诏赐陈敬瑄，许其和亲，不称臣”[④]。广明元年六月，陈敬瑄已代替崔安潜为西川节度使，故其时宰相会议之决议便下达陈敬瑄负责执行。

从上述宰相会议，我们可以看到其决策程序是：皇帝接到臣下的奏疏，或群臣对于某一外交问题有不同意见之争论，认为有必要时便下达宰相会议进行讨论；宰相们集体讨论以后，提出对于问题处理的意见或方案，以奏状的形式上报皇帝；皇帝批准以后，便成为与诏令有同等法律效力的决定。

宰相也可以主动就自己掌握的外交问题，召开会议进行讨论，提出

---

① （元）马端临撰：《文献通考》卷四九《职官考三·宰相》，中华书局1986年版，第451页。
② 《资治通鉴》卷二一三，唐玄宗开元十九年（731）正月，第6794页。
③ 《新唐书》卷一〇四《于志宁附曾孙（于）休烈传》，第4007页。
④ 《资治通鉴》卷二五三，唐僖宗广明元年（880）六月，第8227—8228页。

处理意见，然后上报皇帝批准。开元二年（714）“宰相建言：‘吐蕃本以河为境，以公主故，乃桥河筑城，置独山、九曲二军，距积石二百里。今既负约，请毁桥，复守河如约。’”宰相的建议得到皇帝的批准，于是派遣左骁卫郎将尉迟瓌出使吐蕃，“慰安公主”①。这是宰相们以政事堂会议商定的处置方案上奏皇帝，并得到了皇帝的批准。当时的宰相是姚崇、卢怀慎等人，这就是他们给玄宗的奏状的要点。宰相们提出这个问题的原因是，睿宗景云元年（710）时，吐蕃以给金城公主为汤沐邑的名义，要去了河西九曲之地，“其地肥饶，吐蕃就之畜牧，因以入寇”②。开元二年（714）吐蕃进攻渭源，双方大战，故姚崇等人提出上述建议。

开元十三年（725）玄宗将封禅于泰山，为此宰相张说召开决策会议，以防备可能出现的边患。“中书令张说以大驾东巡，京师空虚，恐夷狄乘间窃发，议欲加兵守边，以备不虞。”③ 这是宰相主动召开的议边会议。会上“兵部郎中裴光庭曰：‘封禅者告成之事，忽此征发，岂非名实相乖？’（张）说曰：‘突厥比虽请和，兽心难测……知我举国东巡，万一窥边，何以御之？’”④ 裴光庭对曰：“今兹遣一使征其大臣赴会，必欣然应命。突厥受诏，则诸蕃君长必相率而来。虽偃旗息鼓，高枕有余矣。”张说非常赞同裴光庭这个意见，曰：“善。吾所不及矣。”于是根据这一讨论结果，“奏而行之”⑤。经皇帝批准，邀请突厥等诸蕃君长参加封禅活动，以控制他们不敢轻举妄动。

宰相有时也可以根据边将的报告而开会讨论，待会商拟定处理意见后上奏皇帝批准。开元五年（717）处置西突厥突骑施勾引大食、吐蕃犯唐事件就是如此。“初，帝欲遣阿史那献为北蕃主，而苏禄拒而不纳。乃命王惠恩赐慰喻。”阿史那献为归附唐朝的西突厥兴昔亡可汗三世，苏禄为突骑施汗国之可汗，由于苏禄拒绝接受阿史那献，因此派遣王惠出使慰喻。王惠尚未出发，恰好安西副大都护汤嘉会的奏报到达。于是宰相宋璟、苏颋根据汤嘉会提供的新情况，进行商议后上奏曰：“嘉会表称：

---

① 《新唐书》卷二一六上《吐蕃传上》，第6082页。

② 《资治通鉴》卷二一一，唐玄宗开元二年（714）八月，第6704页。

③ 《旧唐书》卷八四《裴行俭附子（裴）光庭传》，第2806页。

④ 《旧唐书》卷一九四上《突厥传上》，第5175页。

⑤ 《旧唐书》卷八四《裴行俭附子（裴）光庭传》，第2806页。

突骑施车鼻施勾引大食、吐蕃拟取四镇，见围钵换及大石城。嘉会已发三姓葛逻禄兵与史献同掩袭。臣等伏以突骑施等迹已叛换，葛逻禄等志欲讨除，自是夷狄相攻，元非朝廷所遣。若大伤小灭，皆利在国家。成败之状，即当闻奏。王惠充使，本为绥怀，事意既殊，未可令去。望待以西表，续更商量。”① 车鼻施即为苏禄所属部落。他们勾引大食、吐蕃谋取安西四镇，于是汤嘉会率领三姓葛逻禄、阿史那献进行反击。宰相们会商决定采取坐观成败的方针，上奏皇帝后得到了批准。结果苏禄得胜，其势日盛。唐朝立即加强与苏禄政权的关系，在日后抗击大食东扩中起了积极作用。

宰相会议的决策方案经皇帝批准以后，就交由中书省起草诏敕，开元以后渐改由翰林学士负责起草。回鹘于开成五年（840）破亡后，其中一支东迁至天德（今内蒙古乌拉特前旗）、振武（今内蒙古和林格尔）一带，拥立乌介可汗，而其将嗢没斯则投附于唐。唐朝屡遣使让乌介可汗退回漠南，但他不听，唐朝以为他希望得到马价以后才退走，于是会昌二年（842）李德裕召开宰相会议，会后向武宗上奏状：“右，臣等商量，赐可汗甚全国体。望付翰林赐可汗书（旨言）：得嗢没斯表称，在本国之时各有本分马，其马价绢并合落下，请充进奉。以可汗本国破残，久在边陲，此已量与嗢没斯优赏，其嗢没斯已下本分马价绢，便赐可汗。兼望赐嗢没斯诏，奖其忠荩。缘卿率众归国，若又落下马价绢，恐可汗与卿结怨转深，事体之间，亦虑非便。以卿等所请奏进奉马价绢回赐可汗，所冀部落早退，令卿等各保安谧。望约此意处分，实为允惬。”② 宰相会议讨论了将马价绢赐予乌介可汗的问题，同时已经把两份诏敕的基本内容拟定，经皇帝批准后，翰林学士即可据以草诏。

有时皇帝也要求宰相亲自起草诏敕。李德裕为相时，“自回鹘至塞上及黠戛斯入贡，每有诏敕，上多命德裕草之。德裕请委翰林学士，上曰：‘学士不能尽人意，须卿自为之。’”③

---

① 《册府元龟》卷九九二《外臣部·备御五》，第11651页。

② 傅璇琮、周建国校笺：《李德裕文集校笺·文集》卷一三《奏宣嗢没斯所请落下马价绢便赐与可汗稳便否奏来者状》，河北教育出版社2000年版，第244页。

③ 《资治通鉴》卷二四七，唐武宗会昌三年（843）三月，第7976页。

宰相会议的参加者，一般仅限于宰相，但是，如果需要，皇帝有时也指定有关官员参加会议。长安三年（703）“西突厥乌质勒与诸蕃不和，举兵相持，安西道绝，表奏相继。（武）则天令（唐）休璟与宰相商度事势，俄顷间草奏，便遣施行。后十余日，安西诸州表请兵马应接，程期一如休璟所画”①。当时西突厥可汗斛瑟罗“用刑残酷，诸部不服”。乌质勒乃隶属于西突厥的突骑施部酋长，“能抚其众，诸部归之，斛瑟罗不能制……乌质勒悉并其地”②。武则天何以指定唐休璟参加此次宰相会议呢？他曾为安西副都护，时为凉州都督，长期在西北地区活动，身为边疆大吏，“尤谙练边事，自碣石西逾四镇，绵亘万里，山川要害，皆能记之”。唐休璟在宰相会议上的出色表现受到武则天的赏识，说：“恨用卿晚。”因此提拔他为宰相，并对众宰相说：“休璟谙练边事，卿等十不当一也。”③

宰相也可以根据需要而召请有关官员参加宰相会议。前述开元十三年（725）宰相张说召开宰相会议，商议在玄宗东封泰山时，防备夷狄乘机犯边，就特别召请裴光庭参加。当时裴光庭不是宰相，而是兵部郎中。因为这次会议涉及边疆军事问题，所以指定他参加。

宰相会议中有时会因意见分歧而发生激烈的争论，这本是正常现象，但是，如果这种争论达到有失体统的地步，则会受到皇帝的谴责或惩处。僖宗乾符五年（878）南诏遣使来请和亲，唐廷群臣对此意见不一。于是召开宰相会议讨论这个问题。“五月，丙申朔，郑畋、卢携议蛮事，携欲与之和亲，畋固争以为不可。携怒，拂衣起，袂罥砚堕地，破之。上闻之，曰：‘大臣相诟，何以仪刑四海！’丁酉，畋、携皆罢为太子宾客、分司。”④ 这两位宰相因讨论是否与南诏和亲问题而相互争吵，达到恶言相加，毁坏办公用品的地步，有失宰相表率天下的体统，因而受到皇帝谴责，均被撤掉了宰相职位。

宰相们的地位原则上是平等的，在宰相会议上集体协商，联名署状。但是其中以“秉笔”⑤ 者为首席宰相。这种制度不免导致个别宰相专权，

---

① 《旧唐书》卷九三《唐休璟传》，第 2979 页。

② 《资治通鉴》卷二〇七，唐则天后长安三年（703）七月，第 6563 页。

③ 《旧唐书》卷九三《唐休璟传》，第 2979 页。

④ 《资治通鉴》卷二五三，唐僖宗乾符五年（878）五月，第 8204 页。

⑤ 《唐会要》卷五三《杂录》，第 922 页。

违背了集体负责的原则。李德裕为宰相时“自开成五年冬回纥至天德，至会昌四年八月平泽潞，首尾五年，其筹度机宜，选用将帅，军中书诏，奏请云合，起草指纵，皆独决于德裕，诸相无预焉”①。像李德裕这样专权的宰相，在唐代并非个别现象。

也有少数专权用事的宰相，利用手中的决策权力，徇私舞弊，而作出错误的决策。中宗时宰相宗楚客、纪处讷等当朝任势，结为朋党，狼狈为奸。竟然在外交决策中因接纳贿赂而做出错误的决策。景龙二年（708）“西突厥娑葛与阿史那忠节不和，屡相侵扰，西陲不安。安西都护郭元振奏请徙忠节于内地。（宗）楚客与（宗）晋卿、（纪）处讷等各纳忠节重赂，奏请发兵以讨娑葛，不纳元振所奏。娑葛知而大怒，举兵入寇，甚为边患”②。西突厥突骑施政权首领乌质勒死后，其子娑葛继位，自称可汗，正式建立突骑施汗国。乌质勒时的旧将阿史那忠节不服，双方矛盾日益激化，相互攻击。唐碎叶镇守使周以悌协助阿史那忠节打败娑葛，娑葛求援东突厥，复大败阿史那忠节。安西都护郭元振见阿史那忠节势衰，而突骑施正在崛起，于是上表请将阿史那忠节召入朝廷宿卫，主张支持突骑施。其战略目的是联合突骑施以对付吐蕃。阿史那忠节受到周以悌的唆使，派人以重金贿赂宗楚客、纪处讷等，请求派兵帮助他反击娑葛。宗、纪等人果然作出派兵援助阿史那忠节以进攻娑葛的决策。结果唐军大败，娑葛“遂陷安西，四镇路绝”③，使唐在西域遭受严重的挫折。事实证明郭元振的主张是正确的，宗楚客、纪处讷等人的决策是错误的。

## 第三节 百官大会决策

隋朝继承汉、魏以来的传统，在遇到外交上的某些疑难问题时，便把这些问题下达百官大会讨论，以便广泛听取不同意见。开皇七年（587）突厥可汗摄图死，隋遣使册拜其弟处罗侯为莫河可汗。莫河可汗

① 《旧唐书》卷一七四《李德裕传》，第4527页。

② 《旧唐书》卷九二《萧至忠传附宗楚客传》，第2972页。

③ 《新唐书》卷一二二《郭元振传》，第4365页。

以隋朝所赐旗鼓西击阿波可汗，大败阿波并生擒之。莫河可汗上书隋文帝，请求定夺如何处置阿波，于是“上下其议”[①]，把此问题下达百官讨论。“乃召文武议焉。乐安公元谐曰：‘请就彼枭首，以惩其恶。’武阳公李充曰：‘请生将入朝，显戮以示百姓。’上谓（长孙）晟曰：‘于卿何如?’晟对曰：‘若突厥背诞，须齐之以刑。今其昆弟自相夷灭，阿波之恶，非负国家，因其困穷，取而为戮，恐非招远之道，不如两存之。’上曰：‘善。’”[②] 左仆射高颎亦参加了此次会议，他的意见与长孙晟相同，说：“骨肉相残，教之蠹也。存养以示宽大。”[③] 从见于记载的与会成员看，有宰相（如尚书左仆射高颎）、边将（如李充）、使节（如长孙晟曾屡使突厥，是突厥问题专家）、功臣宿将（如元谐）等，是一次文武百官均参加的大会。隋文帝出席并主持了这次会议，可见百官大会有时是由皇帝直接主持的。

但是这种百官会议由于皇帝刚愎自用、独断专行，往往起不到集思广益的预期效果，这种情况在炀帝时尤显突出。大业十年（614）“二月，辛未，诏百僚议伐高丽”。但是“数日，无敢言者”[④]。在这种情况下炀帝专断决策，发动第三次对高丽的战争，加速了隋朝的衰亡。

唐代继续隋制实行公卿百官集议决策，是为唐代外交决策的第三种重要方式。这种方式是汉魏以来公卿百官集议制度的发展，唐武宗会昌五年（845）敕曰：“汉、魏已来，朝廷大政，必下公卿详议，博求理道，以尽群情。”[⑤] 其中外交问题尤重公卿百官集议，以广泛征询意见，商讨对策，李德裕谓：“自两汉每四夷有事，必令公卿集议，盖以国之大事，最在戎机。”[⑥] 唐代继承并发展了这一制度，皇帝经常下诏让百官集议，以集思广益，决策大政。肃宗乾元三年（760）诏曰：“两汉旧规，典章沿革，必朝廷会议，共体至公，盖明君不独专法，当从众议，庶遵行古之道，俾广无私之论。宜令文武九品以上，并于尚书省议讫，委中书门

---

① 《隋书》卷八四《北狄·突厥传》，第1871页。

② 《隋书》卷五一《长孙览附从子（长孙）晟传》，第1332页。

③ 《隋书》卷八四《北狄·突厥传》，第1871页。

④ 《资治通鉴》卷一八二，隋炀帝大业十年（614）二月，第5689页。

⑤ 《旧唐书》卷一八上《武宗纪》，第604页。

⑥ 《李德裕文集校笺·文集》卷一四《驱逐回鹘事宜状》，第255页。

下详择奏闻。”①

在外交决策中，遇有重大的、疑难的问题，皇帝或宰相感到难以决断时，也常下达百官大会进行讨论。“开成末，回纥为黠戛斯所攻，战败，部族离散，乌介可汗奉太和公主南来。会昌二年二月，牙于塞上，遣使求助兵粮，收复本国，权借天德军以安公主。时天德军使田牟，请以沙陀、退浑诸部落兵击之。上意未决，下百僚商议。”② 回纥被黠戛斯打破后，其将嗢没斯等率众于开成五年（840）抵天德军塞下，请求内附。次年，即会昌元年（841）二月，回纥余众又拥立乌希特勒为可汗，是为乌介可汗，亦南依塞下③。在这种情况下，天德军使田牟上表请发兵驱逐回纥。武宗对此拿不定主意，于是下令召开百官大会讨论此事。

是否需要召开百官大会，均由皇帝决定，大会议题也由皇帝下达。僖宗乾符五年（878）“南诏遣其酋望赵宗政来请和亲，无表，但令督爽牒中书，请为弟而不称臣。诏百僚议之”④。“酋望”为南诏“清平官”之一，位“在大将之下，久赞之上”⑤。“爽”即“省”，“督爽，总三省也”⑥。南诏的使者没有带来上皇帝的表，只有“督爽”致中书省的公文，而且要求与皇帝以兄弟而不是以君臣相称，这被认为是傲慢无礼之举。因而僖宗下令百官讨论是否与其和亲。

宰相也可以请求召开百官大会。会昌二年（842）关于要不要驱逐回鹘的问题，在唐朝决策集团中意见颇为不一，于是宰相李德裕向德宗提出请求召开百官大会。李德裕在上奏报告中说：“况闻向外议论不一，互有异同。若不一度遍询群情，终为闲词所扰。望令公卿集议，两日内闻奏。所冀博尽群议，厌服众心，未审。”⑦ 这是因为百官对于如何处置回

---

① 《唐大诏令集》卷一一二《令百官议罢新钱诏》，第583页。

② 《旧唐书》卷一七四《李德裕传》，第4521—4522页。

③ 据《资治通鉴》卷二四六，唐武宗会昌元年（841）二月《考异》，此事不在会昌二年而在会昌元年，第7949页。

④ 《资治通鉴》卷二五三，唐僖宗乾符五年（878）四月，第8204页。

⑤ 《资治通鉴》卷二五三，唐僖宗乾符五年（878）四月胡注，第8204页。

⑥ 《新唐书》卷二二二上《南蛮上·南诏传上》，第6268页。

⑦ 《李德裕文集校笺·文集》卷一四《驱逐回鹘事宜状》，第255页。按，据“校笺”，状文最后“未审”一句，《全唐文》卷七〇五同篇状文作“未审可否”，可从。

鹘问题意见纷纭，所以宰相提出要求召开百官大会，以广泛听取意见，统一认识。

僖宗广明元年（880）六月，西川节度使陈敬瑄奏请遣使与南诏和亲。《通鉴·考异》引《实录》：“丁酉，中书奏请令百官集议。甲辰，百官议定。壬子，中书奏遣使。”① 虽然胡三省认为《实录》所记月日有误，但它所反映的百官会议召开情况当是其时实际情况。这里的“中书”，实即“中书门下”。这个记载表明，由宰相根据需要提请皇帝批准召开百官大会，百官大会的议案由宰相负责整理上报，得到皇帝批准后即负责贯彻执行。百官大会一般有三种类型。

其一，由尚书省负责召集的百官大会。文宗太和五年（831）“吐蕃遣使论董勃义入朝修好，俄而西川节度李德裕奏，吐蕃维州守将悉怛谋以城降。德裕又上利害云：‘若以生羌三千，出戎不意，烧十三桥，捣戎之腹心，可以得志矣。’上惑其事，下尚书省议，众状请如德裕之策”②。《资治通鉴》记此事曰：“事下尚书省，集百官议。”③ 会后宰相牛僧孺“奏曰：‘此议非也……’上曰：‘然。’遂诏西川不纳维州降将”④。可见宰相牛僧孺并没有参加这次会议，但是会议结果要上报宰相，并由其作出评判之后，上报皇帝作出决断。

其二，由中书、门下召集的百官大会。开元十八年（730）“苏禄使至京师，玄宗御丹凤楼设宴。突厥先遣使入朝，是日亦来预宴，与苏禄使争长。突厥使曰：‘突骑施国小，本是突厥之臣，不宜居上。’苏禄使曰：‘今日此宴，乃为我设，不合居下。’于是中书门下及百僚议，遂于东西幕下两处分坐，突厥使在东，突骑施使在西”⑤。苏禄为突骑施可汗，苏禄使即突骑施汗国所遣使者。突骑施因抗击大食有功，玄宗为其设宴庆功，故其使者称此宴为其所设。突骑施与突厥的使者争位次，相持不下，于是由中书门下召集百官商议，议定一个令双方都能接受的方案，从而解决了这场外交礼仪纷争。

---

① 《资治通鉴》卷二五三，唐僖宗广明元年（880）六月《考异》引，第8228页。

② 《旧唐书》卷一七二《牛僧孺传》，第4471页。

③ 《资治通鉴》卷二四四，唐文宗太和五年（831）九月，第7878页。

④ 《旧唐书》卷一七二《牛僧孺传》，第4471页。

⑤ 《旧唐书》卷一九四下《突厥传下》，第5191—5192页。

其三，台省联席大会。武宗拟派右散骑常侍李拭使黠戛斯，册封其君长为宗英雄武诚明可汗，尚未出发而武宗崩。宣宗继位之后，拟按照武宗原先之意册其可汗，但臣下意见不一，“或谓黠戛斯小种，不足与唐抗”，于是“诏宰相与台省四品以上官议”。会上一致认为：“回鹘盛时有册号，今幸衰亡，又加黠戛斯，后且生患。”皇帝采纳了会议意见，“乃止”①。会昌六年（846）九月宣宗关于召开这次会议的敕旨，曰：“去岁先帝册立黠戛斯为可汗，虽有成命，旋属朝廷变故，未果遵行。今欲遣使，且展封告之仪，续行先帝之意，又虑深僻小国，不足与之抗衡，回鹘向残，不合遽有建置。事新体大，须归至当，必询于众，方免有疑。宜令中书、门下五品以上，御史台、尚书省四品以上，集议闻奏。”② 从宣宗关于召开这次百官大会的敕文可知，所谓“台省”即中书、门下、尚书三省及御史台等。与会官员为五品以上。召开这种百官大会是因兹事体大，须征求百官意见，集思广益。这种类型的会议规格比前两者要高、要隆重，所讨论的问题也要比前者重大。

由此可见，参加百官会议的官员，须根据会议所要讨论的内容而随时确定，一般是四品、五品以上官员，最大规模的是文、武九品以上官员均参加的全体大会。

百官大会的主持者，或者是宰相，或者是指定的专人。贞元三年（787）吐蕃遣使请求会盟和亲，宰相张延赏等主和，太尉李晟等主战。德宗听从了张延赏的意见，决定与吐蕃会盟，派遣浑瑊为会盟使。《资治通鉴》德宗贞元三年（787），闰五月，会盟使浑瑊奏报已与吐蕃议定于辛未日举行会盟，于是宰相张延赏召集百官，将浑瑊所上之表“称诏示之，曰：‘李太尉谓吐蕃和好必不成，此浑侍中表也，盟日定矣。’”③ 张延赏向百官大会通报了会盟使浑瑊上奏的内容，以证明其主和主张的正确。这是由宰相主持的百官大会。

会昌二年（842）“诏以回纥犯边，渐侵内地，或攻或守，于理何安？令少师牛僧孺、陈夷行与公卿集议可否以闻。僧孺曰：‘今百僚议状，以

① 《新唐书》卷二一七下《回鹘传下》，第 6150 页。

② 《唐会要》卷一〇〇《结骨国》，第 1786 页。

③ 《资治通鉴》卷二三二，唐德宗贞元三年（787）闰五月，第 7486 页。

固守关防，伺其可击则用兵。'"[1] 此次百官大会，即上文所述应宰相李德裕之请求，经武宗批准而下诏召开的。主持这次会议的并非宰相，牛僧孺时为少师，乃东宫辅导官；陈夷行已于这年六月罢相，而此次大会是在八月召开的。这是由皇帝指定专人主持召开的百官大会。

百官大会的讨论结果要写成"议状"上报宰相或皇帝，最后由皇帝决断是否采纳。牛僧孺主持这次百官大会后，他在上报中称"今百僚议状"云云，此即其所作"议状"中的陈述。讨论结果，百官"皆曰：'回鹘盛时有册号，今幸衰亡，又加黠戛斯，后且生患。'乃止"[2]。是为百官大会"议状"之要点。宣宗采纳了这次百官大会的意见，决定停止册封黠戛斯的计划。

对于百官大会的"议状"的处置，一般说来皇帝还要征求宰相的意见，也可能因宰相的反对而作罢。会昌元年（841）讨论天德军使田牟奏请击回纥问题的百官大会，"议者多云如（田）牟之奏"[3]。而据《资治通鉴》记载，"上以问宰相"[4]，宰相李德裕反对，武宗也就作罢。太和六年（832）关于吐蕃维州守将悉怛谋以城来降问题的百官大会，会议结果"众状请如（李）德裕策"，但是当朝宰相牛僧孺反对，说："此议非也。"文宗采纳了牛僧孺的意见而否决了百官大会的意见，"遂诏西川不纳维州降将"。不过，这一次事情牵涉牛、李内部矛盾，他们把这种矛盾带到了外交决策中来，"僧孺素与德裕仇怨，虽议边公体，而怙德裕者以僧孺害其功，谤论沸然，帝亦以为不直"[5]。

以上我们分别考察了唐代外交决策的三种基本方式——御前决策、宰相决策和百官大会决策。那么这三种方式之间是什么关系呢？我们可以会昌元年（841）、二年期间处理回鹘问题的决策过程作为事例来看一看。文宗开成五年（840），回纥被黠戛斯打破，四出逃散，其中一支在可汗兄弟嗢没斯率领下抵达天德军塞下，要求粮食和内附。对此应采取什么对策，唐朝决策集团颇费踌躇。

---

① 《旧唐书》卷一八上《武宗纪》，第 591 页。

② 《新唐书》卷二一七下《回鹘传下》，第 6150 页。

③ 《旧唐书》卷一七四《李德裕传》，第 4522 页。

④ 《资治通鉴》卷二四六，唐武宗会昌元年（841）八月，第 7952 页。

⑤ 《旧唐书》卷一七二《牛僧孺传》，第 4471 页。

武宗会昌元年八月，“天德军使田牟、监军韦仲平欲击回鹘以求功，奏称：‘回鹘叛将嗢没斯等侵逼塞下，吐谷浑、沙陀、党项皆世与为仇，请自出兵驱逐。’上命朝臣议之，议者皆以为嗢没斯叛可汗而来，不可受，宜如牟等所请，击之便”①。这是皇帝接奏报以后下令召开百官会议讨论如何处理这一问题。百官大会主张击之。但是皇帝感到百官会议的意见尚未尽善，胡注引《伐叛纪》云于是“上令宰臣商量”②，又下令召开宰相会议。宰相李德裕不同意动武，提议遣使抚慰回鹘，并赐粮三万斛以救其饥荒。对此皇帝还有疑虑，便召开延英会议。经延英会议商讨，最后皇帝批准“以谷二万斛赈之”③。

关于这个问题，逐级召开了百官会议、宰相会议、御前会议，百官会议先听取广大官员的初步意见，宰相会议既要对百官会议做出评判，又要拿出比较全面、具体的意见与皇帝商决，所以宰相会议这个环节比前者显然重要得多，起了皇帝与百官之间的调节、纽带作用，而最后拍板定案则是在御前会议上。

回纥残部另一支拥立乌希特勒为可汗，是为乌介可汗。这支回纥来往于天德、振武之间，唐廷下诏令其退回漠南，他们不仅不退，反而于会昌二年（842）八月初越过杷头峰，突入大同川，推进至云州城下。对此，唐廷进行了一系列紧张的决策活动。

首先，八月九日接到奏报后，武宗立即召开延英会议，决定于太原、振武、天德屯兵，等待明春反击④。

其次，对这一决策，群臣有不同意见，谓：“闻向外议论不一，互有异同。”为此，李德裕等召开宰相会议，经过“累日商量”，认为延英会议所定方针“量为得计”。于是李德裕给武宗上奏状，要求“望令公卿集议，两日内闻奏。所冀博尽群议，厌服众心”⑤。

再次，经武宗批准召开了百官大会。武宗“降敕旨”，要求大会“须

① 《资治通鉴》卷二四六，唐武宗会昌元年（841）八月，第7952页。

② 《资治通鉴》卷二四六，唐武宗会昌元年（841）八月胡注引，第7954页。

③ 《资治通鉴》卷二四六，唐武宗会昌元年（841）闰九月，第7955页。

④ 参见《资治通鉴》卷二四六，唐武宗会昌二年（842）八月，第7963页；《李德裕文集校笺·文集》卷一四《请发陈许徐汝襄阳等兵状》，第248页。

⑤ 《李德裕文集校笺·文集》卷一四《驱逐回鹘事宜状》，第254—255页。

切应事机，不得更为虚论”。按照规定，大会的“议状”上报宰相，以便对“其中有未尽处须更令分析闻奏”。

复次，百官大会后，召开宰相会议对百官大会的“议状”进行了研究，提出处理意见上报皇帝：“今详议状，并未切事机。臣等商量，望令牛僧孺与（陈）夷行同议，仔细分析，两日内闻奏。”①

最后，第二次百官大会后，又召开宰相会议研究了大会的“议状”，提出处理意见，于八月二十七日上报皇帝：“臣等伏详公卿所议，犹未切要。”然后一一指出“议状”中存在的问题。最后提出：“昨令集议，祇缘问驱逐守备，二计何先。今既云守备，过冬方图进取，斯为上策，便可施行。即与昨来加刘沔招抚使，且令告谕，理亦相近，恐不暇更有访问，未审。”②

从八月九日接到边境的奏报，到八月二十七日这一问题的最后敲定，十八天中先后召开了御前会议一次，宰相会议三次，百官大会二次。三种决策方式交叉运用，相互配合。御前会议确定了调动军队，准备明春反击的方针。第一次百官大会是因群臣对御前决策所定方针有不同意见，为了统一认识而召开。第二次百官大会是因前次会议未能切中事机（实即未能就御前决策方针统一认识）而召开。第二次百官大会虽仍有未切事机之处，但因其已同意等待明春进取，与御前会议所定方针一致，因而为宰相会议所接受，并报皇帝批准，御前会议所定方针得以最终敲定。御前会议无疑是最高的决策层次。而这里宰相起着最为关键的作用：召开百官大会的建议是他们提出的；主持百官大会的人选是他们推荐的；百官大会的“议状”由他们分析研究，并提出处理意见。不过，汉代的公卿百官集议一般是由宰相主持的，到了唐代百官大会已不完全由宰相直接主持，而可能另外指派专人主持，一般为德高望重之老臣。这种宰相回避制度，对于群臣充分发表意见是有意义的。

这样我们可以看到唐代的外交决策体制是一种以御前决策为核心，

① 《李德裕文集校笺·文集》卷一四《公卿集议须便施行其中有未尽处须更令分析闻奏谨具一一如后状》，第256—257页。

② 《李德裕文集校笺·文集》卷一四《牛僧孺等奉敕公卿集议须便施行其中有未尽处须更令分析谨连如前状》，第258—259页。按，状文“未审”一句，《全唐文》卷七〇五同文作“未审可否”，可从。

宰相决策为基础，百官决策为参考，相辅相成，密切配合，运转灵活高效的三级决策体制。前两者为常务决策会议，后者为临时决策会议。这种决策体制保证了唐皇朝能够最大限度地调动整个统治集团成员的积极性，集中统治集团的群体智慧，群策群力，集思广益，制定出最符合当时统治阶级利益的外交决策。但是，由于中央集权政治制度本身固有矛盾所决定，使这种决策体制不可避免地在君主专横昏庸、权臣弄权等因素的作祟下受到种种干扰，使其不能完全正常地发挥应有的效能。

# 第八章　唐代外交专职机构

我国古代的外交管理机构，到隋唐时期已经渐趋成熟和完善，其机构之完备、分工之明确和细致、相互配合之协调，以及其运转之灵活与高效，都是空前的，在秦汉、魏晋南北朝的基础上跃上了一个新的台阶。产生这种变化的原因，主要有以下几个方面。第一，隋唐时期是我国中古时代统一皇朝在更高层次上的再建。秦汉时期缔造了我国中古时代第一阶段的统一皇朝，经过魏晋南北朝时期将近四百年的分裂割据、斗争融冶、重新组合，到了隋唐时期重建统一，进入了中国古代第二阶段的统一皇朝。在这个阶段，统一规模之恢宏、国势之强盛、业绩之辉煌都是空前的。由这个更高层次的统一皇朝而决定，这一时期的政治、经济、文化都得到了空前的发展和进步，臻于一个新的阶段。与此相应的是这一时期的外交及外交管理机构也迈入了一个崭新的阶段。第二，隋唐时期是我国中古时代外交发展最辉煌的时期。这个时期对外交往之频繁、外交范围之广阔、外交方式之活泼多样、外交成果之丰硕，都是空前的。欧阳修、宋祁在《新唐书·北狄传赞》中评论道："唐之德大矣！际天所覆，悉臣而属之，薄海内外，无不州县，遂尊天子曰'天可汗'。三王以来，未有以过之。至荒区君长，待唐玺纛乃能国，一为不宾，随辄夷缚，故蛮琛夷宝，踵相逮于廷。"[①] 其外交范围之广，"东至高丽，南至真腊，西至波斯、吐蕃、坚昆，北至突厥、契丹、靺鞨，谓之'八蕃'，其外谓之'绝域'"[②]。由于实行对外开放政策，形成了"万国朝宗"的外交局面，王维《和贾舍人早朝大明宫之作》中"九天阊阖开宫殿，万国衣冠

---

① 《新唐书》卷二一九《北狄传》"赞曰"，第6183页。

② 《新唐书》卷二二一下《西域传》"赞曰"，第6264页。

拜冕旒”的诗句，就是对唐代外交盛况的生动描绘。这种外交成就要求外交管理机构与其相适应，同时又促进了外交管理机构的进一步完善。第三，隋唐时期是我国中古时代政治制度臻于相对成熟与完善的阶段。秦汉时期的三公九卿制度，经过魏晋南北朝几百年的演变，到了隋唐时期已经形成三省六部九卿制度。三省之中，以“中书主出令，门下主封驳，尚书主奉行”。密切配合，相互制约。而作为总理政务的尚书省与主管具体事务的卿监百司之间的分工和合作也比较明确、协调了，所谓“九寺三监、东宫三寺、十二卫，及京兆、河南府，是王者之有司，各勤所守，以奉职事。尚书准旧章、立程度以颁之”①。尚书省主管政令，发挥指挥督责作用，卿监诸司则根据政令负责各项有关具体事务。所谓“总群官而听曰省，分务而专治曰寺”②，说的就是尚书与卿监的这种相互关系。这表明这个时期政府各部门之间的分工比较明确了，相互关系已经比较协调。这种政治体制是经过长期实践、探索、调整而形成的，它比较适应当时社会发展的需要，发挥了较好的效能。这些都直接地影响了隋唐时期的外交管理机构的进一步完善。

隋唐时期中央外交管理机构主要有如下一些特点。第一，隋唐时期的专职外交管理机构，仍然是九卿系统的鸿胪寺和尚书系统的主客司这两个部门。不过由于这个时期三省六部制的确立和完善，尚书与卿监关系的相对顺畅，这两个部门之间的关系也相应进一步协调，即主客司主管外交政务，鸿胪寺主管外交事务，职责分明，分工明确，密切配合，相互协作，完成有关各项外交职事。由于长期纠缠不清的尚书与卿监关系逐步协调，像魏晋南北朝时期那样的外交职事相互交错重叠，相互侵权的情况已经大为减少，表现了外交管理由约而繁、由疏而密的发展。第二，专职外交管理机构与关涉机构之间的配合也有了进一步的发展。唐代外交管理工作中的关涉机构大为增加，但各自在外交工作中的职责、地位以及它们与专职机构的关系都有比较明确的规定，多而不乱，基本上能够与专职机构密切配合，有条不紊地运转，协同完成外交行政任务。第三，但是，唐中后期发生了巨大变化。上述两方面的情况主要是指唐

---

① 《唐会要》卷七八《诸使中·诸使杂录上》“苏氏驳曰”，第1438页。

② 《新唐书》卷一八四《杨收传》，第5394页。

前期的情况，到了唐朝中后期，由于使职差遣制度的发展及其定型化，使三省制下的职事官制度遭到破坏，又由于宦官势力在政治舞台上的崛起，他们不仅控制朝政，也侵夺各种行政事务。史称“自天宝末，权置使务已后，庶事因循，尚书诸司，渐致有名无实”①。这些对于外交管理机构也产生了严重的影响，官、职分离，外交工作往往不是由外交机构，而是由差遣或使职来执行以及宦官控制外交的情况也同样存在。

## 第一节　鸿胪寺及其外交职能

鸿胪为九寺之一，在隋唐时期仍然主要负责外交（包括少数民族）事务。

### 一　鸿胪寺的设置及其变迁

隋朝建立后，继承北齐制度，设置鸿胪寺。开皇三年（583）废鸿胪寺入太常，十二年（592）复置。寺中以卿一人为长官，正第三品；少卿一人为次官，正四品上；丞二人，正七品下；以及主簿、录事等办事人员。此外尚有赞者十二人②。鸿胪寺下统辖典客、司仪、崇玄三署。隋炀帝时典客署改称典蕃署。三署各置令为长官，丞为副。典客署又有掌客十人，司仪署有掌仪二十人。隋炀帝时加置少卿二人，降为从四品③。

唐初依隋制设置鸿胪寺。龙朔二年（662）改称同文寺，咸亨元年（670）复称鸿胪寺。武后光宅元年（684）改称为司宾寺，神龙元年（705）复称鸿胪寺④。鸿胪寺以卿一人为长官，从三品；少卿二人为副，从四品上。“鸿胪卿之职，掌宾客及凶仪之事，领典客、司仪二署，以率

---

① （宋）薛居正等撰：《旧五代史》卷一四九《职官志》，中华书局1976年版，第1999页。

② 《唐六典》卷八《门下省·左散骑常侍等》注，第249页。

③ 《隋书》卷二八《百官志下》，第777、798页；《唐六典》卷一八《鸿胪寺》，第505页。

④ 《通典》卷二六《职官八·诸卿中·鸿胪卿》，第725页。《唐会要》卷六六《鸿胪寺》谓：“龙朔二年，改为司宾寺，卿为正卿。咸亨元年复为鸿胪寺。光宅元年，改为司宾寺。神龙元年复为鸿胪寺。”（第1151页）

其官属，而供其职务；少卿为之贰。”① 所谓“宾客”之事，主要就是外交（及少数民族）接待事务。“凶仪”也包含有关外交事务。在鸿胪卿和少卿之下还有丞二人，从第六品上，“掌判寺事”，有似今世之办公厅主任；主簿一人，从第七品上，“掌印，勾检稽失”；还有录事二人，从第九品上，“掌受事发辰”。管理受事日期和完成任务的程限。此外尚有流外吏职人员，有“府五人，史十一人，亭长四人，掌固六人”② 等。

鸿胪寺的属官有典客、司仪二署。典客署负责蕃客的接待、迎送等事务，司仪署负责丧葬礼仪及有关事务。唐初改典蕃署为典客署，置令一人为长官，从第七品下；丞二人为副，从第八品下。还有掌客十五人，正九品上。此外尚有流外吏职人员：典客十三人，府四人，史八人，宾仆十八人，掌固二人。司仪署也置令一人，正八品下；丞一人，正九品下。流外吏职人员有司仪六人，府二人，史四人，掌设十八人，斋郎三十三人，掌固四人，幕士六十人③。

鸿胪寺的属官除上述二署外，还有礼宾院。胡三省谓“鸿胪掌四夷之客，有礼宾院”④。又谓“唐有礼宾院，凡胡客入朝，设宴于此……宋白曰：属鸿胪寺”⑤。礼宾院初设时似还不属鸿胪寺，天宝“十三载二月二十七日，礼宾院自今后，宜令鸿胪勾当检校。应缘供拟，一物已上，并令鸿胪勾当”⑥。可见是从天宝十三载（754）才归鸿胪寺统辖。元和九年（814）时，将礼宾院设置于长兴里之北⑦。礼宾院亦负责蕃客接待及迎送等事务，但其活动多见于唐后期，成为唐后期重要的外事接待部门，取鸿胪寺许多职责而代之。

鸿胪寺还有左、右威远营。贾耽于大历七年（772）至十四年（779）为鸿胪卿，“时左右威远营隶鸿胪，耽仍领其使”⑧。阳济于大历十四年

---

① 《唐六典》卷一八《鸿胪寺》，第505页。

② 《旧唐书》卷四四《职官志三》，第1885页。

③ 《旧唐书》卷四四《职官志三》，第1885页。

④ 《资治通鉴》卷二三二，贞元三年（787）七月胡注，第7493页。

⑤ 《资治通鉴》卷二四〇，元和十四年（819）正月胡注，第7758页。

⑥ 《唐会要》卷六六《鸿胪寺》，第1151页。

⑦ 《旧唐书》卷一五《宪宗纪下》，第450页。又见《唐会要》卷六六《鸿胪寺》，第1152页，《册府元龟》卷一四《帝王部·都邑二》，第160页。

⑧ 《旧唐书》卷一三八《贾耽传》，第3783页。

（779）亦曾被“拜鸿胪卿兼威远营使”[①]。可见威远营由鸿胪管辖，其使多由鸿胪长官兼领。威远营当为服务于外事工作的武装警察部队。贾耽《神道碑》叙其“征拜鸿胪卿兼左右威远营使”职务时，缀以“通夷狄之情，序宾客之位，其有素矣”[②]之语，表明“左右威远营”与外事有关。德宗建中元年（780）七月“以鸿胪寺左右威远营隶金吾”[③]。元和二年（807）四月敕：“左右威远营，置来已久，著在国章。近置英武军及加军额，宜从并省，以正旧名。其英武军额宜停，将士及当军一切已上，并合入左右威远营，依前置使二人勾当。”[④]从其划归金吾卫统辖，以及后来将“英武军”合并于“左右威远营”来看，其性质当为负责巡察警卫的首都卫戍部队组成部分——外事警察。[⑤]尽管由于唐后期鸿胪职权式微，“左右威远营”之统属关系由鸿胪而改为金吾，但其服务于外事工作的基本功能当不会有变化。

此外，鸿胪寺属官在唐初尚有崇玄署，负责寺、观的管理。每寺、观各设监一人，隶鸿胪寺。开元二十五年（737）将道观改隶宗正寺，佛寺改隶尚书祠部。

## 二　鸿胪寺的外交职能

鸿胪寺的职掌到了隋唐时期已经变为相对单一的外事管理部门。汉代的鸿胪职掌尚繁，除了外交、民族事务之外，还有封国王侯事务和郡国计吏事务等。到了魏晋南北朝时期由于政治体制和中央与地方关系的变化，鸿胪不再负责郡国计吏事务，而且由于封建王侯制度的逐渐蜕变，这方面的职任有所削弱，最后其职划归宗正寺管辖。这样一来鸿胪寺就成为专职于外事的部门了。正如《历代职官表》所说：“自东晋迄于唐，

---

① 《唐故鸿胪少卿贬明州司马北平阳府君（济）墓志铭并序》，周绍良主编：《唐代墓志汇编》贞元〇七〇，上海古籍出版社 1992 年版，第 1887 页。按：阳济卒于德宗贞元元年（785），墓铭撰于贞元十二年（796）。铭云阳济于“皇上登极，追念旧勋，拜鸿胪卿兼威远营使”。故知此“皇上”必为德宗。德宗于大历十四年（779）五月登极，故阳济之被任是职当在此年。

② （清）董诰等编：《全唐文》卷四七八（郑余庆）《左仆射贾耽神道碑》，中华书局 1983 年版，第 4887 页。

③ 《唐会要》卷六六《鸿胪寺》，第 1152 页。

④ 《唐会要》卷七二《京城诸军》，第 1293—1294 页。

⑤ 祝总斌教授审阅拙稿时谓：“称‘威远’，可能是指对蕃客。”

诸侯王皆仅存空名，无分藩之制，故封授削夺之政令，俱改归宗正，不属鸿胪，所存者惟蕃国朝觐之礼，犹大行人之一职。”[①] 唐代的鸿胪寺除了管理高级官员的丧葬和二王之后（唐封隋杨后裔为酅公，北周宇文氏之后为介公）之外，主要就是负责外交事务了。鸿胪寺的外交职掌相当广泛繁杂，现根据官志所记其职责，结合散见于各种文献记载的实际事例，综合叙述于后。

（一）迎来送往

唐人习惯把外国、外族称为“蕃”，因而把来朝的君主、酋渠、外交使节乃至外商、外侨等都称为“蕃客”。唐代的“蕃国”原有三百余国，到开元年间为七十余国，“凡四蕃之国经朝贡已后自相诛绝及有罪见灭者，盖三百余国。今所在者，有七十余蕃”。注文中详细记载了这七十余蕃的名称，他们“各有土境，分为四蕃焉”[②]。这七十余蕃，东至日本、新罗等，西达大食、波斯、拂菻、五天竺、狮子国等，北抵坚昆、室韦等，南际尸利佛誓、真腊等。这七十余蕃在今天看来实际上包含两个部分，一类是当时和今天都是外国者，如日本、拂菻、天竺、狮子国、尸利佛誓等，一类是当时与唐政权对立而今天为国内少数民族者，如突厥、吐蕃、靺鞨等。还必须指出，这七十余蕃并不完全，尚有许多如骠国、占城、高丽、百济、渤海、南诏、回纥等均未载入。

鸿胪寺的一项重要任务就是负责迎送蕃客。鸿胪寺所属典客署的职责之一，凡蕃客之“送迎皆预焉”[③]。典客署还有属官掌客，其职“掌送迎蕃客”[④]。举凡蕃客从入境至出境的全部事务多与鸿胪寺有关。兹分述其迎送蕃客方面的职掌。

1. 入境验证

唐朝制度规定在边境地区设置铜鱼符，作为蕃客入境之凭证。“故事：西蕃诸国通唐使处，悉置铜鱼。雄雌相合，各十二只，皆铭其国名，第一至十二，雄者留在内，雌者付本国。如国使正月来者，赍第一鱼，

---

① （清）纪昀等撰：《历代职官表》卷一七《理藩院》“唐”按语，上海古籍出版社1989年版，第329页。

② 《唐六典》卷四《尚书礼部·主客郎中》注，第129—130页。

③ 《旧唐书》卷四四《职官志三》，第1885页。

④ 《新唐书》卷四八《百官志三》，第1258页。

余月准此，闰月赍本月而已，校其雌雄合，乃依常礼待之。差谬，则推按闻奏。”① 又记载云：“初，高祖入长安，罢隋竹使符，班银菟符，其后改为铜鱼符……蕃国亦给之，雄雌各十二，铭以国名，雄者进内，雌者付其国。朝贡使各赍其月鱼而至，不合者劾奏。”② 可知铜鱼符是由“竹使符”和“银菟符”演变而来的。唐代行用鱼符之制，作为官员身份地位之凭证。高级官员给以“随身鱼符”“所以明贵贱，应征召”。又有“铜鱼符，所以起军旅，易守长”③。可见唐朝是把内部的鱼符制度，行用于外交方面。按照这个规定，来使必须经过查验鱼符，符合无误才能承认其外交使节的身份，才能得到相应的外交礼仪的接待，否则就要受到调查审问，并将审查结果上报有关部门。这种外交鱼符的管理工作是由鸿胪寺具体负责的，开元十六年（728）十一月初五日，“鸿胪卿举旧章奏曰：‘近缘突骑施背叛，蕃国铜鱼，多有散失，望令所司复给。’”④ 从这个材料我们可以看到，蕃国铜鱼的管理是由鸿胪寺负责的，这个制度在唐前期是曾经严格执行的，但是到了开元中叶此制已经有所颓坏。

唐朝对于来使进行入境验证是相当严格的。德宗贞元二十年（804），日本桓武天皇派遣藤原葛野麻吕为遣唐大使，其所率使团到达唐福州长溪县时，“州使责以文书”，于是葛野麻吕呈文福州观察使，其中有云：“又竹符铜契，本备奸诈，世淳人质，文契何用？是故我国淳朴已降，常事好邻，所献信物，不用印书，所遣使人，无有奸伪，相袭其风，于今无尽。加以使乎之人，必择心腹，任以腹心，何更用契？载籍所传，东方有国，其人悬直，礼义之乡，君子之国，盖为此欤。然今州使责以文书，疑彼腹心，检括船上，计数公私……”⑤ 外国使团到达边境州县时，要对来使责以“符信”。不过从这个材料来看，当时福州方面查验的主要是日本方面的印信文书，不是指其有无铜鱼符。大概这种鱼符之制，主要行用于唐前期及“西蕃”诸国，唐后期或对“东夷”诸国已有变化。

① 《唐会要》卷一〇〇《杂录》，第1795页。

② 《新唐书》卷二四《车服志》，第525页。

③ 《唐六典》卷八《门下省·符宝郎》，第253页。

④ 《唐会要》卷一〇〇《杂录》，第1795页。

⑤ 《藤原葛野麻吕启状》，《遍照发挥性灵集》卷五所收，录自竹内理三编《平安遗文》第八卷，株式会社东京堂1964年版，第3211页。

但是对于外国来使在边境地区须查验证件则是一致的。

2. 核准进京员额

外国使团经过验证获准入境后，并非全体成员均可进入首都，还须核准员额，规定进京人数。鸿胪寺的职责之一是管理来使进京人数的核准，规定“海外诸蕃朝贺进贡使有下从，留其半于境；繇海路朝者，广州择首领一人、左右二人入朝”①。这项制度在唐代执行颇严。大历十三年（778），日本光仁天皇派遣的使团到达扬州海陵县，“得观察使兼长史陈少游处分：属（安）禄山乱，常馆凋敝，入京使人，仰限六十人”。这是扬州观察使陈少游向中央请示后获准的进京人数。但是日本使团却以“八十五人发州入京”。他们一行“行百余里，忽据中书门下牒，撙节人数，限以二十人。臣等请更加廿三人”。最后是以四十三人获准进入长安②。可见双方在进京人数上是有反复而激烈的交涉的。贞元二十年（804）葛野麻吕所率遣唐使团到达福州后，“新除观察使兼刺史阎济美处分，且奏，且放廿三人入京”③。被核准进京的人数不一定都按照《新唐书·百官志三》所规定的比例，有时所放人数是相当少的，如文宗开成三年（838），藤原常嗣所率遣唐使团有四舶共六百五十一人，除第三舶一百四十人没有到达外，尚有五百余人。④ 但是他们到达扬州后，得到批准进京的不过三十五人，其“入京官人：大使一人，长岑判官、菅原判官、高岳录事、大神录事、大宅通事，别请益生伴须贺雄、真言请益圆行等，并杂职已下卅五人”⑤。

从上引几则日本遣唐使进京人数核准事例中，未能直接看到鸿胪寺在其中的作用。不过我们从蕃客献药物、滋味等的报批程序中可以参证其事。《唐六典》载其过程是：“若诸蕃献药物、滋味之属，入境州县与蕃使苞匦封印，付客及使，具其名数牒寺。寺司勘讫，牒少府监及市，

---

① 《新唐书》卷四八《百官志三》，第1257页。

② 黑板胜美校订：《国史大系》，《续日本纪》卷三五《天宗高绍天皇》宝龟九年十月条，大八洲出版株式会社1935年版，第443页。

③ 黑板胜美校订：《国史大系》，《日本后纪》卷一二《皇统弥照天皇》延历廿四年六月条，吉川弘文馆1971年版，第42页。

④ 参见［日］木宫彦泰《日中文化交流史》第二篇第二章，商务印书馆1980年版，第76页。

⑤ ［日］释圆仁原著，［日］小野胜年校注，白化文、李鼎霞、许德楠修订校注，周一良审阅：《入唐求法巡礼行记校注》卷一，花山文艺出版社1992年版，第50—51页。

各一官领识物人定价，量事奏送；仍牒中书，具客所将献物。应须引见、宴劳，别听进止。”[①] 由州县上报鸿胪寺，鸿胪寺审核之后上报中书，听候裁决。此即“所献之物，先上其数于鸿胪”[②] 的具体过程。可见鸿胪寺是在地方政府与中央中枢部门之间起着联系作用，具体的处置事务是由鸿胪寺管理的。核准来使进京员额的程序当亦大体如此，上述大历十三年日本遣唐使上路不久“忽据中书门下牒”重新确定进京人数，就是中央政府接获地方政府和鸿胪寺的报告之后做出的决定。至于蕃客到京之后鸿胪寺根据核准员额进行接待更是不言而喻的。

有些重要的宾客，也可能派遣鸿胪官员前往迎接，大业三年（607）六月突厥启民可汗来朝，隋炀帝就曾“遣鸿胪卿史祥迎接之”[③]。

3. 礼送返国

蕃客在京完成使命之后，由鸿胪寺负责礼送其返国的各项事宜。“凡客还，鸿胪籍衣赍赐物多少以报主客，给过所。”[④] 由鸿胪寺先提出赐给衣粮和其他物品的数量，造册呈报尚书主客司。同时向有关部门办理好蕃客离京的通行证——过所，交给蕃客。赐物的数量多少都有规定，武周圣历三年（700）三月六日敕：“东至高丽国，南至真腊国，西至波斯、吐蕃及坚昆都督府，北至契丹、突厥、靺鞨，并为入番[⑤]，以外为绝域，其使应给料各依式。”[⑥] 给予多少的原则，是“视地远近而给费”[⑦]。其具体标准即为证圣元年（694）九月五日敕的规定：“蕃国使入朝，其粮料各分等第给：南天竺、北天竺、波斯、大食等国使宜给六个月粮，尸利佛誓、真腊、诃陵等国使给五个月粮，林邑国使给三个月粮。”以后又陆续有补充规定，开元四年（716）正月九日敕曰：“靺鞨、新罗、吐蕃先

---

① 《唐六典》卷一八《鸿胪寺·典客署》注，第506页。

② 《新唐书》卷四八《百官志三》，第1257页。

③ 《册府元龟》卷九九九《外臣部·入觐》，第11718页；卷六二一《卿监部·司宾》，第7475页。

④ 《新唐书》卷四八《百官志三》，第1257—1258页。

⑤ 《新唐书》卷二二一下《西域传下》“赞曰”作“八蕃”，第6264页，是。

⑥ 《唐会要》卷一〇〇《杂录》，第1798页。“入番”，《新唐书》卷二二一下《西域传下》“赞曰”作“八蕃”，第6264页，是。

⑦ 《新唐书》二二一下《西域传下》“赞曰”，第6264—6265页。

无里数，每遣使给赐，宜准七千里以上给付也。”① 从中可见当时按照路程远近制定给赐标准的情况。因此这种粮料又叫“程粮”，由海路返国者，给予“入海程粮”，由陆路返国者，给予“度碛程粮”②。办理好还赐物品的手续之后，又由典客署具体导引蕃客领取赐物，“若还蕃，其赐各有差，给于朝堂，典客佐其受领，教其拜谢之节焉”③。

蕃客离京返国时，重要的宾客也可能由鸿胪官员陪送至边境。天宝十二载（753），日本孝谦天皇所遣藤原清河率领的使团返国时，唐玄宗特赐御制诗《送日本使》，云：“日下非殊俗，天中嘉会朝。朝尔怀义远，矜尔畏途遥。涨海宽秋月，归帆驶夕飙。因惊彼君子，王化远昭昭。”同时“特差鸿胪大卿蒋挑捥送至扬州看取”④。鸿胪卿蒋挑捥中国史籍缺载，赖日本史籍而得知。

（二）辨其等位

蕃客进京后，则需要辨别其等位、嫡庶。这项工作非常重要，是对蕃客接待礼仪规格、待遇高低、授官大小、册封等级的依据和前提。而这项辨别等位的工作是鸿胪寺的又一重要职掌。鸿胪寺职掌：“凡四方夷狄君长朝见者，辨其等位，以宾待之……及夷狄君长之子袭官爵者，皆辨其嫡庶，详其可否。”⑤ 这个记载表明，辨等位主要是针对四方夷狄君长，辨嫡庶主要是针对夷狄君长之子。前者是为了确定“以宾待之”的规格，后者是为了确定其是否可以继承官爵。辨等位的根据主要是其“蕃望高下”⑥，即其国势之强弱大小、国际地位之高低、与唐朝利害关系亲密程度等。实际上辨别等位不仅是对夷狄君长而言，一切外来使节均须如此，因为只有确定等位以后，才能确定“以宾待之”的规格等级。

---

① 《唐会要》卷一〇〇《杂录》，第1798页。

② 《新唐书》卷四六《百官志一》，第1196页。

③ 《唐六典》卷一八《鸿胪寺·典客署》，第507页。

④ 《延历僧录》：《胜宝感神圣武皇帝菩萨传》，自［日］筒井英俊编校《东大寺要录》卷一《本愿章》第一，国书刊行会1971年版，第22页。按：玄宗《送日本使》诗与《全唐诗逸》卷上所录有两句有异，“朝尔怀义远”作“念余怀义远”；“因声彼君子”作“因惊彼君子”（《全唐诗》第10173页）。

⑤ 《旧唐书》卷四四《职官志三》，第1885页。

⑥ 《新唐书》卷四八《百官志三》，第1257页。

这种“以宾待之”体现在以下各个方面。首先是决定其朝见时的座次班位，“朝见辨其等位，第三等居武官三品之下，第四等居五品之下，第五等居六品之下，有官者居本班”[①]。其次决定其所享受的供应待遇，其具体待遇是：“三品已上准第三等，四品、五品准第四等，六品已下准第五等。其无官位者，大酋渠首领准第四等，小酋渠首领准第五等。”这是以唐朝的官品等级为依据进行的排序，即第三等蕃客可享受三品以上官员的待遇，第四等蕃客可享受四、五品官员的待遇，第五等蕃客可享受六品以下官员的待遇。其供应之差别：“诸蕃使主、副五品已上给帐、毡、席，六品已下给幕及食料。”[②] 甚至蕃客在唐身亡后的丧事也是依不同等级而有所区别。

由此可见，辨别蕃客等位是一项非常重要的事情，在唐人的眼中，这是鸿胪寺的最重要职责之一，孙逖《鸿胪少卿壁记》说，鸿胪的职掌是“致其饔饩，辨其等威”[③]。把“辨其等威”看作鸿胪寺的两大职掌之一。做好这项工作的目的，常衮《授蒋涣鸿胪卿制》谓，是为了“待遇诸国，宜约故事，使有准以明等威也”[④]。鸿胪寺的属官在接待蕃客时都是根据其等位行事的，“凡朝贡、宴飨、送迎”“凡酋渠首领朝见者，则馆而以礼供之”。诸如此类的接待和礼仪，“皆辨其等位而供其职事”[⑤]。为了做好“辨其等位”的工作，鸿胪寺对于四方来朝的蕃客都要登记造册，“凡四夷君长，以蕃望高下为簿”[⑥]，即积累相关档案资料，作为今后接待来使时辨等之参考。

### （三）拟授官位

鸿胪寺辨别蕃客的等位之后，便须据此而拟定授予其不同的官位。唐朝对于来朝的蕃客，往往根据其蕃望和等级的高下，而授予不同的官位。鸿胪寺负责拟定授予何种官位。

吐火罗（在葱岭西，乌浒河南一带）叶护那都泥利之弟仆罗，于神

---

① 《新唐书》卷四八《百官志三》，第1257页。

② 《唐六典》卷一八《鸿胪寺・典客署》，第506—507页。

③ 《全唐文》卷三一二（孙逖）《鸿胪少卿壁记》，第3169页。

④ 《全唐文》卷四一二（常衮）《授蒋涣鸿胪卿制》，第4220页。

⑤ 《唐六典》卷一八《鸿胪寺・典客署》，第506页。

⑥ 《新唐书》卷四八《百官志三》，第1257页。

龙元年（705）入朝，留宿卫。他曾上书申诉鸿胪寺授官不当，称："仆罗至此，为不解汉法，鸿胪寺不委蕃望大小，有不比类流例，高下相悬，即奏拟授官。"这说明授予蕃客官位之事，是由鸿胪寺提出初步方案，然后经上奏批准；授官的原则是根据蕃望大小，即蕃客的等位。他在上书中列举了授官不当的具体情况："窃见石国、龟兹，并余小国王子首领等，入朝元无功效，并缘蕃望授三品将军。况仆罗身特勤，本蕃位望与亲王一种，比类大小与诸国王子悬殊，却授仆罗四品中郎。但在蕃王子弟娑罗门瞿昙金刚，龟兹王子白孝顺等，皆数改转，位至诸卫将军。唯仆罗最是大蕃，神龙元年蒙恩敕授左领军卫翊府中郎将。至今经一十四年，久被沦屈，不蒙准例授职，不胜苦屈之甚。"[①] 据《唐六典》记载，唐制以正三品之怀化大将军、从三品之归德将军授予蕃官，"凡怀化、归德将军量配于诸卫上下"[②]。仆罗认为石国、龟兹和其余小国王子蕃望不如自己，却被授予三品将军，并改转位至诸卫将军，即指他们已被授予怀化、归德将军，并已量配于诸卫上下。又据《唐六典·诸卫》"左右领军卫"条，其属有"翊府中郎将各一人，正四品下"[③]。仆罗认为自己一直是"四品中郎"，即正四品下之左领军卫翊府中郎将，很不公平。他的诉状上呈后，唐玄宗作了批示："敕鸿胪卿准例定品秩，勿令称屈。"[④] 可见根据条例确定蕃客官品是鸿胪寺的职司所在。姑不论当时鸿胪寺对于仆罗的官位除授是否不当，从中可见授予蕃客官位是一个很敏感的外交问题，它事关对于蕃客及其所代表的国家的外交待遇。因而辨别蕃望等位以恰当授予官位是一项政策性很强的事情。

唐朝对蕃客封官是相当普遍的，这对于当时开展对外关系起了重大的作用。不过有时封授蕃官也有过滥之处，据称："则天朝，诸蕃客上封事，多获官赏，有为右台御史者。则天尝问张元一曰：'近日在外有何可笑事？'元一对曰：'……左台胡御史，右台御史胡。'胡御史，元礼也。

---

① 《全唐文》卷九九九（仆罗）《诉授官不当上书》，第 10355 页。此处"恃勒"为"特勤"之误。"特勤"为突厥语的音译，指可汗子弟（见吕宗力主编《中国官制大辞典》，北京出版社 1994 年版，第 688 页）。

② 《唐六典》卷五《尚书兵部·兵部尚书》，第 152—153 页。

③ 《唐六典》卷二四《诸卫·左右领军卫》，第 624 页。

④ 《册府元龟》卷九九九《外臣部·请求》，第 11722 页。

御史胡，蕃人为御史者。”[①] 这是讥讽授予蕃人官职过滥。

（四）执行封授

对于诸蕃的册封，也是根据其蕃望与等位授予，而册封的具体执行者也是鸿胪寺。鸿胪寺在这方面的职掌主要有两个方面。

一方面是负责在京城册封的宣授。德宗贞元十六年（800）派遣韦丹持节册命金俊邕为新罗王，行至郓州，得知金俊邕病卒，其子金重兴立，于是诏韦丹中路返回。后来到了宪宗元和三年（808），新罗遣使金力奇来朝。金力奇上言：“贞元十六年，奉诏册臣故主金俊邕为新罗王，母申氏为太妃，妻叔氏为王妃。册使韦丹至中路，知俊邕薨，其册却回，在中书省。今臣还国，伏请授臣以归。”根据新罗方面的请求，宪宗下敕曰：“金俊邕等册，宜令鸿胪寺于中书省受领，至寺宣授与金力奇，令赍归国。仍赐其叔彦昇门戟，令本国准例给。”[②] 从这个材料可以看到，鸿胪寺负责到中书省领受册命，然后回到鸿胪寺向受封者宣授。

另一方面是亲往受封国授予。鸿胪寺的职掌规定：“若诸蕃大酋渠有封建礼命，则受册而往其国。”[③] 鸿胪寺官员出使受封国授予册命的事例甚多，略举几例：贞观六年（632）派遣鸿胪少卿刘善因出使西突厥，“就蕃立”阿史那弥射为奚利邲咄陆可汗[④]。贞元五年（789），唐朝得知回鹘天亲可汗卒，遣鸿胪卿郭锋持节册拜其子为忠贞可汗。不久可汗死，又遣鸿胪少卿庾铤册其幼子阿啜为奉诚可汗[⑤]。大中元年（847），“册黠戛斯王子为英武诚明可汗，命鸿胪卿李业入蕃册拜”[⑥]。诸如此类，不胜枚举。总之，从唐初到唐后期都有鸿胪寺官员出使册命的记载。在以其他官员出使册命时，有时也假以鸿胪寺官衔，开元二十五年（737）新罗王金兴光卒，其子金承庆继位，“遣赞善大夫邢璹摄鸿胪少卿，往吊祭册立之”[⑦]。

---

① （唐）刘肃撰，许德楠、李鼎霞点校：《大唐新语》卷一三《谐谑》，中华书局 1984 年版，第 189 页。

② 《唐会要》卷九五《新罗》，第 1713—1714 页。

③ 《唐六典》卷一八《鸿胪寺》，第 505 页。

④ 《旧唐书》卷一九四下《突厥传下》，第 5188 页。

⑤ 《新唐书》卷二一七上《回鹘传上》，第 6124—6125 页。

⑥ 《旧唐书》卷一八下《宣宗纪》，第 618 页。

⑦ 《旧唐书》卷九《玄宗纪下》，第 207 页。

### （五）接转文书奏事

蕃客到达京城后，一应外交文书的呈递，面见皇帝奏事等，都由鸿胪寺负责接受和安排。隋炀帝大业三年（607），倭国王多利思比孤遣使朝贡，“其国书曰：‘日出处天子致书日没处天子无恙’云云。帝览之不悦，谓鸿胪卿曰：‘蛮夷书有无礼者，勿复以闻。’”① 隋炀帝因对倭国国书的口气不满，故命令鸿胪寺今后凡执礼不恭的外交文书均不得上呈。从这个材料可以知道，外交使节所携来的国书，首先直接递交给鸿胪寺，然后由鸿胪寺再转呈皇帝。

到了唐朝，鸿胪寺在这方面的职责更有了细致的规定，“蕃客奏事，具至日月及奏之宜，方别为状，月一奏，为簿，以副藏鸿胪”②。方，四方之意。中国古代习惯把周邻国家和民族按四方划分，即所谓东夷、西戎、北狄、南蛮。故尔接待四邻国家、民族的机构称为四夷馆或四方馆。这里规定蕃客奏事，由鸿胪寺按东西南北四方之国分别整理成上报公文——状。状中写明蕃客到达的日期及其所要奏告的主要内容。这种公文每月呈报一次，并且装订成册，正本上报，副本留在鸿胪寺存档。显然，蕃客的文书和奏事都要经过鸿胪寺，由其负责接转和管理，文书副本则入档存留。文宗开成四年（839），新罗神武王卒，文圣王继位，第二年四月，“鸿胪寺奏：‘新罗国告哀。’”③ 可见新罗的告哀文书是先送达鸿胪寺，再由其上奏皇帝。

唐朝后期，蕃客奏事由鸿胪寺所属的礼宾院具体负责。文宗开成三年（838），藤原常嗣率领的日本使团中有七位僧人随行，他们希望到台州国清寺寻师。这些僧人上岸后，在扬州等待唐朝政府的批准。藤原常嗣一行“到京之日，即奏请益僧往台州之事；雇九个船，且令修之事。礼宾使云：未对见之前，诸事不得奏闻。再三催劝上奏，但许雇船修理，不许遣台州”④。这里可见外交使节奏事要通过礼宾院的官员礼宾使来办理，他们的请求由礼宾使负责转达，他们对见皇帝的日程由礼宾使负责

---

① 《隋书》卷八一《东夷·倭国传》，第 1827 页。

② 《新唐书》卷四八《百官志三》，第 1258 页。

③ 《唐会要》卷九五《新罗》，第 1714—1715 页。

④ 《入唐求法巡礼行记校注》卷一，第 120 页。

安排。

（六）朝见礼宾

鸿胪寺的职掌总的来说都可以说是礼宾工作，所谓“鸿胪，宾客礼仪之所在”①。其中尤以蕃客朝见时的礼仪最为重要，这是鸿胪寺的重要职掌之一。鸿胪寺的职掌规定：“凡四方夷狄君长朝见者，辨其等位，以宾待之。”② 根据蕃客的等级而安排其在朝见中的班位。其等级分班之具体情况已见上文之叙述，这里不再重复。根据所定蕃客等位，朝见时由鸿胪寺官员负责引导入班，“蕃国主来朝”时，“蕃主入，鸿胪迎引诣朝堂，依北面立，所司奏闻”③。蕃客参加其他朝会活动时，也是由鸿胪寺负责导引，如“仲冬之月，请武于都外”，这项礼仪活动照例也邀请蕃客参加。其时“诸州使人及蕃客先集于北门外……皇帝入次，谒者引诸州使人，鸿胪引蕃客，东方、南方立于大次东北，西方、北方立于西北”④。谒者所引导的是地方政府的代表，鸿胪所引导的是外宾，可见其有明确的分工。天宝十二载（日本孝谦天皇天平胜宝五年，753），以藤原清河为大使、大伴古麻吕为副使的日本使团，出席蓬莱宫含元殿举行的元正朝贺，最先所安排的外交使团班位是：“以我（指日方）次西畔第二吐蕃下，以新罗使次东畔第一大食国上。”日本使团对此安排不满，遣唐副使古麻吕争论曰：“自古至今，新罗之朝贡大日本国久矣，而今列东畔上，我反在其下，义不合得。”朝会礼宾“即引新罗使次西畔第二吐蕃下，以日本使次东畔第一，大食国上”⑤。鸿胪寺所属典客署的职务是：“凡朝贡、宴飨、送迎皆预焉。辨其等位，供其职事。”⑥ 朝贡礼仪中的核心问题——等次安排乃其职责所在。不过，到了这个时候，中官已逐渐介入外交事务，日本使团回国报告这次与新罗使朝位高下之争时特意提到“时将军吴怀实见知”⑦。这位“将军吴怀实”即玄宗时期的中官，天宝

① 《隋书》卷二二《五行志上》，第628页。

② 《唐六典》卷一八《鸿胪寺》，第505页。

③ 《新唐书》卷一六《礼乐志六》，第382页。

④ 《新唐书》卷一六《礼乐志六》，第387页。

⑤ 《续日本纪》卷一九《宝字称德孝谦皇帝》天平胜宝六年正月，第219—220页。

⑥ 《旧唐书》卷四四《职官志三》，第1885页。

⑦ 《续日本纪》卷一九《宝字称德孝谦皇帝》天平胜宝六年正月，第219页。按：《国史大系》校订“吴怀实”云：“实，恐当作宝”，非。

四载千福寺多宝塔落成，玄宗“敕内侍吴怀实赐金铜香炉高一丈五尺”[①]，他以内侍而被授“中官将军”[②]，掌宫廷禁卫大权。朝会时负责仪仗警卫等，故蕃客朝位之争时得以介入。

（七）接受贡献

接受蕃客的贡献物品，也是鸿胪寺的职掌。这方面的工作有以下几个步骤。

第一步是接受呈报。蕃客“所献之物，先上其数于鸿胪”[③]。其具体程序：“若诸蕃献药物、滋味之属，入境州县与蕃使苞匭封印，付客及使，具其名数牒寺。”[④] 蕃客入境之后，地方政府与蕃使将所献物品包装封印之后，写清其品种和数量，上报鸿胪寺。可见蕃客的贡献汇总于鸿胪寺。

第二步是验收。鸿胪寺接到报告之后，会同有关部门进行查验，“献马，则殿中、太仆寺莅阅，良者入殿中，驽病入太仆。献药者，鸿胪寺验覆，少府监定价之高下。鹰、鹘、狗、豹无估，则鸿胪定所报轻重”[⑤]。马匹则会同殿中省、太仆寺官员验收，殿中省掌管天子服御之事，其中包括舆辇牛马，太仆寺掌管厩牧辇舆之政，故蕃客献马由其验收。药物和其他物品则由鸿胪寺负责验收。

第三步是定价。诸所献物，经“寺司勘讫，牒少府监及市，各一官领识物人定价”[⑥]。鸿胪寺于验收完毕之后，发文给少府监和市易部门，由他们委派“识物人”——懂行之人进行定价。这里没有具体说明“市”是哪个部门，可能是指太府寺属官或由其从所辖诸“市”中物色“识物人”，太府寺“总京都四市”，其属官两京诸市署的职责之一就是“掌财货交易、度量器物，辨其真伪轻重”[⑦]。京都的“市”由其主管，那么其属下必有能胜任这一职责的“识物人”。另外一些无法定价的物品，则由

---

① 《全唐文》卷三七九（岑勋）《西京千福寺多宝佛塔感应碑》，第3845页。

② 《旧唐书》卷二〇〇上《高尚传》，第5374页。

③ 《新唐书》卷四八《百官志三》，第1357页。

④ 《唐六典》卷一八《鸿胪寺・典客署》，第506页。

⑤ 《新唐书》卷四八《百官志三》，第1258页。

⑥ 《唐六典》卷一八《鸿胪寺・典客署》，第506页。

⑦ 《新唐书》卷四八《百官志三》，第1263—1264页。

鸿胪寺酌情定价，以为报答："诸蕃夷进献，若诸色无估计物，鸿胪寺量之酬答也。"[①] 何谓"无估计物"？具体而言，诸如"鹰、鹞、狗、豹无估"[②] 者即是。

第四步是上报转交。在进行定价的同时，"仍牒中书，具客所将献物"。把蕃客贡献物品开列清单上报中书省。在完成验收和定价之后，鸿胪寺还要"量事奏送"[③]。根据验收的情况上报并负责转交。贞观十八年（644）九月乙未，"鸿胪奏'高丽莫离支贡白金'"[④]。这就是鸿胪寺在接到高丽贡物之后的上奏。得到上级批准之后，由鸿胪寺引导蕃客呈送贡物，"凡献物，皆客执以见，驼马则陈于朝堂，不足进者州县留之"[⑤]。通过上述程序，蕃客之贡献方告基本完成，其中自始至终皆由鸿胪寺具体联络和操作。

由于鸿胪寺职司蕃客贡献，因此政府官员如收到蕃客馈赠，也会通过鸿胪寺而上交。开元二十三年（735）二月，吐蕃赞普遣其臣悉诺勃藏来贺正，贡献方物，同时以银器赠送给宰臣。侍中裴耀卿、中书令张九龄、礼部尚书平章事李林甫等奏曰："臣等忝职枢近，不合辄受吐蕃饷方物，并望敕鸿胪进内。"[⑥] 鸿胪寺官员也可能收到蕃客的馈赠。蒋涣于"永泰初历鸿胪卿，日本使尝遗金帛，不纳，唯取笺一番，为书以贻其副云"[⑦]。唐代官员一般不得接受蕃客私赠物品。

我国古代外交关系中的"贡"与"赐"是相互关联而不可分割的，鸿胪寺在主管接受贡献的同时，亦负赏赐之责。对来使的赏赐和对蕃国的其他赏赐，均由鸿胪寺具体执行。文宗太和元年（827）"命中使以绢二十万匹付鸿胪寺宣赐回鹘充马价"[⑧]。不过，这种"赏赐"实际上是一种外贸物资的偿付，可知举凡涉外物资、钱粮之付与交割，一般由鸿胪

---

① （唐）白居易撰，（宋）孔傅续撰：《白孔六帖》卷七九《蛮夷贡赋》引唐《主客式》，文渊阁《四库全书》本，台北商务印书馆1986年版，第892册，第315页。

② 《新唐书》卷四八《百官志三》，第1258页。

③ 《唐六典》卷一八《鸿胪寺·典客署》，第506页。

④ 《资治通鉴》卷一九七，唐太宗贞观十八年（644）九月，第6212页。

⑤ 《新唐书》卷四八《百官志三》，第1258页。

⑥ 《册府元龟》卷九七一《外臣部·朝贡》，第11409—11410页。

⑦ 《新唐书》卷一〇六《高智周传附蒋涣传》，第4042页。

⑧ 《旧唐书》卷一九五《回纥传》，第5213页。

具体执行。

### （八）设宴款待

蕃客来京后都要受到宴飨款待，这方面的事务也由鸿胪寺具体负责。宴飨数量和标准，有明确的规定，由鸿胪寺负责掌握。鸿胪寺所属典客署官员，其宴飨“皆预焉”①。此即前引孙逖《鸿胪少卿壁记》所称鸿胪寺又一重要职掌“致其饔饩”② 的内容之一。

张鷟《龙筋凤髓判》卷二《沙苑监》条，记一判例云：“鸿胪寺状称，默啜使人朝，宴设蕃客。沙苑监李秀供羊瘦小，番使咸怨。御史弹付法。”默啜为突厥可汗，其使来朝，鸿胪寺设宴款待，而负责牛羊供应的沙苑监负责人李秀所供羊瘦小，招致来使的不满，受到御史的检举。可见鸿胪寺为宴飨蕃客的管理部门。其判辞有云：“圣朝仁以接物，德以和人。矜其属国之情，待以蕃臣之礼。李秀职编沙苑，位绾牧司，辄隐肥羊，翻将瘦羜。一羊供国，罕见滋繁；三百为群，如何检察。羸肌薄毳，供旦饩而难充；瘦骨穿皮，济晨炊而无用……遂使贤王结恨，耻大国之风轻；骄子相嫌，鄙中州之礼薄。宪司弹劾，允合公条。大理科绳，固难私纵。”③ 这里强调了宴飨蕃客的重要意义，馐馔菲薄，可能影响外交关系，事关国体，故须追究其责任。

为了宴飨蕃客，鸿胪寺专门设立有宴会的场所——锡宴堂。唐末诗人温庭筠有诗题为《鸿胪寺有开元中锡宴堂，楼台池沼雅为胜绝，荒凉遗址，仅有存者，偶成四十韵》，从中可见锡宴堂有亭台楼阁等建筑物，以及池沼园林等景物，环境非常幽雅。诗中有云：“盘斗九子粽，瓯擎五云浆……锡宴得幽致，车从真炜煌。”④ 可以想见当年宾客云集、肴馔丰盈、车马骈阗的宴会盛况。

唐代后期鸿胪寺宴飨蕃客的部门已主要由礼宾院负责。韩愈《论佛骨表》谓，对于蕃客“来朝京师，陛下容而接之，不过宣政一见，礼宾

---

① 《新唐书》卷四八《百官志三》，第 1258 页。

② 《全唐文》卷三一二（孙逖）《鸿胪少卿壁记》，第 3169 页。

③ 蒋宗许、刘云生、蒋信、谭勤、陈默笺注：《龙筋凤髓判笺注》卷二《沙苑监・一》，法律出版社 2013 年版，第 110 页。

④ 刘学锴撰：《温庭筠全集校注》卷九《鸿胪寺有开元中锡宴堂楼台池沼雅为胜绝荒凉遗址仅有存者偶成四十韵》，中华书局 2007 年版，第 809 页。

一设”[①]。即于宣政殿召见，礼宾院设宴款待。《资治通鉴》胡注曰：“唐有礼宾院，凡胡客入朝，设宴于此。”[②] 可见礼宾院为专门宴飨蕃客的部门和场所。大历二年（767）三月己卯，“宴吐蕃使于礼宾院”[③]。

那么，礼宾院与锡宴堂是什么关系呢？礼宾院是在天宝十三载（754）划归鸿胪寺管辖的，而锡宴堂早在开元中已经存在。我们看到礼宾院的活动均在天宝之后的唐代后期，这样似可推断天宝十三载之前宴飨蕃客主要由鸿胪寺之锡宴堂负责，其后则由礼宾院负责，而且锡宴堂可能已不复存在了。温庭筠锡宴堂诗，在盛赞开元时期锡宴堂的盛况之后，笔锋一转以大篇幅咏叹安史之乱对此的破坏及其后之荒凉：“纵火三月赤，战尘千里黄。殽函与府寺，从此俱荒凉。兹地乃蔓草，故基摧坏墙。枯池接断岸，唧唧啼寒螀。败荷塌作泥，死竹森如枪。游人问老吏，相对聊感伤。”[④] 自遭安史之乱破坏之后，锡宴堂已鞠为茂草，任凭游人凭吊了。

### （九）馆待蕃客

鸿胪寺的又一重要职掌是负责客馆的管理，以接待蕃客。北朝时在鸿胪寺设典客监或典客署，以管理客馆事宜。隋唐时期继承这一制度并有很大发展。这个时期也以典客署负责客馆的管理，唐制规定典客署的职责之一是：“凡酋渠首领朝见者，则馆而以礼供之。”[⑤] 典客署还特置掌客十五人，“颛莅馆舍”[⑥]，专职负责客馆事务。

此制当是继承隋朝制度，隋朝鸿胪寺所统典客署也掌管客馆。开皇末年突厥处罗可汗之弟婆实与妻向氏入朝，“遇达头乱，遂留京师，每舍之鸿胪寺”[⑦]。这里所谓鸿胪寺，实际上是指其所辖典客署管理的蕃客馆。仁寿（601—604）年间杨素用事，杨素“于鸿胪少卿陈延不平，经蕃客

---

① （唐）韩愈撰，马其昶校注，马茂元整理：《韩昌黎文集校注》卷八《论佛骨表》，上海古籍出版社 1986 年版，第 616 页。

② 《资治通鉴》卷二四〇，唐元和十四年（819）正月胡注，第 7758 页。

③ 《册府元龟》卷九七六《外臣部·褒异三》，第 11461 页。

④ 《温庭筠全集校注》卷九《鸿胪寺有开元中锡宴堂楼台池沼雅为胜绝荒凉遗址仅有存者偶成四十韵》，第 810 页。

⑤ 《唐六典》卷一八《鸿胪寺·典客署》，第 506 页。

⑥ 《新唐书》卷四八《百官志三》，第 1258 页。

⑦ 《隋书》卷八四《北狄·西突厥传》，第 1876 页。

馆，庭中有马屎，又庶仆毡上樗蒲。旋以白帝，帝大怒曰：'主客令不洒扫庭内，掌固以私戏污败官毡，罪状何以加此。'皆于西市棒杀，而榜棰陈延，殆至于毙"①。杨素发现蕃客馆的卫生有些问题，工作人员在毡子上做游戏（樗蒲，类似现在的掷骰子），便向隋文帝告状，于是惩办了自鸿胪少卿、主客令以至掌固等一干官员和吏役。这里的主客令即典客令，"隋志：鸿胪寺统典客令，即主客也"。典客令即典客署的长官，掌固为典客署的流外吏员。可见蕃客馆是由典客署负责管理的。而鸿胪少卿为典客署的主管上级，因此也受到惩处。

唐代由于外交的进一步扩大，蕃客数量空前增加，"是时四夷大小君长争遣使入献见，道路不绝，每元正朝贺，常数百千人"②，因而鸿胪寺的接待任务非常繁重。唐朝中期以后，仅回纥使者就常有数百千人之多。一方面是前来交市的人员激增。由于帮助唐朝平定安史之乱，"回纥恃功，自乾元之后，屡遣使以马和市缯帛，仍岁来市，以马一匹易绢四十匹，动至数万马。其使候遣、继留于鸿胪者非一"③。其"使者相蹑，留舍鸿胪"④。另一方面是前来和亲的人员数量很大。德宗贞元四年（788），以咸安公主嫁回纥可汗。可汗派遣其宰相为首的一千余人的使团，以及回纥公主所率大酋之妻五十人，一同前来迎娶公主和交付聘礼，"有诏其下七百，皆听入朝，舍鸿胪"⑤。穆宗长庆元年（821）以太和公主嫁回鹘，是年五月"回鹘宰相、都督、公主、摩尼等五百七十三人入朝迎公主，于鸿胪寺安置"⑥。从中亦可见鸿胪寺所管理的客馆数量是相当大的。由于回纥恃功，加以留住人员多，代宗大历年间屡屡发生入住鸿胪寺的回纥人员闹事事件。大历七年（772）正月，"回纥使出鸿胪寺劫掠坊市，吏不能禁止，复三百骑犯金光、朱雀等门。是日皇城诸门皆闭，慰谕之方止"⑦。同年七月又有"回纥出鸿胪寺，入坊市强暴，逐长安令邵说于

---

① 《隋书》卷二五《刑法志》，第715—716页。

② 《资治通鉴》卷一九八，唐太宗贞观二十二年（648）二月，第6253页。

③ 《旧唐书》卷一九五《回纥传》，第5207页。

④ 《新唐书》卷二一七上《回鹘传上》，第6120页。

⑤ 《新唐书》卷二一七上《回鹘传上》，第6124页。

⑥ 《旧唐书》卷一九五《回纥传》，第5211页。

⑦ 《旧唐书》卷一一《代宗纪》，第299页。

含光门之街，夺说所乘马将去。说脱身避走，有司不能禁”[①]。大历十年（775）九月，“回纥白昼刺人于东市，市人执之，拘于万年县。其首领赤心闻之，自鸿胪寺驰入县狱，劫囚而出，砍伤狱吏”。回纥人员自恃有功于唐，视唐为肥肉，任意宰食，其甚者作奸犯科，无视主国之法律。尽管唐朝仍然是当时东亚大国，但是安史之乱后国力整体性的下降，使回纥得以在外交上凌轹之，让大国也品尝到了“弱国无外交”的苦涩。

鸿胪寺也是收容、拘禁蕃客的地方。会昌二年（842）武宗拟“遣回鹘石戒直还其国，赐可汗书”[②]。宰相李德裕不同意，认为“石诫直久在京城，事无巨细，靡不谙悉。昨缘收入鸿胪，惧朝廷处置，内求奉使，意在脱身”[③]。当时回鹘犯边，双方关系紧张，石戒直有通回鹘嫌疑，为保守机密，故将其拘留于鸿胪寺。等待遣返的蕃客也由鸿胪寺管束，敬宗宝历二年（826）二月，“凤翔节度使进到落蕃回鹘四人，敕旨令付鸿胪寺，待有还蕃使即放归国”[④]。这是将边境所上落蕃回鹘人，暂时安置于鸿胪寺，待日后交使节带回本国。俘虏赦免后亦归鸿胪寺收容，贞观二十二年（648）阿史那社尔擒龟兹王布失毕等人，解至京师，太宗“诏赦罪，改馆鸿胪寺”[⑤]。即由鸿胪寺所辖有关部门负责安排照料。

不过在唐后期又可见到礼宾院也是蕃客留宿之所。圆仁《入唐求法巡礼行记》卷一载，开成三年（838）日本藤原清河所率使团，于“十二月三日平善到上都，安置东京礼宾院者”[⑥]，这时已由礼宾院负责馆待。大中五年（851），吐蕃论恐热入朝，“上遣左丞李景让就礼宾院问所欲”[⑦]，可见吐蕃使者亦下榻于礼宾院。这些都是蕃客入住礼宾院的事实。从前述礼宾院于唐后期主管宴飨蕃客的事实推之，这个时期的客馆管理也可能已归礼宾院负责了。

---

① 《旧唐书》卷一九五《回纥传》，第5207页。

② 《资治通鉴》卷二四六，唐武宗会昌二年（842）八月，第7965页。

③ 《李德裕文集校笺·文集》卷一四《论回鹘石诫直状》，第249页。按，“石戒直”，或作“石诫直”。

④ 《册府元龟》卷九八〇《外臣部·通好》，第11516页。

⑤ 《新唐书》卷二二一上《西域传上》，第6232页。

⑥ 《入唐求法巡礼行记校注》卷一，第103页。

⑦ 《资治通鉴》卷二四九，唐宣宗大中五年（851）五月，第8047页。

（十）廪食供应

蕃客住唐期间，由唐朝政府免费给予粮料——廪食。廪食供应由鸿胪寺具体负责管理。此即孙逖《鸿胪少卿壁记》所称鸿胪寺重要职掌“致其饔饩”的又一方面内容。唐朝前期由鸿胪寺所辖典客署具体管理此事，其职掌规定：“酋渠首领朝见者，给廪食。”① 亦即所谓“馆而以礼供之”② 的重要内容之一。前文已经谈及，这种供应是按照蕃客的等级而给予的。典客丞的二人中，有一人分管蕃客膳食，“丞一人判厨事，季终则会之”③。到了唐朝中后期，这方面的事务也由鸿胪寺所辖礼宾院负责了。裴延龄对唐德宗说：“按礼，天下赋三之。”其中三分之一“以事宾客”，用作“鸿胪礼宾，劳予四夷”④。就是说由鸿胪寺之礼宾院负责“劳予四夷”。除了供应粮食之外，生活所需的其他物品也在供应之列，“诸蕃使主、副五品已上给帐、毡、席，六品已下给幕及食料”。这是给予住宿卧具等物。“所乘私畜抽换客舍放牧，仍量给刍粟。”⑤ 这是负责放养其牲畜。蕃客的菜肴供应也归鸿胪寺负责，“蕃官至，鸿胪寺不供鱼，客怒，辞云：獭未祭，朝议失随时之义”⑥。这是鸿胪寺必须满足蕃客肴馔需求之证。

除了外交使节之外，其他住唐蕃客也由鸿胪寺供应廪食，如留学生、质子等即属此例。敬宗宝历元年（825）五月，新罗王金彦昇遣使入朝，奏曰：“先在太学生崔利贞、金叔贞、朴季业四人请放还蕃。其新赴朝贡金允夫、金立之、朴亮之等一十二人，请留在宿卫，仍请配国子监习业，鸿胪寺给资粮。”⑦ 这个要求得到了唐敬宗的批准。文宗开成元年（836）六月敕：“新罗宿卫生、王子金义宗等，所请留住学生员，仰准旧例留二

---

① 《新唐书》卷四八《百官志三》，第1258页。

② 《唐六典》卷一八《鸿胪寺·典客署》，第506页。

③ 《唐六典》卷一八《鸿胪寺·典客署》，第507页。

④ 《新唐书》卷一六七《裴延龄传》，第5107页。

⑤ 《唐六典》卷一八《鸿胪寺·典客署》，第506—507页。

⑥ （唐）元稹撰，冀勤点校：《元稹集·外集》卷八《续补二·对蕃客求鱼判》，中华书局1982年版，第709页。

⑦ 《册府元龟》卷九九九《外臣部·请求》，第11724页；又见《三国史记》卷一〇《新罗本纪》宪德王十七年条，第120页。

人，衣粮准例支给。”① 此类事例甚多，不烦列举。对留学生除供应粮食外，还供应衣被等物。

由于需要鸿胪寺供应的蕃客数量众多，因而这成了当时政府的一项沉重的财政负担。德宗贞元三年（787）检括出仅西域胡客就有四千余人。天宝以来入朝的西域胡客，因代宗初年，河、陇地区被吐蕃占据，断绝了归路，于是他们都留居于唐，长达四十年之久。他们在唐期间的生活费用“皆仰稟鸿胪礼宾，月四万缗，凡四十年，名田养子孙如编民”②。这笔开支相当巨大，为了供应他们的需要，当时“礼宾委府、县供之，于度支受直。度支不时付直，长安市肆不胜其弊”。胡注：“府县，谓京兆府及其所属赤县、畿县也。”③ 以致政府财政部门无法按时满足其需要，严重扰乱了长安的市场供应。当时王锷被任命为鸿胪少卿，他目睹这个问题的严重，于是“悉藉名王以下无虑四千人，畜马二千，奏皆停给”④。被查出胡客四千人。这些胡客群起到宰相府申诉，宰相李泌对他们说道：“此皆从来宰相之过，岂有外国朝贡使者留京师数十年不听归乎！今当假道于回纥，或自海道各遣归国。有不愿归，当于鸿胪自陈，授以职位，给俸禄为唐臣。”不愿回国者可以到鸿胪寺提出申请。结果“胡客无一人愿归者，（李）泌皆分隶神策两军，王子、使者为散兵马使或押牙，余皆为卒，禁旅益壮。鸿胪所给胡客才十余人，岁省度支钱五十万缗；市人皆喜”⑤。从当时政府的财政收入情况可以看到，这方面的沉重负担给唐王朝的压力之大，德宗贞元九年（793）初税茶，全国每年茶税总收入才四十万缗⑥，鸿胪寺供西域胡客每年竟达五十万缗，而且一直供应了四十年。而这只是西域胡客，加上其他方面的蕃客，则其数量就更为庞大了。

### （十一）医药丧葬

蕃客在唐期间的医药、丧葬也由唐朝政府负责，这项事务也是归鸿

---

① 《唐会要》卷三六《附学读书》，第 668 页。

② 《新唐书》卷一七〇《王锷传》，第 5169 页。

③ 《资治通鉴》卷二三二，唐德宗贞元三年（787）七月暨胡注，第 7493 页。

④ 《新唐书》卷一七〇《王锷传》，第 5169 页。

⑤ 《资治通鉴》卷二三二，唐德宗贞元三年（787）七月，第 7493 页。

⑥ 《旧唐书》卷四九《食货志下》，第 2128 页。

胪寺管理。典客署的职掌规定：蕃客“如疾病死丧，量事给之”[①]。“量事给之”的具体内容是：“若疾病，所司遣医人给以汤药。”这是疾病方面的管理。如果蕃客死亡，则负责料理其丧事，这方面的管理内容是：“若身亡，使主、副及第三等已上官奏闻。其丧事所须，所司量给；欲还蕃者，则给舆递至境。”[②] 使团的正副长官及三等以上蕃客死亡，要上报有关部门，同时派灵车送至边境交付对方。开元十六年（728）四月癸未，“渤海王子留宿卫大都利行卒……赐绢三百匹、粟三百石，命有司吊祭，官造灵舆归蕃”[③]。第四等以下蕃客的礼遇则在其次，“首领第四等已下不奏闻，但差车、牛送至墓所”[④]。不仅不须上报，而且遗体也不解送本国，就地埋葬。天宝八载（749）对此又作了补充规定，是年三月二十七日敕曰：“九姓、坚昆诸蕃客等，因使入朝身死者，自今后，使给一百贯充葬，副使及妻，数内减三十贯。其墓地，州县与买，官给价直。其坟墓所由营造。”[⑤] 根据这项规定，此后外交使节如有死亡，均就地埋葬，不再解送回国。

（十二）蕃客活动安排与监督

蕃客在唐期间的活动和其他行动均由鸿胪寺负责安排和监督。

第一，参观活动安排。外国使节在唐朝的参观活动由鸿胪寺负责联系与安排，开元五年（717）十月乙酉，“鸿胪寺奏：日本国使请谒孔子庙堂，礼拜寺观。从之”[⑥]。这是来使提出参观要求之后，由鸿胪寺上报有关部门，得到批准。可见蕃客在唐的行动是受鸿胪寺监督管理的，他们有所要求是通过鸿胪寺反映和答复的。

第二，购物管理。蕃使需要到市场购物，亦由鸿胪寺负责管理。《龙筋凤髓判·主客》条有云：“鸿胪寺中土蕃使人素知物情，慕此处绫锦及弓箭等物，请市。未知可否？”判辞曰：“祗如土蕃使者，实曰酋豪。蒙逊义渠之苗，秃发乌孤之族。占风入谒，越驼岭而输诚；就日来朝，隔

---

① 《旧唐书》卷四四《职官志三》，第 1885 页。

② 《唐六典》卷一八《鸿胪寺》，第 506—507 页。

③ 《册府元龟》卷九七五《外臣部·褒异二》，第 11451 页。

④ 《唐六典》卷一八《鸿胪寺》注，第 507 页。

⑤ 《唐会要》卷六六《鸿胪寺》，第 1151 页。

⑥ 《册府元龟》卷九七四《外臣部·褒异一》，第 11445 页。

驴山而纳款。观鹤绫之绚烂，彩映冰霜；睹凤锦之纷葩，光含日月。弯弧六合，犀角麋筋；劲箭三成，星流电激。听其市取，实可威于远夷；任以私收，不足损于中国。宜顺其性，勿阻蕃情。”[①] 这个记载反映的情况是，住宿于鸿胪寺的吐蕃使者想要购买绫锦、弓箭等物品，向鸿胪寺官员提出请求，鸿胪寺即向有关部门请示，最后得到批准，同意他们购买这些物品。

第三，服饰管理。蕃客在京期间的衣饰也由鸿胪寺负责监督管理，大历十四年（779）七月庚辰，“诏鸿胪寺，蕃客入京，各服本国之服”[②]。《唐会要》亦载此诏称：“回纥诸蕃住京师者，各服其国之服，不得与汉相参。”[③] 可见使节在唐期间包括服饰在内的行为均由鸿胪寺负责监管。

（十三）质子、留学生管理

除了蕃国首领和使节由鸿胪寺负责管理之外，其他外来人员也都归其管理，其中以质子和留学生为最重要。唐代来华的质子和留学生不仅数量甚多，而且他们在外交方面具有重要作用。这些人员均由鸿胪寺负责具体管理，开成五年（840）四月，鸿胪寺奏：新罗国“告哀。质子及年满合归国学生等共一百五人，并放还”[④]。《新唐书》记此事曰：“鸿胪寺籍质子及学生岁满者一百五人，皆还之。”[⑤] 从这件事情可以看到，质子与留学生均在鸿胪寺造册登记，鸿胪寺有他们的簿籍；质子与留学生的去留由鸿胪寺管理，由其上报有关部门批准即可返国。前文我们谈到鸿胪寺负责质子的官位授予，留学生粮料衣被的供应等，亦是其管理质子、留学生事务的内容之一。

日本遣唐使除携来大批留学生之外，还有大量的留学僧和学问僧等，他们也归鸿胪寺管理。天宝二年（743）鉴真于扬州准备偷渡日本时，因被人告发，其随行人员被淮南道当局拘捕，其中有荣睿、普照、玄朗、玄法等四位日本留学僧。对这四人的处置经过情形是这样的：“其日本僧

① 《龙筋凤髓判笺注》卷二《主客·一》，第76页。按，“义渠”，或作“沮渠”。“劲箭三成”，或作“劲箭三同”。

② 《旧唐书》卷一二《德宗纪上》，第322页。

③ 《唐会要》卷一〇〇《杂录》，第1798页。

④ 《旧唐书》卷一九九上《东夷·新罗传》，第5339页。

⑤ 《新唐书》卷二百二〇《东夷·新罗传》，第6206页。

四人，扬州上奏；奏至京鸿胪寺，检案问本配寺，寺众报曰：‘其僧随驾去，更不见来。’鸿胪依寺报而奏，便敕下扬州曰：‘僧荣叡等，既是蕃僧，入朝学问，每年赐绢廿五匹，四季给时服；兼予随驾，非是伪滥。今欲还国，随意放遣，宜委扬州，依例送遣。’”① 从中可见对于在地方犯事之蕃僧，由当地政府上奏皇帝，皇帝责成鸿胪寺查处；鸿胪寺翻检存档文书，查到了这四位日本学问僧在长安期间所配之寺院，责成寺院调查，寺院将情况报告鸿胪寺；鸿胪寺将所了解到的情况上奏皇帝，于是做出了相应的“敕旨”下达扬州执行。

### （十四）翻译

翻译是鸿胪寺一贯的职掌，所谓“总象胥之事”②，因此寺中设置有翻译人员。“凡诸司置直，皆有定制”，其中“鸿胪寺译语并计二十人”③。这二十名译语就是鸿胪寺的专业翻译人员，他们的品级地位并不高，其升迁限制：“鸿胪译语，不过典客署令。”④ 不超过从七品下的典客署令职位。但是实际上他们在外交工作中具有不可或缺的重要作用。一是进行口译，并常兼导引宾客。开元年间箇失蜜遣使者物理多来朝，“因丐王册，鸿胪译以闻”⑤。这是通过鸿胪译语人员翻译来使之语言。德宗以咸安公主嫁回鹘，贞元四年（788）回鹘公主等来迎亲，“回鹘公主入银台门，长公主三人候诸内，译史传导，拜必答，揖与进。帝御秘殿，长公主先入侍，回鹘公主入拜谒已，内司宾导至长公主所，又译史传问，乃与俱入”⑥。在这种隆重的礼仪场合，“译史”不仅担当翻译人员，而且兼司导引宾客的作用。二是进行外交文书的笔译。武宗会昌三年（843）九月在答复黠戛斯的报书中，逐一回答、批驳了黠戛斯来文中所提出的问题，其中一则谓：“又云‘尔地致书，彼此不会。’且书不可以尽言，言不可以尽意，况蕃、汉文字，传译不同，祇在共推赤心，永保盟好，岂

---

① ［日］真人元开著，汪向荣校注：《唐大和上东征传》，中华书局1979年版，第45—46页。

② 《全唐文》卷二五一（苏颋）《授张颋鸿胪少卿制》，第2541页。

③ 《唐六典》卷二《尚书吏部·吏部尚书》注，第35页。

④ 《新唐书》卷四五《选举志下》，第1174页。

⑤ 《新唐书》卷二二一下《西域下·箇失蜜传》，第6256页。

⑥ 《新唐书》卷二一七上《回鹘传上》，第6124页。

必缘饰词语。"[①] 指出在外交文书的传译过程中，难免有言不尽意之处。这表明双方之外交文书需经过"传译"，而这应是鸿胪官员之职责。由于鸿胪"译语"官员的工作对象是蕃客，故其经常"出入客馆"[②]。除了专业的译语人员之外，有的鸿胪寺高级官员也具有译语能力，曾任鸿胪卿的崔汉衡就能"夷言"[③]。

（十五）了解蕃情

由于鸿胪寺总管外交事务，是唐与外界交往接触的第一线和总门户，所谓"殊方异类，辐辏鸿胪"[④]，它有了解和掌握外界情况的便利条件。因而鸿胪寺就负有了解蕃情的职责。隋文帝开皇二十年（600），倭国遣使来朝，"上令所司访其风俗"[⑤]。这里的"所司"，首当包括鸿胪寺。由于鸿胪寺有许多译语官员，也为这一工作提供很大方便，武宗会昌年间黠戛斯遣使来唐时，就曾"使译官考山川国风"[⑥]。

唐制规定鸿胪寺要将所掌握的蕃情上报有关部门，"其外夷每有番官到京，委鸿胪讯其人本国山川、风土，为图以奏焉；副上于省"[⑦]。这是要求鸿胪向到京蕃客了解蕃情并将其上奏，并将副本报尚书省职方郎中。唐代规定"诸司应送史馆事例"，其中规定鸿胪寺应将"蕃国朝贡"之事"勘报史馆，修入国史"。其具体要求是："每使至，鸿胪勘问土地、风俗、衣服、贡献、道里远近，并其主名字报。"[⑧] 这是要求鸿胪将蕃情上奏并报史馆。

鸿胪寺不仅要将蕃情上报，它也要把所掌握的蕃情积累起来，以备修史或咨询之用。武宗会昌中，黠戛斯遣使来朝，宰相李德裕上言："贞观时，远国皆来，中书侍郎颜师古请如周史臣集四夷朝事为《王会篇》。今黠戛斯大通中国，宜为《王会图》以示后世。"于是"有诏以鸿胪所得

---

① 《册府元龟》卷九八〇《外臣部·通好》，第11517页。

② 《唐会要》卷六六《鸿胪寺》，第1151页。

③ 《新唐书》卷一四三《崔汉衡传》，第4690页。

④ 《唐会要》卷七《封禅》，第79—80页。

⑤ 《隋书》卷八一《东夷·倭国传》，第1826页。

⑥ 《新唐书》卷二一七下《回鹘传下》，第6150页。

⑦ 《唐六典》卷五《尚书兵部·职方郎中》，第162页。

⑧ 《唐会要》卷六三《史馆上·诸司应送史馆事例》，第1089页。

缋著之”[①]。可见从唐初起就命鸿胪寺搜集四方远国来使的资料，鸿胪寺绘有诸国使者的图像，并收藏于寺中，会昌年间黠戛斯大通中国，故政府拟修《王会图》时得以调阅参考。天宝年间，唐玄宗曾向鸿胪卿王忠嗣询问“诸蕃诸国远近”[②]，可见这是鸿胪长官必须具备的知识。贾耽曾撰《海内华夷图》及《古今郡国县道四夷述》，“从边州入四夷，通译于鸿胪者，莫不毕纪”[③]。可见贾耽有关四夷的地理著作中有取材于鸿胪寺者。而贾耽本人就曾担任过鸿胪卿，这对于撰述此书无疑也是一有利条件。《新唐书》撰者在《西域传》中历述西域诸国情况后，云：“贞观后，远小国君遣使者来朝献，有司未尝参考本末者，今附之左方。”[④] 由此可见，大多数西域国家的情况和有关资料均为唐政府“有司”所搜罗汇总并加以保管，鸿胪寺无疑是这些“有司”中的重要部门。只有少数国家“未尝参考本末”，据《西域传》所附，其远者有东欧之拂菻（东罗马帝国）、东北非之磨邻（埃塞俄比亚境内的阿克苏姆）[⑤] 等国，小者有火辞弥（阿姆河下游）、俱烂那（科克恰河上游）等国。其中关于磨邻国之资料，乃采自杜环《经行记》[⑥] 所记载。

（十六）衔命出使

鸿胪寺官员还经常衔命出使，承担各项外交使命。这种出使可以分为两类情况，一类是直接以鸿胪寺官员的实际身份出使，即以本官或带宪衔出使；一类是以它官摄鸿胪官员出使。

我们先看第一类以本官出使的情况。大业四年（608）日本派遣大礼小野妹子来朝，隋朝即派鸿胪寺掌客裴世清报之。此事《隋书》记作“上遣文林郎裴清使于倭国”[⑦]。裴清即裴世清，唐人避“世”讳而省。但其官衔曰“文林郎”，而据《日本书纪》推古天皇十五年条记载，隋炀帝致倭皇国书称：“故遣鸿胪寺掌客裴世清等，稍宣往意，并送物如别。”

---

① 《新唐书》卷二一七下《回鹘传下》，第 6150 页。

② 《唐会要》卷一〇〇《杂录》，第 1797 页。

③ 《新唐书》卷四三下《地理志七下》，第 1146 页。

④ 《新唐书》卷二二一下《西域传下》，第 6259 页。

⑤ 关于磨邻的所在，说法颇歧异，今据沈福伟《中国与非洲》第六章说，中华书局 1990 年版，第 224—230 页。

⑥ 《通典》卷一九三《边防典九・大秦》注引，第 5266 页。

⑦ 《隋书》卷八一《东夷・倭国传》，第 1827 页。

天皇的回书亦谓："使人鸿胪寺掌客裴世清等至。"① 可知当时裴世清是以鸿胪寺掌客官衔出使日本的。何以《隋书》记作文林郎呢？这大概与大业三年（607）官制改革有关，隋初鸿胪寺典客署属官有掌客，大业三年改典客署为典蕃署后不置。而这年于秘书省置文林郎二十人。那么可能裴世清原是鸿胪寺掌客，后改文林郎，《日本书纪》所记为其出使时官衔，《隋书》所记为其所改官衔。

唐初，武德五年（622）至贞观元年（627），郑元璹曾多次以鸿胪卿出使突厥进行"招慰"，与"可汗结和"②。贞观四年（630）唐俭以鸿胪卿出使突厥，"持节慰抚"③。贞观六年（632）刘善因以鸿胪少卿出使突厥册封弥射为可汗④。贞观八年（634）赵德楷以鸿胪丞出使吐谷浑被扣留⑤。开元十九年（731）崔琳以鸿胪卿"入吐蕃报聘"⑥。建中三年（782）崔汉衡以鸿胪卿"充入蕃计会使"，出使吐蕃⑦。贞元七年（791）"以鸿胪卿张茂宣充入回鹘使"⑧。元和十年（815）因吐蕃遣使"入谢"，以鸿胪少卿李铦出使吐蕃"报之"⑨。会昌元年（841），"以鸿胪卿张贾为巡边使，使察回鹘情伪"⑩。大中元年（847）以鸿胪卿李业克出使黠戛斯，册其"酋领为英武诚明可汗、国曰坚昆"⑪。诸如此类，不烦一一。

使职加宪衔在唐后期是一种颇为普遍的现象，鸿胪官员出使时亦常带宪官。乾元二年（759）回纥毗伽阙可汗卒，"以左金吾卫将军李通为试鸿胪卿，摄御史中丞，充吊祭回纥使"⑫。建中四年（783）二月，"以鸿

---

① 黑板胜美校订：《国史大系》，《日本书纪》（后编）卷二二《丰御食炊屋姬天皇》推古天皇十六年，吉川弘文馆1971年版，第150—151页。

② 《旧唐书》卷六二《郑元璹传》，第2380页。

③ 《新唐书》卷二一五上《突厥传上》，第6035页。

④ 《旧唐书》卷一九四下《突厥传下》，第5188页。

⑤ 《新唐书》二二一上《西域上·吐谷浑传》，第6225页。

⑥ 《旧唐书》卷八《玄宗纪上》，第196页。

⑦ 《旧唐书》一九六下《吐蕃传下》，第5246页。

⑧ 《册府元龟》卷九八〇《外臣部·通好》，第11515页。

⑨ 《新唐书》卷二一六下《吐蕃传下》，第6100页。

⑩ 《资治通鉴》卷二四六，唐武宗会昌元年（841）八月，第7953页。

⑪ 《册府元龟》卷九六五《外臣部·册封三》，第11355页。

⑫ 《旧唐书》卷一九五《回纥传》，第5201页。

胪卿崔汉衡兼御史大夫，持节答蕃使，送（吐蕃使者）区颊赞等归蕃"[①]。贞元三年（787）"（崔）澣复以鸿胪卿兼中丞，又充入蕃使"，答复吐蕃有关谈判要求，约定会盟日期[②]。元和五年（810），以李铦"为鸿胪少卿摄御史中丞，持节充入吐蕃使"[③]。贞元六年（790）六月，"以鸿胪卿郭锋兼御史大夫，充册回纥忠贞可汗使"。但是这年的四月忠贞可汗已被杀，国人另立其子为可汗。不久即遣使来唐告哀，且请册新君，于是贞元七年（791）"以鸿胪少卿庾铤兼御史大夫，册回纥可汗及吊祭使"[④]。永贞元年（805）回纥怀信可汗卒，"以鸿胪少卿兼御史中丞孙杲充吊祭册立使"[⑤]。

再看第二类以它官摄鸿胪官员出使的情况。圣历元年（698）突厥以女请亲，武则天令武延秀纳为妃，于是遣"右武卫郎将杨鸾庄摄司宾卿，大赍金帛送赴虏庭"[⑥]。武则天光宅元年（684）改鸿胪寺为司宾寺，司宾卿即鸿胪卿。景龙元年（707）"假鸿胪卿臧思言使于突厥，死之"[⑦]。景云二年（711）"突厥默啜请尚公主，许之，（和）逢尧以御史中丞摄鸿胪卿充使报命"[⑧]。开元七年（719）勃海王大祚荣卒，"遣左监门率吴思谦摄鸿胪卿，充使吊祭"[⑨]。开元十三年（725）玄宗东封泰山，为防备突厥乘机侵略，谋遣使征其大臣扈从，"乃遣中书直省袁振摄鸿胪卿，往突厥以告其意"[⑩]。开元十六年（728）以大理正乔梦松摄鸿胪少卿出使册于阗王、疏勒王[⑪]。开元二十五年（737）新罗圣德王卒，"遣左赞善大夫邢琦摄鸿胪少卿，往新罗吊祭，并册立其子承庆"[⑫]。乾元元年（758）以宁国

---

① 《册府元龟》卷九八〇《外臣部·通好》，第11514页。

② 《唐会要》卷九七《吐蕃》，第1735页。

③ 《册府元龟》卷九八〇《外臣部·通好》，第11515页。

④ 《旧唐书》卷一九五《回纥传》，第5209—5210页。

⑤ 《册府元龟》卷九六五《外臣部·册封》，第11353页。

⑥ 《册府元龟》卷九九八《外臣部·奸诈》，第11711页。

⑦ 《新唐书》卷四《中宗纪》，第109页。《册府元龟》卷九九七《外臣部·悖慢》记为神龙二年（706）。

⑧ 《旧唐书》一八五下《良吏下·和逢尧传》，第4817页。

⑨ 《资治通鉴》卷二一二，唐玄宗开元七年（719）三月《考异》引《实录》，第6735页。

⑩ 《通典》卷一九八《边防典十四》，第5441页。

⑪ 《册府元龟》卷九六四《外臣部·册封二》，第11344页。

⑫ 《旧唐书》卷一九九上《东夷·新罗传》，第5337页。《三国史记》卷九《新罗本纪》系邢琦出使于新罗孝成王二年（唐开元二十六年），第101页。

公主嫁回纥可汗，以"右司郎中（李）巽改尚书兵部郎中兼御史中丞、鸿胪少卿，充宁国公主礼会使"①。

从上述材料可见，奉命出使的鸿胪寺官员多为鸿胪寺的高级长官卿、少卿，偶尔有以丞出使的。他们出使均负有外交重任，涉及外交的各个方面，故有册封使、吊祭使、和亲使、招慰使、报聘使、礼会使、计会使、巡边使等。以鸿胪寺官员出使，一方面是因为外交是其本职工作，另一方面也因为鸿胪官员一般具有较强的外交才能，唐玄宗在任命崔琳出使吐蕃的《命崔琳使吐蕃诏》中说："吐蕃向化，遣使入朝，既怀旧恩，请继前好。今缘公主在彼，又复蕃客欲还。使于四方，必资德望，鸿胪卿崔琳，久历朝序，备晓政途，好谋而成，临事能断。俾衔国命，以赴蕃庭。宜令持节引入吐蕃使，所司准式发遣。"② 这是因其外交方面之历练与才干而被任命出使。

## 三　鸿胪寺的外交场所职能

鸿胪寺既然全面负责外交事务的管理，因此其本身也成为重要的外交场所，许多外交活动都是在鸿胪寺进行的，从而使其具有多方面的外交职能。

### （一）宣示场所

鸿胪寺是唐朝政府向蕃客宣示外交事项，或谈判、慰问、会见等场所。元和十五年（820），穆宗许以永安公主嫁回纥保义可汗。第二年（即长庆元年，821）三月，保义可汗卒，崇德可汗继立，于五月"遣使请迎所许嫁公主"。但是唐朝方面已决定改以太和公主嫁之，于是"诏缘改定太和公主出降回纥事宜，令中书舍人王起赴鸿胪寺宣示回纥等使"。这里唐朝与回纥在以哪位公主出嫁的问题上发生了争议，"朝廷以封第五妹为太和公主以降，今回纥虽狄人，固请永安而终不许，故命中书舍人王起充鸿胪寺以宣谕焉"③。这是唐朝派遣官员至鸿胪寺向回纥使者通告并说明以太和公主出嫁回纥的问题。

---

① 《册府元龟》卷九七九《外臣部·和亲》，第11505页。

② 《全唐文》卷三〇（元宗皇帝）《命崔琳使吐蕃诏》，第337页。

③ 《唐会要》卷六《杂录》，第77页。

文宗太和元年（827），“命中使以绢二十万匹付鸿胪寺宣赐回鹘充马价”①。这是唐朝派遣宦官将二十万匹绢拨付鸿胪寺，向回纥使者宣告以充马价。

玄宗开元五年（717）十月，“日本国遣使朝贡，命通事舍人就鸿胪宣慰”②。这是唐朝派遣官员至鸿胪寺向来使进行礼节性慰问。武宗会昌年间，黠戛斯遣使来朝，“行三岁至京师，武宗大悦……诏宰相即鸿胪寺见使者”③。这是宰相亲至鸿胪寺会见来使，以示重视。

大中五年（851），吐蕃论恐热来朝，“上遣左丞李景让就礼宾院问所欲”④。这是唐朝派遣官员至鸿胪寺所属之礼宾院询问来使的要求与愿望。

### （二）吊唁场所

吊唁蕃邦国丧是一项重要的外交礼仪活动，在唐朝每遇此事多令文武百官前往吊唁，而鸿胪寺就是这种吊唁场所。德宗贞元五年（789）十二月，回纥汨咄禄长寿天亲毗伽可汗卒，唐朝令“文武三品已上就鸿胪吊其来使”⑤。贞元六年（790）回纥忠贞可汗卒，“使至，废朝三日，仍令三品已上官就鸿胪寺吊使者”⑥。贞元十一年（795）以回纥奉诚可汗卒，“仍令文武三品已上官就鸿胪吊其使者”⑦。宪宗元和三年（808）三月，以回纥滕里野人令俱录毗伽可汗卒，“仍令文武三品已上就鸿胪寺吊其使者”⑧。穆宗长庆元年（821）二月，以回纥毗伽保义可汗卒，“仍令诸司三品已上官就鸿胪寺吊其使者”⑨。文宗太和七年（833）四月以九姓回纥可汗卒，“仍令诸司文武三品、尚书省四品以上官，就鸿胪寺吊其使者”⑩。武宗会昌二年（842）吐蕃赞普卒，至十二月遣论赞热等来告丧，

---

① 《旧唐书》卷一九五《回纥传》，第5213页。

② 《册府元龟》卷九七一《外臣部·朝贡四》，第11405页。

③ 《新唐书》卷二一七下《回鹘传下》，第6150页。

④ 《资治通鉴》卷二四九，唐宣宗大中五年（851）五月，第8047页。

⑤ 《旧唐书》卷一九五《回纥传》，第5208页。

⑥ 《旧唐书》卷一九五《回纥传》，第5209页。

⑦ 《册府元龟》卷九七六《外臣部·褒异三》，第11462页。

⑧ 《册府元龟》卷九七六《外臣部·褒异三》，第11463页。

⑨ 《旧唐书》卷一九五《回纥传》，第5211页。

⑩ 《旧唐书》卷一九五《回纥传》，第5213页。

“仍令文武常参官四品已上就鸿胪寺吊其使者”[①]。

这里所称往鸿胪寺吊其使者，除了指鸿胪寺府署外，也可能包括鸿胪寺所辖蕃客下榻的馆舍。史书每称“使者相蹑，留舍鸿胪”“皆听入朝，舍鸿胪”[②]“其使候遣，继留于鸿胪寺者非一”[③]，等等。这都说明所谓“舍于鸿胪”实际上就是舍于鸿胪寺的客馆。那么所谓“于鸿胪寺吊其使者”，也可能有的是前往来使下榻的馆舍进行吊唁。唐初就曾径称“即馆吊其使”，武德二年（619）突厥始毕可汗卒，高祖“诏群臣即馆吊其使”[④]。武德三年（620）突厥处罗可汗卒，“诏百官就馆吊其使”[⑤]。

### （三）盟誓场所

鸿胪寺有时也用为双方盟誓场所。肃宗至德元年（756），吐蕃使者来朝请和，唐朝提出到光宅寺为盟，吐蕃使者则曰：“蕃法：盟誓取三牲血歃之，无向佛寺之事，请明日须于鸿胪寺歃血，以申蕃戎之礼。”唐朝“从之”[⑥]。这是应吐蕃的要求而在鸿胪寺盟誓。文中“须于鸿胪寺歃血”一语，《册府元龟》作“复于鸿胪寺歃血”[⑦]。《南部新书》壬卷则记为使者语后，“明日，复于鸿胪寺歃血”[⑧]。后两书意义大体相同。

### （四）教授留学生场所

留学生一般安排在国子监学习，但是有时也派人直接到鸿胪寺进行教授。日本国于“开元初，又遣使来朝，因请儒士授经。诏四门助教赵玄默就鸿胪寺教之，乃遗玄默阔幅布以为束脩之礼，题云‘白龟元年调布’。人亦疑其伪……其偏使朝臣仲满，慕中国之风，因留不去，改姓名为朝衡”[⑨]。这是应日本国使之请求，唐朝令国子监之四门助教赵玄默到鸿胪寺教授日本学生学习经书。中国史籍记载此事涉及日本方面之事有

---

① 《唐会要》卷九七《吐蕃》，第1739—1740页。
② 《新唐书》卷二一七上《回鹘传上》，第6120、6124页。
③ 《旧唐书》卷一九五《回纥传》，第5207页。
④ 《新唐书》卷二一五上《回鹘传上》，第6028页。
⑤ 《旧唐书》卷一九四上《突厥传上》，第5154页。
⑥ 《旧唐书》卷一九六上《吐蕃传上》，第5237页。
⑦ 《册府元龟》卷九八一《外臣部·盟誓》，第11528页。
⑧ （宋）钱易撰，黄寿成点校：《南部新书》壬卷，中华书局2002年版，第149页。
⑨ 《旧唐书》卷一九九上《东夷·日本国传》，第5341页。

些舛误。此事《新唐书》记作“开元初，粟田复朝，请从诸儒受经，诏四门助教赵玄默即鸿胪寺为师”① 云云。仲满即阿倍仲麻吕，他当时不是什么“偏使”，而是作为留学生随使团来唐。据《古今和歌集目录》所附《安倍仲麻吕略传》：他“性聪敏，好读书。灵龟二年，以选为入唐留学问生，时年十有六”②。灵龟为日本元正天皇年号，灵龟二年即唐开元四年（716）。率领阿倍仲麻吕的此次日本遣唐使不是粟田，而是多治比县守。据《续日本纪》，粟田所率使团是于文武天皇大宝二年（唐武后长安二年，702）朝唐③，其后未再赴唐。多治比县守是于元正天皇灵龟二年（唐开元四年，716）被任命为遣唐押使，养老元年（唐开元五年，717）赴唐④。则两《唐书》所载赵玄默于鸿胪寺教授日本留学生事，乃开元五年多治比县守朝唐时事。而所谓“白龟”者亦当为“灵龟”之误。要之，当时唐朝派人于鸿胪寺教授日本留学生一事则无疑问。

综上所述，可见鸿胪寺的外交职掌，在隋唐时期具有明显的两个特点。第一，实行全方位的外交管理。鸿胪寺对于外交工作的管理，从使节、宾客入境直至出境的全过程，从外交活动的礼宾接待，到后勤服务的生活管理，从蕃国档案资料到外交文书，上至君主、使节，下至质子、留学生、僧侣等，举凡外事方面的全部事务，可以说是全面负责，全面管理，无所不包，无微不至。这是鸿胪寺作为外交专职管理机构发展到唐代已臻于成熟的表现，也是唐代外交空前发展的必然要求和结果。第二，外交管理的更为专业化。鸿胪寺发展到唐代已经成为地道的专职外交管理机构，汉代时其所担负的如封国王侯事务、地方郡国事务，以及

---

① 《新唐书》卷二二〇《东夷·日本传》，第6209页。

② 藤原仲实撰：《古今和歌集目录》，收于塙保己一编撰《群书类丛》卷二八五（第16辑和歌部），平文社1993年版（1934年初版），第116页。

③ 《续日本纪》卷二《天之真宗丰祖父天皇》，文武天皇大宝元年（武周大足元年，701）五月己卯“入唐使粟田朝臣真人授节刀”（第11页），次年（大宝二年，武周长安二年，702）六月乙丑“遣唐使等去年从筑紫而入海，风浪险暴，不得渡海，至是乃发”。（第15页）

④ 《续日本纪》卷七《天之真宗丰祖父天皇》，元正天皇灵龟二年（唐开元四年，716）八月癸亥“以从四位下多治比真人县守为遣唐押使”（第66页），养老元年（唐开元五年，717）三月己酉“遣唐使从四位下多治比真人县守赐节刀”（第68页）。《续日本纪》卷八养老二年（唐开元六年，718）十月庚辰“大宰府言：遣唐使从四位下多治比真人县守来归”，十二月壬申“多治比真人县守等自唐国至”（第75页）。

魏晋南北朝时期所增加的宗教事务等，到了唐代或已取消，或已转给其他部门，或已大为减轻，从而使其负责外交事务的职能凸显出来，实现专业化的外交管理。《王崇俊墓志铭》谓："授公鸿胪卿，则四门来宾，远方咸贡。"① 强调了鸿胪官员的外交性质。虽然这时它还有某些与外交无关的事务，如官员丧葬与二王之后的事务等，但比起其所负外交事务来说已经微不足道，它可以说已是完全意义上的外交部门了。

以上我们叙述了鸿胪寺的机构设置、外交职掌及其外交场所职能，可以大体认识到鸿胪寺乃隋唐时期重要的专职外交管理机构，其所管理的外交事务非常繁杂，举凡外交方面的事务无所不理。鸿胪寺作为政府的专门外交机构，具有如下三个突出的专业机构特点。

首先，其官员人选要求严格，须具备外交素质和才能。隋炀帝时，"方勤远略，蛮夷朝贡，前后相属。帝尝从容谓宇文述、虞世基等曰：'四夷率服，观礼华夏，鸿胪之职，须归令望。宁有多才艺、美容仪，可以接对宾客者为之乎？'"② 这里对鸿胪官员的才能、仪表风度都提出了很高的特殊的要求。这在隋唐时期是有代表性的。

其次，对于鸿胪寺官员在办理外交公务中的纪律要求也是很严格的。外交纪律中尤以保密要求为最，开元年间鸿胪官员因办理与渤海的交涉中泄密而被查处一事就是明证。开元十四年（726）黑水靺鞨朝唐引起渤海王武艺的不满，于是兴兵伐黑水，武艺之弟门艺曾为质子于唐，深知此事必将导致与唐朝的对立，故极力反对。但武艺不听，强迫门艺率兵攻打黑水。于是门艺弃众投奔唐朝，唐朝授其为左骁卫将军。武艺得知后遣使唐朝历数门艺的罪状，并请求唐朝杀掉门艺。唐玄宗派人秘密地将门艺护送至安西藏匿，而"报武艺云：'门艺远来归投，义不可杀。今流向岭南，已遣去讫。'……别遣使报之。俄有泄其事者，武艺又上书云：'大国示人以信，岂有欺诳之理！今闻门艺不向岭南，伏请依前杀却。'由是鸿胪少卿李道邃、源复以不能督察官属，致有漏泄，左迁

① 《唐代墓志汇编》（下）贞元〇五〇《唐故鄜坊节度都营田使兼后军兵马使军前讨击使同节度副使元麾将军试鸿胪卿兼试殿中监太原县开国子食邑五百户上柱国王府君墓志铭并序》，第1872页。

② 《隋书》卷四一《苏夔传》，第1191页。

（李）道邃为曹州刺史，（源）复为泽州刺史”①。这个记载表明作为鸿胪寺的长官，要对下属官员泄露外交机密负责，承担责任。正如胡三省所云：“鸿胪掌四夷之客，故以漏泄为罪。”② 但《新唐书》记此事曰：“别诏鸿胪少卿李道邃、源复谕旨。武艺知之……帝怒（李）道邃、（源）复漏言国事，皆左除。”③ 据此则此次出使是由李道邃和源复二人前往，是由他们而非下属官员泄露机密。但有一点是肯定的，即不论鸿胪寺长官还是下属官员泄露外交机密都要受到惩处。可见鸿胪寺的外事纪律是严格的。

最后，由于鸿胪寺官员担负繁重的外交事务，而鸿胪寺又是外交重地，保密要求高，因而对于鸿胪寺机关的管理也是很严格的。鸿胪寺有严格的门卫和官员出入的管理制度，开元十九年（731）十二月十三日敕云：“鸿胪当司官吏以下，各施门籍出入。其译语、掌客出入客馆者，于长官下状牒馆门，然后与监门相兼出入。”④ 这个规定表明，鸿胪寺一般官员和职事人员出入鸿胪寺需要凭“门籍”，即证明身份的出入证；而出入鸿胪寺所辖机构如客馆，则需要凭鸿胪寺长官所下的“状牒”，即写明该官员状貌的公文，有类今天的介绍信，可见其门禁之森严。鸿胪寺机关及所属各部门均有门卫以司出入人员的检查，“回纥以肃宗宝应三年闰正月己酉夜，十有五人犯金光门，突入鸿胪寺，门司不能禁”⑤。这个材料表明鸿胪寺设有“门司”以司守卫，而且是昼夜值班的。从前引材料则知客馆亦设有“监门”以司其职。

## 第二节　尚书主客司及其外交职能

主客司是隋唐时期负责外交政令的专职机构，与负责外交事务的鸿

---

① 《旧唐书》卷一九九下《渤海靺鞨传》，第5361页。

② 《资治通鉴》卷二一三，唐玄宗开元十四年（726）胡注，第6775页。

③ 《新唐书》卷二一九《北狄·渤海传》，第6180页。

④ 《唐会要》卷六六《鸿胪寺》，第1151页。

⑤ 《册府元龟》卷九九七《外臣部·悖慢》，第11703页。按：宝应仅有元年、二年，无三年。据陈垣《廿二史朔闰表》宝应二年正月闰，则此事当为宝应二年（763）。《资治通鉴》［卷二二二，唐代宗广德元年（763）闰月］亦系此事于代宗广德元年，即宝应二年，第7140—7141页。

胪共同构成中央外交主管部门。

## 一 尚书省、礼部与主客司

三省制经过两汉魏晋南北朝的发展、演变，到了隋及唐前期已经成熟。虽然这个时期三省长官都是宰相，但是又实行三省分权，它们之间是有分工的。尚书省是全国政务机关，“事无不总”①，故曰“天下纲维，百司所禀”②。隋朝置尚书令一人为尚书省长官，左右仆射各一人为副长官。唐代尚书令基本上缺而不置，以左右仆射实际行使尚书令职权。尚书省设置都省，作为尚书省的办公厅。尚书省下辖六部，隋代为吏部、礼部、兵部、都官、度支、工部；唐代为吏部、户部、礼部、兵部、刑部、工部。每部辖四司，即所谓六部二十四司。其中礼部负责分管外交工作。礼部尚书一人为正，侍郎一人为副，“掌天下礼仪、祭享、贡举之政令”③，这里面就包含外交（含民族）工作的内容。礼部所统四司为礼部、祠部、主客、膳部。其中的主客司就是负责外交政令的专职部门。

主客司，隋炀帝时改为司藩，唐初复称主客，高宗龙朔二年（662）改称司藩，咸亨二年（671）复称主客。主客司的长官，隋文帝时以主客侍郎二员为长官，大业三年（607）改为主客郎，大业五年（609）改为司藩郎。唐初称为主客郎中，员一人，龙朔、咸亨间改为司藩大夫，后复称主客郎中。主客司的副长官，隋开皇六年（586）置主客员外郎一员，大业三年（607）改称司藩承务郎。唐初复称主客员外郎，龙朔、咸亨间改称司藩员外郎，后复称主客员外郎。主客郎中从五品上，主客员外郎从六品上。主客司官员还有主事二人，从九品上。此外还有办事人员，令史四人，书令史九人，掌固四人④。

综上所述可见隋唐时期的外交政务，是由尚书省的礼部分管，而具体职能部门则是礼部所辖的主客司。

---

① 《隋书》卷二八《百官志下》，第774页。

② 《旧唐书》卷七〇《戴胄传》，第2533页。

③ 《旧唐书》卷四三《百官志二》，第1828页。

④ 参见《旧唐书》卷四三《职官志二》、《唐六典》卷四《尚书礼部·主客郎中》。

## 二　主客司的外交管理职能

主客司的职务为“掌二王后及诸蕃朝聘之事”[1]。所谓“二王后”即周、隋二朝皇室之后，这有类统战工作，与外交无涉。所谓“诸蕃朝聘之事”则主要为外交工作，也包括一些少数民族工作。主客司的主要的、大量的工作就是外交。刘禹锡《授主客郎中制》对此有一概括的叙述，他说主客郎中的职责是：“统彼行人之家，绥其外臣之务。朝聘则定位，宴会则辨仪。穆我四门，深于九译。用委藁街之政，克资粉署之贤。”[2]从他所列举的内容来看，多是外交方面的职能。

到了隋唐时期，尚书省与卿监的关系已经协调，尚书诸司为政务机关，对于卿监实行政令指挥。诸卿监成为事务机关，在尚书诸司的指导之下执行各种具体事务。主客司与鸿胪寺的关系即是如此。主客司主管外交的政令，指导鸿胪寺的工作，由鸿胪寺去具体办理外交事务。因此主客司与鸿胪寺的外交职掌范围是一致的，只是政令指挥与执行政令的区别，所以官志在叙述主客司的职责时往往加以省略，《旧唐书·职官志》《唐六典·主客郎中》均谓：“其朝贡之仪、宴飨之数、高下之等、往来之命，皆载于鸿胪之职焉。”[3]不过其中《新唐书》卷四十六《百官志一》对于主客司的外交职掌有一比较具体的叙述，现我们以此为基础，再结合鸿胪寺的职掌，和其他载籍所见，对于主客司的职掌作一简要的叙述。

### （一）蕃客入朝审批及待遇之管理

蕃客入朝的接待工作由主客司在政策上加以指导，据《新唐书》卷四十六《百官志一》所载，这方面的内容主要有三个。一是“殊俗入朝者，始至之州给牒，覆其人数，谓之边牒”[4]。这是规定来使入境时的审

---

① 《旧唐书》卷四三《职官志二》，第1832页。

② （唐）刘禹锡撰，《刘禹锡集》整理组点校，卞孝萱校订：《刘禹锡集》之《刘禹锡集诗文补遗·授主客郎中制》，中华书局1990年版，第617页。《白孔六帖》：“诸曹郎曰粉署，亦曰仙署。”

③ 《旧唐书》卷四三《职官志二》，第1832页；《唐六典》卷四《尚书礼部·主客郎中》，第130页。

④ 《新唐书》卷四六《百官志一》，第1196页。

核批准事宜，由主客司负责这方面的政策指导。二是“蕃州都督、刺史朝集日，视品给以衣冠、绔褶”[①]。所谓蕃州都督、刺史即指羁縻州的都督、刺史。唐代于周边设置羁縻府州，“唐兴，初未暇于四夷，自太宗平突厥，西北诸蕃及蛮夷稍稍内属，即其部落列置州县。其大者为都督府，以其首领为都督、刺史，皆得世袭。虽贡赋版籍，多不上户部，然声教所暨，皆边州都督、都护所领……大凡府州八百五十六，号为羁縻云”[②]。它们“皆傍塞外，或寓名于夷落”[③]。由此可见，这些羁縻府州是在政治上“内属”唐朝的部落或政权，唐朝就其地域和名号而设置，给其首领以都督、刺史的名义，世代相袭。不入唐朝编户，不纳贡赋税。这些羁縻府州，有一些是唐朝边疆少数民族，但更多的是相对独立的政权。他们到唐朝行朝集之礼，由主客司负责其品级及相应的衣冠、服饰审批给赐之政令。三是负责来宾、来使赴京途中交通待遇的审批，规定“乘传者日四驿，乘驿者六驿”[④]。

### （二）蕃客食料供应之管理

前文我们已谈及，蕃客来唐后，由唐朝政府供应廪食、衣被、医药和牲口草料等物资，具体由鸿胪寺负责供应。而主客司的职责，则是：“供客食料，以四时输鸿胪，季终句会之。”[⑤] 这表明供应蕃客的食料，其数量多少由主客司根据蕃客之等级而拟定，然后下达鸿胪寺，由鸿胪寺根据所规定的数量标准供给蕃客食用。事后，鸿胪寺将供应的情况再上报主客司，由主客司在每季度进行总结。

### （三）蕃客朝见宴飨之管理

蕃客来唐之后，其朝见、宴飨等方面的规格和待遇，是根据蕃客的等第而有所不同的。这在鸿胪寺一节中已经谈及。而这方面的政策管理则由主客司负责，“客初至及辞设会，第一等视三品，第二等视四品，第三等视五品，蕃望非高者，视散官而减半，参日设食”[⑥]。这里将蕃客分

---

① 《新唐书》卷四六《百官志一》，第1196页。
② 《新唐书》卷四三下《地理志七下》，第1119—1120页。
③ 《新唐书》卷四三下《地理志七下》，第1146页。
④ 《新唐书》卷四六《百官志一》，第1196页。
⑤ 《新唐书》卷四六《百官志一》，第1196页。
⑥ 《新唐书》卷四六《百官志一》，第1196页。

为四等，即第一、二、三等及等外，其区分依据主要是所谓“蕃望”，即该国的国际地位、国势强弱、与唐朝的关系等。其待遇标准是第一等蕃客按照唐朝职事官第三品的待遇，以下类推，三等之外者，则“视散官而减半”。隋唐时期有了职事官与散官的正式区分，“居曹有职务者为执事官，无职务者为散官”①。简单来说，职事官是有组织系统、有具体任务、有官位品级的职官，散官是没有组织系统、没有具体任务的加官②。这方面政策的掌握和管理是由主客司负责的。

### （四）蕃客返国程粮之管理

蕃客完成使命之后返国时，照例由唐朝提供回程的粮料等物资，这方面的具体政策亦由主客司管理。其具体规定是：“路由大海者，给祈羊豕皆一。西南蕃使还者，给入海程粮；西北诸蕃，则给度碛程粮。”③ 关于返国程粮的问题我们在鸿胪寺一节中已经谈过，现以入海程粮为例再加以说明。实际上入海程粮不仅给予西南蕃使，凡由海路来者均依例给予，日本圣武天皇天平五年（唐开元二十一年，733），平郡广成以判官身份随多治比广成所率遣唐使朝唐，返国时平郡广成所乘之船被风漂至昆仑国，后被搭救回唐，其“既归唐国，逢本朝学生阿部仲满，便奏得入朝，请取渤海路归朝。天子许之，给船粮发遣”④。这里给予平郡广成的即为入海程粮。文宗开成四年（839），日本求法僧圆仁随遣唐使船返国途中，船漂至乳山，四月二十六日“粟录事下舶到押衙处相看，兼作帖请食粮：‘先在东海县，但过海之粮。此舶过海，逆风却归，流着此间。事须不可在此吃过海粮，仍请生料’云云”。他们虽然在东海县时已得到过海程粮，但那种粮食只能留待过海时吃，现因风暴耽误了行程，故需另外补充粮食。得到有关部门批准之后，五月一日遂“遣买过海粮于村勾当王训之家”⑤。由此可见入海程粮数量有限，必须留作海行途中食用，中途遇险耽误了行程，还须另外购粮弥补，不能随意动用入海程粮。入海程粮只有外交人员才能享有，一般蕃客并不配给，圆仁后来没

① 《隋书》卷二八《百官志下》，第 781 页。
② 参见陈仲安、王素《汉唐职官制度研究》第一章第五节，中华书局 1993 年版，第 96 页。
③ 《新唐书》卷四六《百官志一》，第 1196 页。
④ 《续日本纪》卷一三《天玺国押开丰樱彦天皇》圣武天皇天平十一年，第 156 页。
⑤ 《入唐求法巡礼行记校注》卷二，第 156—157 页。

有随遣唐使团回国，而是留在唐朝求法巡礼，会昌五年（845）他从长安启程回国，“京牒不说程粮，在路自持粮食”[①]。他的身份是求法僧，而不是外交使节，故京牒没有写明供应程粮，需要沿途购买。从这个材料来看，程粮是在发遣的公文上批注，在途中由当地官府供给，在起航港口亦由所在官府供给。度碛程粮的给付程序大体亦当如此。

何以路由大海者，特供“祈羊豕”呢？这是因为当时航海技术还比较落后，航渡大海要冒很大的风险，以日本遣唐使为例，据统计“船破或遭难者往程七次，计失船六只；回程亦有六次，计失船四只；因风中止者，往程一次。总计十四次。而往程无事者十二次，回程无事者十次，总计二十二次，可见遇险出事者近半”[②]。在无力抗拒大自然的情况下只得求助于神灵，因而航行中的祈祷活动是很频繁的。日本遣唐使舶配有专职的祈祷占卜人员，称为“卜部”。藤原常嗣使团返国时，四月十五日“申时，令卜部占风”。十七日航船迷失方向，又“令卜部占之”。除了专职的神职人员之外，遇到风险时，船上的其他人员也都要参加祈祷，四月十五日“舶上官人，为息逆风，同共发愿，祈乞顺风……入夜祭五谷供，诵《般若》、《灌顶》等经，祈神归佛，乞顺风”[③]。那么唐朝所提供的“祈羊豕”，就是用以在渡海时进行祈祷活动的供品。

除了返国程粮之外，蕃客返国所带物品和通行“过所”均须经主客司核发，“凡客还，鸿胪籍衣赍赐物多少以报主客，给过所”[④]。鸿胪寺将蕃客所带物品的品种数量上报主客司审核之后，方能发给“过所”。

### （五）蕃客宿卫管理

在唐代，与唐皇朝友好的国家或地区，常派王室成员或贵族子弟入朝宿卫，有的君长还亲自宿卫，以维系双方关系。史称贞观之世，“天下大治。蛮夷君长袭衣冠，带刀宿卫”[⑤]。这种宿卫制度是当时重要的外交方式之一，而且这种宿卫人员的数量还是相当多的。这项工作也由主客

① 《入唐求法巡礼行记校注》卷四，第475页。

② 池步洲：《日本遣唐使简史》，上海社会科学院出版社1983年版，第47页。

③ 《入唐求法巡礼行记校注》卷一，第148、150页。

④ 《新唐书》卷四八《百官志三》，第1257—1258页。

⑤ 《新唐书》卷九七《魏徵传》，第3870页。

司负责管理，“蕃客请宿卫者，奏状貌年齿”[①]。即由主客司把请求宿卫人员的情况上报有关部门，然后根据蕃客的具体情况授予官职和享受相应的待遇。

### （六）蕃客市易管理

蕃客在唐的市易活动也由主客司负责管理，“突厥使置市坊，有贸易，录奏，为质其轻重，太府丞一人涖之”[②]。这表明来使如有贸易活动，须在主客司备案，由其上报有关部门；贸易中的具体监管，则责成太府寺负责。太府寺为唐朝掌管财赋的机构，其负责“贸易，总京都四市”，“赋物任土所出，定精粗之差”[③]。可知京师的贸易及商品之鉴定均为其职掌。

### （七）蕃国官爵授受与承袭的管理

唐朝对于建立了外交关系的蕃国，根据其与唐朝的友好程度及国家地位不同而授予相应的官爵。这也是当时维系唐与各国关系的重要外交方式之一。这方面的政策也由主客司负责掌握。“诸蕃首领丧，则主客、鸿胪月奏。”[④] 蕃国首领死亡，由鸿胪寺上报主客司，主客司再上报礼部。这除了需要及时组织吊祭事宜外，更重要的是牵涉其官爵的继承问题。这都是敏感的外交问题，有很强的政策性。主客司就是掌握这方面政策的，其具体政策是：“蕃王首领死，子孙袭初授官，兄弟子降一品，兄弟子代摄者，嫡年十五还以政。”[⑤] 蕃王直系子孙，可继承其初授之官，由兄弟之子继承则相应降低一品，由兄弟之子代摄，则待蕃王嫡子年满十五还以政。据《唐六典》所记鸿胪寺的职掌中规定：“夷狄君长之子袭官爵者，皆辨其嫡庶，详其可否，以上尚书。”[⑥] 鸿胪寺提供的蕃客资料和袭授报告，上报尚书省，亦必然经由主客司具体办理，正如《唐会要》载永泰二年（766）制中所云：“诸司诸使及天下州府，有事准令式各申

① 《新唐书》卷四六《百官志一》，第1196页。
② 《新唐书》卷四六《百官志一》，第1196页。
③ 《新唐书》卷四八《百官志三》，第1263页。
④ 《新唐书》卷四六《百官志一》，第1194页。
⑤ 《新唐书》卷四六《百官志一》，第1196页。
⑥ 《唐六典》卷一八《鸿胪寺》，第505页。

省者，先申省司取裁。”①

（八）出使管理

唐朝派遣至外国的使节，其有关事宜也由主客司管理。尚书主客司的职责之一是：“使绝域者还，上闻见及风俗之宜、供馈赠贶之数。”②即使节返国之后，须到主客司述职，其内容有两个方面，一是“上闻见及风俗之宜”，即报告出使所获外交情报及有关国家的国情概况；二是上报“供馈赠贶之数”，即己方的开支和接受对方的回报物品数量等情况。

由此可见，出使绝域者所肩负的使命是相当繁重的，同时旅途也是十分艰辛而充满危险的。唐代有新罗僧人慧超前往天竺巡礼，返程时他曾“从吐火罗国东行七日，至胡蜜王住城”，吐火罗在葱岭西，乌浒河南一带③，胡蜜国在今阿富汗东北境之瓦汉（Wakhan）④。其间适“逢汉使入蕃”，有感而发，作五言诗曰：“君恨西蕃远，余嗟东路长。道荒宏雪岭，险涧贼途倡。鸟飞惊峭嶷，人去偏樑□。平生不扪泪，今日洒千行。”⑤ 这些汉使是唐朝派往“西蕃”的使臣，他们还要走很远的路程才能到达出使国，诗中极言翻越葱岭之险阻艰辛，坚毅之硬汉亦不免对之洒泪。恶劣的自然条件之外，还有人祸。胡蜜国北山里，有“九箇识匿国”，识匿，今帕米尔之锡克南（Shighnan）⑥，“彼王常遣三二百人于大播蜜川，劫彼兴胡及于使命。纵劫得绢，积在库中，听从坏烂，亦不解作衣着也”⑦。大播蜜川为阿姆河之支流⑧。其抢劫对象为胡商及外交使节，所得物资多为中国所产丝绸。丝绸不仅为商人之资财，亦为外交使节所携带之物资。出使绝域之艰难险阻可窥其一斑。

---

① 《唐会要》卷五七《尚书省》，第986页。

② 《新唐书》卷四六《百官志一》，第1196页。

③ 冯承钧：《西域地名》，中华书局1980年版，第97页。

④ 《西域地名》，第103页。

⑤ （唐）慧超著，张毅笺释：《往五天竺国传笺释》，中华书局1994年版，第140页。

⑥ 《西域地名》，第84页。

⑦ 《往五天竺国传笺释》，第145页。

⑧ 《西域地名》，第2页。

### （九）其他

以上八个方面是主客司所掌管外交政令的大致范围，除此之外，主客司官员也参与一些具体的外交事务。蕃客朝见时的外交礼仪活动中，主客司官员也要出席负责安排引导。白居易为主客郎中时，有诗云："仍闻蕃客见，明日欲追朝。"[①] 就是参与这方面活动的反映。有时也奉命出使，贾至《授裴荐摄主客员外郎制》云："中原未宁，邻国是协，俾领摄于郎署，为专对之使人。可摄主客员外郎。"[②] 言以主客员外郎出使邻国，以睦邦交。

由于主客司为专职的外交机构，所以其官员人选注重具有外交才能和外交实践经验者。孙逖《授章仇兼琼主客员外郎制》，称其"顷逾沙碛，能正纠绳，兴国利于悬车，振朝威于绝漠。甄其绩用，宜迁礼阁之荣"[③]。因其出使绝域，功绩卓著，故授予主客员外郎之职。

---

① （唐）白居易著，朱金城笺校：《白居易集笺校》卷一九《律诗·连雨》，上海古籍出版社1988年版，第1253页。

② 《全唐文》卷三六六（贾至）《授裴荐摄主客员外郎制》，第5725页。

③ 《全唐文》卷三〇八（孙逖）《授章仇兼琼主客员外郎制》，第3132页。

# 第九章　唐代中央外交关涉机构

隋唐时期的外交管理机构，除了上述九卿系统的鸿胪寺与尚书系统的主客司这两个专职机构以外，在中央机构中尚有许多部门和单位，它们各自从不同的方面和角度行使外交管理职责，因而可视为外交管理的关涉机构。这些关涉机构与专职机构互相配合，协同运作，完成繁重复杂的外交行政事务。现将隋唐时期的外交管理关涉机构分别叙述于后。

## 第一节　中书省的外交职能

隋唐时期的中书省与门下省乃决策出令的中枢机构，即《唐会要》卷五十四《省号上》“中书省”条所谓“机要之司”。而中书主出命，其中心工作是起草诏书，此外它还担负不少行政事务，其中就包括外交方面的工作。

中书省在隋朝曾改称内史省、内书省；唐代武德初改为内史省，不久改称中书省。高宗龙朔、咸亨间改称西台，武后光宅、神龙间改称凤阁，玄宗开元初改称紫微省，开元五年复为中书省。中书省的官员有中书令二人，为中书省长官；侍郎二人，为副长官。由于中书令为宰相，多在政事堂议政、办公，故中书侍郎实际上为中书省的负责人；下面有中书舍人六人，散骑常侍二人，补阙、拾遗、起居舍人各二人，通事舍人十六人，主书、主事各四人。此外中书省还领集贤殿书院、史馆、四方馆等。现将其与外交工作关涉者分述于后。

### 一　中书省本部

中书省本部是指以中书侍郎和中书舍人为核心的中书省办公厅，而通事舍人虽为中书省属官，但因其主要在四方馆任职，故另节叙述；中书省所属之史馆亦然。中书省本部的外交职能主要体现在如下几个方面。

### （一）外交文书与政令

中书省的主要任务是起草诏令，中书所掌“凡王言之制有七：一曰册书，二曰制书，三曰慰劳制书，四曰发日敕，五曰敕旨，六曰论事敕书，七曰敕牒”[①]。起草诏令固然是中书参与中枢决策的重要体现，但也是其参与行政管理的重要方面。有关外交方面的诏令和文书自然也归中书省负责，因而它也同样担负外交管理的重要职责。

唐朝所发出的外交文书亦由中书省负责起草。贞元十一年（795）“又降敕书赐异牟寻及子阁劝，清平官郑回、尹仇宽等各一书，书左列中书三官宣奉行，复旧制也”[②]。这是唐朝给南诏的文书，这种文书被称为“敕书”，即上述七种诏书之一，是代表皇帝发出的。这些文书是由中书省负责起草的，这里还讲到了这种文书的格式，即“书左列中书三官宣奉行”。这里所谓“中书三官”是指中书令、中书侍郎、中书舍人；所谓“宣奉行”是指当时中书起草的制书中通行的格式，在文书之左署上中书令臣某宣、中书侍郎臣某奉、中书舍人臣某行。这种制书格式在安史之乱以后废阙，至是恢复，故曰“复旧制”。

乾符二年（875），因南诏给唐朝的文书“辞语怨望，中书不答”。宰相卢携奏道：“如此，则蛮益骄，谓唐无以答……然自中书发牒，则嫌于体敌，请赐高骈及岭南西道节度使辛谠，使录诏白，牒与之。”[③] 当时唐朝考虑到以中书名义作答，“嫌于体敌”，不愿以对等方式答书，于是采取了一种变通的方式，即先由中书起草答复南诏的诏书，发至西川节度使高骈和岭南西道节度使辛谠那里，然后由他们根据诏书的精神写成文书再转致南诏。类似的情况还发生于乾符五年（878），这年“南诏使者赵宗正还其国。中书不答督爽牒，但作西川节度使崔安潜书意，使安潜答之”[④]。“督爽”为南诏官名，“爽，犹言省也。督爽，总三省也”[⑤]。这

① 《唐六典》卷九《中书省·中书令》，第273—274页。
② 《旧唐书》卷一九七《南蛮·南诏蛮传》，第5284页。
③ 《资治通鉴》卷二五二，唐僖宗乾符二年（875）正月，第8177页。
④ 《资治通鉴》卷二五三，唐僖宗乾符五年（878）十二月，第8209页。
⑤ 《新唐书》卷二二二上《南蛮上·南诏传上》，第6268页。

更是由中书直接起草代替节度使发给南诏的文书。由此可见不论以何种方式发出的外交文书，均由中书负责起草。

圣历三年（700）四月三日敕有云："应赐外国物者，宜令中书具录赐物色目，附入敕函内。"① 这条材料表明中书不仅起草正式诏令，而且赏赐外国物品的清单也由其书写，作为附件装入"敕函"之内。

由于中书省负责外交文书的起草，因而对方的文书也相应发至中书。乾符五年（878），"南诏遣其酋望赵宗正来请和亲，无表，但令督爽牒中书，请为弟而不称臣"。"酋望"，胡注云："南诏官有酋望，在大将之下，久赞之上，亦清平官也。"② 这里所称"表"为上皇帝书，"牒"为致中书省书，南诏只有致中书的文书，而没有上皇帝的表，因而当时朝臣认为"南诏骄僭无礼"。乾宁四年（897），"南诏骠信舜化有上皇帝书函及督爽牒中书木夹，年号中兴"③。这里有上皇帝的书及致中书的书，后者是用木夹封装的。

有关外交方面的政事也由中书起草文书而下达。开成三年（838）藤原常嗣所率日本遣唐使，随带请益僧多人，他们希望到台州国清寺求师学问。使团在扬州等待期间向当地政府提出了这个请求，当时李德裕为扬州大都督府长史、淮南节度副大使、知节度使事。是年九月二十九日，藤原常嗣对随行请益僧们说："请益法师早向台州之状，得相公牒，称：'大使入京之后，闻奏，得敕牒后，方令向台州者。'仍更添已缄书，送相公先了。昨日得相公报，称：'此事别奏上前了，许明后日令得报帖。若蒙敕诏，早令发赴者。'"④ 这是藤原常嗣向日本请益僧们转达了唐朝地方政府官员对此事的答复。首先，藤原常嗣告知他得到了"相公"的回牒，这个相公就是李德裕。李德裕在牒中说，关于请益僧去台州之事，须大使入京奏请得到"敕牒"允准之后，才能去台州。其次，昨天大使又得到李德裕的通报，告知他又将此事上报朝廷了，如果得到"敕诏"，当尽快让僧人们前往台州。可见这件事情要得到朝廷的批准才能进行。

---

① 《唐会要》卷五四《省号上·中书省》，第926页。

② 《资治通鉴》卷二五三，唐僖宗乾符五年（878）四月，第8204页。

③ 《资治通鉴》卷二六一，唐昭宗乾宁四年（897）十二月，第8511页。

④ 《入唐求法巡礼行记校注》卷一，第49页。

这里提到的“敕牒”“敕诏”都是中书负责起草的诏令，所谓“敕牒”即前述王言七种之一，这种诏书乃“随事承旨，不易旧典则用之”①。即根据皇帝的意旨，在已有规章政策范围内所发布的政令。唐代宗大历十三年（778）小野石根所率日本遣唐使从扬州赴京，原先批准六十五人入京，但行“至高武县，有中书门下敕牒，为路次乏车马，减却人数，定廿人”②。可见外国来使入境后的行止、进京人数的批准，均须依据敕牒。这里明言“敕牒”为中书门下即宰相所下达。或谓敕牒“很可能是尚书省根据制书精神而制成的政令，所以叶梦得有‘敕牒乃尚书省牒’（《石林燕语》卷三）的说法”③。实际上这应是中书门下制成之后由尚书省转发的公文，故《唐六典》记中书令所掌王言之制有七，谓其“七曰敕牒”④。

（二）册封宣授

册封宣授是中书省的重要职责之一，其中就包括对于蕃国首领的册封。中书令之职曰：“册命亲贤，临轩则使读册；若命之于朝，则宣而授之。”中书侍郎之职：“凡临轩册命大臣，令为之使，则持册书以授之。”⑤对于蕃国首领的册封亦如此。天宝年间册封回纥骨力裴罗可汗的过程和仪式，“有诏拜为骨咄禄毗伽阙怀仁可汗，前殿列仗，中书令内案授册使者，使者出门升辂，降乘马，幡节导以行。凡册可汗，率用此礼”⑥。可见册封蕃国首领先经皇帝下令，然后由中书省负责授予，这里所谓“中书令内案授册使者”，即《唐六典》所说的“若自内册，则以册书授使者。”⑦ 这一册封之礼，已为常制。贞元十六年（800）唐使韦丹前往册命新罗王金俊邕，途中得知金俊邕死，韦丹即回，“其册却回在中书省”。元和三年（808）新罗又遣使金力奇来求此册，宪宗同意并降旨：“金俊邕等册，宜令鸿胪寺于中书省受领，至寺宣授与金力奇，令奉归国。”⑧

---

① 《唐六典》卷九《中书省·中书令》注，第274页。

② 《续日本纪》卷三五《天宗高绍天皇》“宝龟九年十一月”条，第445页。

③ 张国刚：《唐代官制》，三秦出版社1987年版，第23页。

④ 《唐六典》卷九《中书省·中书令》，第274页。

⑤ 《旧唐书》卷四三《职官志二》，第1849页。

⑥ 《新唐书》卷二一七上《回鹘传上》，第6114页。

⑦ 《唐六典》卷九《中书省·中书侍郎》注，第275页。

⑧ 《旧唐书》卷一九九上《东夷·新罗国传》，第5338页。

可见册封蕃国首领的册书保管于中书省，并由他们负责授予。

（三）承旨劳问宣谕

中书舍人的职掌规定，凡有“大宾客，皆使劳问之”[①]。这里即包括对于重要外交使节的劳问。日本文武天皇大宝二年（唐武后长安二年，702），粟田真人所率遣唐使舶漂至楚州盐城，“遣唐使粟田朝臣真人等发从楚州，到长乐驿，五品舍人宣敕劳问”[②]。言粟田真人所率使团到达长安时，由五品舍人至长乐驿郊迎。这里的“五品舍人”即中书舍人，据《唐六典》，“中书舍人六人，正五品上”[③]。长乐驿在唐都长安东北郊，为迎劳来使之处。这是中书舍人奉命到郊外去迎接慰劳外国使节。

中书舍人也担负向来使宣谕朝廷旨意的使命。唐朝原来许以永安公主嫁回纥，后回纥来迎娶时，改以太和公主嫁之，于是“命中书舍人王起就鸿胪寺宣谕焉”[④]。

（四）接受国书与贡献

四夷使者来朝，所携之国书由中书侍郎代表皇帝接受；所献之礼品，亦由中书侍郎代表皇帝接受。中书侍郎之职曰：“凡四夷来朝，临轩则受其表疏，升于西阶而奏之；若献贽币则受之，以授于所司。”[⑤]《新唐书》记载了这一礼宾程序：“若蕃国遣使奉表币，其劳及戒见皆如蕃国主。庭实陈于客前，中书侍郎受表置于案，至西阶以表升。有司各率其属受其币焉。”[⑥] 这里的“表疏”，即各国来使所上之国书，由中书侍郎接受之后，将国书放置案中，再捧案自西阶升殿而向皇帝上奏。陈致雍《奏蕃国使朝见仪状》记此礼仪有云：“今月十三日，占城国献驯象使朝对，列

① 《旧唐书》卷四三《职官志二》，第1850页。

② 《续日本纪》卷三五《天宗高绍天皇》宝龟十年四月条，第448页。粟田真人来朝的时间，《新唐书》卷二二〇《东夷·日本传》记作长安元年，第6208页；《通典》卷一八五《边防典一·倭》作二年，第4996页；《旧唐书》卷一九九上《东夷·日本国传》作三年，第5340页。据《续日本纪》，粟田于文武天皇大宝二年（即长安二年）六月渡海来唐，庆云元年（即长安四年）七月回到日本。所以记为长安元年误，记为二年、三年则应视使团在唐活动之具体情况而有别。

③ 《唐六典》卷九《中书省·中书舍人》，第275页。

④ 《唐会要》卷九八《回纥》，第1748页。

⑤ 《唐六典》卷九《中书省·中书侍郎》，第275页。两《唐书》官志所载略同。

⑥ 《新唐书》卷一六《礼乐志六》，第383页。

方物为庭实，所司引进。按皇唐六典及开元礼礼阁新仪：合中书侍郎诣殿西取表升奏，置于香案。”① 所谓“庭实”，就是各国所献礼品，将其陈列于殿庭之中。该国所献物品即放置于该国使者面前，由中书侍郎接受之后，再根据不同物品而交由各有关部门领受。如献马匹，由殿中省、太仆寺领受即是。《通典》对此有详细的记述，其《受蕃国使表及币》记其仪曰：“中书侍郎一人、令史二人持案，先伺于西阶东面北上。舍人引使者及庭实入……中书侍郎帅持案者进诣使者前，东面，侍郎受书置于案，回诣西阶，侍郎取书升奏，持案者退。初，侍郎奏书，有司各帅其属受币马于庭。”②

在进行上述正式贡献典礼之前，鸿胪寺应把蕃客贡献之物上报中书。鸿胪寺为首先接待蕃客的机构，蕃客贡献之物也先交付鸿胪寺，由鸿胪寺会同有关部门清点检验物品之后，“仍牒中书，具客所将献物。应须引见、宴劳，别听进止”③。中书接到鸿胪寺报告之后，经中枢决策批准之后才能举行朝见贡献典礼，最后由中书侍郎代表皇帝接受这些贡献。

接受蕃国之国书和贡献是一项重要的外交礼宾活动，对于维系双方关系起着十分重要的作用。开元十四年（726）契丹“遣可突于入朝，贡方物，中书侍郎李元纮不礼焉，可突于怏怏而去”④。由于中书侍郎在接待中的“不礼”，导致后来可突于在契丹发动政变，杀去亲唐的契丹主邵固，率部投降突厥。由此可见，这一接待礼仪在外交上具有重要意义。

**（五）译语**

由于中书省担负重要的外交职责，尤其是外交文书的接收、上奏及起草，因此在省中专设译语人员，有“蕃书译语十人”⑤ 以掌其事。永徽元年（650）由于“中书令褚遂良贱市中书译语人地”⑥，被监察御史韦

---

① 《全唐文》卷八七三（陈致雍）《奏蕃国使朝见仪状》，第9134页。

② 《通典》卷一三一《礼典九十一·开元礼纂类二十六·宾礼·受蕃国使表及币》，第3371页。

③ 《唐六典》卷一八《鸿胪寺·典客署》注，第506页。

④ 《旧唐书》卷一九九下《北狄·契丹传》，第5352页。

⑤ 《新唐书》卷四七《百官志二》，第1212页。

⑥ 《旧唐书》卷八八《韦思谦传》，第2861页。

思谦所奏劾。《唐会要》记此事曰："中书令褚遂良抑买中书译语人史诃担宅。"[①] 此"中书译语人"即上述"蕃书译语"，为中书省的官员。胡三省曰："中书掌受四方朝贡及通表疏，故有译语人。"[②] 一方面是接受四方朝贡时需要译语，另一方面在接受四方表疏，即各国国书时需要翻译，因此这种译语人员，既要从事口译也要从事笔译。

译语人为中书省常设官员。"凡诸司置直，皆有定制。"其中规定中书省的"有品直"中有"翻书译语十人"[③]。此即所谓"直官"，据宋人沈括《梦溪笔谈·故事二》称："唐制，官序未至而以他官权摄者，为直官。"[④] 因而中书省的译语人又称"直中书译语"，"贞观中，太宗遣折冲都尉、直中书译语揖怛然纥使西域"[⑤]。这是以中书译语人充任使节。

唐代常以胡人担任译语人员。上述中书译语人史诃担、揖怛然纥等，从其名字观之均可能是胡人。李德裕《论译语人状》生动地反映了唐朝以胡人担任译语人的情况，他说："右，缘石佛庆等皆是回鹘种类，必与本国有情，纥扢斯专使到京后，恐语有不便于回鹘者，不为翻译，兼潜将言语辄报在京回鹘。望赐刘沔、（李）忠顺诏，各择解译蕃语人不是与回鹘亲族者，令乘递赴京，冀得互相参验，免有欺蔽。"[⑥] 这里所称黠戛斯专使到京一事，乃指会昌三年（843）二月"黠戛斯使注吾合素入朝，献名马二匹"[⑦] 之事。当时黠戛斯愿与唐联合攻打回鹘，而在唐充任译语的石佛庆等人是回鹘人，故宰相李德裕担心他们可能不将"不便于回鹘"的内容翻译出来，而且可能向在京的回鹘泄露会谈秘密。因此李德裕上书武宗请求诏令当时警备回鹘的河东节度使刘沔、振武节度使李忠顺挑选与回鹘无亲族关系而又能胜任翻译任务的人才，以备唐与黠戛斯使者会谈之用。这个材料反映了当时常以蕃人担任译语的真实情况，而由于这方面人才不足，故需要临时从相关边境地区选拔译语人员。

---

① 《唐会要》卷六一《御史台中·弹劾》，第1067页。

② 《资治通鉴》卷一九九，唐高宗永徽元年（650）十月，第6273页。

③ 《唐六典》卷二《尚书吏部·吏部尚书》注，第35页。

④ （宋）沈括撰，胡道静校注：《新校正梦溪笔谈》卷二《故事二》，中华书局香港分局1975年版，第34页。

⑤ 《册府元龟》卷一〇〇〇《外臣部·仇怨》，第11736页。

⑥ 《李德裕文集校笺·文集》卷一五《论译语人状》，第271页。

⑦ 《旧唐书》卷一八上《武宗纪》，第595页。

### （六）外交活动场所

中书省还是重要的外交活动场所。唐代“以三省为宰相之司存，以三省长官为宰相之职任”①。三省之一的中书省长官在唐代一般兼任宰相之职，宰相的办公厅政事堂先在门下省，后在中书省，最后改为“中书门下”，仍在中书省。中书省既是宰相办公厅，又是中书省本身的办公厅，因而成为唐代重要政务场所。又由于中书省负有相当的外交职责，因而一些外事活动在这里进行就是很自然的了。

1. 外交谈判与会见场所

中书省是重要的外交谈判之所。贞元三年（787）“上令宰臣召吐蕃使论泣赞等于中书议会盟之所”②，这是在中书省谈判会盟地点。元和五年（810）六月，“命宰相杜佑等与吐蕃使议事中书令厅，且言归我秦、原、安乐州地”③。这是谈判领土等问题。元和七年（812）三月“命宰臣于中书与吐蕃使议事”。元和十五年（820）八月，“命宰臣召吐蕃使于中书议事”。十月又“命宰臣留吐蕃使于中书议事”④。

中书省除了作为外交谈判场所之外，有时也是友好会见的场所。元和五年（810）六月“宰相与吐蕃使语中书令厅，蕃使拜阶下，宰相阶还半礼”⑤。元和八年（813）十二月初二日，“宴归国回鹘摩尼八人，令至中书见宰臣”⑥。这是在皇帝宴请之后，又令其至中书省进行友好会见。

除了作为谈判和友好会见场所外，偶尔也用为外交方面的其他特殊场所。西突厥曷娑那可汗早年入朝而留住于隋，唐朝建立后被封为归义王，继续受到礼遇。但是他与北突厥可汗有仇，于是北突厥遣使请杀之，唐高祖和李世民都不同意，为此朝廷内部进行了争论。后来“不得已，乃引曷萨那于内殿，与之纵酒，既而送至中书省，纵北突厥使杀之”⑦。何以送曷萨那至中书省而他不疑，又何以纵北突厥使至中书省杀之，这

① 《文献通考》卷四九《职官考三·宰相》，第451页。
② 《旧唐书》卷一九六下《吐蕃传下》，第5251页。
③ 《旧唐书》卷一九六下《吐蕃传下》，第5261页。
④ 《册府元龟》卷九八〇《外臣部·通好》，第11515页。
⑤ 《册府元龟》卷九八〇《外臣部·通好》，第11515页。
⑥ 《旧唐书》卷一九五《回纥传》，第5210页。
⑦ 《旧唐书》卷一九四下《突厥传下》，第5180页。

都是因为中书省为会见外交使节的场所。这种事件在唐朝虽然是个别的，但其所反映的中书省的外交场所职能则是从唐朝建国以来一贯的。

2. 外交宴会场所

中书省还是重要的外交宴会场所。开元五年（717）十月，日本国遣使来朝，唐玄宗特降旨在中书省设宴招待，敕曰："日本国远在海外，遣使来朝，既涉沧波，兼献邦物，其使真人莫问等，宜以今月十六日于中书宴集。"① 可见在中书省设宴招待是对来使的隆重礼遇。这类事例甚多，元和十三年（819）九月，"命宰臣宴吐蕃使人于中书省"②。宝应元年（762）"吐蕃遣使来朝，请和。敕宰相郭子仪、萧华、裴遵庆等于中书宴设"。大历元年（766）十月，"命宰臣宴吐蕃使论位藏于中书"③。长庆二年（822）九月，"宴吐蕃使论悉啱等十五人于中书省"④。

## 二　四方馆与通事舍人

通事舍人与四方馆是中书省下属又一重要的负有外交职责的官员和管理部门。

隋唐时期的通事舍人，其前身大体相当于两汉魏晋南北朝时期的谒者。隋初罢谒者台，置通事舍人十六员，隶属于内史省（即中书省）。开皇三年（583）又增为二十四员。隋炀帝时又恢复谒者台，改通事舍人为通事谒者，员额二十人。唐武德初，废谒者台，改通事谒者为通事舍人，员额十六人，隶四方馆，而文属中书省。

四方馆为隋炀帝所创置，"炀帝置四方馆于建国门外，以待四方使者，后罢之，有事则置，名隶鸿胪寺，量事繁简，临时损益"⑤。建国门为隋东都洛阳南面正门，"河南郡，旧置洛州，大业元年移都……南面二门，东曰长夏，正南曰建国"⑥。四方馆与汉代的蛮夷邸和北魏的四夷馆

---

① 《册府元龟》卷九七四《外臣部·褒异一》，第11445页。

② 《册府元龟》卷九七六《外臣部·褒异三》，第11464页。

③ 《册府元龟》卷九八〇《外臣部·通好》，第11512页。吐蕃使论位藏，《旧唐书》卷一九六下《吐蕃传下》作"论泣藏"。

④ 《册府元龟》卷九七六《外臣部·褒异三》，第11465页。吐蕃使论悉啱，两《唐书》《吐蕃传》均作"论悉诺息"。

⑤ 《隋书》卷二八《百官志下》，第798页。

⑥ 《隋书》卷三〇《地理志中》，第834页。

一脉相承，“汉有藁街蛮夷邸。后魏置诸国使邸，其后又作四馆以处四方来降者……至隋炀帝置四方馆于建国门外”①。值得指出的是，北魏的四夷馆也建设于洛阳南门之外，与隋所建的地方是一致的，看来隋炀帝建立四方馆是参照了北魏四夷馆经验的。四方馆在隋朝时是隶属于鸿胪寺的，当时这个机构还不大固定，根据任务的繁简而随时罢置。唐朝建立后，废除谒者台，“复以其地为四方馆”②，即在隋谒者台的原址设置四方馆，而以通事舍人“隶四方馆，属中书省”③。可见到了唐朝，通事舍人隶属于四方馆，而四方馆隶属于中书省。唐文宗太和二年（828）六月，“四方馆请赐印，其文以‘中书省四方馆’为名”④。四方馆的官印即标明其隶属于中书省。唐代的四方馆的地点，在西京是宫城正南门承天门街之西第二横街之北，在东都则在宫城正南门应天门外第一横街之南第二横街之北⑤。承天门为宫城正南门，“受万国之朝贡、四夷之宾客，则御承天门以听政”⑥。这里是唐朝政治、外交活动中心，四方馆设置于此门附近，意味深长，一方面有利于向四方蕃国展示其政治与国力之兴隆，另一方面有利于向国内民众展示其万国来朝的盛德。

### （一）四方馆机构及其外交职能

虽然四方馆在隋朝是隶属于鸿胪寺的机构，但是它在唐朝已隶属于中书省，因而我们把它放在中书省系统一并论述，而对隋代的四方馆加以补叙。四方馆是依据传统的四夷观念而得名的，按照四夷的方位而设置四方使者，“东方曰东夷使者，南方曰南蛮使者，西方曰西戎使者，北方曰北狄使者，各一人，掌其方国及互市事”。每方使者皆置署，为东夷使者署、南蛮使者署、西戎使者署、北狄使者署，合称四方使者署。按方位负责对有关国家之外交、外贸，或类今日外交部门之亚洲司、美洲司等设置。每使者署设置一套官员，有典护录事、叙职、叙仪、监府、

---

① 《资治通鉴》卷二〇六，唐则天后神功元年（697）六月胡注，第6521—6522页。

② 《通典》卷二一《职官典三·中书令·通事舍人》，第566页。

③ 《旧唐书》卷四三《职官志二》，第1851页。

④ 《旧唐书》卷一七上《文宗纪上》，第529页。

⑤ （清）徐松撰，（清）张穆校补，方严点校：《唐两京城坊考》卷一《西京·皇城》、卷五《东京·皇城》，中华书局1985年版，第14、139页。

⑥ 《唐六典》卷七《尚书工部》，第217页。

监置、互市监、监副、参军各一人。典护录事“主纲纪”；叙职“掌其贵贱立功合叙者”，即“四夷”官爵的授予；叙仪“掌大小次序”，即“四夷”朝见封赐的等级；监府“掌其贡献财货”，即掌管“四夷”纳贡之事；监置“掌安置其驼马船车，并纠察非违”。即来宾之后勤保障；互市监及副，“掌互市”；参军掌“出入交易”①。

从上述四方馆的机构及其官员设置，我们可以看到其主要职责就是外交工作，即接待四方的来使，所谓“以待四方使者”。每一使者署掌管一方的国家或民族，“掌其方国及互市事”。这些外交事务主要有四个方面。其一，掌管各方国的官爵封授事宜。其二，掌管各方国的朝贡事宜，班位次序。其三，掌管各方国来使的后勤保障，生活管理。其四，掌管与各方国的互市事宜。

到了唐代，四方馆已改隶中书省，并以通事舍人主持馆务。“皇朝废谒者台，改谒者为通事舍人，隶四方馆，属中书省。”② 胡三省云：“唐以四方馆隶中书省，通事舍人主之。”③ 通事舍人如何主四方馆事呢?《晏公类要》有云：“旧仪，于通事舍人中，以宿长一人总知馆事，谓之馆主……唐自中世以后，始以他官判四方馆事。”④ 这样我们得以知道通事舍人主持四方馆的一些具体情况，唐代四方馆设有馆主一人，负馆中全责，以通事舍人中的“宿长”担任。由于四方馆由通事舍人管理，因此四方馆官员在《南部新书》丙部又被称为“四方馆舍人”⑤。同时我们还可以知道，上述情况是唐前期的情况，到了唐后期有了变化，即以他官判四方馆事，咸通十一年（870）时太仆卿支详为“知四方馆事”⑥，即以太仆卿判四方馆事。唐代的四方馆仍以外交为主要职事，陈致雍《奏蕃国使朝见仪状》说：“伏以九州之外，蕃国来朝，正朔之统不加，宾客之仪有异。周礼有大行人小行人之职，而总其属，即今鸿胪、四方馆之任也。”⑦ 这里把四方馆

① 《隋书》卷二八《百官志下》，第798页。

② 《唐六典》卷九《中书省·通事舍人》，第278页。

③ 《资治通鉴》卷二〇六，唐则天后神功元年（697）六月胡注，第6522页。

④ 《资治通鉴》卷二五二，唐懿宗咸通十一年（870）正月胡注引，第8155页。

⑤ 《南部新书》丙部，第34页。

⑥ 《资治通鉴》卷二五二，唐懿宗咸通十一年（870）正月，第8154页。

⑦ 《全唐文》卷八七三（陈致雍）《奏蕃国使朝见仪状》，第9134页。

与鸿胪寺并举，表明它与鸿胪寺是对等的和性质相同的机构，它们都是周代大小行人的后继者；同时明确指出其职责为管理“蕃国来朝”事宜。

由于四方馆为涉外机构，因而它是一机要之地。宰相姚崇被玄宗所倚重，他因患病而所住之大宁坊离宫城又较远，玄宗为了方便与姚崇联系，便令其迁住于四方馆。但是“（姚）崇以四方馆有簿书，非病者所宜处，固辞”①。姚崇坚辞迁居四方馆，因这里有“簿书”，这些“簿书”当包括不少外交方面的文件和档案资料，是为机密重地。

唐代四方馆的职务也并不完全是外交方面，它还兼有一些其他方面，如在科举考试中的某些职责，据《南部新书》，唐制：“每岁十一月，天下贡举人于含元殿前，见四方馆舍人当直者，宣曰”② 云云。又“新进士放榜后，翌日排光范门，过候宰相，虽云排建福门，集于西方馆”③。四方及百官的表状亦由其受理，如诸道差使贺正，“其表直送四方馆”④。建中元年（780）正月五日敕文：“常参官及节度观察、防御、军使、城使、都知兵马使、诸州刺史、少尹、赤令、畿令，并七品已上清望官，及大理司直评事，授讫三日内，于四方馆上表。”⑤

唐代四方馆亦为馆待蕃客之重要部门。白居易有《驯犀》诗，题解云：“贞元丙子岁，南海进驯犀，诏纳苑中。至十三年冬大寒，驯犀死矣。”诗中写道：“海蛮闻有明天子，驱犀乘传来万里。一朝得谒大明宫，欢呼拜舞自论功：五年驯养始堪献，六译语言方得通。上嘉人兽俱来远，蛮馆四方犀入苑。”⑥ 这里的“蛮馆四方”明指进驯犀的南海使者被安置于四方馆。

---

① 《资治通鉴》卷二一一，唐记玄宗开元四年（716）十一月，第6723页。

② 《南部新书》丙部，第34页。

③ 《南部新书》丙部，第33页。

④ 《唐会要》卷二四《受朝贺》，第457页。

⑤ 《唐会要》卷二六《举人自代》，第490页。

⑥ 《白居易集笺校》卷四《驯犀》，第185页。白氏所记时间有误。贞元丙子岁为贞元十二年（796），是年未见南海之国有献驯犀事。此当指环王国献驯犀事。据《旧唐书》卷一三《德宗纪下》，贞元九年（793）十月“环王国献犀牛”（第377页）。贞元十二年“十二月己未，大雪平地二尺，竹柏多死。环王国所献犀牛，甚珍爱之，是冬亦死”（第385页）。此犀牛在唐养育三年而冻死，这与诗中“一入上林三四年”的叙述是一致的。环王国为南海诸国之一，即原来的林邑国，唐至德后改称环王。其国有向唐献驯犀的传统，据《旧唐书》卷一九七《南蛮西南蛮传》早在贞观初即“遣使献驯犀”（第5270页）。

由于四方馆为涉外机构，又住宿四方蕃客，因此这里也就成为外交警示之场所。神功元年（697）契丹首领万荣起兵反唐，后被其奴斩首以降，唐朝将其“枭之四方馆门”[①]。这与汉代“悬首藁街”的做法一脉相承。

又由于四方馆须馆待蕃客，故其馆宇甚为宏丽。上文谈到玄宗让姚崇住到四方馆去，姚崇推辞还有一个原因，“（姚）崇以馆局华大，不敢居”[②]。其院内居然有富余的房舍安置宰相居住，可见其馆宇之庞大。而且其建筑相当华丽。这不禁令人联想起北魏洛南之四夷馆，也是占地甚广，屋宇华美，此殆有过之无不及。

### （二）通事舍人的外交职掌

由于四方馆为涉外机构，作为四方馆官员的通事舍人自然就肩负外交职责。其外交职掌主要有如下几个方面。

#### 1. 朝见引纳，殿庭通奏

通事舍人职掌：“掌朝见引纳及辞谢者于殿庭通奏。凡近臣入侍，文武就列，则引以进退，而告其拜起出入之节。”[③] 这个职掌不是仅指对于蕃客，而是指对于百官而言，但是其中也包括对于蕃客朝见礼节的引导。乾元元年（758）五月，“回纥使多乙亥阿波八十人，黑衣大食酋长闹文等六人并朝见，至阁门争长，通事舍人乃分为左右，从东西门并入”[④]。在参加朝见时回纥与黑衣大食争入门之次序，经通事舍人调配，分东西两门并入，从而解决了这一外交礼仪之争。这就是通事舍人“朝见引纳”职责的具体表现。

《通典·开元礼纂类》对通事舍人这一职掌有详细的记载。其《蕃主奉见》礼记述朝见仪曰：“蕃主服其国服出次，通事舍人引立于阁外西厢，东面……通事舍人引蕃主入门，《舒和之乐》作。”入门之后，其间的一切进退礼仪均由通事舍人引导。朝见礼毕，“蕃主出，舍人引蕃国诸官以次出”[⑤]。从蕃客始至至礼仪结束的全部进退礼节的引导都由通事舍人负责。此外蕃客辞见、奉表币、参加宴会等礼仪活动时，都由通事舍

---

① 《资治通鉴》卷二〇六，唐则天后神功元年（697）六月，第6521页。

② 《新唐书》卷一二四《姚崇传》，第4385页。

③ 《唐六典》卷九《中书省·通事舍人》，第278—279页。

④ 《册府元龟》卷九七一《外臣部·朝贡四》，第11414页。

⑤ 《通典》卷一三一《礼典九十一·开元礼纂类二十六·宾礼·蕃主奉见》，第3369—3370页。

人负责引纳通奏。

蕃客参加各种祀典时，也由通事舍人负责导引。祭祀行奠玉帛礼时，“銮驾将至……通事舍人分引从享群官、九庙子孙、诸方客使，皆就门外位”①。行进熟礼时，“皇帝入次，谒者、赞引各引祀官，通事舍人分引从祀群官、诸方客使以次出”②。这些“诸方客使”中就包括各国外交使节在内。

2. 蛮夷纳贡，受而进之

通事舍人的另一职掌为：“凡四方通表，华夷纳贡，皆受而进之。”③《晏公类要》在记述四方馆职责时也说：“凡四方贡纳及章表皆受而进之。”④ 四方馆的职责即通事舍人的职责，两者是一致的。不过，我们在前文已谈及蕃国的国书和贡献是由中书侍郎接受的，那么通事舍人也负责接受章表和贡献，他们之间有何区别呢？从官位来说，中书侍郎为正四品上，通事舍人为从六品上，高低是有别的。中书侍郎职责规定是“凡四夷来朝，临轩则受其表疏”云云，可见中书侍郎是在正式的朝见典礼中代表皇帝接受蕃国表疏贡献的，通事舍人之接受蕃国表疏则是在正式朝见典礼之外的。天宝六载（747）十二月二十七日敕云：“中书、门下奏，承前，诸道差使贺正，十二月早到，或有先见，或有不见。其所贺正表，但送省司，又不通进，因循日久，于礼全乖。望自今以后，应贺正使，并取元日，随京官例，序立便见，通事舍人奏知。其表直送四方馆，元日伏下候一时同进。”⑤ 这里讲的是关于贺正表的上奏问题，因诸道贺正使或有先见，或有不见，贺表不能全部上达。于是要求将贺正表一律直接送交四方馆，然后由四方馆一起上呈。这项工作就是所谓“凡四方通奏……皆受而进之”的具体内容之一。这虽然讲的是贺正表之事，但是蕃国贡纳章表之事亦当如是。此外，在接受蕃国表币的正式场合时，通事舍人亦须出席，在那里负责蕃客之进退导引。⑥

---

① 《新唐书》卷一一《礼乐志一》，第318页。

② 《新唐书》卷一二《礼乐志二》，第323页。

③ 《唐六典》卷九《中书省·通事舍人》，第279页。

④ 《资治通鉴》卷二五二，唐懿宗咸通十一年（870）正月胡注引，第8155页。

⑤ 《唐会要》卷二四《受朝贺》，第457页。

⑥ 详见《通典》卷一三一《礼典九十一·开元礼纂类二十六·宾礼·受蕃国使表及币》，第337—3372页。

3. 承旨宣劳

通事舍人职掌为“承旨宣劳”，即执行传达皇帝旨意进行慰劳的各种外交使命。故而其人选“皆以善辞令者为之”①。开元五年（717）十月，“日本国遣使朝贡，命通事舍人就鸿胪寺宣慰”②。这是代表皇帝到鸿胪寺宣慰外国使节。除了在朝中承旨宣劳外，也还要出使宣劳。开元二十一年（733）八月，“日本国朝贺使真人广成与傔从五百九十，舟行遇风，飘至苏州，刺史钱惟正以闻。诏通事舍人韦景先往苏州宣慰焉”③。这是代表皇帝前往外地慰问返程遇阻的外交使节。开元二十三年（735），“吐蕃使悉诺勃藏还蕃，命通事舍人杨绍贤往赤岭以宣慰焉”④。当时唐、蕃“以赤岭为界，表以大碑，刻约其上”⑤。故送至边境以表示尊重。贞观十五年（641），西突厥请废啜陆可汗，更立新可汗，于是“帝遣通事舍人温无隐持玺诏与国大臣择突厥可汗子孙贤者授之”⑥，此则为出使册封。

## 三　客省

隋唐时期设有客省这一官署。早在隋初已有此官署，隋开皇三年（563）文帝迎萧妃“置大兴宫客省”⑦。唐代继续设置客省，有内外客省，文宗大和五年（831）四月“铸内外客省使印”⑧，表明同时有两客省。先天二年（713）七月“擒贾膺福、李猷于内客省以出”⑨。此内客省在西内太极门之右⑩，但在东内右银台门又有一客省，“永泰已后……

---

① 《通典》卷二一《职官典三·中书省·通事舍人》，第566页。

② 《册府元龟》卷九七一《外臣部·朝贡四》，第11405页。

③ 《册府元龟》卷九七一《外臣部·朝贡四》，第11409页。

④ 《册府元龟》卷九八〇《外臣部·通好》，第11512页。《新唐书》卷二一六上《吐蕃传上》记吐蕃使为“悉诺勃海”（第6085页）。

⑤ 《新唐书》卷二一六上《吐蕃传上》，第6085页。

⑥ 《新唐书》卷二一五下《突厥传下》，第6060页。

⑦ （宋）郑樵撰：《通志》卷八五《宗室传第八·隋·元德太子昭传》，中华书局1987年版，第1110页。

⑧ （宋）王应麟辑：《玉海》卷一七二《宫室·邸驿》“隋四方馆”条，广陵书社2003年版，第3163页。

⑨ 《旧唐书》卷八《玄宗纪上》，第169页。

⑩ 《资治通鉴》卷二一〇，唐玄宗开元元年（713）七月胡注，第6683页。

仍于右银台门，置客省”①。何以在东内、西内各有一客省呢？这两处内客省大概是前后相承关系，即唐前期置于西内，唐后期置于东内。这与唐代皇帝在宫城居处的变化有关。唐前期诸帝大多居于西内，唐后期诸帝自肃、代以后则大多居于东内。具体地说中宗、睿宗均居处于西内，故睿宗先天二年时于西内客省擒贾膺福等；自代宗于永泰年间于东内设客省后，文献所记与客省有关之活动则均在东内之客省②。客省之机构称为“客省院”，东都上阳宫玉京门之西有“客省院”③。唐后期设客省使，以内官充任，从薛廷珪《授刘处宏通议大夫内侍省监充客省副使制》，可知客省长官有客省使与客省副使④。

客省属何部门？《资治通鉴》记唐玄宗开元元年（713）“擒（贾）膺福、（李）猷于内客省以出”。胡三省注曰：“四方馆隶中书省，故内客省在焉……膺福、猷皆中书省官也。”⑤ 徐松《唐两京城坊考》于“右延明门外为中书省”下注云：“省内有内客省。”⑥ 都认为客省属于中书省。

客省的职掌在官志中不见，不过从代宗时复置客省的意图中可以窥知其大概，“代宗之世，事多留滞，四夷使者及四方奏计，或连岁不遣，乃于右银台门置客省以处之”⑦。又谓代宗时“朝多留事，经岁不能遣，置客省以居，上封事不足采者、蕃夷贡献未报及失职未叙者，食度支数千百人”⑧。又谓代宗时“自永泰已来，或四方奏计未遣者，或上书言事忤旨者，及蕃客未报者，常数百人，于客省给食”⑨。由此可知，客省的主要功能是收留两部分人员，一部分是国内人员，包括四方贡计未奏者、上书言事忤旨或不足采者、官员失职未叙者。一部分是蕃国人员，即来朝见、贡献而尚未报答者、未封授者。他们在客省等待期间，由度支供

---

① 《唐会要》卷六六《鸿胪寺》，第1151—1152页。

② 参见前揭杨鸿年《隋唐宫廷建筑考·内客省》，第417页。

③ 《唐六典》卷七《尚书工部·工部尚书》，第221页。

④ （宋）李昉等编：《文苑英华》卷四一八《中书制诰三十九·授刘处宏通议大夫内侍省监充客省副使制》，中华书局1966年版，第2114页。

⑤ 《资治通鉴》卷二一〇，唐玄宗开元元年（713）七月及胡注，第6683页。

⑥ 《唐两京城坊考》卷一《西京·宫城》，第3页。

⑦ 《资治通鉴》卷二二五，唐代宗大历十四年（779）七月，第7264页。

⑧ 《新唐书》卷五一《食货志一》，第1349页。

⑨ 《旧唐书》卷一二《德宗纪上》，第322页。

给廪食。从外交工作而言，客省的作用与鸿胪寺客馆相类，但是鸿胪寺所居蕃客是一般的外交人员，客省所居蕃客是因故尚未能及时报答的一部分特殊的外交人员。由此可见客省也担负一定的外交职责，故薛廷珪《授刘处宏通议大夫内侍省监充客省副使制》云："内省华资，司宾重任……况遐方即序，重译来庭，尤思周敏之才，用副绥怀之旨。"[①] 指出了客省所具有的外交功能和性质。

由于客省所收留人员甚多，"于客省给食，横费已甚"[②]，使国家财政负担过重，于是德宗即位后遣散了居留客省的大量人员，通过这一措施"岁省谷万九千二百斛"[③]。但客省终唐之世一直未废，昭宗天祐元年（904）四月敕，除保留包括客省在内的九使之外，"余并停废"[④]。可见唐末仍然保留客省而不废。

## 四 史馆

我国史官之设置甚早，然而以外事任务加以史官之身并作出明确规定，则自唐朝始。

史职之隶属，从东汉至隋的数百年间，除曹魏太和年间隶于中书之外，一般均隶属于秘书省。隋朝以著作曹掌国史，隶于秘书省。唐武德初，以史官属秘书省著作局。贞观三年（629）始置史馆，移于禁中，隶门下省，以他官兼任史官，而以宰相监修国史。开元年间宰相李林甫以为"史官记事隶门下省，疏远"[⑤]，其建议"以中书地切枢密，记事者官宜附近"。于是史官尹愔奏移史馆于中书省北[⑥]，此后史馆隶于中书省。

史馆的主要任务就是"掌修国史"，而国史的内容非常广泛，"凡天地日月之祥，山川封域之分，昭穆继代之序，礼乐师旅之事，诛赏废兴

① 《文苑英华》卷四一八《中书制诰三十九·授刘处宏通议大夫内侍省监充客省副使制》，第2114页。

② 《旧唐书》卷一二《德宗纪上》，第322页。

③ 《资治通鉴》卷二二五，唐代宗大历十四年（779）七月，第7264页。

④ 《唐会要》卷七九《诸使下·诸使杂录下》，第1454页。

⑤ 《新唐书》卷四七《百官志二》，第1214页。

⑥ 《旧唐书》卷四三《职官志二》，第1852页。

之政”[①]，均为其记述之内容。而作为国家大事的外交自然也是其必须加以记载的重要内容。

唐朝规定政府各部门凡有关外事方面的内容，均须向史馆上报，提供其修史之原始资料。“诸司应送史馆事例”条之规定中，有一方面重要内容就是“蕃国朝贡，蕃夷入寇及来降”，这方面的内容即大量涉及外交事务。要求“已上事，并依本条，所由有即勘报史馆，修入国史”。即要求有关部门应及时将这方面的内容报送史馆，以作为其修史之资料。关于“蕃国朝贡”方面的内容，规定：“每使至，鸿胪勘问土地、风俗、衣服、贡献、道里远近，并其主名字报。”这方面的内容主要由鸿胪寺负责向来使调查了解，举凡来朝之国的人情风土、政治概况等国情内容均须搜集整理，并报送史馆。关于“蕃夷入寇及来降”方面的内容，规定：“奏状，中书录状报；露布，兵部录报；军还日，军将具录陷破城堡、杀伤吏人、掠掳畜产，并报。”[②] 由于中书负责军事方面的奏状，故由其抄录一份报送史馆。露布是一种不封缄的捷报、檄文。每出征既捷，由兵部负责“露布以闻”[③]。故由其将露布抄录一份报送史馆。而具体的战绩则由出征将帅于战事结束之后报送史馆。由此可见，当时政府各部门凡有关外交方面的事项都要向史馆报告，提供原始材料。

出使外国的使节，也要搜集所在国的情况，并提交史馆以备修史之用。有时甚至为了修史而特派使者出国搜集资料，以供史馆修史。高宗时修撰《西域图志》就是一个典型事例，“高宗遣使分往康国、吐火罗，访其风俗物产，画图以闻，诏史官撰次”[④]。这是特意遣使搜集有关外国地理人情以供史馆修史之用。

除了这种例行的报送制度之外，如果还有其他认为值得载入国史的外交事件，百官也可以提出并上奏皇帝，经批准之后将有关资料报送史馆。大历六年（771）十一月，“文单国王婆弥来朝，献驯象一十一”[⑤]。

---

① 《旧唐书》卷四三《职官志二》，第 1853 页。

② 《唐会要》卷六三《史馆上·诸司应送史馆事例》，第 1089 页。

③ 《唐六典》卷五《尚书兵部·兵部尚书》，第 159 页。

④ 《新唐书》卷五八《艺文志二》，第 1506 页。

⑤ 《旧唐书》卷一一《代宗纪》，第 298 页。

文单国在今老挝万象。当时宰相们认为此事应当宣付史馆，以载入史册，于是他们向皇帝呈奏了表文，曰："臣等谬尘枢近，获睹鸿休，伏请宣付史官，光昭简册。"① 宰臣们认为此事于宣扬唐朝国威有重大意义，于是上书请求将此事"宣付史馆"。代宗批准了这一请求，"手诏答曰……所请付史官者依"②。

此外，据"诸司应送史馆事例"条载："如史官访知事由，堪入史者，虽不与前件色同，亦任直牒索。承牒之处，即依状勘，并限一月内报。"③ 即如果史官得知某事而认为其值得载入史册，亦可直接向有关部门发出通知，要求将其报送史馆。该单位必须按照史官的要求，写出详细报告，限一个月内报送史馆。由此可见，不仅各有关部门要随时将外交大事报知史馆，而且史官对于外交大事也要密切关注，随时要求有关部门上报。

## 第二节　门下省的外交职能

门下省与中书、尚书并称三省，在隋唐时期它已摆脱原先侍奉皇帝生活起居的事务，专司封驳，成为最高政令审议机构。门下省在唐代高宗、武后、玄宗时曾改名为东台、鸾台、黄门省。门下省在唐初也曾作为宰相政事堂所在地，后来政事堂移至中书省，门下省的地位也逐渐下降，其重要性居中书省之下。

唐代门下省的官员，据《唐六典》记载为三十八人，即侍中二人，黄门侍郎二人，给事中四人，录事、主事各四人，左散骑常侍二人，左补阙二人，左拾遗二人，起居郎二人，典仪二人，城门郎四人，符宝郎四人。

门下省作为总理万机的宰相机构之一，除了其审议与封驳的中心职务以外，也同样担负一定的外交职责。现将门下省官员与外交工作有关者分述于下。

---

① 《全唐文》卷四一六（常衮）《中书门下贺文丹国献白象表》，第 4258 页。

② 《册府元龟》卷九九九《外臣部·入觐》，第 11719 页。

③ 《唐会要》卷六三《史馆上·诸司应送史馆事例》，第 1090 页。

## 一　侍中

侍中是门下省的长官。隋代曾先后称为纳言、侍内。唐高祖、高宗、武后、玄宗时曾先后称为纳言、东台左相、鸾台纳言、黄门监、纳言等。唐代侍中二人，正三品。其与外交有关之职责主要有三个方面。

### （一）赞相礼仪

侍中所掌众务之一是“赞相礼仪，以和万邦”。而“赞相礼仪”的范围很广，如“大朝会、大祭祀”时，则由侍中“版奏中严外办，以为出入之节；舆驾还宫，则请解严，所以告礼成也”①。这些即其赞相礼仪职责内容之一。由侍中主持赞相的这种大朝会、大祭祀礼仪，蕃客均被邀请参加，因而也是一项重要的外交礼仪活动。此外还有专为蕃客举行的各种朝见、宴飨，也是由侍中负责如此赞相礼仪的。《通典·开元礼纂类》所载《蕃主奉见》礼，仪式开始时即由“侍中版奏‘请中严’，诸侍卫之官各服其器服”。然后“侍中版奏‘外办’，皇帝服通天冠、绛纱袍，乘舆以出”。朝见礼毕，蕃主与蕃国诸官离开后，“侍中前跪奏称：‘侍中臣某言：礼毕。’俛伏兴，还侍位，皇帝兴”②。所谓“版奏”，就是写有“中严”“外办”的简牍，由侍中举以示令。所谓“中严外办”，就是在皇帝将出时指示参加典礼的有关人员做好一切准备。故胡三省曰：“凡天子将出，侍中奏中严外办。”③ 这就是侍中在这种蕃客朝见礼仪中，“版奏中严外办，以为出入之节”，以及“请解严”“告礼成”的具体司仪过程。此外，蕃主奉辞、皇帝受蕃国使表及币、皇帝宴蕃国主等礼仪中，也是由侍中这样“赞相礼仪”的。由此可见，凡是隆重的外事典礼均由侍中负责赞相礼仪。

### （二）承制劳问

在蕃客朝见中，侍中除了上述“版奏中严外办”之外，还有另一职责，凡“四夷之君长朝见，则承诏而劳问之”④。《通典·开元礼纂类》

---

① 《唐六典》卷八《门下省·侍中》，第241—242页。

② 《通典》卷一三一《礼典九十一·开元礼纂类二十六·宾礼·蕃主奉见》，第685页。

③ 《资治通鉴》卷二七五，后唐明宗天成元年（926）四月胡注，第8974页。

④ 《唐六典》卷八《门下省·侍中》，第243页。

所载《蕃主奉见》礼中，规定了侍中“承制劳问”的具体职司：在皇帝于御座坐定、蕃主入门后，“侍中承制降诣蕃主西北，东面，称‘有制’。蕃主再拜稽首。宣制讫，蕃主又再拜稽首。侍中面奏，又承制降劳，敕命升坐，蕃主再拜稽首”。蕃主就座后，“侍中承制劳问，蕃主俛伏避席将下拜，侍中承制曰：‘无下拜’。蕃主复位，拜对如常。侍中回奏，又承制劳还馆”[①]。由此可见，所谓“承制劳问”，即是在这种朝见仪式中，侍中一直充当皇帝与蕃主之间的传礼人。同样，在蕃主奉辞、皇帝宴蕃国主等典礼中，侍中也是担当这种“承制劳问”的角色。这种“承制劳问”也是上述“赞相礼仪”的一个具体方面。

### （三）遣使给符

侍中的另一职责是：“若发驿遣使，则给其传符，以通天下之信。”[②]具体而言即“发驿遣使，则给鱼符”[③]。但是，“发驿遣使”的范围很广，既指国内的各种差使，也包括向国外派遣的外交使节，这些都由侍中负责授予传符。唐代符节制度规定，凡遣使发兵皆用之，作为权力和通行的凭证；百官亦有随身鱼符，作为官吏身份的凭证。从外交工作来说，一方面派遣使节到外国，需要发给符传旌节，作为通行与权力的证明；另一方面对于外国的来使也要给予传符，作为入境许可和通行的证明，前文引《唐会要》所述“西蕃诸国通唐使处，悉置铜鱼”的制度，就是这种符节制度在外交上的应用。外交方面所使用的符节，就是由侍中授予的。不过发放符节的审核工作，还有黄门侍郎和给事中协办。给事中的职责之一是：“凡发驿遣使，则审其事宜，与黄门侍郎给之。其缓者给传；即不应给，罢之。”[④] 可见是由黄门侍郎与给事中共同审核符节的发放，核准以后由侍中正式授予。

由于侍中负有这方面的职责，因此外国使节来朝时，有关入境赴京的符信方面的要求便直接向侍中提出。新罗于唐末派崔致远来朝，其上大师侍中状云：“今某儒门末学，海外凡材，奉表章来朝乐土……伏乞大

---

① 《通典》卷一三一《礼典九十一·开元礼纂类二十六·宾礼·蕃主奉见》，第685页。

② 《唐六典》卷八《门下省·侍中》，第243页。

③ 《新唐书》卷四七《百官志二》，第1205页。

④ 《唐六典》卷八《门下省·给事中》，第244页。

师侍中俯降台恩，特赐水陆券牒，令所在供给舟船熟食，及长行驴马草料，并差军将监送至驾前。”① 这里所谓“水陆券牒”，与发给来使的“符传”一类凭证性质是一致的，持此可以作为赴京的通行证明，并可得到相应的照料。崔致远的这一要求是向侍中提出的，可见这是侍中职掌范围之内的事情。

## 二 典仪与赞者

门下省的属官有典仪二人，从九品下，为最低一级官员，其职责是：“掌殿上赞唱之节及设殿庭版位之次。凡国有大礼，侍中行事，及进中严外办之版，皆赞相焉。”可见典仪是协助侍中赞相礼仪的专职司仪官员。典仪“领赞者，以知赞唱之节”。所领赞者有十二人，“掌赞唱，为行事之节”②。在国家的“大礼”中，就包括接见与宴请蕃客的外交典礼。《开元礼纂类·蕃主奉见》礼中，设有典仪和赞者的位次，举行典礼时，典仪帅赞者就位。蕃主入门、乐止后，“典仪曰‘再拜’，赞者承传，蕃主再拜稽首”③。在《皇帝宴蕃国主》礼中，“典仪唱‘就坐阶下’，赞者承传，蕃主以下皆就坐”。进酒时，“典仪唱‘酒至，兴。’阶下赞者承传，蕃主以下皆俛伏兴立坐后”④。然后“行酒殿上”“受觯殿上”“进食”“食案设讫”等程序中，都由典仪“唱”，赞者“承传”，蕃主及蕃国官员均随他们的赞唱而行礼如仪。这就是所谓行“赞唱之节”的具体内容。不过他们是在侍中主持赞相礼仪中，协助侍中司仪。此外在蕃主奉辞等典礼中，他们也都是扮演这一角色的。

典仪、赞者与中书省之通事舍人均在礼仪场合负责司仪，他们之间有何区别呢?《历代职官表》作了比较概括的叙述：唐通事舍人“与典仪所司，大略相似，而互属两省，史志并不详其分职之由。以《开元礼》考之，如蕃国来朝仪，则典仪位于宫县之东北，赞者二人，在南差退；舍人引蕃主入门，典仪赞拜礼毕，舍人与蕃主俱退”⑤。可知典仪、赞者

---

① 《三国史记》卷四六《崔致远列传》，第465—466页。

② 《唐六典》卷八《门下省·典仪》，第249页。

③ 《通典》卷一三一《礼典九十一·开元礼纂类二十六·宾礼蕃主奉见》，第685页。

④ 《通典》卷一三一《礼典九十一·开元礼纂类二十六·宾礼蕃主奉见》，第686页。

⑤ 《历代职官表》卷三三《鸿胪寺》“唐”按语，第620—621页。

主要在殿庭赞唱，通事舍人主要负责引导进退。

### 三 符宝郎

隋初于门下省设符玺局，置符玺监二人，大业三年（607）废局改置符玺郎。唐初曾称符玺郎或符宝郎，从开元初之后称符宝郎。符宝郎四人，从六品上。其下设有主宝六人，主符三十人，主节十八人。由他们分别掌管“宝”“符”“节”。宝即玺印，符即鱼符、传符等凭证，节即旌节。

符宝郎的职掌：“掌天子之八宝及国之符节，辨其所用，有事则请于内，既事则奉而藏之。”① 前文我们曾言及发放符信是由侍中负责，而由黄门侍郎和给事中协助办理。他们决定符节的授予后，则由符宝郎“辨其所用”，即根据不同的用途和情况而颁用。如“宝”即有八种：“神宝”“受命宝”“皇帝行宝”“皇帝之宝”“皇帝信宝”“天子行宝”“天子之宝”“天子信宝”，各有不同用途。符节有：铜鱼符、传符、随身鱼符、木契、旌节等②。每种又根据不同用途和授予对象而有不同形制。符宝郎的职责就是根据不同用途和不同对象而“辨其所用”。这些玺印、符节平时存放于宫中，“其符节并纳于宫中”③，有事须用时由符宝郎“请于内”，用毕再“奉而藏之”④。

符宝郎之职责与外交有关者，主要为：

第一，用玺方面。隋制，“‘天子行玺’，封命蕃国之君，则用之。‘天子之玺’，赐蕃国之君书，则用之。‘天子信玺’，征蕃国兵，则用之”⑤。唐制亦以皇帝八宝之中的“天子三宝”用于外交方面，与隋制大同而小异，“天子行宝”，为“答四夷书则用之”；“天子之宝”，为“慰抚蛮夷则用之”；“天子信宝”，为“发蕃国兵则用之”⑥。其中的

---

① 《唐六典》卷八《门下省·符宝郎》，第 251 页。
② 《唐六典》卷八《门下省·符宝郎》，第 252 页。
③ 《通典》卷二一《职官典三·门下省·符宝郎》，第 559 页。
④ 《唐六典》卷八《门下省·符宝郎》，第 251 页。
⑤ 《隋书》卷一二《礼仪志七》，第 255 页。
⑥ 《唐六典》卷八《门下省·符宝郎》，第 252 页。

“天子之宝”，《公式令》与《六典》稍异，谓“天子之宝，慰劳蕃国书则用之”①。

第二，用符节方面。为派遣外交使节时所用符节之颁发，以及来朝使节所用鱼符之颁发等。“凡国有大事则出纳符节，辨其左右之异，藏其左而班其右，以合中外之契焉。”② 上述外交事务即包括这里所称的“大事”之中。“凡命将、遣使，皆请旌、节。旌以颛赏，节以颛杀。”③ 外交使节均须授予旌节，以为权力的凭证与象征。

第三，外交礼仪方面。符宝郎之职，“凡大朝会，则捧宝以进于御座；车驾行幸，则奉宝以从于黄钺之内”④。在举行大朝会和皇帝行幸时，均由他们捧宝参与其事。蕃客朝见、贡献表币以及宴请蕃客等礼仪时，符宝郎也都要参加，“奉宝置于御座，侍卫如常仪”⑤。亦须捧宝侍候。这虽然是一种仪仗作用，但也含有向蕃国表示外交权力掌握于皇帝手中的意味。

以上是门下省及其与外交有关官员的大体情况。由于门下省与中书省一样也是宰相机构，同时又负有一定的外交职责，因而门下省也具有一定的外交场所职能。它也可作为宴请蕃客的场所，长庆元年（821）四月，“命宰臣等于侍中厅宴吐蕃使”⑥。不过在侍中厅宴请蕃客，远不如中书省频繁，这应是门下省的外交权力逊于中书省的一个反映。亦用于作为外交的某些特殊场所，唐初突厥颉利、突利可汗进犯唐，武德九年（626）七月颉利“遣其腹心执失思力入朝为觇”，企图窃取情报，并向唐发出战争威胁，唐太宗斥责突厥背弃和约并警告执失思力“当先戮尔”，“思力惧而请命，太宗不许，系之于门下省”⑦。将进行间谍活动的使节囚禁于门下省。

---

① ［日］仁井田陞：《唐令拾遗·公式令》第二一，栗劲等译，长春出版社1989年版，第505页。

② 《唐六典》卷八《门下省·符宝郎》，第253页。

③ 《新唐书》卷四七《百官志二》，第1209页。

④ 《唐六典》卷八《门下省·符宝郎》，第252—253页。

⑤ 《通典》卷一三一《礼典九十一·开元礼纂类二十六·宾礼·蕃主奉见》暨《受蕃国使表及币》，第3369、3371页。

⑥ 《册府元龟》卷九七六《外臣部·褒异三》，第11465页。

⑦ 《旧唐书》卷一九四上《突厥传上》，第5157页。

## 第三节　尚书省的外交职能

尚书省作为总理全国政务的机构，除了前文已经叙述过的其所辖礼部主客司为专职外交部门之外，尚有许多部门与外交行政事务有关者。现将这些部门及其有关外交方面的职能分述于后。

### 一　尚书都省

尚书都省即尚书省的总办公厅，又称都司、都台、都堂。在尚书都省办公的官员有尚书令、左右仆射、左右丞、左右司郎中、员外郎、都事、主事等。“凡都省掌举诸司之纲纪与其百僚之程式，以正邦理，以宣邦教。”① 其中最为大量的日常工作就是钩稽文书，一方面是天下文书均先申尚书省裁处，“天下大事不决者，皆上尚书省”②。唐后期为了恢复前期制度，于大历十四年（779）六月敕曰：“天下诸使及州府，须有改革、处置事，一切先申尚书省，委仆射以下商量闻奏，不得辄自奏请。”另一方面是一切公文均自尚书省转发，“省内诸司文案，准式，并合都省发付，诸司判讫，都省勾检稽失”③。本省的公文均由其勾检并发出。同时“凡制、敕施行，京师诸司有符、移、关、牒下诸州者，必由于都省以遣之”④。中书门下的制敕和中央各部门的公文也都由尚书都省转发。

唐代的公文分为若干不同的等级和种类，自上行下的有六种，分别称为：制、敕、册、令、教、符。“天子曰制，曰敕，曰册。皇太子曰令。亲王、公主曰教。尚书省下于州、州下于县、县下于乡，皆曰符。”自下而上的也有六种，分别称为：表、状、笺、启、牒、辞。“表上于天子，其近臣亦为状。笺、启于皇太子，然于其上亦为之，非公文所施。九品已上公文皆曰牒。庶人言曰辞。”平行机关之间的公文有三

---

① 《唐六典》卷一《尚书都省》，第10页。

② 《新唐书》卷四六《百官志一》，第1185页。

③ 《唐会要》卷五七《尚书省诸司上·尚书省》，第987页。

④ 《唐六典》卷一《尚书都省》，第11页。

种，分别为：关、刺、移。“关谓关通其事，刺谓刺举之，移谓移其式于他司。”①

一切与外交有关的文书也是上报尚书省并由其转发的。“若在京差使者令使人于都省受道次符、牒，然后发遣。若诸方使人欲还，亦令所由司先报尚书省，所有符、牒，并令受送。”② 这里当然也包括外交使节的发遣与往返符、牒的发放。外国使节来唐之后，其行动均须由中央有关部门的公文指挥与管束。开成三年（838）日本藤原常嗣所率使团于七月二十五日到达扬州后，即在扬州等候中央的指示。淮南节度使李德裕向中央上报此事之后，九月十三日日本使团“闻相公（即李德裕）奏状之报符，来于扬府”。意即李德裕通过尚书省的上奏已获得批准，尚书省所下发的“报符”已送达扬州府。在得到中央批准日本遣唐使赴京及其人数的命令后，九月二十九日“相公为入京使于水馆设饯”，以示送行，日本使团始从扬州出发赴京。这是外国使团必须得到尚书省下发的“符”之后才能行动的证明。但随团来唐拟赴台州的请益僧等人未获批准，于是李德裕告诉他们：“大使入京之后，闻奏，得敕牒后，方令向台州者。”意即请益僧的行止，仍然须等待日本大使入京上奏，得到尚书省的“报符”之后，才能前往台州。到了第二年的正月三日，仍然滞留于扬州的日本僧人们“又闻敕符到州，其符状称，准朝贡使奏，为日本国使帖于楚州雇船，便以三月令渡海者”③。意即日本使团在长安完成使命之后，“敕符”又下达扬州，允许日本使团从楚州雇船返国。可知使团返国事宜亦须依尚书符行事。小野石根所率日本遣唐使于宝龟八年（唐大历十二年，777）到达扬州后，经节度使陈少游上奏，批准放六十五人进京，当他们行“至高武县，有中书门下敕牒，为路次乏车马，减却人数，定廿人”④。于中途又接到“敕牒”，由六十五人减为二十人。这种由宰相所下“敕牒”也是经由尚书都省转发的。

---

① 《唐六典》卷一《尚书都省》暨注，第10—11页。

② 《唐六典》卷一《尚书都省》注，第11页。

③ 《入唐求法巡礼行记校注》卷一，第44、49、92页。

④ 《续日本纪》卷三五《天宗高绍天皇》宝龟九年十月条，第445页。

## 二　尚书各部

### （一）吏部司封司

司封司为吏部诸司之一，长官为司封郎中一人，从五品上，副长官为司封员外郎一人，从六品上。司封司的职掌顾名思义是掌管封爵之事，具体即所谓："掌封命、朝会、赐予之级。"① 对于蕃国的封爵之事及相关之等级拟定和分配也是由其负责的，例如其职掌中有"诸蕃三品以上母、妻授封以制"，就是对于其掌管蕃国命妇授封的有关职责规定。

### （二）户部

1. 户部司

户部司为户部之头司，其"掌天下土地、人民、钱谷之政，贡赋之差"②。以郎中二人（从五品上）、员外郎二人（从六品上）主其事。户部司职掌与外交有关者有二，其职责之一是掌管天下土特产品的进贡，"凡天下十道，任土所出而为贡赋之差"。这一职责亦有与外交相关涉者，在天下十道中，其中关内道"远夷则控北蕃、突厥之朝贡焉"。河南道"远夷则控海东新罗、日本之贡献焉"。河北道"远夷则控契丹、奚、靺鞨、室韦之贡献焉"。陇右道"远夷则控西域胡、戎之贡献焉"。岭南道"远夷则控百越及林邑、扶南之贡献焉"③。此为开元二十五年（737）所定之制。这表明户部司在管理全国各地的物产贡献的同时，也兼管四方蕃国及民族的贡献。户部司的职责之二是掌管户口与赋税的征收，这方面的职责也有与外事有关涉之处，"凡诸国蕃胡内附者，亦定为九等，四等已上为上户，七等已上为次户，八等已下为下户；上户丁税银钱十文，次户五文，下户免之。附贯经二年已上者，上户丁输羊二口，次户一口，下户三户共一口"④。这是对于内附蕃胡的户口及其赋税征收的管理，以较内地优惠之赋税政策安置内附蕃胡。

---

① 《新唐书》卷四六《百官志一》，第1188页。

② 《新唐书》卷四六《百官志一》，第1192页。

③ 《唐六典》卷三《尚书户部·户部尚书·郎中》，第64、65、66、67、69、72页。

④ 《唐六典》卷三《尚书户部·户部尚书·郎中》，第77页。

2. 金部司

金部司是户部四司之一，其“掌判天下库藏钱帛出纳之事，颁其节制，而司其簿领”①。以郎中一人（从五品上）、员外郎一人（从六品上）主之。其职掌与外交有关的地方有三个方面。

其一，互市管理。蕃客在长安、洛阳两京的互市由金部司负责管理。金部司负责“两京市、互市、和市、宫市交易之事”②。其中的“互市”就是对外国和少数民族的贸易。金部司在这方面的职责是：“凡有互市，皆为之节制。”即互市政策的管理。其具体政策有二：一为“诸官私互市唯得用帛练、蕃綵，自外并不得交易。其官市者，两分帛练，一分蕃綵。”规定了与蕃国互市的交易媒介物及其比例。二为“若蕃人须籴粮食者，监司斟酌须数，与州司相知，听百姓将物就互市所交易”③。这是有关蕃人购买粮食的规定。

其二，赏赐蕃客锦綵。唐代对于来朝的蕃客照例都要给予赏赐，金部司即负责赏赐蕃客锦綵。唐制规定“凡赐物十段，则约率而给之”。即赐物十段以上，按一定比例给予不同品种。其中“若赐蕃客锦綵，率十段则锦一张、绫二匹、缦三匹、绵四屯”。即赏赐蕃客锦綵时按照上述比例给予。其中绵以“屯”计，“绵则六两为屯”，“绵四屯”④ 即为二十四两。这种赏赐物品的“出纳之节”就是由金部司主管的。

其三，给使者衣服。唐朝外交使节的服装由金部司负责发放，“凡遣使覆囚，则给以时服一具，随四时而与之。若诸使经二季不还，则给以时服一副，每岁再给而止”。这里也包括外交使节衣服的给予，“其出使外蕃及傔人并随身杂使、杂色人有职掌者，量经一府已上，亦准此”。傔人即随从人员，唐制外交使者均配备傔人为副官。给予衣服的多少是根据出使时间和远近而定，“凡时服称一具者，全给之；一副者，减给之”。一具者，即给予春、夏、秋、冬四季的衣服，一副者则减半给予，“春、夏遣者给春衣，秋、冬去者给冬衣”⑤。

---

① 《旧唐书》卷四三《职官志二》，第 1827 页。
② 《新唐书》卷四六《百官志一》，第 1193 页。
③ 《唐六典》卷三《尚书户部·金部郎中》注，第 82 页。
④ 《唐六典》卷三《尚书户部·金部郎中》暨注。
⑤ 《唐六典》卷三《尚书户部·金部郎中》暨注。

（三）礼部

礼部为尚书省六部之一，以礼部尚书一人（正三品）、侍郎一人（正四品下）主其事。礼部是唐代外交政令主管机关之一，是尚书省中与外交工作关系最为密切的一个部门，其“掌天下礼仪、祠祭、燕享、贡举之政令”。这些职掌几乎都与外交工作有不同程度的关系。其所统辖的有四个司，即礼部司、祠部司、膳部司、主客司。其中的主客司为专职外交管理机构，前面已作专章论述。其余三个司也与外交有不同程度的关系。这四司的工作都由礼部尚书与侍郎“总其职务而奉行其制命。凡中外百司之事，由于所属，皆质正焉”[①]。因而凡有关外交之政令与礼仪均汇总于礼部，由其负责管理。

礼部官员还要参与各种外交礼仪活动。每年一度的元正、冬至朝贺就是一项涉外礼仪大典，这种典礼都有蕃国首领及外交使节参加。礼部在这种典礼中负责蕃客贡献的引导进奏，“初入，户部以诸州贡物陈于太极门东东、西厢，礼部以诸蕃贡物可执者，蕃客执入就位，其余陈于朝堂前”。然后“户部尚书进诣阶间跪奏，称：‘户部尚书臣某言：诸州贡物请付所司。’侍中前承制，退，称：‘制曰可。’礼部尚书以次进诣阶间，跪奏，称：‘礼部尚书臣某言：诸蕃贡物请付所司。’侍中前承制，退，称：‘制曰可。’太府帅其属受诸州及诸蕃贡物出归仁、纳义门，执物者随之”[②]。这里户部与礼部分别引导进奏内外贡献者，他们的分工是很明确的，户部主内，礼部主外，户部负责引导进奏诸州贡物，礼部则负责引导进奏蕃国贡物。蕃国贡献为元正朝贺必备之仪，而“冬至受朝，则不奏祥瑞、贡物”[③]。

礼部与外交有关的另一重要职责是主持“宾贡”科，延揽外国人才。唐朝科举取士初由吏部考功司负责，开元二十四年（736）“敕以为权轻”[④]，改由礼部负责。此后掌“贡举之政令”[⑤] 即为礼部一项重要职责。

---

① 《唐六典》卷四《尚书礼部·礼部尚书》，第108—109页。

② 《新唐书》卷一九《礼乐志九》，第426—427页。

③ 《通典》卷一二三《礼典八十三·开元礼纂类十八·嘉礼二·皇帝正至受群臣朝贺》注，第3154页。

④ 《唐六典》卷二《尚书吏部·考功郎中·员外郎》注，第44页。

⑤ 《唐六典》卷四《尚书礼部·礼部尚书》，第108页。

宾贡科是专门为外国人设置的一项贡举科目，它与一般科目不同，“每自别试，附名榜尾”[①]。另外出题单独考试，放榜时附于榜末。这是为了照顾外国人的汉文化水平而特设的科目。新罗人崔致远《桂苑笔耕集·序录》谓其留学于唐，“观光六年，金名榜尾”[②]。以外国人考取进士而录于榜末，此即“宾贡”。金可记，“新罗人也，宾贡进士……举动言谈，迥有中华之风，俄擢第”[③]。大食人李彦昇以“宾贡”及第，“大中初年，大梁连帅范阳公得大食国人李彦昇，荐于阙下，天子诏春司考其才，二年以进士第，名显然，常所宾贡者不得拟……是形夷而心华也”[④]。被认为虽为夷人之外貌，而具有华人之内心。除了留学生外，也有侨居中国的外国人参加“宾贡”考试，“宾贡李珣，字德润，本蜀中土生波斯也。少小苦心，屡称宾贡，所吟诗句，往往动人”[⑤]。李珣作为侨居于蜀中的波斯人，仍然参加“宾贡”考试。宾贡及第者，以新罗为最，《东史纲目》据《崔致远集》补曰：“长庆初，金云卿始登宾贡科……自云卿后至唐末登科者五十人，五代梁唐之际，亦至三十二人。其表表知名者有崔利贞……皆达于成材。”[⑥] 据称，金云卿“题名杜师礼榜。其还也，唐人周翰赠诗曰：‘礼乐夷风变，衣冠汉制新。’”此后不少新罗人“连登唐第”，于是“新罗文物之盛，至是益备焉”[⑦]。唐文化通过宾贡科举而深刻影响于朝鲜半岛。

1. 礼部司

礼部司为礼部的本司，以礼部郎中一人（从五品上）、员外郎一人（从六品上）主之。其“掌礼乐、学校、衣冠、符印、表疏、图书、册

---

① ［韩］朝鲜古书刊行会编：《东史纲目》第五上，景仁文化社1987年版，第499页。

② ［新罗］崔致远撰，党银平校注：《桂苑笔耕集》之崔致远《桂苑笔耕序》，中华书局2007年版，第13页。

③ （宋）李昉等编：《太平广记》卷五三《神仙五十三》“金可记”条引《续仙传》，中华书局1961年版，第329页。

④ 《全唐文》卷七六七（陈黯）《华心》，第7986页。

⑤ （五代·后蜀）何光远撰：《鉴诫录》卷四《斥乱常》，傅璇琮、徐海荣、徐吉军主编《五代史书汇编》丙编，杭州出版社2004年版，第5895页。

⑥ 《东史纲目》第五上，第499页。

⑦ 《东史纲目》第五上，第487页。

命、祥瑞、铺设，及百官、宫人丧葬赠赙之数，为尚书、侍郎之贰”①，协助礼部尚书和礼部侍郎的工作。礼部司掌管的“五礼”与外交有着密切的关系。我国自古为礼仪之邦，其礼仪主要有五种，以祭祀之事为“吉礼”，宾客之事为“宾礼”，军旅之事为“军礼”，冠婚之事为“嘉礼”，丧葬之事为“凶礼”。到了唐代礼仪更为完备，唐代的“五礼”共有一百五十二种仪式，其中吉礼之仪五十五种；宾礼之仪六种；军礼之仪二十三种；嘉礼之仪五十种；凶礼之仪十八种。五礼之中的“宾礼”基本上是关于外交方面的礼仪，其六种仪式分别为：《蕃国王来朝》之仪、《戒蕃王见》之仪、《蕃王奉见》之仪、《受蕃使表及币》之仪、《燕蕃国王》之仪、《燕蕃国使》之仪。② “宾礼”之外的其余四礼，也都或多或少与外交礼仪有关，举凡礼仪大典、祭祀封禅、公主和亲、丧葬吊祭等，都有蕃国首领、使节参加，都与外交有关，其中也还有一些专门的涉外礼仪，如《通典》卷一三〇《礼九十·开元礼纂类二十五·嘉礼九》所载嘉礼中的《皇帝遣使诣蕃宣劳》之仪，《通典》卷一三五《礼九十五·开元礼纂类·凶礼二》所载凶礼中的《为蕃国主举哀》之仪等。礼部司的职责是对于五礼“举其仪制，而辨其名数”③。礼部司的另一职掌是管理“丧葬赠赙之数”，蕃国首领丧葬之事也归其负责，“诸蕃首领丧，则主客、鸿胪月奏”④。主客、鸿胪这两个外交专职部门在处理蕃国丧事之后，要将情况报告礼部司。

2. 祠部司

祠部司为礼部四司之一，以祠部郎中一人（从五品上）、员外郎一人（从六品上）主之。祠部司是负责祠祀祭享的机构，宗教事务亦归其管辖，其中从域外传入的宗教事务，也与外交工作有关。

唐代是我国古代宗教繁荣的一个时期，除了土生土长的道教以外，大多数宗教是从域外传入的。在唐以前传入而在唐代进一步盛行的有佛教、祆教等，唐代传入的有景教、摩尼教、回教等。因而在唐代外僧云

---

① 《新唐书》卷四六《百官志一》，第1194页。

② 《唐六典》卷四《尚书礼部》，第111页；《通典》卷一三一《礼典九十一·开元礼纂类二十六·宾礼》，第3367—3376页。

③ 《旧唐书》卷四三《职官志二》，第1829页。

④ 《新唐书》卷四六《百官志一》，第1194页。

集，而唐政府对于外僧视为贵宾，给予外交使节般的高规格接待。叙利亚人阿罗本于贞观九年（635）来唐传布景教，“贞观九祀，至于长安，帝使宰臣房公玄龄，总仗西郊，宾迎入内。翻经书殿，问道禁闱”[①]。由宰相主持宾迎，礼遇隆重。对于重要的僧侣，皇帝还要亲自“容而接之”，召见于宣政殿、赐宴于礼宾院[②]，其规格更有过之。

佛教在唐初是由专门负责外交事务的鸿胪寺管理的，“天下僧尼，国朝已来，并隶鸿胪寺”。确定这种隶属关系的理由是因为佛教“本西方兴教，使同客礼”，故而“割属鸿胪”。可见当时是把管理佛教等宗教当作涉外事务看待的。到武后延载元年（694）才下令“天下僧尼隶祠部”[③]。但是祠部主要管理宗教政令，具体事务仍由鸿胪寺负责，鸿胪寺职掌：“凡天下寺观三纲及京都大德，皆取其道德高妙为众所推者补充，上尚书祠部。”[④] 鸿胪寺在这方面的事务要上报祠部，受其领导。僧尼的簿籍须三年一造，“其籍一本送祠部，一本送鸿胪，一本留于州、县”[⑤]。可见延载元年祠部主管宗教之后，鸿胪寺还继续管理宗教事务。会昌五年（845）僧尼事务曾一度归礼部主客司负责，作这种改变的理由，当时中书门下奏称：“臣等据《大唐六典》，祠部掌天下宗庙大祭，与僧事殊不相及，当务根本，不合归尚书省，属鸿胪寺亦未允当。又据《六典》，主客掌朝贡之国七十余蕃，五天竺国并在数内。释氏出自天竺国，今陛下以其非中国之教，已有厘革。僧尼名籍便令系主客，不隶祠部及鸿胪寺。”[⑥] 认为佛教出自外国，应将其划归掌管外交的主客司管理。宰相们的建议得到武宗的批准同意，武宗下制曰：“隶僧尼属主客，显明外国之教。”[⑦] 可见改隶主客就是从宗教所具有的外交性质考虑的。不过第二年又改属两街功德使，但是仍令“所度僧尼，令祠部给牒”[⑧]。总之，在唐

① （清）王昶辑：《金石萃编》（第三册）卷一〇二《唐·六二·（大秦）景教流行中国碑颂并序》，中国书店出版社 1985 年版（据 1921 年扫叶山房本影印），第 1 页。

② 《韩昌黎文集校注》卷八《论佛骨表》，第 616 页。

③ 《唐会要》卷四九《僧尼所隶》，第 859 页。

④ 《唐六典》卷一八《鸿胪寺》，第 505 页。

⑤ 《唐六典》卷四《尚书礼部·祠部郎中》注，第 126 页。

⑥ 《唐会要》卷四九《僧尼所隶》，第 860 页。

⑦ 《旧唐书》卷一八上《武宗纪》，第 606 页。

⑧ 《唐会要》卷四九《僧尼所隶》，第 860 页。

代从武后延载之后，宗教事务基本上是归祠部管理的，而这一职掌与对外关系是十分密切的。

唐代在与各种宗教从西方传入或盛行于内地的同时，外国僧人亦纷纷入唐求法巡礼，对这些外国僧侣的管理工作都是归祠部的。宪宗元和（806—820）年间，在长安章敬寺求法的新罗僧人法清请求出都巡礼名山、修“头陀”（佛教苦行之一）之行，于是祠部给其出具“公验”一件。这件“公验”的全文著录于日僧圆仁的《入唐求法巡礼行记》卷二中，末尾署名者有：令史潘伦、主事赵参、员外郎周仲孙，时为元和二年（807）二月①。唐代祠部有主事二人，从九品上，为祠部最低一级官员；令史五人，为流外办事人员，司内文书案牍均由他们负责。可知这件“公验”是由令史潘伦和主事赵参开具，而由祠部员外郎周仲孙签署的。周仲孙在唐代尚书省郎官石柱中有题名，曾任祠部员外郎和主客郎中，但劳格、赵钺《唐尚书省郎官石柱题名考》于周仲孙名下注云“无考”②，似未检圆仁此书。从这件“过所”可知周仲孙在元和二年期间曾任祠部员外郎。

祠部除了管理佛教这种大规模流行于中国的宗教之外，对于一些不许国内人民信奉的少数宗教则另有特殊的管理。祆教又称拜火教，流行于古代波斯、中亚等地，南北朝时期传入中国。唐代禁止一般百姓信奉，但是允许其在中国存在，在长安、洛阳都建有祆祠，为侨居中国的外国人所信奉。并设置萨宝、祆正等官员管理③。祠部对于祆教的管理职责之一是：“两京及碛西诸州火祆，岁再祀，而禁民祈祭。”④ 一方面允许其在国内存在和进行正当的宗教活动，另一方面则查禁国内人民信奉。

3. 膳部司

膳部司为礼部四司之一，由膳部郎中一人（从五品上）、员外郎一人

---

① 《入唐求法巡礼行记校注》卷二，第184—185页。

② （清）劳格、赵钺著，徐敏霞、王桂珍点校：《唐尚书省郎官石柱题名考》卷二五《主客郎中》，中华书局1992年版，第940页。又，岑仲勉《郎官石柱题名新考订》（外三种）之二五《主客郎中》二六《主客员外郎》亦未补周仲孙事，上海古籍出版社1984年版，第178—193页。

③ 参见《通典》卷四〇《职官典二十二·秩品五（大唐）》，第1103页；《旧唐书》卷四二《职官志一》，第1803页。

④ 《新唐书》卷四六《百官志一》，第1195页。

（从六品上）主之，其职“掌邦之祭器、牲豆、酒膳，辨其品数，及藏冰、食料之事”①。即一方面是负责祭祀所用的各种祭器和祭品，另一方面是负责供应百官的食料。唐代对于亲王以下、九品以上官员均有“常食料”供应，包括各种主食、副食和柴炭等，按照品级的不同，每天供应的品种、数量都有所差别。这项职掌与外交工作亦有关系，即负责来唐蕃客的食料管理。按照规定：“蕃客在馆设食料五等。蕃客设食料，蕃客设会料，各有等差焉。”② 这就是说，蕃客居住于客馆时，即在唐执行外交使命期间，其日常食料和宴会所需物品，均由唐政府按蕃客的不同等级分为五等以供给之。膳部司负责主管其事，即掌管蕃客食料供应方面的政令。

**（四）兵部**

兵部为尚书六部之一，为全国军事政令的指导机关，“掌天下武官选授及地图与甲仗之政令”③。以兵部尚书一人（正三品）、侍郎二人（正四品下）主之。其下属有四个司，即兵部司、职方司、驾部司、库部司。兵部及其所辖诸司的职掌也在不同程度上与外交工作有关。兵部职掌中直接与外交有关的是负责迎宾仪仗，“诸蕃首领至，则备威仪郊导”④。每当蕃国首领来唐时，由兵部负责组织仪仗队伍欢迎来宾。这项职掌即属于兵部职责“备戎仗之物数，以戒军令，而振国容焉”⑤ 的内容之一。这方面的具体工作由库部司负责，其职务即“掌戎器、卤簿仪仗”⑥。这些武器和仪仗日常由卫尉寺负责保管，其“大事承制敕，小事则听于尚书省”⑦。调用这些武器和仪仗，大事由中枢下达制敕，小事由尚书省下达，这里的尚书省，即指兵部及其所辖之库部司。可见库部司是掌管武器和仪仗出纳政令的。

1. 兵部司

兵部司是兵部的头司，由兵部郎中一人（从五品上）、员外郎二人

---

① 《旧唐书》卷四三《职官志二》，第 1831—1832 页。

② 《唐六典》卷四《尚书礼部·膳部郎中》，第 129 页。

③ 《旧唐书》卷四三《职官志二》，第 1832 页。

④ 《新唐书》卷四六《百官志一》，第 1196 页。

⑤ 《唐六典》卷五《尚书兵部·兵部尚书》，第 151 页。

⑥ 《新唐书》卷四六《百官志一》，第 1198 页。

⑦ 《新唐书》卷四八《百官志三》，第 1249 页。

(从六品上)主之。兵部郎中的职掌之一,“掌考武官之勋禄品命,以二十有九阶承而叙焉”①。这一职掌即与外交工作有关。隋唐时期实行散官制度,所谓“散官”是对“职事官”而言,“居曹有职务者为职事官,无职务者为散官”②。职事官是指有实际职务的官员,散官是指有官名而无实际职务的官员,他们“不理职务,加官而已”③,用以表示品级。散官有文武之分,唐代武散阶有四十五,其中凡加“怀化”“归德”称号的大将军、将军、中郎将、郎将、司阶、中候、司戈、执戟长上等,皆“以授蕃官”④,即授予外国或少数民族首领。兵部郎中就是负责上述不同等级的武散官授予蕃客之政令。

2. 职方司

职方司是兵部四司之一,以职方郎中一人(从五品上)、员外郎一人(从六品上)主之。职方是一古老的官名,《周礼·夏官》有“职方氏”,“掌天下之图,以掌天下之地,辨其邦国、都鄙、四夷、八蛮、七闽、九貉、五戎、六狄之人民与其财用、九谷、六畜之数要,周知其利害……制其职,各以其所能,制其贡,各以其所有”⑤。是掌管天下地图及职贡的官员。西魏、北周依据《周礼》而设职方中大夫。隋于尚书省置职方侍郎一人。崔君肃曾于隋“任职方侍郎”⑥,他于大业四年(608)在司朝谒者任上奉命出使突厥处罗⑦,唐初任鸿胪卿⑧。

唐代于兵部设职方司,其“掌天下之地图及城隍、镇守、烽候之数,辨其邦国、都鄙之远迩,及四夷之归化者”。可见他的职掌也与外交工作有关。其所掌“四夷之归化者”,主要是从其掌管地理资料的角度来进行的,即“其外夷每有番官到京,委鸿胪讯其人本国山川、风

---

① 《唐六典》卷五《尚书兵部·郎中》,第152页。

② 《隋书》卷二八《百官志下》,第781页。

③ 《旧唐书》卷四二《职官志一》,第1805页。

④ 《唐六典》卷五《尚书兵部·郎中》注,第152页。

⑤ (汉)郑玄注,(唐)贾公彦疏,赵伯雄整理,王文锦审定:《周礼注疏》卷三三《夏官司马·职方氏》,北京大学出版社2000年版,第1020—1021、1033页。

⑥ 《唐代墓志汇编》开元〇八七,《大唐故朝议郎行岐王府西阁□□□府君之志铭并序》,第1214页。

⑦ 《隋书》卷八四《北狄·西突厥传》,第1877页。

⑧ 《旧唐书》卷九〇《崔元综传》,第2923页。

土，为图以奏焉；副上于省”[①]。这就是说每有外国使节来唐，职方司则要求鸿胪寺将该国的山川、风土情况上报。“副上于省”一句，《新唐书》记作“副上于职方”[②]，就是将报告的副本上报于职方司。与此同时“殊俗入朝者，图其容状、衣服以闻”[③]。还要求鸿胪寺将来朝者的容貌和穿戴画图上报职方司。可见上报职方司的域外资料，既有文字方面的，也有图形方面的。总之职方司是一个掌握和保存蕃国地理和人情风俗资料的机构。

职方司不仅从中央有关政府部门获得蕃国之资讯，而且亲自接见蕃客，了解蕃情。日僧圆仁于开成五年（840）抵达长安后，挂褡于左街崇仁坊的资圣寺，于会昌五年（845）离开长安返国。其在长安期间，职方郎中杨鲁士“曾相奉，在寺之时殷勤相问，亦曾数度到寺检校，曾施绢褐衫裈等”[④]。可见职方郎中有“检校”外国僧侣的职责，而其到寺中与圆仁等人“殷勤相问”，除了礼节上的问候之外，亦应包含向其了解蕃情这一主要职分。

职方郎中还利用出使外国的机会搜集有关国家的国情资料。贞观十五年（641）职方郎中陈大德出使高丽，“初入其境，欲知山川风俗，所至城邑，以绫绮遗其守者，曰：‘吾雅好山水，此有胜处，吾欲观之。’守者喜，导之游历，无所不至”[⑤]。他借游览之名，搜集出使国之山川风俗资料。于是“悉得其纤曲”[⑥]。陈大德通过这种办法获取别国情况，是与他的职责所司有关系的。

### （五）刑部司门司

司门司是刑部所辖四司之一，由司门郎中一人（从五品上）、员外郎一人（从六品上）主之，其职“掌天下诸门及关出入往来之籍赋，而审其政”。即掌管出入关门之政令。这方面的工作与外交也有密切的关系，因为蕃客来朝入关以及在唐境内来往时均需有通行证明，这项工作就是

---

① 《唐六典》卷五《尚书兵部·职方郎中》，第162页。“官”，广池本作“客”，是。

② 《新唐书》卷四六《百官志一》，第1198页。

③ 《新唐书》卷四六《百官志一》，第1198页。

④ 《入唐求法巡礼行记校注》卷四，第466页。

⑤ 《资治通鉴》卷一九六，唐太宗贞观十五年（641）八月，第6169页。

⑥ 《新唐书》卷二二〇《东夷·高丽传》，第6187页。

由司门司负责的。唐代天下设有二十六关，这些关的作用是“所以限中外，隔华夷，设险作固，闲邪正暴者也”。除了防范国内的奸邪之外，还有重要的对外作用。唐代人民出入关津须凭“过所”，蕃客亦然。过所由司门司主管，其发放的规定是：“凡度关者，先经本部本司请过所，在京，则省给之；在外，州给之。虽非所部，有来文者，所在给之。”[①] 日本三井寺还保存有日本留唐学问僧圆珍从唐带回的司门司所发的“过所”原件，现寄存于奈良国立博物馆。日本文德天皇仁寿三年（唐宣宗大中七年，853），圆珍入唐巡礼求法，曾在长安福寿寺挂单。大中九年（855）十一月，圆珍等人打算离开长安，巡礼名山祖塔，然后返国。于是唐政府为其开具“过所”一件，开出部门为“尚书省司门”，时为大中九年十一月十五日。这是司门司管理蕃客“出入往来之籍”的珍贵史料。[②]

司门司除了管理蕃客往来之“过所”外，还有一项职责：“蕃客往来，阅其装重，入一关者，余关不讥。”[③] 即负责蕃客出入时有关行李检查方面的政令。

（六）工部虞部司

虞部司为工部四司之一，由虞部郎中一人（从五品上）、员外郎一人（从六品上）主之。虞部司职“掌天下虞衡、山泽之事，而辨其时禁”[④]。即掌管狩猎、捕鱼、樵采、种植等方面的政令。其职掌与外交工作也有关系，其负责“百官、蕃客时蔬薪炭供顿、畋猎之事”[⑤]。前文我们已谈及膳部司负责百官及蕃客的食料供应，他们是从审核供应者的等级以及供应物的品种、数量等方面进行管理，而虞部司则是从组织、张罗这些物品供应方面进行管理，两者既有分工而又相互配合。

这些物品的缴纳有一定的时间规定，“其柴炭、木橦进内及供百官、

---

① 《唐六典》卷六《尚书刑部·司门郎中》，第195—196页。

② 参见［日］砺波护《入唐僧带来的公验和过所》，龚卫国译，武汉大学《魏晋南北朝隋唐史资料》第十三辑，武汉大学出版社1994年版，第136—149页。

③ 《新唐书》卷四六《百官志一》，第1201页。

④ 《唐六典》卷七《尚书工部·虞部郎中》，第224页。

⑤ 《新唐书》卷四六《百官志一》，第1202页。

蕃客，并于农隙纳之”。具体来说，“供百官、蕃客，起十一月，毕正月”①，即十一月、十二月、正月三个月内缴纳。

## 第四节　九寺、五监、诸省

唐代的九寺是从汉代的九卿发展而来的，但是唐代的九寺已完全成为事务机构，它接受作为政务机构的尚书省及其所属诸司的领导，在尚书诸司政令指导之下完成各项具体事务。九寺之一的鸿胪寺是专职的外交事务机构，前文已有专章论述。除鸿胪寺之外，其余各寺也从不同的方面和角度配合中央各部门完成一定的有关外交事务，下面列举几个主要有关的寺。

### 一　九寺

#### （一）太常寺

太常寺设太常卿一人（正三品）、少卿二人（正四品上）主之，“掌邦国礼乐、郊庙、社稷之事”。主要属官有太常博士、太祝、协律郎、奉礼郎等。下辖诸署为郊社署、诸陵署、太乐署、鼓吹署、太医署、太卜署等。其职掌与外交有一定关系，“凡国有大礼，则赞相礼仪；有司摄事，为之亚献；率太乐之官属，设乐县以供其事。燕会亦如之”②。这些重大典礼多有蕃客出席。此外，据《通典·开元礼纂类·宾礼》，在接待蕃客的各种“宾礼”如朝见、贡献、宴飨时，太常属官也都要参与其事，协律郎以及太乐令、鼓吹令率员演奏。

太常寺是在尚书礼部的政令指导下从事有关外交方面的礼乐事务的。

#### （二）光禄寺

光禄寺设光禄卿一人（从三品）、少卿二人（从四品上）主之，“掌邦国酒醴膳羞之事”。其所辖有四署：太官署、珍羞署、良酝署、掌醢署。光禄寺的职掌与外交工作也有关系，主要是从其负责祭祀宴飨的膳

---

① 《唐六典》卷七《尚书工部·虞部郎中》暨注，第225页。

② 《唐六典》卷一四《太常寺》，第394—395页。

食供设而协助外交事务，“朝会、燕飨，则节其等差，量其丰约以供焉”①。宴请蕃客之事也由其负责。各署的分工是：太官署“掌供膳之事”②，即宴会饮食的制作、烹饪和布设、供应。在宴请蕃国首领或使节时，太官还要“行酒殿上”③。珍馐署负责水陆珍馐和蔬果的供设。良酝署负责各种酒类的供设。掌醢署负责各种肉酱和调味品的供设。

光禄寺除了负责宴会饮食之外，也负责供应“廊下食”。唐制：官员朝参之后，照例赐食于朝堂廊庑之下，称为“廊下食”。景云二年（711）三月十七日敕：“蕃客辞见，并令光禄准旧例，于朝堂廊下赐食。”④ 可知从睿宗景云二年之后，蕃客辞见也由光禄寺供应与会官员“廊下食”。

光禄寺也是在礼部的政令指导下从事有关外交方面的宴饮供设的，礼部的膳部司就是主管宴饮和蕃客设食料、设会料供应之政令的。

（三）卫尉寺

卫尉寺设卫尉卿一人（从三品）、少卿二人（从四品上）主之，“掌邦国器械文物之事”⑤。下设武库、武器、守宫三署。其职掌也与外交工作有关，外交场合所用之武器、仪仗，分别由武库署与武器署管理；守宫署则负责向蕃客供应帐幕等物，规定“供蕃客帷帟，则题岁月。席寿三年，毡寿五年，褥寿七年；不及期而坏，有罚”⑥。各种物品注明发放日期，并规定有一定的使用年限。

卫尉寺是在尚书兵部的政令指导下从事有关外交事务的，武器仪仗的供应就是受兵部库部司的政令约束的。

（四）宗正寺

宗正寺设宗正卿一人（从三品）、少卿二人（从四品上）主之。其职掌为皇家宗族及外戚事务，但是所领崇玄署亦掌宗教事务，这与外交工作也有一定关系。其所管理主要是道教，但也兼管佛教，外国留唐学问

---

① 《唐六典》卷一五《光禄寺》，第443页。

② 《唐六典》卷一五《光禄寺·太官署》，第444页。

③ 《通典》卷一三一《礼典九十一·开元礼纂类二十六·宾礼·皇帝宴蕃国使》，第3376页。

④ 《唐会要》卷六五《光禄寺》，第1138页。

⑤ 《旧唐书》卷四四《职官志三》，第1879页。

⑥ 《新唐书》卷四八《百官志三》，第1250页。

僧的户籍即由其负责，规定“新罗、日本僧入朝学问，九年不还者编诸籍”①。僧尼之籍须呈报礼部祠部司。

（五）太仆寺

太仆寺设太仆卿一人（从三品）、少卿二人（从四品上）以主之，“掌厩牧、辇舆之政”②。下辖乘黄、典厩、典牧、车府四署及诸监牧。其所统之典牧署及诸监牧，掌司畜牧事务，故须负责祭祀、宴会所需牛羊的供应，这项职责亦与外交工作有关。太仆寺所属有沙苑监，“掌牧养陇右诸牧牛、羊，以供其宴会、祭祀及尚食用，每岁与典牧分月以供之”③。所以宴请蕃客也由沙苑监供给牛羊等物。《龙筋凤髓判》载有一则判例《鸿胪寺状称：默啜使人朝，宴设蕃客，沙苑监李秀供羊瘦小，番使咸怨，御史弹付法》，这是因鸿胪寺宴请突厥使者时，沙苑监所供之羊瘦小，招致使者埋怨，因而被宪司所纠弹。从这一判例可见沙苑监的职掌与外交工作有着直接的关系。由于沙苑监所供羊不堪食用，“遂使贤王结恨，耻大国之风轻，骄子相嫌，鄙中州之礼薄”④。其职责履行之好坏，对于外交工作有直接的影响。

（六）司农寺

司农寺设司农卿一人（从三品）、少卿二人（从四品上）以主之，下属有上林、太仓、钩盾、导官四署，以及诸监之官属。其职“掌仓储委积之事”⑤。其中有一项职责是：“凡朝会、祭祀、供御所须，及百官常料，则率署、监所贮之物以供其事。”⑥ 各种朝会、祭祀所需物料均由其负责供应。这方面职责与外交工作有关，即具体负责供应宴请蕃客及蕃客食料之事。其所辖之上林署“掌苑囿、园池之事”“凡植果树蔬菜，以供朝会、祭祀，其尚食进御及诸司常料亦有差”⑦。其所辖之京、都苑总监，“掌宫苑内馆池之事”“凡禽鱼果木皆总而司之”⑧。唐代禁苑面积非

---

① 《新唐书》卷四八《百官志三》，第 1252 页。
② 《新唐书》卷四八《百官志三》，第 1253 页。
③ 《唐六典》卷一七《太仆寺·沙苑监》，第 488 页。
④ 《龙筋凤髓判笺注》卷二《沙苑监·一》，第 110 页。
⑤ 《新唐书》卷四八《百官志三》，第 1259 页。
⑥ 《唐六典》卷一九《司农寺》，第 524 页。
⑦ 《唐六典》卷一九《司农寺》，第 526 页。
⑧ 《唐六典》卷一九《司农寺》，第 530 页。

常广大，“在大内宫城之北，北临渭水，东拒浐川，西尽故都城，（其周一百二十里），禽兽、蔬果，莫不毓焉”。而这些禁苑就是由上述机构负责管理的，“若祠禴烝尝四时之荐，蛮夷戎狄九宾之享，则蒐狩以为储供焉”①。这些禽兽、蔬果要随时准备宴请蕃客之需。

司农寺所辖之钩盾署，“掌供邦国薪刍之事”。因此它也负责蕃客所需柴薪之供应，一方面要供应宴请蕃客时所需，“凡祭祀、朝会，宾客享宴，随其差降而供给焉”。另一方面要供应蕃客日常所需，“蕃客在馆，第一等人日三斤，已下各有差”②。住在宾馆的蕃客可以按等级得到木炭的供应，最高一级每人每日三斤。

司农寺所负外交供应工作，也同样受尚书省诸司的制约，宴请蕃客所需物品的供应按照礼部诸司的政令执行，供应蕃客木炭则遵照工部虞部司的政令办理。

（七）太府寺

太府寺设太府卿一人（从三品）、少卿二人（从四品上）以主其事，“掌财货、廪藏、贸易”③。所统有京都四市、左右藏、常平等七署。其职掌也与外交有一定的关系，因其掌管“四方之贡赋”，故“凡元正、冬至所贡方物应陈于殿庭者，受而进之”④。在这种典礼中诸蕃均须贡献，即由太府寺负责接受。在太极殿举行元正、冬至朝贺时，诸州与诸蕃贡物之后，“太府率其属受诸州及诸蕃贡物出归仁、纳义门，执物者随之”⑤。所献之珍宝藏于太府寺。其右藏署之职是：“凡四方所献金玉、珠贝、玩好之物皆藏之。”⑥ 其主要职责是负责蕃客所贡献之珍宝的收藏。

## 二　五监

唐代的五监是指国子监、少府监、军器监、将作监、都水监等机构，

---

① 《唐六典》卷七《尚书工部·禁苑》，第219页。

② 《唐六典》卷一九《司农寺》，第527页。

③ 《新唐书》卷四八《百官志三》，第1263页。

④ 《唐六典》卷二〇《太府寺》，第542页。

⑤ 《通典》卷一二三《礼·典八十三·开元礼纂类十八·嘉礼二·皇帝正至受群臣朝贺》，第644页。

⑥ 《唐六典》卷二〇《太府寺》，第546页。

它们与九寺一样都是事务机关，因而通常把九寺与五监合称卿监百司。五监中的某些机构职掌也与外交工作有不同程度的关系。

（一）国子监

国子监是中央教育机构，其“掌儒学训导之政”[①]，以祭酒一人（从三品）、司业二人（从四品下）为长贰，领官学六：国子学、太学、四门馆、律学、书学、算学，皆有博士、助教。天宝中又增置广文馆[②]。除国子监诸学之外，中央的教育部门尚有门下省的弘文馆、东宫的崇文馆、宗正寺的崇玄馆等，太常寺所辖太医署、太卜署、司天台也教授有关医药、卜筮、天文历法等专科知识，太医署“皆有博士以教之，其考试、登用如国子监之法”[③]。

以国子监为代表的中央教育机构也与外交工作有密切关系，这主要是接收外国留学生。从唐初贞观之始随着教育的兴盛，外国留学生即纷至沓来，“贞观五年（631）以后，太宗数幸国学、太学，遂增筑学舍一千二百间。国学、太学、四门亦增生员，其书、算等各置博士。凡三千二百六十员。其屯营飞骑，亦给博士，授以经业。已而高丽、百济、新罗、高昌、吐蕃诸国酋长，亦遣子弟请入国学。于是国学之内，八千余人，国学之盛，近古未有”[④]。或谓“新罗、日本诸国皆遣子入朝受业”[⑤]。除上述高丽、百济、新罗、高昌、吐蕃、日本等国留学生外，尚有渤海、南诏等，前者如大和七年（833）正月，渤海靺鞨“遣同中书右平章事高宝英来谢册命，仍遣学生三人，随宝英请赴上都学问。先遣学生三人，事业稍成，请归本国，许之”[⑥]。开成二年（837）三月，“渤海国随贺正王子大俊明并入朝学生，共一十六人”[⑦]。后者如牛丛《责南诏蛮书》云：“诏王之子，六诏最小夷也。天子录其勤，合六诏为一，俾附庸成都，名之以国。许子弟入太学，使习华风。今乃自绝王命”[⑧]。可见

① 《新唐书》卷四八《百官志三》，第1265页。
② 《唐语林校证》卷五《补遗》，第459页。
③ 《唐六典》卷一四《太常寺·太医署》，第409页。
④ 《唐会要》卷三五《学校》，第633页。
⑤ 《唐语林校证》卷五《补遗》，第459页。
⑥ 《旧唐书》卷一九九下《北狄·渤海靺鞨传》，第5363页。
⑦ 《唐会要》卷三六《附学读书》，第668页。
⑧ 《全唐文》卷八二七（牛丛）《责南诏蛮书》，第8714页。

南诏也有子弟入太学学习。

唐朝留学生的数量相当多，其中当以新罗留学生最多。开成二年（837）“新罗差入朝宿卫王子，并准旧例，割留习业学生并及先住学生等，共二百十六人，请时服粮料，又请旧住学习业者，并放还本国”①。一方面有新来的学生二百十六人，另一方面还有批准还国的旧学生，可见新罗国所派遣留学生数量之多。

留学生除进入国子监学习经、史、法律、书法、算术等以外，也有进入其他学馆学习专科学问的。日本右京人菅原梶成，于仁明天皇承和五年（唐文宗开成三年，838）随聘唐使来唐，“朝廷以梶成明达医经，令其请问疑义”。是为医经请益生。于承和六年（唐文宗开成四年，839）回到日本，“朝廷嘉其诚节，（承和）十年为鍼博士，次为侍医”。于文德天皇仁寿三年（唐宣宗大中七年，853）卒于官②。日本仁明天皇承和八年（唐武宗会昌元年，841）正月甲午，“遣唐阴阳师兼阴阳请益正八位上春苑宿祢玉成，在唐间得《难义》一卷，令阴阳寮诸生传学”③。春苑宿祢玉成为遣唐阴阳请益生，其所得唐籍后在日本被传授。

国子监也是使节和蕃客在唐期间观摩礼教、向外宣扬唐文化的场所。玄宗开元二年（714）十二月二十二日发布的《令蕃客国子监观礼教敕》，谓：“夫国学者，立教之本，故观文字可以知道，可以成化……自戎夷纳款，日夕归朝，慕我华风，敦先儒礼。由是执于干羽，常不讨而来宾。”这里把安排蕃客到国子监观礼的外交目的说得非常明白，即通过观摩以儒学为代表的中华文化而起到万国朝宗、慕义来宾的作用。因而明确规定：“自今已后，蕃客入朝，并引向国子监，令观礼教。”④ 其文化外交的目的非常明确。

### （二）少府监

少府监“掌百工技巧之政”⑤，为手工业事务机构，以少府监一人

---

① 《唐会要》卷三六《附学读书》，第668页。

② 黑板胜美校订：《国史大系》，《日本文德天皇实录》卷五《文德天皇》仁寿三年六月辛酉条，吉川弘文馆1934年版，第53页。

③ 黑板胜美校订：《国史大系》，《续日本后纪》卷一〇《仁明天皇》承和八年正月甲午条，吉川弘文馆1971年版，第116页。

④ 《唐大诏令集》卷一二八《蕃夷·绥抚·令蕃客国子监观礼教敕》，第689页。

⑤ 《新唐书》卷四八《百官志三》，第1268页。

（从三品）、少监二人（从四品下）主之，总中尚、左尚、右尚、织染、掌冶等五署，以及诸冶、铸钱、互市等监。少府监的某些部门的职掌亦与外事有关。

中尚署，“掌供郊祀圭璧及天子器玩、后妃服饰雕文错采之制。凡金木齿革羽毛，任土以时而贡”①。它是管理制造皇室所需器玩服饰的机构，同时也负责制作赐蕃客所需之器玩服饰等物。肃宗乾元二年（759）“诏减常膳服御，武德中尚作坊非赐蕃客、戎祀所须者皆罢之”②。时值安史之乱，实行财政紧缩政策、罢除其他制作的情况下，赐予蕃客的制作却继续进行，可见中尚署所管作坊中有负责生产赐蕃客之物者，这方面的生产受到唐朝统治者的特殊保护。此外，中尚署还负责百官及蕃客鱼袋的制作和供应，其中“蕃客赐宝钿带鱼袋，则授鸿胪寺丞、主簿”③。唐代实行“随身鱼符”之制，百官皆随身佩鱼符，“以明贵贱，应征召”④。盛鱼符的口袋称鱼袋。蕃客也同样赐予鱼袋，均由中尚署负责制作供应，交由管理蕃客的鸿胪寺官员发放。

互市监，其“掌蕃国交易之事”⑤，是专门管理互市的机构，设置于沿边州府。互市监的行政关系隶属少府，但实际上归当地政府的领导，所以我们将在后文再加论述。

### 三　诸省

诸省系指秘书、殿中、内侍三省，它们不同于中书、门下、尚书三省，是与九寺五监相当的宫廷事务和图书机构。诸省中有些部门的职掌亦与外事有关。

内府局，内侍省所统六局之一。内侍省“掌在内侍奉，出入宫掖，宣传制令”⑥。在宫中供职，其官员均为宦官。内府局以令二人（正八品下）、丞二人（正九品下）主之，“掌中宫藏宝货给纳名数”。即掌管

---

① 《新唐书》卷四八《百官志三》，第1269页。

② 《新唐书》卷六《肃宗纪》，第162页。

③ 《新唐书》卷四八《百官志三》，第1270页。

④ 《唐六典》卷八《门下省·符宝郎》，第253页。

⑤ 《新唐书》卷四八《百官志三》，第1272页。

⑥ 《唐六典》卷一二《内侍省·内侍》，第356页。

宫中珍宝的收藏和出纳。其职掌与外事亦有一定关系，“凡朝会五品已上赐绢及杂采、金银器于殿庭者，并供之。诸将有功，并蕃酋辞还，赐亦如之”[①]。朝会时赏赐珍宝及丝绸等物品时，由内府局负责供应，同时负责对蕃客的赏赐。这种赏赐是在殿庭中进行的，“蕃酋辞还，皆赐于庭”[②]。

## 第五节　唐后期外交管理体制的变化

以上我们叙述了隋唐时期中央政府中的外交专职机构以及与外交管理工作有关机构及其涉外事务的大体情况。从中我们可以清楚地看到，在唐代中央政府对于外交工作已经形成一套有组织、有系统，既有分工而又严密配合的完整体系，中书门下制令决策、尚书六部施行政令、卿监百司承担具体事务的运作机制在外交工作中表现得尤为鲜明突出。鸿胪寺是专门的外交事务机构，对于外宾的接待、管理承担着大量的、繁杂的具体任务。他是在中央政府中最直接与外宾打交道，与外宾接触最多的机构，可以说是处于外交工作的第一线。但是在他的后面还有一系列的机构和部门协同其工作，从政令方面来说有专职外交管理机构主客司直接对其进行对口领导之外，还有中书省、门下省的有关部门，以及尚书省六部诸司从不同角度进行外交政令之指挥。从外交事务方面来说，也还有其余的卿监百司从各自不同的角度密切配合。正是在这些幕前幕后的密切配合之下才使唐代的外交得以有效地开展，取得空前的辉煌的成就。但是盛极而衰，物之理也。同样，三省六部九寺体制的成熟鼎盛正孕育着其衰败的因素，从唐中叶起就逐渐遭到破坏。上述外交管理制度基本上是唐前期（即安史之乱以前）的情况，到了唐后期随着三省制的破坏，它也就同时发生了剧烈的变化。这种变化的具体原因有以下两个方面。

第一，使职差遣制度的盛行。隋及唐前期是三省制的成熟和鼎盛时期，但是从唐中期以后，三省制逐渐破坏，使职差遣制日益盛行，并取

① 《唐六典》卷一二《内侍省·内府局》，第 361 页。

② 《新唐书》卷四七《百官志二》，第 1224 页。

代了三省制下的职事官制度。使职差遣制的最大特点是职与官的分离，职无品秩却治事，官有品秩仅寄禄秩，以致形成本司之官不治本司之事，要差遣他官来判决；本司之官要治本司之事，须有特别诏令予以交代。因而职事官不治本职之事，使职差遣成为实际治事之官。使职和差遣又有区别，尚未固定成型的职称为差遣，已经固定成型的职称为使职。① 这些使职，由于直接奉行君相之命，尚书省六部不能对其实行节制指导，形成中书门下直接统领诸使的行政体制。这样的结果是不仅尚书省权力旁落，六部诸司被架空，而且一些卿监百司几成闲曹。② 这种变化导致唐代外交管理体制也发生了相应的变化，原来的一些外交管理机构变为闲简部门，许多外交实际事务被各种使职差遣所取代。

第二，宦官的专权。唐后期政治上的一个突出现象是宦官专权。玄宗时期突破了唐初内侍省不置三品官的定制，安史之乱以后宦官势力更急剧膨胀，形成了宦官专权的局面。宦官不仅通过占据观军容使、左右神策中尉等职而掌握了军事和禁卫之权，而且还设置内诸司使以操纵朝政，形成所谓“内务百司，皆归宦者”③ 的局面。必须指出的是，唐代宦官专权与使职差遣是相辅相成的，某种意义上可以说是一而二、二而一的，宦官是通过使职差遣而实现专权的，使职差遣更强化了宦官的专权。唐代后期的使职多为宦官所担任。唐代宦官所控制的内诸司使被称为北衙，与南衙的宰相和三省六部九寺相对应，而南衙受制于北衙。这种政治体制的出现，使得南衙的三省六部九寺的职权旁落，纷纷被北衙的宦官使职所侵夺。因而唐代后期的外交管理体制也发生了相应的变化，与原来属于三省六部九寺系统的外交管理机构闲简的同时，是外交管理职权大多被宦官及使职差遣所取代。

唐后期外交管理体制的变化，主要表现为以下两个方面。

### 一　原有外交管理机构的闲简

唐代后期使职差遣的制度化，以及宦官专权的普遍化，导致三省六

---

① 参见陈仲安、王素《汉唐职官制度研究》第一章第六节，中华书局 1993 年版，第 100 页。

② 参见张国刚《唐代官制》第五章，第 90 页。

③ 《旧唐书》卷一八四《宦官·杨复恭传》，第 4777 页。

部九寺体制的破坏，于是原有的外交管理机构逐渐变为闲简部门。在这种变化中，作为尚书省的一个部门的主客司首当其冲，《南部新书》谓唐朝后期“省中司门、都官、屯田、虞部、主客，皆闲简无事”[①]。以致社会上出现了讽刺这些部门闲简无事的戏剧和谚语。主客司即是这五个最为闲简的部门之一。《太平广记》引《两京新记·尚书郎》亦有类似的记述，谓主客等原为“员外郎之最望者”，如今“皆在后行，闲简无事”[②]。主客员外郎白行简的工作情况就充分反映了这种状况，长庆三年（823）十二月，“度支奏：‘主客员外郎、判度支案白行简，前以当司判案郎官、刑部郎中韦词，近差使京西句当和籴，遂请白行简判案。今韦词却回，其白行简合归本司。伏以判案郎官比有六人，近或止四员，伏请更置郎官一员判案，留白行简充。’敕旨依奏”[③]。原来刑部郎中韦词被差遣到户部的度支司判案，他因被差使到京西勾当和籴，于是主客员外郎白行简被差遣到度支司，接替韦词的工作。韦词出差回来后，白行简理应回主客司，但度支司提出本司郎官缺编，请求增置郎官一员，留下白行简继充此职。度支司的请求得到了批准，白行简便继续留在度支司。这个事例说明：刑部司和主客司比较闲简，其长官可以长期借调出来，而度支司的任务比较繁重，须从别司借调人员；韦词、白行简在度支司为借调人员，但却有权判度支案，韦词的刑部郎中，白行简的主客员外郎都只是寄托品秩的官称，而他们的差遣职务“判度支案”才是其真正的职务。由此可知，到唐后期主客司已经成为一个闲简无事的机构了。

与此同时，九寺中专掌外交事务的鸿胪寺的职权也被侵夺。如客省使、礼宾使对鸿胪寺职权的侵夺就是其突出现象。

主客司的闲简和鸿胪寺职权的被侵夺，并非表明唐代后期外交任务不繁重、外交工作不重要，事实上当时的外交工作依然相当繁重，而且在某种意义上还更为复杂繁重，外交机器依然在运转。不过许多外交工作已经使职差遣化并被宦官所把持了。

---

① 《南部新书》丁部，第 45 页。

② 《太平广记》卷二五〇《诙谐六》“尚书郎”条引《两京新记》，第 1937 页。

③ 《唐会要》卷五九《尚书省诸司下·度支员外郎》，第 1021 页。

## 二　使职差遣和宦官在外交领域的活跃

唐后期的外交领域被各种使职差遣和宦官所把持，形成宦官和使职差遣异常活跃的状况。唐后期的政治体制已形成宦官控制的北衙诸司使与宰相为首的南衙行政系统互相对应、侵夺其职权并凌驾于其上的局面。宋人追述唐制曰："唐设内诸司使，悉拟尚书省，如……礼宾，主客也"[①]，可见这种变化也涉及外交管理系统，内诸司使之一的礼宾使对应于南衙系统的尚书主客司，即为其突出表现。宦官所控制的内诸司使有"二十四内司"[②]，这里就包括有掌管外交工作的各种使职。肃、代朝专权的宦官鱼朝恩，于代宗"永泰中，诏判国子监，兼鸿胪、礼宾、内飞龙、闲厩使"[③]。其所兼任的鸿胪使、礼宾使都是负责外交工作的。可见至少从代宗朝开始，外交工作的实权已被宦官所控制。代宗时恢复的客省，又分割了鸿胪寺的外交职权，而客省的长官客省使也是宦官所控制的使职，刘处宏即以内侍省监而被任命为客省副使，而内侍省官员均为宦官[④]。中书通事舍人的外交职掌也被"阁门使"所侵夺，懿宗咸通四年（863）八月"敕以阁门使吴德应等为馆驿使"。胡三省注云："唐中世置阁门使，以宦者为之，掌供奉朝会，赞引亲王、宰相、百官、蕃客朝见、辞；唐初，中书通事舍人之职也。"[⑤] 阁门使亦为内诸司使之一，原属通事舍人掌管的有关蕃客朝见、辞谢等职事，已为其所取代。

因此在唐后期的外交场合中，我们可以随时随地看到宦官与使职活跃的情景。藤原常嗣所率日本遣唐使，于开成四年（839）二月到达长安时，被安置于礼宾院。日本大使"到京之日，即奏请益僧往台州之事；雇九个船，且令修之事。礼宾使云：'未对见之前，诸事不得奏闻。'再三催劝上奏，但许雇船修理，不许遣台州"[⑥]。从这个材料可见当时接待

① （元）脱脱等撰：《宋史》卷一六八《职官志八》，中华书局1985年版，第4003页。

② 吴在庆撰：《杜牧集系年校注》第二册《樊川文集》卷七《唐故东川节度检校右仆射兼御史大夫赠司徒周公墓志铭》，中华书局2016年版，第713页。

③ 《新唐书》卷二〇七《宦者上·鱼朝恩传》，第5864页。

④ 《全唐文》卷八三八（薛廷珪）《授刘处宏通议大夫内侍省监充客省副使制》，第8821—8822页。

⑤ 《资治通鉴》卷二五〇，唐懿宗咸通四年（863）八月，第8106页。

⑥ 《入唐求法巡礼行记校注》卷一，第120页。

日本使团并负责其活动安排者为礼宾使，他在皇帝与来使之间直接进行联系。礼宾院原来属于鸿胪寺，但是代宗永泰二年（766）鱼朝恩兼任礼宾使后，礼宾院已被内诸司使所控制。唐后期的使职基本上是宦官所担任，礼宾使即是宦官。宪宗元和（806—820）年间，宦官李辅光拜内侍省内侍知省事，“寻因入觐，恳请留侍，乃充鸿胪礼宾使”①。

与此同时，我们可以看到各种“中使”“内使”“监使”等在外交场合活跃的情景。现以德宗、顺宗之际对日本遣唐使的一次接待为例以见其概况：以葛野麻吕为大使、石川道益为副使的日本遣唐使，于德宗贞元二十年（804）“十二月廿一日，到上都长乐驿宿；廿三日，内使赵忠，将飞龙家细马廿三匹迎来，兼持酒脯宣慰；驾即入京城，于外宅安置供给。特有监使高品刘昴，勾当使院”。第二天“廿四日，国信、别贡等物，附监使刘昴进于天子。刘昴归来，宣敕云：‘卿等远慕朝贡，所奉进物，极是精好，朕殊喜欢。时寒，卿等好在。’廿五日，于宣化殿礼见……别有中使于使院设宴，酣饮终日，中使不绝，频有优厚”。日本使团于第二年正月参加元正朝会后，恰逢德宗病逝，顺宗继位。“二月十日，监使高品宋惟澄，领答信物来，兼赐使人告身；宣敕云：‘卿等衔本国王命，远来朝贡，遭国家丧事，须缓缓将息归乡，缘卿等频奏早归，因兹赐缠头物，兼设宴。宜知之，却回本乡，传此国丧。拟欲相见，缘此重丧，不得宜之。好去好去者，事毕首途，勒令内使王国文监送，至明州发遣。”② 这段材料比较完整地记载了外国使团入京、在京活动和离京的全过程，翔实地反映了当时宦官和差遣活跃于外交接待全程中的情形。

首先，由“中使”负责迎接来使。唐制，外国使节进入首都长安之前，一般均在近郊的长乐驿住宿等待，由唐政府派员迎接。这里记载是由“内使”赵忠前去迎接。《资治通鉴》胡三省注曰：“内使，即中使。”③ 中使即宦官所担任的使职差遣。可知宦官赵忠当时是受德宗的差

---

① 《唐代墓志汇编》元和〇八三《唐故兴元元从正议大夫行内侍省内侍知省事上柱国赐紫金鱼袋赠特进左武卫大将军李（辅光）公墓志铭并序》，《李辅光墓志》，上海古籍出版社1992年版，第2007页。

② 《日本后纪》卷一二《皇统弥照天皇》延历廿四年条，第42页。

③ 《资治通鉴》卷二五三，唐僖宗广明元年（880）六月胡注，第8228页。

遣前去迎接日本使团的。赵忠到长乐驿迎接日本使团时还率领“飞龙家”细马二十三匹，这也是宦官所任“飞龙使”所掌管之马匹。唐代原来由殿中省尚乘局掌内外闲厩之马，武后万岁通天元年（696）“以中官为内飞龙使。圣历中，置闲厩使”①。这时尚乘局的职权被闲厩使所夺。到了唐后期飞龙使又夺闲厩使之权，成为内厩之马的总管。所以赵忠所率飞龙家细马即是这种马匹。而飞龙使即内诸司使之一。

此外见于记载以“中使”迎接来使的还有，大历十二年（777）小野石根所率日本遣唐使，于次年“正月十三日到长安，即遣内使赵宝英将马迎接，安置外宅”②。也是派遣“内使”郊迎外国来使。可见以“中使”郊迎外国使节早已成为唐代惯例。

其次，由“中使”负责在京期间的接待。外国使团被接到长安后，即派出“监使”负责使团的各种接待事宜。这种“监使”也由宦官担任，大历十三年（778）小野石根所率日本遣唐使于正月十三日到达长安后，由“监使”扬光耀负责日本使团的接待工作③。那么贞元二十年接待葛野麻吕使团的“监使”刘昴亦是宦官而无疑。“监使”的职责主要有三：其一，勾当使院。即全面负责使团在使院的管理。除上述刘昴在接待葛野麻吕使团时以“监使”负责“勾当使院”之外，大历十三年小野石根使团在长安时，也“特有监使勾当使院”④。其二，宣敕。“监使”在外国使团与皇帝之间起着上传下达的作用，因而皇帝的敕旨是通过“监使”向来使转达宣布的。小野石根使团在长安期间，“监使扬光耀宣口敕”云云⑤。葛野麻吕使团在长安期间，先是“监使”刘昴宣敕，表示对于日本贡物的喜欢，后是“监使”宋惟澄宣敕，宣布允准使团返国，以及有关赏赐、向日本天皇转达唐帝旨意、具体发遣的事项等⑥。宋惟澄其人，两《唐书》均有记载。同时可知接待一个使团期间，可以有不止一名“监使”担任接待。“监使”也即“内使”，上元二年（761）高元度所率日

---

① 《新唐书》卷四七《百官志二》，第1217页。
② 《续日本纪》卷三五《天宗高绍天皇》光仁天皇宝龟九年条，第445页。
③ 《续日本纪》卷三五《天宗高绍天皇》光仁天皇宝龟九年条，第444页。
④ 《续日本纪》卷三五《天宗高绍天皇》光仁天皇宝龟九年条，第443页。
⑤ 《续日本纪》卷三五《天宗高绍天皇》光仁天皇宝龟九年条，第444页。
⑥ 《日本后纪》卷一二《皇统弥照天皇》延历廿四年条，第42页。

本迎入唐使团返国前，“又有内使宣敕”[①] 云云。其三，接转国信贡物。当时外交使节都须携有“国信”，即作为凭证的符节文书。张籍《送金少卿副使归新罗》诗云：“通海便应将国信，到家犹自著朝衣。”[②] 这是新罗来使携带“国信”来朝。小野石根使团到达长安后的第三天即“进国信及别贡等物。天子非分喜观，班示群臣”[③]。这是来使直接将国信及贡物献上皇帝。有时则是通过“监使”转交皇帝，葛野麻吕使团的“国信、别贡等物”，就是“附监使刘昴进于天子”的，然后“刘昴归来，宣敕云：‘卿等远慕朝贡，所进奉物，极是精好，朕殊喜欢。时寒，卿等好在。’”[④] 由此可见，这次日本国的国信和贡物是由监使上交皇帝，皇帝查收后再由监使转达皇帝的谢意。唐廷颁赐来使的答信物等，也由中使向来使下达。葛野麻吕使团返国前，由“监使”宋惟澄“领答信物来，兼赐使人告身”[⑤]。“答信物”即唐帝对于日本方面的国信贡物的相应的回报文书及礼品；“告身”即授官之符，唐制授官“皆给以符，谓之‘告身’”[⑥]。甚至还派遣中使将“答信物”护送至日本，小野石根使团返国前，“监使扬光耀宣口敕：‘今遣中使赵宝英等，将答信物，往日本国，其驾船者仰扬州造。卿等知之。’”特派中使赵宝英护送答信物至日本呈交。日方提出：“本国行路遥远，风漂无准。今中使云往，冒涉波涛，万一颠踬，恐乘王命。”唐代宗“敕答：朕有少许答信物，今差宝英等押送，道义所在，不以为劳。”不幸赵宝英等所乘第一船遭风浪沉没，遣唐副使小野石根等 38 人以及“唐使赵宝英等廿五人，同时没入”[⑦]。

除了有“监使”专门负责接待工作之外，尚有各种“中使”参与接待事务，包括宴饮、赏赐等，葛野麻吕使团到达长安后，“中使不绝，频有优厚”[⑧]，

① 《续日本纪》卷二三《废帝》淳仁天皇天平宝字五年条，第 280 页。

② （清）彭定求等编：《全唐诗》卷三八五（张籍）《送金少卿副使归新罗》，中华书局 1960 年版，第 4344 页。

③ 《续日本纪》卷三五《天宗高绍天皇》光仁天皇宝龟九年条，第 443 页。

④ 《日本后纪》卷一二《皇统弥照天皇》延历廿四年条，第 42 页。

⑤ 《日本后纪》卷一二《皇统弥照天皇》延历廿四年条，第 42 页。

⑥ 《新唐书》卷四五《选举志下》，第 1172 页。

⑦ 《续日本纪》卷三五《天宗高绍天皇》光仁天皇宝龟九年条，第 444—445 页。

⑧ 《日本后纪》卷一二《皇统弥照天皇》延历廿四年条，第 42 页。

小野石根使团到达长安后也是“频有优厚，中使不绝”[①]，呈现一幅热闹景象。葛野麻吕使团于贞元二十年十一月十五日到达长安，于廿五日觐见皇帝之后，“即于内里设宴……别有中使于使院设宴，酣饮终日”[②]。可知除了宫廷御宴之外，还有中使于使院设宴。这两种规格的宴会，当为分别招待使团高级官员和一般随员。

最后，由“中使”监送使团离京返国。外国使团在长安完成外交任务之后，或由“中使”护送至边境发遣，上述葛野麻吕使团返国时，即派“内使”王国文监送，至明州发遣。上元二年（761）高元度使团返国时，“即令中谒者谢时和押领元度等向苏州”[③]。中谒者即内谒者，为内侍省官员，也是宦官担任。大历十三年（778）小野石根使团返国时，“四月廿二日，辞见首路。敕令内使扬光耀监送，至扬州发遣”。与此同时“又差内使掖庭令赵宝英、判官四人，赍国土宝货，随使来朝，以结邻好”[④]。这次护送日本使团返国的中使由两部分人组成，一部分是以扬光耀为首的送使人员，他们的使命是护送“至扬州发遣”，另一部分是以“内使”赵宝英为首的送使人员，他们的使命是押送“国土宝货”，直到日本国。使团负责人都是“内使”，“内使”即“中使”。

上述日本古籍中所反映的唐后期“中使”在接待外国使节中的作用，是符合唐后期政治制度和外交制度的实际情况的，唐制规定：“凡外夷使将至，遣中使郊驿迎劳，既至，恩礼甚厚，将归，亦送之，以怀远人。”[⑤]上述日本古史所记遣唐使所受到的接待，与此完全吻合。这一套接待制度已成为唐后期接待外交接待的“故事”[⑥]，可以说上引日本古籍所记载的接待过程，就是对这一“故事”的生动诠释和具体化。

---

① 《续日本纪》卷三五《天宗高绍天皇》光仁天皇宝龟九年条，第443页。

② 《日本后纪》卷一二《皇统弥照天皇》延历廿四年条，第42页。

③ 《续日本纪》卷二三《废帝》淳仁天皇天平宝字五年条，第280页。

④ 《续日本纪》卷三五《天宗高绍天皇》光仁天皇宝龟九年条，第445页。

⑤ 《唐会要》卷九九《牂牁蛮》，第1763页。

⑥ 《新唐书》卷二二二下《南蛮下·牂牁国传》，第6319页。

# 第十章 唐代地方外交关涉机构

唐朝是一个幅员空前辽阔的皇朝，其所辖四境，“举唐之盛时，开元、天宝之际，东至安东，西至安西，南至日南，北至单于府，盖南北如汉之盛，东不及而西过之”①。这样广阔而复杂的统治区域，决定了其地方管理机构的复杂多样，大略而言主要有四个系统，即作为地方行政系统的道、州、县；作为军事与边防系统的道与军、镇、戍、关等；作为边境镇抚系统的都护等；以及其他有关的使职和中央派出机构。这种分类只是相对而言。它们在唐朝前、后期有所变化，同时这四个方面有时也是交错难分的。道在唐前期原是监察区和军区，到了后期才成为地方一级行政机构，而这时的道实际上已是军政合一的单位了。都督和都护主要在唐前期发挥正常作用，到了唐后期已名存实亡，其职权被道的长官节度使所取代。都督在唐前期不仅负责军事，实际上也兼理行政；各种使职在唐中后期起着日益重要的作用。唐代地方外交管理工作就是由这四个系统分别负责、协同进行的。地方管理机构的这些特点和变化，决定了唐代地方外交管理工作在不同时期其职权有所变化和转移，各个系统之间既有分工和密切配合，也互有某些交错。由于隋代国祚短暂，其地方机构实际上是处于从北朝向唐代的过渡阶段，故不拟细述，而以唐朝为代表一并叙之。

## 第一节 地方行政机构——道、州、县的外交职能

隋朝统一之后对于南北朝后期混乱的地方行政机构进行了重大改革，

---

① 《新唐书》卷三七《地理志一》，第960页。

撤销郡一级建制，由州、郡、县三级体制改行州、县二级体制。后来隋炀帝改州为郡，也只是名称的变化，实际仍是二级体制。唐朝建立后又改郡为州，实行州、县二级地方行政体制。唐前期基本上是实行这样的二级地方行政体制。安史之乱以后，唐代前期作为监察区和军区的道，演变为州之上的地方一级行政区，于是形成了道、州、县三级行政体制。唐代后期实行的就是这种道、州、县三级行政体制。道、州、县三级地方行政机构在唐代的地方外交管理工作中负有重要的职责，发挥了重要的作用。唐代前期州是地方最高一级行政单位，其地位和作用十分重要，到了后期，它退为次一级单位，地位有所下降。其在外交管理方面的职权也在前后期发生了相应的变化。唐代的州不仅根据其所辖户口多寡而分为上、中、下三等，而且根据其不同的地理位置和作用分为辅、雄、望、边等类型。据开元十八年（730）诏敕，当时确定全国有五十九个“边州”[①]。“边州”并非一成不变，随着唐朝辖境的变化而相应发生变化。这些“边州”处于唐朝四境，是重要的对外交往孔道，负有重要的外交职责，在外交上具有重要作用。曾令“番戎大骇”[②]的骁将野诗良辅，被任命为陇州刺史之后，“吐蕃尝谓汉使曰：‘唐国既与吐蕃和好，何妄语也！’问曰：‘何谓？’曰：‘若不妄语，何因遣野诗良辅作陇州刺史？’其畏惮如此”[③]。这里强调的是边州刺史的震慑作用，但是从外交的角度来说，对方是希望有一位能很好地处理外交关系的而非骁勇的刺史，否则便被认为对双方和好不够诚意，可见边州在外交上的重要性，因而对方是非常注意边州刺史人选的。当时所划分的“边州”均为陆路交通出入所经之州，并没有把沿海的州作为“边州”。事实上，随着与海外各国外交关系的发展，沿海各州也是唐朝对外关系的重要孔道，也起着与陆上“边州”同样重要的外交作用。因此沿海之州也可以看作是一种“边州”。除了“边州”承担较多的外交职责之外，内地州县也在不同程度上承担一定的外交职责。

---

① 《唐会要》卷二四《诸侯入朝》，第459—460页。《唐六典》卷三《尚书户部·郎中》所记“边州”为五十个，第73页。

② 《旧唐书》卷一四四《张敬则传》，第3928页。

③ 《旧唐书》卷一五二《史敬奉传》，第4079页。

唐朝后期“道”已成为地方最高一级行政机构，凌驾于州县之上。州则降为二级机构，成为道之下的“支州”“支郡”。这种“道”又被称为方镇或藩镇。“道”的长官为节度使、观察使。当时是按照道来划分唐与“四夷”的交往关系的，开元时各道的分工是：关内道，“远夷则控北蕃、突厥之朝贡焉”。河南道，“远夷则控海东新罗、日本之朝贡焉”。河北道，“远夷则控契丹、奚、靺鞨、室韦之贡献焉”。陇右道，“远夷则控西域胡、戎之贡献焉”。江南道，“远夷则控五溪之蛮”。剑南道，“远夷则控西洱河群蛮之贡献焉”。岭南道，“远夷则控百越及林邑、扶南之贡献焉”①。这些“远夷”包括外国和周边一些少数民族。由于这里所记是开元二十五年（737）的情况，所以有一些缺漏，如剑南道之对于吐蕃、南诏，江南道之对于日本等，都未记载。上述诸道之分工，实际上也反映了唐代对“四夷”的交通状况，贞元宰相贾耽所记边州“入四夷之路与关戍走集最要者七：一曰营州入安东道，二曰登州海行入高丽、渤海道，三曰夏州塞外通大同、云中道，四曰中受降城入回鹘道，五曰安西入西域道，六曰安南通天竺道，七曰广州通海夷道”②。这七条交通要道，基本上为上述诸道与“四夷”联系之主要干线。由此可见，唐代的缘边道、州在对外关系中具有十分重要的地位和作用。现将道州县所负外交职责分述于下。

## 一 迎送外交使节

缘边道州县是外交使节出入境所必经之地，既是与外国使节首先发生关系，又是最后遣送外国使节离境返国的地方。本国外交使节也从这里出入。迎送外交使节是缘边道州县最主要和最繁重的外交职责。这方面的职责由以下几个方面组成。

### （一）入境检核

来使到达边境道州县时，当地政府要负责对其询问检核。唐武后长安二年（日本文武天皇大宝二年，702），粟田真人所率日本遣唐使由日本来唐，“初至唐时，有人来问曰：‘何处使人？’答曰：‘日本国使。’

---

① 《唐六典》卷三《尚书户部·郎中、员外郎》，第64—72页。

② 《新唐书》卷四三下《地理志七下》，第1146页。

我使反问曰：'此是何州界？'答曰：'是大周楚州盐城县界也。'更问：'先是大唐，今称大周，国号缘何改称？'答曰：'永淳二年，天皇太帝崩，皇太后登位，称号圣神皇帝，国号大周。'问答略了，唐人谓我使曰：'亟闻海东有大倭国，谓之君子国；人民丰乐，礼义敦行。今看使人，仪容大净，岂不信乎。'语毕而去"①。这是当日本使团到达时，盐城县派员前往查询，同时致意欢迎。除了一般的查询之外，还要检核其入境证件。唐贞元二十年（日本桓武天皇延历二十三年，804）八月十日藤原葛野麻吕所率日本遣唐使"到福州长溪县赤岸镇已南海口"②，受到当地政府的检核，于是葛野麻吕移书福州观察使，"然今州使责以文书，疑彼腹心，检括船上，计数公私……率然禁制，手足无厝。又建中（唐德宗年号，780—783）以往，使船直着扬苏，无飘荡之苦，州县诸司，慰劳殷勤，左右任使，不检船物；今则事与昔异……"③ 可见当外国使节到达时，州县要派员前往查验证件，如果没有足以证明身份的证件，还可能上船检查，登记公私物品。据这条材料称，在建中以前对来使并不检核证件，但是前文我们已经谈到，唐前期对于入境蕃客是要查验铜鱼符的。藤原葛野麻吕使团到达福州长溪县后，"时杜宁县令胡延沂等相迎，语云：'常州刺史柳冕缘病去任，新除刺史未来。国家太平者，其向州之路，山谷险隘，担行不稳。'因回船向州。"④ 大概因为日本使团没有足够的证明，故长溪县拒绝其登岸从陆路赴州，所谓"向州之路，山谷险隘，担行不稳"云云，可能是一种外交辞令。于是日本使团便仍由海路赴州。不过一般来说来使不是从县级单位赴京，而是由其上级政府所在地赴京，因此县在接到来使后，都是尽快转送上级的道州政府，从那里再转赴京城。唐显庆四年（日本齐明帝五年，659），由坂合部石布所率日本遣唐使，海中遭风，使团人员失散，副使津守吉祥等人的船于九月十六日夜半之时"行到越州会稽县须岸山，东北风，风太急。廿二日行到余姚县，

---

① 《续日本纪》卷三《天之真宗丰祖父天皇》"庆云元年七月"条，第21页。

② 《日本后纪》卷一二《皇统弥照天皇》"延历廿四年"条，第42页。

③ 《藤原葛野麻吕启状》，《遍照发挥性灵集》卷五所收，录自竹内理三编《平安遗文》第八卷，株式会社东京堂1964年版，第3211页。

④ 《日本后纪》卷一二《皇统弥照天皇》"延历廿四年"条，第42页。汪向荣、夏应元《中日关系史资料汇编》注云："常，恐为'当'字之误"，中华书局1984年版，第115页。

所乘大船及诸调度之物留着彼处。润十月一日，行到越州之底。十月十五日乘驿入京”①。他们漂至余姚县后，被县府转送到越州，再由越州转赴京城。

（二）礼待来使

来使入境后，便由当地政府负责有关接待事宜。开成三年（838），藤原常嗣所率日本遣唐使团于扬州海陵县入境，在到达县城之前，“虽经数日，未有州县慰劳，人人各觅便宿，辛苦不少”②。由于尚未与县政府当局取得联系，故无政府官员慰劳，食宿不便。七月二十三日“暂行，到县南江，县令等迎来西池寺南江桥前。大使、判官、录事等下船就陆，到寺里宿住，县司等奉钱”。次日又被安排住宿于宜陵馆，“此是侍供往还官客之人处”③。进入县城附近时，则受到了热情接待，县政府官员前来郊迎，然后安排住宿和其他生活事宜。最后由县派人转送至扬州，再由淮南节度使安排赴京事宜。日本光仁天皇宝龟八年（唐大历十二年，777），小野石根所率日本遣唐使于七月三日到达海陵县，八月廿九日被转送至扬州，“即依式例，安置供给”。于十月十五日“发州入京”④。

为了接待外国使节，边境政府特设接待官员以负责具体接待事务。藤原常嗣使团到达扬州后，扬州节度使府派“勾当日本国使”⑤王友真专门负责接待日本使团。这种“勾当日本国使”就是节度使府下的接待官员，是专为接待日本使团而设置的职务。如果在接待工作中有所失误，则地方政府要负慰抚之责，南海之室利佛逝国，在“咸亨至开元间，数遣使者朝，表为边吏侵掠，有诏广州慰抚”⑥。这是责成广州刺史去做来使的善后工作。

这种接待工作具有浓厚的外交意味，有时其本身就是一种尖锐的外交上的较量。“丰州北扼回纥，回纥使来中国，丰乃其通道。前为刺史者

① 黑板胜美校订：《国史大系》，［日］舍人亲王等撰：《日本书记》卷二六《齐明天皇》五年引《伊吉连博德书》，吉川弘文馆1971年版，第270页。

② 《入唐求法巡礼行记校注》卷一，第11页。

③ 《入唐求法巡礼行记校注》卷一，第20—21页。

④ 《续日本纪》卷三五《天宗高绍天皇》宝龟九年十月条，第443页。

⑤ 《入唐求法巡礼行记校注》卷一，第31—32页。

⑥ 《新唐书》卷二二二下《南蛮下·室利佛逝传》，第6305页。

多懦弱，虏使至则敌礼抗坐。”由于回纥曾两次出兵帮助唐朝平定安史之乱，常居功自傲。丰州是回纥来使必经之处，其使盛气凌人，与丰州刺史“敌礼抗坐”。贞元六年（790），回纥遣使来告忠贞可汗丧，路经丰州，当时的丰州刺史是李景略。“时回纥遣梅录将军随中官薛盈珍入朝，景略欲以气制之。郊迎，传言欲先见中使，梅录初未喻。景略既见盈珍，乃使谓梅录曰：‘知可汗初没，欲申吊礼。’乃登高垅位以待之。梅录俯偻前哭，景略因抚之曰：‘可汗弃代，助尔号慕。’虏之骄容威气，索然尽矣，遂以父行呼景略。自此回纥使至景略，皆拜之于庭，由是有威名。”李景略借行吊礼之机，抑制了回纥使者的“骄容威气”，此后回纥来使有所收敛。后来李景略任太原尹，回纥又派这位梅录将军入朝，节度使李说设宴款待，“梅录争上下坐，（李）说不能遏，景略叱之。梅录，前过丰州者也，识景略语音，疾趋前拜曰：‘非丰州李端公耶？不拜麾下久矣，何其瘠也。’又拜，遂命之居次坐。将吏宾客顾景略悉加严惮”①。由此可见接待官员之威仪及外交手腕在外交斗争中是有相当重要作用的。元和年间，王锷为河东节度使，“会回鹘并摩尼师入朝，锷欲示威武倾骇之，乃悉军迎，廷列五十里，旗帜光鲜，戈铠犀密。回鹘恐，不敢仰视，锷偃然受其礼。帝闻嘉之”②。这位边境长官则利用接待仪式中的军威以挫其骄气。在接待过程中，必然牵涉双方的礼仪问题，而这与国家的尊严有关，因而接待工作中的这种礼仪之争往往是很尖锐的。

更有甚者，有的来使不仅骄横无礼，诛求无厌，甚至乘机抄暴。肃、代间辛云京为河东节度使兼太原尹，“回纥恃旧勋，每入朝，所在暴钞，至太原，京云以戎狄待之，虏畏不敢惕息”③。这位节度使如何“以戎狄待之”，未详其的，但必定是采取与大国尊严相当的态度对待为非作歹之行径，故能令对方“畏不敢惕息”。太和年间李载义为河东节度使，“回鹘每遣使入朝，所至强暴。边城长史多务苟安，不敢制之以法，但严兵防守，虏益骄悍，或突入市肆，暴横无所惮”。边境官员之懦弱畏缩，更纵容了对方的横暴。李载义改变了前任长官的做法，其时“有回鹘将军

① 《旧唐书》卷一五二《李景略传》，第4073—4074页。
② 《新唐书》卷一七〇《王锷传》，第5170页。
③ 《新唐书》卷一四七《辛云京传》，第4754页。

李畅者，晓习中国事，知不能以法制御，益骄恣。鞭捶驿吏，贪求无已。载义因召李畅与语曰：‘可汗使将军朝贡，以固舅甥之好，不当使将军暴践中华。今朝廷饔饩至厚，所以礼蕃客也。苟有不至，吏当坐死。若将军之部伍不戢，凌侮上国，剽掠庐舍，载义必杀为盗者，将军勿以法令可轻而不戒厉之！’遂罢防守之兵，而使两卒司其门。虏知其不为下，无敢犯令”①。他一方面晓之以理，另一方面则明令依法从事，态度坚定果决，从而抑制了对方的非法行径。显然，在接待来使时能否在外交上维护国格尊严、制胜对方，与地方长官的外交才能和手腕有密切的关系。

反之，如果边境地方官员在接待来使时，不能以礼相待，甚至凌辱对方，也将影响双方友好关系的发展。开元十年（722），室利佛逝国王渤顺“遣使献表，论边吏凌侮，言甚切至”②。这是因边吏凌侮来使，导致对方向唐朝提出抗议。

（三）核准进京员额

来使到达之后，道、州政府须及时上报朝廷，接受朝廷的批准和指示。首先须得到批准是否同意接受来使进京。藤原常嗣所率日本使团于开成三年（838）七月廿五日到达扬州，“大使为通国政，差押官等遣府”，日本大使派人前往节度使府通报，向当地政府呈交请求入京的文牒。“八月一日，大使到州衙见扬府都督李相公”。几天后使团团长又亲至节度使府晋见地方长官，这个李相公即当时的淮南节度使李德裕。九月十三日，日本使团人员“闻：相公奏状之报符，来于扬府，未得子细”。意即听说朝廷对于李德裕的上奏的批准文书已经下达到了扬州。于是九月廿九日“相公为入京使于水馆设饯”，李德裕是在得到朝廷批准日本使团进京的指示之后，方才为其设宴饯行的。十月五日“大使等乘船发赴京都”③。日本使团在扬州等候了两个多月才得以启程赴京，这是由于当时边境政府与朝廷的交通和通信条件所限，故颇费时日。

一般来说对于来朝的使节，唐朝政府都是热诚欢迎的，都会得到批准的。但是有时也有被拒绝的情况。开元二年（714）吐蕃遣其大臣宗俄

---

① 《旧唐书》卷一八〇《李载义传》，第4675页。

② 《册府元龟》卷九九七《外臣部·怨怼》，第11705页。

③ 《入唐求法巡礼行记校注》卷一，第22、25、44、49、52页。

因子至洮水请和，“然恃盛强，求与天子敌国，语悖慢。使者至临洮，诏不纳”[①]。这是因双方在接待礼仪上有分歧而拒绝其使。贞元三年（787）八月“吐蕃尚结赞遣五骑送崔汉衡归，且上表求和；至潘原，李观语之以‘有诏不纳吐蕃使者’，受其表而却其人”[②]。李观当时为泾原节度使，这是他接到朝廷指示而告知对方不纳其使。当时所以拒绝吐蕃使者，是因为这年五月在平凉会盟时，吐蕃背信弃义劫盟，俘虏了唐朝的会盟代表崔汉衡等人。这是在双方关系破裂情况下出现的事情。

其次就是确定进京员额。唐朝对于来使并非全部允许进京，而是要加以限制，根据情况审批一定的进京人数。这是地方政府在接待来使时的一项重要工作。章仇兼琼为益州长史时，吐蕃请求入朝，他上奏朝廷请示云：“吐蕃白狗国及索磨等诸州笼官三百余人出奉州，望准女国等例，简择许令入奏，余并就奉州宴赏放还。”[③] 他根据以往惯例，建议在这三百余人中“简择”部分人员进京，其余人员于入境之奉州宴请、赏赐以后放还。葛野麻吕使团于贞元二十年（日本桓武天皇延历廿三年，804）八月十日抵福州长溪县，十月三日转到福州，“新除观察使兼刺史阎济美处分，且奏，且放廿三人入京”[④]。经福州观察使请示朝廷批准，允许使团二十三人进京。小野石根使团于大历十二年（日本光武天皇宝龟八年，777）七月三日抵达扬州海陵县，八月廿九日转抵扬州，“得观察使兼长史陈少游处分。属（安）禄山乱，常馆凋敝。入京使人，仰限六十人”。经扬州观察使请示朝廷，批准六十人进京。有时使团在赴京途中还可能被改变人数，小野石根使团于“十月十六日，发赴上都。至高武县，有中书门下敕牒，为路次乏车马，减却人数，定廿人”[⑤]。这是在途中接到朝廷新的指示，将入京人数由六十人减为二十人。日本遣唐使团的总人数，一般初期为二百四五十人，中期五百人左右，末期达到六百多人。[⑥] 可见被核准进京的人员比例并不大。

---

① 《新唐书》卷二一六上《吐蕃传上》，第6082页。

② 《资治通鉴》卷二三三，唐德宗贞元三年（787）八月，第7496页。

③ 《全唐文》卷四〇五（章仇兼琼）《请令吐蕃人奏奏》，第4148页。

④ 《日本后纪》卷一二《皇统弥照天皇》“延历廿四年六月”，第42页。

⑤ 《续日本纪》卷三五《天宗高绍天皇》宝龟九年十月条，第443、445页。

⑥ 参见前揭《日本遣唐使简史》，第40页。

所以要限制进京人员，一方面是因为不少使团规模过于庞大，上述日本遣唐使团人员虽已相当庞大，但犹有过之者，贞元四年（788）回纥派遣使团来迎和亲公主，“凡遣人千余纳聘，马三千匹”。于是“上令朔州及太原分留回纥七百余人”①。裁减三分之二以后，尚有三百余人入京。另一方面是因为国家财政负担太重。使团人员到京之后，不仅有宴飨、赏赐等隆重优渥的待遇，而且他们的一应衣食住行、生老病死等费用均由唐政府照料、负担，是一笔巨大的财政开支。裴延龄传谓其于贞元（785—805）年间为户部侍郎、判度支时，曾对德宗言：“准礼经，天下赋税当为三分”，其中“鸿胪礼宾、诸国蕃客，至于回纥马价，用一分钱物”②。亦即以三分之一的国库收入用于外交方面的开支。裴延龄的说法虽然不是一种精确的数据，但多少反映了当时外交开支费用之巨。代宗时仅“四夷使者及四方奏计”未遣者，滞留于客省者“常有数百人，并部曲、畜产动以千计，度支廪给，其费甚广”。为了节省财政负担，加以清理，“岁省谷万九千二百斛”③。由此可见接待来使对唐政府财政负担沉重之一斑。

留在边境的其余人员，则或在当地等待，或由地方政府招待以后即遣送回国。被称为“两蕃”的奚和契丹，在唐后期与唐朝关系密切，“其每岁朝贺，常各遣数百人。至幽州，则选其酋长三五十人赴阙，引见于麟德殿，赐以金帛遣还，余皆驻而馆之，率以为常”④。除去三五十人进京之外，其余二百余人留在幽州，由幽州负责馆待。

### （四）护送进京

来使被批准进京之后，还要由地方政府派员护送进京，这也是唐代的惯例。显庆四年（659），坂合部石布所率日本遣唐使团，因遇恶风，漂至南海尔加委岛，石布等人被岛人所杀，“便东汉长直阿利麻、坂合部连稻积等五人，盗乘岛人之船，逃到括州；州县官人送到洛阳之京”⑤。这是由括州地方当局派员护送日本使团进京。藤原常嗣使团在扬州获准

① 《唐会要》卷六《杂录》，第 77 页。

② 《旧唐书》卷一三五《裴延龄传》，第 3721 页。

③ 《资治通鉴》卷二二五，唐代宗大历十四年（779）七月，第 7264 页。

④ 《唐会要》卷九六《奚》，第 1720 页。

⑤ 《日本书纪》卷二六《天丰财重日足姬天皇》齐明天皇五年注引《伊吉连博德书》，第 370 页。

进京后，是由扬州派“勾当日本国使”王友真护送入京的。开成三年（838）十二月十八日，“勾当王友真来云：‘大使等以今月三日到京都了。近日相随大使入京，勾当书帖，奉达州衙。’”[①] 意即藤原常嗣等人已于十二月三日到达京城，王友真从京城回到扬州后，将从京城带回的公文上交扬州节度使衙门后，于十二月十八日前往看望留在扬州的日本使团人员，向他们转达了大使到达京城的消息。可知当时由扬州到京城的单程约需半个月。贞元时韦皋为剑南西川节度使，当时南诏尚依附于吐蕃，不久南诏首领异牟寻决策摆脱吐蕃而投唐，于是“遣使者三人异道同趣成都……且赠（韦）皋黄金、丹砂。皋护送使者京师”[②]。这也是由地方长官派员护送南诏使节入京。

特殊情况下也可能由地方长官亲自护送。麟德二年（665），高宗将于泰山举行封禅大典，“于是带方州刺史刘仁轨领新罗、百济、耽罗、倭人四国使，浮海西还，以赴太山之下”[③]。显庆五年（660）平定百济后，于其地置带方州，以刘仁轨检校带方州刺史[④]，于龙朔三年（663）正除带方州刺史[⑤]。带方州为交通此四国之枢纽，故四国集中于此，由刘仁轨统一带队前来有其便利之处。

来使在唐境来往，须持官府所发给的凭证，这种凭证叫作“边牒”，为蕃客在唐境通行之证明，有类今日之“签证”。来使入境后赴京时，由当地政府开具凭证，“殊俗入朝者，始至之州给牒，覆其人数，谓之边牒”[⑥]。这种“边牒”就是由地方政府开具的入朝使节的通行证明。

### （五）礼送返国

来使在京完成使命之后，由朝廷指定其从何处离境返国，而由当地政府具体负责其返国的有关事宜。天宝十二载（753），藤原清河率领的日本遣唐使返国时，唐玄宗特“发别牒淮南，敕处致使魏方进，如法供

---

① 《入唐求法巡礼行记校注》卷一，第 87 页。
② 《新唐书》卷二二二上《南蛮上・南诏传上》，第 6272—6273 页。
③ 《唐会要》卷九五《新罗》，第 1711 页。
④ 《资治通鉴》卷二〇〇，唐高宗龙朔元年（661）三月，第 6323 页。
⑤ 《资治通鉴》卷二〇一，唐高宗龙朔三年（663）九月，第 6338 页。
⑥ 《新唐书》卷四六《百官志一》，第 1196 页。

给送遣”[1]。“处致使”应作“处置使”，开元二十二年（734）二月“初置十道采访处置使”[2]，天宝十二载时魏方进为淮南采访处置使，故玄宗命令他“如法供给送遣”日本使团，可知供给使团所需并礼送其出境，已有一套规定，是为边境地方长官应尽职责。魏方进为淮南采访处置使，中国史籍缺载，赖日本史籍得以补充。魏方进两《唐书》无传，为玄宗亲近大臣，三年后死于马嵬驿兵变，天宝十四载（755）安禄山反，次年玄宗拟幸蜀，“以京兆尹魏方进为御史大夫兼置顿使”[3]，逃离长安时唯“宰相韦见素、杨国忠、御史大夫魏方进等从，朝臣多不至”[4]“次马嵬，左龙武大将军陈玄礼杀杨国忠及御史大夫魏方进、太常卿杨暄。”[5]

贞元二十年（日本桓武天皇延历廿三年，804）十月从福州入境的藤原葛野麻吕使团，在长安完成使命之后，于第二年（即永贞元年，805）二月十日得到敕旨，指定其“至明州发遣”。于是朝廷派遣“监使”王国文护送他们于“三月廿九日，到越州永宁驿。越州，即观察府也；监使王国文于驿馆唤臣等（指日本使节），附敕书函，便还上都”。朝庭“监使”护送至越州，将唐朝致日方的外交文书等交付藤原葛野麻吕之后，即返回京城，而由“越州更差使监送，至管内明州发遣……五月十八日，于州下鄮县，两船解缆”[6]。这条材料把送使的过程叙述得很清楚：由朝廷派“监使”护送至发遣地的最高地方当局——越州观察使府，然后由越州府再派员送至其所管辖的下属州——明州，再由明州送至下属之鄮县境内之港口登船返国。可见为了礼送来使返国，道、州、县三级地方政府均需承担相应的护送职责。

地方政府在礼送来使返国中所承担的具体职责，可从下述材料中观其大概。日本于淳仁天皇天平宝字四年（唐肃宗上元元年，760）派遣高元度入唐，第二年肃宗令其由苏州返国，“即令中谒者谢时和押领（高）

---

① 《延历僧录》，《胜宝感神圣武皇帝菩萨传》，转引自筒井英俊编校《东大寺要录》卷一《本愿章》第一，国书刊行会，1971年，第22页。

② 《旧唐书》卷八《玄宗纪》，第200页。

③ 《资治通鉴》卷二一八，唐肃宗至德元载（756）六月，第6970页。

④ 《旧唐书》卷九七《张说传》，第3059页。

⑤ 《新唐书》卷五《玄宗纪》，第152页。

⑥ 《日本后纪》卷一二《皇统弥照天皇》延历廿四年六月条，第42—43页。鄮县，黑板胜美注“当作鄮县”，是。

元度等向苏州，与刺史李岵平章，造船一只长八丈；并差押水手官越州浦阳府折冲、赏紫金鱼袋沈惟岳等九人，水手越州浦阳府别将、赐绿陆张什等卅人，送元度等归朝"①。由此可见，礼送高元度返国事宜，是由中使谢时和与越州刺史共同商议处置的，地方政府不仅负责建造船只，而且负责组建送使之使团，使团由三十九人组成，使团之大使、副使及水手等成员均从其辖下之官员、兵卒中选派。沈惟岳等人送高元度到达日本后，副使纪乔容等三十八人向日方大宰府状告沈惟岳的"赃污"之行，状云："大使沈惟岳，赃污已露，不足率下，副使纪乔容、司兵晏子钦堪充押领，伏垂进止。"大宰府商量后认为"所申有实"。但是答复道："大使、副使并是敕使谢时和与苏州刺史相量所定，不可改张。其还乡之禄，亦依旧给。"② 可见对方对于中使与地方当局所派使团是尊重的，并不轻易介入干涉。开成四年（839）藤原常嗣使团被指定从淮南节度使所管之楚州离境，于是"敕符到州（指扬州），其符状称，准朝贡使奏，为日本国使帖于楚州雇船，便以三月令渡海者"。然后又"为令修理所买船，令都匠、番将、船工、锻工等卅六人向楚州去"。扬州还特派"勾当日本国使"王友真到楚州负责送使事宜，并有"送客军将"乘船送行③。亦由扬州当局负责修造船只，并派遣官员护送。从上述两事我们可以看到，地方政府负责处理外国使团返国的一应事宜，一方面为他们的返国从物质上进行准备和帮助，其中包括建造或修理船只；另一方面则组建送使使团，物色派遣官员、吏役护送他们返国。

在指定来使从某一港口离境的同时，朝廷还要指示沿海港口负责检查和照料途经该处的外国使团。开成四年（839），藤原常嗣所率日本遣唐使从楚州离境前，"又有敕，转牒海州、登州路次州县支给"。这是淮南节度使根据朝廷下达的敕旨向海州、登州转发有关照料日本使团的公文。使团从楚州离港后，途经海州，在东海县东海山靠岸时，附近有一个村庄叫宿城村，那个村的村长就已经知道有"日本国朝贡使船，泊山东候风"，而且已有"州牒"下到村里，还有海州"押衙使下有三四人在

① 《续日本纪》卷二三《废帝》天平宝字五年八月条，第 280 页。

② 《续日本纪》卷二四《废帝》天平宝字六年五月条，第 287 页。

③ 《入唐求法巡礼行记校注》卷一，第 92、106、132 页。

此探候”。途经登州牟平县唐阳陶村，在靠岸停泊时，使船上官员“便作帖报州县”[①]。在乳山县境停泊时，又有“州押衙来于舶上，问舶上之人数”。第二天“州押衙来于船上，请舶上人数。官人具录其数，帖报州家”。第三天“押衙使来请朝贡使报县之帖”[②]。可见沿海各州县对于返国的朝贡使船密切注视，盘查严格，派员上船清点人数，并要求来使写出报告，上报州县当局。

有时由于某些原因，来使可能暂时留驻或被扣留于边境地区。而当地政府须得到中央新的指示才能予以放行。唐玄宗《放诸蕃质子各还本国敕》云：“契丹及奚延通质子，并即停追。前令还蕃首领等，幽州且住交替者，即放去。”[③] 幽州是契丹和奚的使节、质子的一个接转站，旧的一批质子离唐时，在幽州等待新一批质子的到来后，才能出境。唐玄宗认为对于质子们应实行来去自由政策，故指示将暂驻于幽州的质子们立即放行。元和十三年（818）吐蕃使者论矩立藏来朝，尚未出境，吐蕃即出兵进犯河曲地区，第二年正月宪宗才批准放行，降敕曰：“其蕃使论矩立藏等并后般来使，并宜放归本国。仍委凤翔节度使以此意晓谕。”[④] 看来唐政府是将论矩立藏扣留于凤翔道，故降敕指示其对论矩立藏等吐蕃使者进行解释，并准予放行。这是因双方关系恶化而将对方来使扣留于边境。

来使或其他外国人员如果不从唐朝中央政府指定的地方出境，当地政府是不予放行的。日僧圆仁于会昌五年（845）返国，到达楚州山阳县时，请求从这里过海返国，理由是他当年随同来唐的藤原常嗣使团也是从这里返国的。但是“县司不肯，乃云：‘当州未是极海之处，既是准敕递过，不敢停留。事须递到登州地极之处，方可上船归国者。’”县司认为：根据朝廷所发公文，山阳县只是圆仁等人“递过”的地方，故不能在此地停留及过海返国，必须到达登州“极海”之处方可登船返国。圆仁等人百计要求均未获准，最后“县家出牒，差人递向登州去”[⑤]。仍被山阳县护送至登州返国。

---

① 《入唐求法巡礼行记校注》卷一，第 129、138、150 页。

② 《入唐求法巡礼行记校注》卷二，第 159、160 页。

③ 《唐大诏令集》卷一二八《蕃夷·绥抚·放诸蕃质子各还本国敕》，第 689 页。

④ 《旧唐书》卷一九六下《吐蕃传下》，第 5262 页。

⑤ 《入唐求法巡礼行记校注》卷四，第 480 页。

唐代沿海州县对于擅自离船、不按朝廷安排返国的使团人员，其查禁亦很严密。《入唐求法巡礼行记》对此有详尽生动的记述。开成三年（838），随藤原常嗣所率日本遣唐使而来的日僧圆仁等人，原拟留唐巡礼求法，因在扬州待命期间一直未得到朝廷批准，只得于第二年三月随藤原常嗣使团于楚州乘船返国。但是圆仁等人留唐之心甚切，于是设计乘使舶在海州东海县东海山靠岸停泊之机，离船登岸，企图留下。他们上岸之后被人带至宿城村，谎称是从密州来的新罗僧，村长王良立即识破，说："和尚至此处，自称新罗人，见其言语，非新罗语，亦非大唐语。见道日本国朝贡使船，泊山东候风，恐和尚是官客，从本国船上逃来。是村不敢交官客住，请示以实，示报，莫作妄语。只今此村有州牒，兼有押衙使下有三四人在此探候。更恐见和尚，禁捉入州。"可见当日本使团返国之船从楚州出发之时，沿海州政府已有公文下达沿岸各地，甚至已下达到了村一级基层政权。同时州政府也已派员下来巡查。村长王良刚说罢，圆仁等人正"思虑之会，海州四县都游奕将下子巡军中张亮、张茂等三人，带弓箭来，问从何处来?"圆仁等人只得据实回答。来人便要求圆仁等人写出报告，"具录留却之由与押衙"，同时来人也写了一份报告，一同"遣报押衙都游奕所"。此三人即由海州押衙所辖都游奕派出的巡察人员。押衙为州府属官，游奕负责巡营、防遏事。第二天，东海县也派遣都使前来检查，要求圆仁等人写出报告。第三天他们被带去见押衙，"具陈事由"。此"押衙官位姓名：海州押衙兼左二将军军将四县都游奕使、勾当蕃客、朝议郎、试左金吾卫张实"①。唐中后期于边要之地置游弈使，《资治通鉴》胡注曰："游弈使，领游兵以巡弈者也。"又引杜佑曰："游弈，于军中选骁勇谙山川、泉井者充，日夕逻候于亭障之外，捉生问事。"② 可见游弈是边境巡察军人。师弘礼于宣宗时"迁鄜、坊、丹、延四州都游弈使。且此州羌汉错居，山川敻阔，苟失控御，即为寇攘。公为是都也，部落畏威，将卒知惧，秋毫无犯，边界获安"③，亦证

---

① 《入唐求法巡礼行记校注》卷一，第138、141页。

② 《资治通鉴》卷二〇九，唐中宗景龙二年（708）三月胡注，第6621页。

③ 《唐代墓志汇编》广明〇〇一《唐故银青光禄大夫使持节资州诸军事守资州刺史兼安夷军使殿中侍御史柱国平原师（弘礼）府君墓志铭并序》，第2499页。

明巡察边界是游弈使的重要职责。而据圆仁的记载，可知唐代不仅于北方边境置游弈使，东南沿海亦置，是为巡逻海防之需。据圆仁的记述我们还知道，唐代州一级政权中还有“勾当蕃客”一职的设置，这显然是专司外事的职务。所以日本朝贡使船在其境内停泊时由其派员探察，发现非法入境之外国人时，调查报告亦上交予他。第四天圆仁等人又被从县送达州，去见刺史，“至刺史前，着椅子令坐，问抛却之由，令押衙申”①。又是由这位“勾当蕃客”的押衙负责向州刺史报告事实情况。最后圆仁等人还是被送往回国的日本国朝贡使船。从圆仁等人的这段遭遇中，我们可以看到唐代地方政权对于外国来使的出入境管理是非常周密而严格的，由道而州而县而村，逐级下达，层层布置，密切配合，令行禁止，井然有序。天宝二年（743）日本留学僧荣叡、普照等与鉴真第三次东渡时于舟山海面触礁，上岸后即“有逻海官来问消息，申牒明州；明州太守处分，安置鄮县山阿育王寺”②。也是很快就被发现，并上达郡太守处。这里的“逻海官”有类上述海州押衙都游奕派出的巡察人员。

使团离境后，如遇特殊情况返回，边境地方政府也要及时上报朝廷，以妥善处置。元和十一年（816）十一月，新罗国“入朝王子金士信等遇恶风，漂至楚州盐城县界，淮南节度使李鄘以闻”③。可见是由州县上报于道，再由道长官上报朝廷。日本多治比广成所率遣唐使在唐完成使命后，于开元二十二年（734）从苏州返国，在海中遭遇风暴，其中两只船漂回唐，一只船漂至林邑，后来均被妥善送回本国，唐玄宗为此以《敕日本国王书》着日本使者带回本国，详述了其具体经过：“丹墀真人广成等，入朝东归，初出江口，云雾斗暗，所向迷方；俄遭恶风，诸船漂荡。其后一船在越州界，即真人广成；寻已发归，计当至国。一船漂入南海，即朝臣名代，艰虞备至，性命仅存。名代未发之间，又得广州表奏，朝臣广成等漂至林邑国。既在异国，言语不通，并被劫掠，或杀或卖，言念灾患，所不忍闻！然则林邑诸国，比常朝贡，朕已敕安南都护，令宣

① 《入唐求法巡礼行记校注》卷一，第143页。

② 《唐大和上东征传》，第52页。

③ 《唐会要》卷九五《新罗》，第1714页。

敕告示，见在者令其送来。待至之日，当存抚发遣……今朝臣名代还，一一口具。”[①] 诏文中之丹墀真人广成即遣唐大使多治比广成，朝臣名代即副使中臣名代，朝臣广成即判官平郡广成。漂回唐的两船，一在越州，一在南海，均被重新遣送返国。漂至林邑之船，被广州方面获知其下落，上报了朝廷，由朝廷通过外交途径寻找。诏文称林邑国“比常朝贡”，亦即与唐有外交关系，故可通过外交途径寻找，具体是由安南都护负责查询。这条船是遣唐判官平郡广成等人所乘之船，所漂之国为昆仑国，后由唐朝钦州之熟昆仑将他们偷运回唐，唐方“给船粮发遣”，再“取渤海路归朝”[②]。从这里可见唐朝对于外国来使的遣送是采取负责到底的态度，遇险漂回的使者亦同样以礼遣送，绝不怠慢。

（六）程粮供应

唐朝制度规定外交使节在京完成使命返国时，依例供给返国“程粮”。由海路来朝者给予“入海程粮”，由陆路来朝者给予“度碛程粮”[③]。外交使节之外的一般蕃客则不一定有程粮供给，会昌五年（845）日僧圆仁从长安返国时，“京牒不说程粮，在路自持粮食”[④]。当时唐武宗正推行灭佛政策，圆仁等人有类逃离长安，所以谈不上给予程粮。由此可知程粮是在牒文中注明的，圆仁的牒文中没有注明给予程粮，因而必须自己在沿途购买。这些程粮的供应由所经州县负责。开成四年（839）三月，藤原常嗣使团从楚州起航返国时，“又有敕，转牒海州、登州路次州县支给”[⑤]。这里所谓“支给”，就是指给予过海程粮。四月廿六日使船到达登州境内之乳山西浦停泊时，“粟录事下舶到押衙处相看，兼作帖请食粮：‘先在东海县，但过海之粮。此舶过海，逆风却归，流着此间。事须不可在此吃过海粮，仍请生料’云云。押衙取状云：‘更报州家取处分。’”[⑥] 从这则材料可知，使团曾在海州东海县领到了过海程粮，原拟从

---

① （唐）张九龄撰，熊飞校注：《张九龄集校注》卷一二《敕日本国王（主明乐美御德）书》，中华书局2008年版，第684页。

② 《续日本纪》卷一三《天玺国押开丰樱彦天皇》圣武天皇天平十一年十一月条，第156页。

③ 《新唐书》卷四六《百官志一》，第1196页。

④ 《入唐求法巡礼行记校注》卷四，第475页。

⑤ 《入唐求法巡礼行记校注》卷一，第129页。

⑥ 《入唐求法巡礼行记校注》卷二，第156页。

那里过海返国，因风而漂至登州，耽搁了旅程，故在这里请求补充粮食。又可知过海程粮限于横渡大海时食用，不得随意消耗。使团官员先向来迎的押衙申报，这位押衙即登州府属官，由他转呈州政府处理。得到批准之后，五月一日，日本使团派人"买过海粮于村勾当王训之家"。五月三日使船驶至乳山泊口停泊，五月十六日"舶上官人差射手二人、水手二人，与州押衙共遣请粮"。六月七日，使船到达登州文登县清宁乡赤山村附近海岸停泊，七月十五日，使船起锚离岸，随船返国的请益僧圆仁等人被抛却留于当地之赤山院，十六日，"便见州使四人先来在院，运日本国朝贡使粮七十石米着，今于当村。缘朝贡使已发，不得领过，便报县家去"①。虽然日本使团最后在登州时没有领到过海程粮，但州县供应过海程粮的情形，从中已反映得很清楚了。

此外，地方政府也负责向来使颁"禄"。开成四年（839），日本藤原常嗣使团在京完成使命后，将于楚州返国，当时未随同使团代表进京的日方人员尚在扬州待命。在作返国准备期间，二月六日"州官准敕给禄。案观察使帖称：'准闰正月二日敕，给使下赴上都贰佰柒拾绢，每人五匹，计壹千三百伍拾匹。准贞元廿一年（805）二月六日敕，每人各给绢五匹者。'旧例无有禄给僧之例，今度禄时与僧等，但不入京留置。一判官已下水手已上，每人各赐五匹，更无多少"②。这是经朝廷批准赐给来使的"禄"绢，在使团离境之前由地方政府根据诏旨颁给。

### （七）护送出使

唐朝政府遣使出境时，有关地方政府负有护送之责。开成四年（839）日僧圆仁随藤原常嗣使团返国途中于登州牟平县停泊期间，四月二十四日"又闻大唐天子为新罗王子赐王位，差使拟遣新罗，排比其船，兼赐禄了"。这是登州为出使新罗的使团准备船只和进行赐禄。圆仁等人于文登县停泊期间，六月二十八日"大唐天子差入新罗慰问新即位王之使，青州兵马使吴子陈、崔副使、王判官等卅余人，登来寺里相看"③。

---

① 《入唐求法巡礼行记校注》卷二，第157、160、171页。

② 《入唐求法巡礼行记校注》卷一，第112页。

③ 《入唐求法巡礼行记校注》卷二，第154、169页。

这是唐朝出使新罗的使团人员到寺中参观，看望日本使团人员。上一年新罗闵哀王死，神武王立，旋薨，文圣王立。唐朝当为此而遣使[①]。出使新罗之唐使一般均由登州乘船出国，故登州地方政府要负责为出国使团提供服务保障。多年后，当圆仁在唐完成巡礼求法，也拟从登州返国时，得到了平卢军节度同十将兼登州诸军事押衙张咏之大力帮助，为其修造船只，于大中元年（847）二月完工。这年“闰三月十日，闻入新罗告哀，兼予祭、册立等副使、试太子通事舍人、赐绯鱼袋金简中，判官王朴等，到当州牟平县南界乳山浦，上船过海。有人谗佞张同十将：‘遣国章，拟发送远国人，贪造舟，不来迎接天使’云云。副使等受其谗言，深怪。牒举国制不许差船送客过海等，张大使不敢专拒，仍从文登界过海归国之事不成矣”[②]。这是唐朝遣使至新罗告武宗去世之哀，并吊祭新罗神武王，册立文圣王。因此有人举报张咏为外国人造船，而不“迎接天使”，违反了“国章”。张咏只得放弃由此地发送圆仁之计划，圆仁从文登县渡海返国之事告吹。可见如有本国使团出国时，地方政府应优先照料，否则便有怠慢“天使”之罪名。

和亲公主出境时，所经地方政府更须加意护送。长庆元年（821）七月“太和公主发赴回纥国”[③]，十月“丰州奏：回纥五百骑至界首以迎公主”。十一月甲寅“振武节度使张惟清奏：准诏发兵三千人赴蔚州，数内已发一千人讫，余二千人待太和公主出界即发遣。又奏：得天德军转牒云，回鹘七百六十人将驰马及车，相次至黄芦泉迎公主”。同时“丰州刺史李佑奏：迎公主回鹘三千骑于柳泉下营”[④]。由此可见，一方面振武节度使受命发兵三千赴蔚州迎护公主，另一方面沿途地方政府又要密切注视对方迎接公主的动态，及时将情况上报朝廷。这样警惕并严兵护送是十分必要的，贞元四年（788）咸安公主出嫁回纥时，由于“振武节度使唐朝臣不严斥候”[⑤]，招致迎送公主之使团遭到袭击。当时“节度使唐朝臣方郊劳天子使者”，突遭奚、室韦的袭击，“惊而走军，室韦执诏使，

① 《三国史记》卷一〇《新罗本纪》，第 123 页。

② 《入唐求法巡礼行记校注》卷四，第 505 页。

③ 《旧唐书》卷一九五《回纥传》，第 5211 页。

④ 《册府元龟》卷九七九《外臣部·和亲二》，第 11507 页。

⑤ 《资治通鉴》卷二三三，唐德宗贞元四年（788）七月，第 7514 页。

大杀掠而去”[1]。俘虏唐朝所遣宣慰中使二人。“时回纥之众迎公主者在振武，（唐）朝臣遣七百骑与回纥数百骑追之，回纥使者为奚、室韦所杀。”[2]这次由于地方政府“不严斥候”，造成唐朝使者被执和回纥使者被杀的严重后果。因此地方政府上述警戒措施是事出有因、完全必要的。

## 二　行使对外权力，执行对外交涉

### （一）互通使命

沿边地方政府不仅负责入朝使节的接转，而且本身也有权直接与境外通使。对于渤海国，“幽州节度府与相聘问”[3]。不独幽州为然，唐代边境地方政府都有权像幽州这样对外聘问往还、使命交通。

一方面边境政府可以直接接受来使。龙朔元年（661）百济发生政变，其首领道琛、福信遣使至带方州刺史刘仁轨处，告刘仁轨曰：“闻大唐与新罗约誓，百济无问老少，一切杀之，然后以国付新罗。与其受死，岂若战亡，所以聚结自固守耳!”[4] 这是百济政变首领遣使至带方州抗议唐与新罗之约誓。天宝十载（751）剑南节度使鲜于仲通发兵攻南诏，以惩罚其去年之反叛。云南王阁罗凤“遣使谢罪”，表示将归还去年之掳掠，声言如不退兵，则转投吐蕃。但鲜于仲通“不许，囚其使”[5]。这是南诏遣使至剑南道谈判停战问题。高骈为西川节度使，用兵南进，“南诏惧，遣使者诣（高）骈结好，而踵出兵寇边，骈斩其使”[6]。这是南诏遣使求和。贞元十五年（799），时韦皋为剑南西川节度使，异牟寻“请以大臣子弟质于（韦）皋，皋辞，固请，乃尽舍成都，咸遣就学”[7]。这是南诏遣使送质。与此同时“南诏异牟寻与韦皋约共击吐蕃，皋以兵粮未集，请俟他年”[8]。这是南诏遣使来约军事行动。咸通（860—873）末年，牛丛为剑南西川节度使，“时蛮犯边，抵大渡，进略黎、雅，叩邛崃关，

---

① 《新唐书》卷二一九《北狄·室韦传》，第6177页。

② 《资治通鉴》卷二三三，唐德宗贞元四年（788）七月，第7514—7515页。

③ 《新唐书》卷二一九《北狄·渤海传》，第6183页。

④ 《旧唐书》卷一九九上《东夷·百济传》，第5332页。

⑤ 《旧唐书》卷一九七《南蛮、西南蛮·南诏蛮传》，第5281页。

⑥ 《新唐书》卷二二二中《南蛮中·南诏传下》，第6290页。

⑦ 《新唐书》卷二二二上《南蛮上·南诏传上》，第6276页。

⑧ 《资治通鉴》卷二三五，唐德宗贞元十五年（799）四月，第7583页。

谩书求入朝，且曰假道。从囚其使四十人，释二人还之，蛮惧，即引去”①。这是交战期间接待对方来使。咸通七年（866），南诏酋龙派遣清平官董成出使成都，被节度使李福所囚，后新任节度使刘潼将其释放，于是“南诏遣使者杨酋庆来谢释董成之囚，定边节度使李师望欲激怒南诏以求功，遂杀酋庆”②。这是南诏来使致谢。这些都是地方政府直接受理来使的情况。除刘仁轨事为唐前期外，其余都是唐后期之事，从这里可见唐代后期方镇的对外权力相当大，他可以决定对于来使的生杀予夺，这是方镇势力膨胀在外交上的一个反映。

不过地方政府直接处理的一般来说是相对较低层次的对外问题，遇有比较重大的外交问题时，还是需要上报朝廷的。贞元三年（787），吐蕃相尚结赞“使大将论颊热卑辞厚意告马燧，请两国同盟和好，上疑其不诚，不允”③。这是吐蕃遣使至河东节度使马燧处，请求与唐订盟，唐德宗不允吐蕃之请，说明河东节度使马燧是将吐蕃使者的请求上报了朝廷的。乾符四年（877）“岭南西道节度使辛谠奏：南诏遣陀西段瑳宝等来请和”。可见岭南西道接到南诏来使后，即上奏朝廷，于是“诏许之”④。光化元年（898），南诏“遣使款黎州修好，昭宗不答”⑤，说明黎州曾将南诏的请求上报了朝廷。这些都是关于双方修和结盟的重大外交问题，故须及时上报中央，最后由朝廷批准。不仅如此，如有重大外交问题，边境政府还要将来使转送中央。南诏异牟寻谋划脱离对吐蕃的依附而归向唐朝，贞元九年（793）“乃决策遣使者三人异道同趣成都……且赠（韦）皋黄金、丹砂。皋护送使者京师，使者奏异牟寻请归天子，为唐藩辅”⑥。这是事关唐与南诏重建和好关系的大事，故西川节度使韦皋将其使者转送首都。上述贞元三年（787）吐蕃遣使河东请与唐盟之事，未得德宗同意，于是马燧“自将论颊热入朝，盛言蕃相请盟，可以

---

① 《新唐书》卷一七四《牛僧孺传附牛丛传》，第5234页。

② 《资治通鉴》卷二五一，唐懿宗咸通十年（869）十月，第8150页。

③ 《旧唐书》卷一二《德宗纪上》，第356页。

④ 《资治通鉴》卷二五三，唐僖宗乾符四年（877）闰二月，第8190页。

⑤ 《新唐书》卷二二二中《南蛮中・南诏传下》，第6293页。

⑥ 《新唐书》卷二二二上《南蛮上・南诏传上》，第6272—6273页。

保信，上乃从之”[①]。这是事关唐蕃结盟之事，故马燧亲自带领来使进京。可见遇有重大外交问题时，地方政府须将来使转致京师，由朝廷决断。

由于边境政府常常接待来使，因而双方为接见礼仪常有争执。咸通六年（865）“南诏遣清平官董成等诣成都，节度使李福盛仪卫以见之。故事，南诏使见节度使，拜服于庭，（董）成等曰：‘骠信已应天顺人，我见节度使当抗礼。’传言往返，自旦至日中不决；将士皆愤怒，福乃命捽而殴之，因械系于狱”[②]。从这个记载可知，当时地方节度使会见来使已有固定的礼仪，来使须“拜服于庭”，如今南诏来使要求与节度使“抗礼”，故遭李福拒绝。双方在接待礼仪上的争执，有时还是相当尖锐激烈的。咸通十一年（870）南诏北攻西川，节度使卢耽“遣节度副使柳槃往见之，杜元忠授槃书一通，曰：‘此通和之后，骠信与军府相见之仪也。’其仪以王者自处，语极骄慢。又遣人负綵幕至城南，云欲张陈蜀王厅以居骠信”[③]。南诏乘军事上胜利之机，单方面修改双方相见礼仪，要求以“王者之礼”与西川节度使相见，并要求布置蜀王厅为南诏骠信来访时的馆舍。蜀王厅在成都，胡注：“隋蜀王（杨）秀镇蜀，起厅事，极为宏壮。”有的节度使外交手腕比较高明，则可达致以柔克刚之效。李晟为凤翔陇右节度使，“乃倾家财以赏降者，以怀来之。降虏浪息曩，晟奏封王。每蕃使至，晟必置息曩于坐，衣以锦袍、金带以宠异之。蕃人皆相指目，荣羡息曩”[④]。这是以优礼对待吐蕃降将，显示于吐蕃来使面前，以起到感化、宣传的作用。甚至耀武以震慑之，德宗时严绶为河东节度使，“尝大阅，旗帜周七十里，回鹘梅录将军在会，闻金鼓震伏”[⑤]。回鹘使者来唐时常傲慢无礼，严绶安排其出席军事检阅，实际上是以军威震慑之。

另一方面边境政府也可直接向对方遣使。龙朔元年（661），百济政变首领道琛、福信遣使至带方州刺史刘仁轨处，告以抗唐决心，于是刘仁轨“作书，具陈祸福，遣使谕之。道琛等恃众骄倨，置仁轨之使于外

① 《旧唐书》卷一二《德宗纪上》，第356页。
② 《资治通鉴》卷二五〇，唐懿宗咸通七年（866）三月，第8113—8114页。
③ 《资治通鉴》卷二五二，唐懿宗咸通十一年（870）正月，第8155页。
④ 《旧唐书》卷一三三《李晟传》，第3672页。
⑤ 《新唐书》卷一二九《严挺之传附严绶传》，第4485页。

馆，传语谓曰：‘使人官职小，我是一国大将，不合自参。’不答书遣之”①。这是唐前期州刺史对外遣使之事实。贞元元年（785）韦皋为剑南西川节度使，“皋以云南蛮众数十万与吐蕃和好，蕃人入寇，必以蛮为前锋”。于是贞元四年（788）“皋遣判官崔佐时入南诏蛮，说令向化，以离吐蕃之助。佐时至蛮国羊咀咩城，其王异牟寻忻然接遇，请绝吐蕃，遣使朝贡”②。这是唐后期节度使对外遣使之事实。

地方政府对外遣使需经朝廷批准。乾符三年（876），南诏遣使段瑳宝至邕州请求通和，岭南西道节度使辛谠将此事上奏后，“诏令答使许之”，同意岭南西道遣使报答。于是乾符五年七月，辛谠“遣从事徐云叟通和，凡水陆四十七程，至善阐府，遇骠信游猎，尚去云南一十六程，叙好而还”③。这是经朝廷批准后由地方政府遣使通和。实际上，此次诏准之后，辛谠曾三度遣使南诏，乾符四年（877）闰二月，辛谠上奏南诏来请和，并建议“请许其和”。于是“诏许之。（辛）谠遣大将杜弘等赍书币，送（段）瑳宝还南诏”。这是第一次遣使南诏。乾符五年（878）五月杜弘等人返回后，当即又派遣摄巡官贾宏等出使南诏。乾符六年（879）正月“贾宏等未至南诏，相继卒于道中，从者死亦太半”。这是第二次遣使南诏。于是辛谠“召摄巡官徐云虔，执其手曰：‘谠已奏朝廷发使入南诏，而使者相继物故，奈何？吾子既仕则思徇国，能作此行乎？’”徐云虔慨然允诺，于是“厚具资装而遣之”④。这是第三次遣使南诏。由此可见，岭南西道节度使的一系列通使行动，都是在得到朝廷批准之后采取的。

地方政府与中央政府之对外通使亦有层次高低之别。咸通年间唐与南诏关系紧张，咸通九年（868）定边节度使杀南诏使者，于是第二年南诏向唐发动进攻，“酋龙进攻成都，次眉州，坦绰杜元忠日夜教酋龙取全蜀。于是西川节度使卢耽遣其副王偃、中人张思广约和，蛮强之使南面拜，然卒不见酋龙而还。蛮次新津，耽复遣副谭奉祀好言申约，蛮留之。

① 《旧唐书》卷一九九上《东夷·百济国传》，第5332页。

② 《旧唐书》卷一四〇《韦皋传》，第3822—3823页。

③ 《唐会要》卷九九《南诏蛮》，第1766页。

④ 《资治通鉴》卷二五三，唐僖宗乾符四、五、六年（877—879），第8190、8211页。

耽畏援军未集，即飞请天子降大使通好，以纾其深入。懿宗驰遣太仆卿支详为和蛮使”①。西川节度使两次遣使均未达到目的，于是不得不请朝廷派大使出面以收拾局面，“蛮以（卢）耽待之恭，亦为之盘桓，而成都守备由是粗完”②。可见两者的层次是不同的，遇到棘手的外交问题时，还是中央遣使胜于地方遣使。

（二）互通文书

互通文书是边境外交的又一方式。双方在通使之时，一般即同时互通文书。咸通十一年（870）南诏犯边，西川节度使卢耽“遣同节度副使王偃等赍书见其用事之臣杜元忠，与之约和”③。这是使者携地方长官文书前往约和。乾符元年（874），南诏“坦绰遣使者王保城等四十人赍骠信书遗节度使牛丛，欲假道入朝，请憩蜀王故殿”④。当时牛丛为西川节度使。这是对方来使同时致节度使以文书。乾符六年（879）岭南西道节度使辛谠派遣其摄巡官徐云虔出使南诏，返回时，南诏“以木夹二授（徐）云虔，其一上中书门下，其一牒岭南西道”⑤。第一件交付来使转呈朝廷，第二件为对方答边境政府的报书。对于对方的来书，一般都要为书作答，如不答书，即可能有损双方关系。龙朔元年（661）带方州刺史遣使致书百济政变首领道琛等，对方“不答书遣之”⑥。这是对方表示断绝关系的处置方式。太和四年（830），南诏首领嵯颠上表控诉西川节度使杜元颖无状，应对破坏双方关系负责，其罪责之一是“移文报彼，都不见信”⑦。这是边境政府没有回报对方来文而影响了双方关系。

边境政府对外的文书，有的是以边境政府撰写并以长官名义发出。上文所述乾符元年（874）南诏致书西川节度使牛丛后，牛丛即以自己的名义作了回复，文书的开头云：“十二月二十四日，剑南西川节度观察安

① 《新唐书》卷二二二中《南蛮中·南诏传下》，第6286页。

② 《资治通鉴》卷二五二，唐懿宗咸通十一年（870）正月，第8155页。

③ 资治通鉴》卷二五二，唐懿宗咸通十一年（870）正月，第8154页。

④ 《新唐书》卷二二二中《南蛮中·南诏传下》，第6289页。

⑤ 《资治通鉴》卷二五三，唐僖宗乾符六年（879）二月，第8212页。

⑥ 《旧唐书》卷一九九上《东夷·百济传》，第5332页。

⑦ 《全唐文》卷九九九（嵯颠）《请诛杜元颖表》，第10347页。

抚使守兵部尚书成都尹牛丛，致书于云南诏国坦绰麾下。专人遽到，示翰忽临。”接着便对南诏犯境、提出假道和在蜀王殿安置等事加以驳斥，最后说：“所差王保城四十人送书，并已囚系，候于军前，用以衅鼓。今发遣鄭哝段首迁二人持报书，望详览不具。某白。”① 这是双方处于交战状态下，以节度使名义发出的报书。

有的文书虽以地方政府长官名义发出，但实际上是由中央代为撰写的。会昌二年（842），回鹘乌介可汗逼塞而久不退，为此唐武宗“命李德裕代刘沔答回鹘相颉干迦斯书”②，抗议回鹘深入边境。当时李德裕为宰相，刘沔为河东节度使。以刘沔的名义发出的这件文书是由中央代为起草的。此即李德裕《代刘沔与回鹘宰相颉于伽思书》。像这样由中央代替边境地区撰写对外文书的事，在唐代是非常普遍的。仅李德裕所撰，除此文外尚有《代忠顺报回鹘宰相书意》《代刘沔与回鹘宰相书意》等③。著名诗人白居易也曾撰写过不少这样的文书，因他曾在中央任翰林学士、主客郎中、知制诰、中书舍人等，这些职务都与撰写中央文件有关，“凡朝廷文字之职，无不首居其选”④。如《代王佖答吐蕃北道节度使论赞勃藏书》《代忠亮答吐蕃东道节度使论结都离等书》⑤ 等就是这种文书。《代王佖答吐蕃北道节度使论赞勃藏书》，其开头云：“大唐朔方灵盐丰等州节度使、检校户部尚书、宁塞郡王王佖致书大蕃河西北道节度使论公麾下：远辱来书，兼蒙厚贶。慰悚之至，难述所怀。国家与彼蕃代为舅甥，日洽恩信。虽云两国，实若一家。遂令疆域之臣，得以书信相问。”中间就双方关系中的一些问题，如“慎守封陲，不许辄令侵轶”、吐蕃“诱致”党项、助讨回鹘等问题申述了观点，最后说：“所蒙寄赠，并已检到。佖为边须守常规，马及胡瓶，依命已受，其回纥生口，缘比无此例，未奉进止，不敢便留。今却分付来人，至彼望垂检领。有少答信，具如别数，幸恕寡薄也。初秋尚热，惟所履珍和，谨因译语官马屈、林

---

① 《全唐文》卷八二七（牛丛）《报坦绰书》，第 8713 页。

② 《资治通鉴》卷二四六，唐武宗会昌二年（842）八月，第 7965 页。

③ 《李德裕文集校笺·文集》卷八，第 141—144 页。按，《代刘沔与回鹘宰相书意》或作《代刘沔与回鹘宰相书白》。

④ 《旧唐书》卷一六六《白居易传》，第 4353 页。

⑤ 分见《白居易集笺校》卷五六、卷五七，第 3234—3235、3307—3308 页。

恭回，不具，佖白。”[①] 王佖于元和四年（809）至元和八年（813）中为朔方灵盐节度使[②]，这是以其名义致书吐蕃河西北道节度使，答其来书及馈赠，就双方边界争端及外交争执等问题进行批驳并申明己方立场，表示维护友好关系的文书。从中可知当时双方边境经常通过互致文书进行交涉，调节关系。在文书交往中有专人致送，还有译语官联络其间。为此双方还互赠礼品，互致问候。

敦煌文书 P. 2555 号卷内有《为肃州刺史刘臣璧答南蕃书》，这是唐肃宗末年，由窦昊代肃州刺史刘臣璧所撰对于吐蕃将领尚赞摩来书的复文。文书开头曰：“和使论悉蔺琮至，远垂翰墨，兼惠银盘。”可知当时吐蕃将尚赞摩曾遣使至肃州，使者携有尚赞摩致刘臣璧之书信，以及银盘等礼品，刘臣璧因而复书报答。文书历述了唐中宗以来大约六十年间的唐蕃往来、和战关系，针对吐蕃咄咄逼人的攻势，提出“愿奉安两疆之长计，论不侵之远谋”“罢甲兵于两疆”。最后刘臣璧特遣专使持书报答，“谨勒将军潘盱白还答”[③]。这也是由别人代替边境地方长官所撰对外文书。可见在唐代以边境地方长官名义与境外互通文书，是其时运用频繁而又非常重要的外交方式之一。

通过边境地方政府与对方通文书，是唐政府有意识、有目的的一种外交方式和手段。南诏“督爽”经常直接与唐“中书”通文书，因“辞语怨望，中书不答”。胡注：“督爽，总三省也。”类似唐的宰相。宰相卢携认为长期拖延亦非良方，于是奏曰：“自中书发牒，则嫌于体敌，请赐高骈及岭南西道节度使辛谠诏，使录诏白，牒与之。”认为由唐朝宰相府直接回文，等于承认南诏的“督爽”与唐的“中书”是对等机构，抬高了其地位，因而建议下诏给西川节度使和岭南西道节度使，由他们出面将诏旨发往南诏。胡注：“录诏白，今谓之‘录白’是也。”[④] 僖宗乾符五年（878），“南诏使者赵宗政还其国，中书不答督爽牒，但作西川节度使崔安潜书意，使安潜答之”。这是因为这年四月赵宗政来请和时，没有

---

① 《白居易集笺校》卷五六《代王佖答吐蕃北道节度使论赞勃藏书》，第 3235 页。

② 吴廷燮撰：《唐方镇年表》卷一《朔方》，中华书局 1980 年版，第 144—145 页。

③ 参见邓小南《为肃州刺史刘臣璧答南蕃书（伯二五五五）校释》，载北京大学中国中古史研究中心编《敦煌吐鲁番文献研究论集》第二辑，中华书局 1982 年版，第 596—598 页。

④ 《资治通鉴》卷二五二，唐僖宗乾符二年（875）正月，第 8177 页。

给皇帝的“表”，只有其“督爽”给中书的“牒”，而且“请为弟而不称臣”，唐朝百僚认为其“骄僭无礼”①，故不以中书的名义，而以西川节度使的名义给予答书。

根据双方关系及面临问题的不同情况，有的文书甚至不以地方政府长官名义，更以其下级名义发出。贞元三年（787）韦皋为西川节度使时，正值南诏异牟寻酝酿脱离吐蕃而投向唐朝，双方都在试探对方态度，于是“上命皋先作边将书以谕之，微观其趣”②。这里以边将的名义向对方致书，而不以节度使直接出面，是因为双方曾经较长时间隔绝、对立，对于彼此的态度还需要进一步试探；而且南诏较长时间与吐蕃联盟，三方关系错综复杂，亦需谨慎行事。

有时为了某一外交目的，还需要地方政府与中央相配合而同时向对方发出文书。南诏异牟寻虽然早有背蕃向唐之心，但直到贞元九年（793）六月才采取行动，遣使三路至成都，并由此转赴长安。他之所以行动迟疑，其中一个重要原因是吐蕃对其控制极严。为了趁热打铁促成南诏弃蕃归唐，于是当年十月“韦皋遣其节度巡官崔佐时赍诏书诣云南，并自为帛书答之”③。韦皋的使者携有德宗的诏书及韦皋的帛书，两种文书同时发出，目的在于加强外交攻势，迅速促成南诏之内向。前述会昌二年（842）河东节度使刘沔致书回鹘相，此前已以唐武宗的名义向回鹘乌介可汗发出了文书。两个文书也是互相配合的，共同为使回鹘撤离边境而发。从这里可见皇帝是向回鹘可汗致书，而节度使则向其相致书，体现了按不同的等级进行对等交往的原则。

边境地方政府之对外通文书，在发展双边关系方面发挥了巨大作用。韦皋为西川节度使时，南诏尚背唐而臣属吐蕃，韦皋运用通文书的方式，做了大量争取工作，终于促使南诏弃蕃归唐。贞元三年（787）韦皋以边将名义致书异牟寻后，于同年闰五月“复与东蛮和义王苴那时书，使诇伺导达云南”。当时东蛮附属于南诏，故通过致书于其，再由其侦探人员向南诏转致己意。在通过这两次文书之后，韦皋才亲自出面，直接致书

① 《资治通鉴》卷二五三，唐僖宗乾符五年（878）十二月、四月，第8209、8204页。

② 《资治通鉴》卷二三二，唐德宗贞元三年（787）正月，第7480页。

③ 《资治通鉴》卷二三四，唐德宗贞元九年（793）十月，第7549页。

异牟寻。六月，“韦皋以云南颇知书，壬辰，自以书招谕之，令趣遣使入见”①。在韦皋的催促下，贞元四年（788）四月，“云南王异牟寻欲内附，未敢自遣使，先遣其东蛮鬼主骠旁、苴梦冲、苴乌星入见”。异牟寻终于采取了第一个试探行动。同年十月“吐蕃发兵十万将寇西川，亦发云南兵；云南内虽附唐，外未敢叛吐蕃，亦发兵数万屯于泸北。韦皋知云南计方犹豫，乃为书遗云南王，叙其叛吐蕃归化之诚，贮以银瓶，使东蛮转致吐蕃”。这一离间之计果然见效，加深了吐蕃与南诏的矛盾，使南诏“归唐之志益坚”②。贞元五年（789）二月，韦皋又致书异牟寻，称回鹘打算助唐灭吐蕃，劝其先于回鹘采取主动。十二月，“云南虽贰于吐蕃，亦未敢显与之绝。壬辰，韦皋复以书招谕之”③。然而“韦皋比年致书云南王异牟寻，终未获报”。贞元七年（791）六月，韦皋又“遣（段）忠义还云南，并致书敦谕之”④。段忠义是异牟寻祖阁罗凤派往唐朝而留唐的使臣。贞元八年（792）十一月，“韦皋复遗云南王书，欲与共袭吐蕃，驱之云岭之外”⑤。直到贞元九年异牟寻才下定决心归唐，四月“云南王异牟寻遣使者三辈，一出戎州，一出黔州，一出安南，各赍生金、丹砂诣韦皋……三分皋所与书为信，皆达成都。异牟寻上表请弃吐蕃归唐，并遗皋帛书……皋遣其使者诣长安，并上表贺”⑥。从贞元三年（787）韦皋以边将名义向异牟寻致书试探起，经过多次致书劝说、引导，直到贞元九年（793）历时六年才促成其弃蕃归唐的转化，在这漫长而耐心细致的工作中，通文书这一方式终于发挥了效应，起到了积极的作用，史称“南蛮自嶲州陷没，臣属吐蕃，绝朝贡者二十余年，至是复通”⑦。

文书也是双方用以进行外交斗争的一种方式。贞观初张俭为朔州刺史，“时颉利可汗自恃强盛，每有所求，辄遣书称敕，缘边诸州，递相承

① 《资治通鉴》卷二三二，唐德宗贞元三年（787）闰五月、六月，第7485、7489页。

② 《资治通鉴》卷二三三，唐德宗贞元四年（788）四月、十月，第7513、7515—7516页。

③ 《资治通鉴》卷二三三，唐德宗贞元五年（789）二月、六年（790）十二月，第7517、7520页。

④ 《资治通鉴》卷二三三，唐德宗贞元七年（791）五月、六月，第7524页。

⑤ 《资治通鉴》卷二三四，唐德宗贞元八年（792）十一月，第7537页。

⑥ 《资治通鉴》卷二三四，唐德宗贞元九年（793）五月，第7547页。

⑦ 《旧唐书》卷一四〇《韦皋传》，第3823页。

禀。及俭至，遂拒不受，太宗闻而嘉之”[1]。这是突厥在文书称谓上做文章以凌辱唐朝，张俭拒绝接受这种文书，起到了制胜对方的效果，故得到唐太宗的称赞。乾符三年（876）南诏遣使至西川，遣返其于咸通六年（865）陷交趾时所虏安南经略判官杜骧之妻李瑶，同时“递木夹以遗（高）骈，称‘督爽牒西川节度使’，辞极骄慢”。于是西川节度使高骈“复牒南诏，数其负累圣恩德、暴犯边境、残贼欺诈之罪，安南、大渡覆败之状，折辱之”[2]。木夹是当时传递文书常用之物，胡注：“递牒，以木夹之，故云木夹。”这是双方以文书进行斗争。南诏派至成都学习的人数甚多，来使之随从人员亦甚多，以致造成财政上的不堪重负，于是西川节度使杜悰“奏请节减其数，诏从之。南诏丰祐怒，其贺冬使者留表付嶲州而还。又索习学子弟，移牒不逊，自是入贡不时，颇扰边境”[3]。这是对方为表示不满而在文书上采取的动作，贺冬表应由使者送至节度府或至京呈交，而留在边州即回；召还留学人员时的牒文又言辞不逊，以此折辱唐方。

（三）盟誓纳质

边境地方政府还受命与境外进行盟誓。

建中三年（782）唐与吐蕃相约于明年在清水进行盟誓，划定边界。事前唐遣使至吐蕃约定盟会日期，并告之将派遣陇右节度使张镒与之会盟。建中四年（783）正月“诏张镒与尚结赞盟于清水”。唐方以陇右节度使张镒为首，其幕府齐映、齐抗及朝廷所遣会盟官崔汉衡等共“七人皆朝服”，作为盟会代表团成员与会；吐蕃方面以次相尚结赞为首，及其将相等亦一共七人为代表团成员。双方共十四人“升坛为盟”[4]。这是以边境地方长官为盟会代表团团长。

贞元三年（787）唐又拟与吐蕃会盟，吐蕃方面提出请求由灵州节度使杜希全、泾州节度使李观共同主持盟会，唐遣使拒绝云：“杜希全职在

① 《旧唐书》卷八三《张俭传》，第2775页。

② 《资治通鉴》卷二五二，唐僖宗乾符三年（876）三月，第8183页。高骈的复牒，见《全唐文》卷八〇二所载其《回云南牒》，第8429—8430页。

③ 《资治通鉴》卷二四九，唐宣宗大中十三年（859）十二月，第8078页。

④ 《旧唐书》卷一九六下《吐蕃传下》，第5247页。

灵州，不可出境。李观今已改官，以侍中浑瑊充盟会使。"① 唐朝虽然拒绝了吐蕃的请求，但说明边境盟会以边镇节度使主持乃当时正常现象。据《大唐故朔方节度掌书记殿中侍御史昌黎韩君夫人京兆韦氏墓志铭》，曾任朔方节度掌书记的韩弇，时为殿中侍御史，在此次盟会中遇害，志文称："贞元三年，吐蕃乞盟，诏朔方节度使即塞上与之盟，宾客皆从。其五月，吐蕃不肯盟，殿中君于是遇害。"② 两《唐书》之《吐蕃传》均记载韩弇以盟会副使崔汉衡判官身份与会而被害③，与墓铭所载符合。

贞元九年（793）剑南西川节度使韦皋派遣其节度巡官崔佐时出使南诏，以完成促使南诏弃蕃归唐的使命。崔佐时至其所都羊咀咩城，异牟寻悉斩吐蕃使者、去吐蕃所立之号、献吐蕃所给金印、恢复南诏旧名，表示坚决弃蕃归唐。次年正月"异牟寻使其子阁劝及清平官等与（崔）佐时盟于点苍山神祠。盟书一藏于神室，一沉于西洱河，一置祖庙，一以进天子"④。其盟文云："贞元十年岁次甲戌正月乙亥五日己卯，云南诏异牟寻及清平官大军将与剑南西川节度使巡官崔佐时，谨诣点苍山北，上请天、地、水三官，五岳、四渎及管内山谷诸神灵，同请降临，永为证据。"盟文接着叙述了异牟寻祖、父以来赤心向汉，后与汉阻绝及韦皋任西川节度使以来双方谋求重归于好的历史过程，决心"请全部落归附汉朝"，并"兴兵动众，讨伐吐蕃"。双方约誓："如会盟之后，发起二心，及与吐蕃私相屷合，或辄窥侵汉界白田地，即愿天地神祇共降灾罚……如蒙汉与通和之后，有起异心，规图牟寻所管疆土，侵害百姓，致使部落不安，及有患难不赐救恤，亦请准此誓文。"⑤ 此次盟誓标志着南诏正式脱离吐蕃，投归唐朝，巩固了唐与南诏的友好关系，在唐与南诏关系史上具有重大意义。而这一重要盟誓是由边境节度巡官代表唐朝进行的。

---

① 《旧唐书》卷一九六下《吐蕃传下》，第5251页。

② 《唐代墓志汇编》贞元一二一，《大唐故朔方节度掌书记殿中侍御史昌黎韩君夫人京兆韦氏墓志铭》，第1925页。

③ 见《旧唐书》卷一九六下《吐蕃传下》，第5252页；《新唐书》卷二一六下《吐蕃传下》，第6096页。

④ 《旧唐书》卷一九七《南蛮、西南蛮·南诏蛮传》，第5283页。

⑤ 《全唐文》卷九九九（南诏王异牟寻）《与中国誓文》，第10346页。

纳质是中国古代维系外交关系的重要方式，这主要是由中央政府来接纳，但有时边境地方政府也可以接受对方派遣的质子。南诏在与唐恢复友好关系之后，于贞元十五年（799）向西川节度使韦皋派遣质子。这年南诏“请以大臣子弟质于（韦）皋，皋辞，固请，乃尽舍成都，咸遣就学”①。韦皋将这些质子留在成都上学。

（四）人员遣送

边境地区是双方人员遣返必由之地，故边境地方政府需具体负责处理其事。如有被对方俘虏或劫持人员，边境地方政府亦可遣使进行交涉，争取遣返。太和三年（829），南诏进攻西川，俘虏大批人员而去。太和五年（831）西川节度使李德裕“遣人入南诏，求其所俘工匠，得僧道工巧四千余人，复归成都”②。是年五月戊午，李德裕即向朝廷报告：“南蛮放还先掳掠百姓、工巧、僧道约四千人还本道。”③ 表明李德裕此次外交行动获得成功，向朝廷报告对方将全部俘虏遣返于唐。如获得对方人员，也需要及时上报朝廷并等候指示如何处置。宝历二年（826）十月，“灵武节度使奏：收得吐蕃石金山等四人。诏委本道节度使差人送付本界游奕，吐蕃取领闻奏，仍优赏发遣”④。灵武道将收得吐蕃人员一事上报朝廷后，朝廷指示交由本道游弈所负责遣返，待吐蕃领取后再报知朝廷。唐代于边境地方政府下设游奕使，开成四年日僧圆仁随日本使船返国时，在海州有“都游奕所”所辖官兵负责检查上岸之外国人，时有张实其人任海州押衙兼四县都游奕使⑤，即属此类官兵。边境地方政府所获得的“落蕃”人员则送京处置。长庆二年（822）八月，“凤翔送落蕃人宇文律等一百八十人。诏付京兆府详勘寻，令亲族识认，任其归还”。这是边境地方政府送来京师的落蕃唐人。宝历二年（826）二月，“凤翔节度使进到落蕃回鹘四人。敕旨令付鸿胪寺，待有还蕃使，即放归国”⑥。这是边境地方政府送来京师的落蕃外国人。两者的处置是有区别的，前者为唐

① 《新唐书》卷二二二上《南蛮上·南诏传上》，第6276页。

② 《旧唐书》卷一七四《李德裕传》，第4519页。

③ 《旧唐书》卷一七下《文宗纪下》，第542页。

④ 《册府元龟》卷九八〇《外臣部·通好》，第11516页。

⑤ 《入唐求法巡礼行记校注》卷一，第138、141页。

⑥ 《册府元龟》卷九八〇《外臣部·通好》，第11516页。

人，故交付京兆府负责遣散；后者为外国人，故须交付主管外交之鸿胪寺收管，待有使节赴蕃时一并遣返。

（五）执行边界协议，交割领土

边境之间常有领土争执，边境地方政府负有保卫领土之职责，当双方达成边界领土划分协议之后，则责成边境地方政府负责执行，以确保协议之实施。开元二十一年（733）“金城公主请立碑于赤岭以分唐与吐蕃之境，许之”①。这是应金城公主之请，双方进行划界。界碑“既树，吐蕃使遣其臣随汉使分往剑南及河西、碛西，历告边州使曰：两国和好，无相侵掠。汉使随蕃使入蕃告亦如之”②。划界之后，由唐、蕃使节共同向双方边境地方宣告，令各自遵守边界协议。

在双方和好之时，亦有领土交割还受之事，这也常由边境地方政府具体负责处置。贞元十三年（797）二月，“剑南西川节度使韦皋奏：南诏前年于嶲州筑得城一所，今请据旧境归还，已受领讫”。这是南诏将前年所侵之地交还唐朝，西川节度使接受完毕之后将此事上报朝廷。元和八年（813）十一月，“黔中奏：昆明夷请归其先侵牂牁之地”③。这是黔中道将昆明夷请求归还领土一事上报朝廷。

（六）告哀

边境地方政府亦负有向邻国告哀之责。贞元十一年（795）三月皇太后（即顺宗皇后王氏）崩，在“分命朝臣告哀于天下”的同时，“西川节度使李夷简遣使告哀于南诏”。前者指由朝臣告哀于唐朝境内之各地方；后者表明告哀于“四夷”则由边境地方政府负责。这是唐朝长期以来实行的一个制度，“后丧，边镇告四夷，旧例也”④。不仅皇太后丧有此礼，皇后之丧亦如此，“凡天子之丧，嗣天子以卿大夫告于四夷；太后、皇后之丧，则方镇告之，故事也”⑤。可见皇后或皇太后之丧，均由边境地方政府负责向“四夷”告哀，不过皇帝之丧则由“卿大夫”，即由朝廷派遣高级官员出使四夷以“告哀”。

---

① 《资治通鉴》卷二一三，唐玄宗开元二十一年（733）二月，第6800页。

② 《册府元龟》卷九七九《外臣部·和亲二》，第11503页。

③ 《册府元龟》卷九八〇《外臣部·通好》，第11514、11515页。

④ 《旧唐书》卷一五《宪宗纪下》，第456页。

⑤ 《唐会要》卷三《杂录》，第32页。

## 三 接转对方外交事项

### （一）接转文书

边境地方政府除了直接与境外互通文书之外，还要负责接转外来文书。贞元九年（793），剑南西川节度使韦皋派崔佐时至南诏，与异牟寻结盟于点苍山。异牟寻在誓文中有云："其誓文一本，请剑南节度随表进献。"① 意即在誓文之外尚有表文请剑南节度使转呈唐德宗。可见边境节度府有转交外交文书的职责。元和七年（812）二月，"吐蕃东道节度论诰都、宰相尚绮心儿以书遗凤翔节度使李惟兰，惟兰奏献之"②。这是吐蕃方面的文书通过凤翔节度使转交。元和十四年（819），"凤翔进吐蕃表函一封"③。这也是通过凤翔节度使转呈文书。太和三年（829）十二月，"西川监军判官张士谦奏：南蛮宣尉回……并进首领王嵯颠状一封，云被杜元颖欺扰蕃界"。这是西川节度遣使南诏回来时，带有其王蒙嵯颠状告西川节度使杜元颖之文书。同年，新任西川节度使郭钊"又奏蒙嵯颠差使送书信，共四角，以闻"。这些都是边境地方政府在接到对方所进文书后，转交朝廷的事实。开成二年（837）十一月，"天德奏吐蕃东北道元帅论夷加羌使信物乃木夹到本道。以其书信上闻"④。这也是天德军收到吐蕃文书之后上报朝廷。

唐制每年元正、冬至都要举行盛大的朝贺典礼，接受四方的朝贺，与唐友好的国家和地区都要遣使来朝或进贺表。境外所进这种贺表也由边境地方政府转交。太和八年（834）"春正月庚申，凤翔节度使李听进吐蕃赞普贺正表函"⑤。这是由节度府转交贺正表。前述大中十三年（859）南诏"贺冬使者留表付嶲州而还"⑥，则是转交冬至朝贺之表。

应转交朝廷的文书，边境政府不得随意启封，必须原封上交朝廷。日僧圆仁在唐留滞多年，后其在登州文登县候船返国时，恰逢日僧性海

① 《全唐文》卷九九九（南诏王异牟寻）《与中国誓文》，第 10346 页。

② 《册府元龟》卷九八〇《外臣部·通好》，第 11515 页。

③ 《唐会要》卷九七《吐蕃》，第 1738 页。

④ 《册府元龟》卷九八〇《外臣部·通好》，第 11516、11517 页。

⑤ 《册府元龟》卷九八〇《外臣部·通好》，第 11517 页。

⑥ 《资治通鉴》卷二四九，唐宣宗大中十三年（859）十二月，第 8078 页。

附唐商李邻德舶来唐，转交本国送给圆仁的书信和礼品。会昌六年（846）十月二日，“海上人从扬州来到，始得相见，仍得日本太政官牒，及延历寺、太宰府小野少贰书，养内记书及敕施黄金等。然太政官牒、延历寺牒，及野少贰书，缘本函封，扬州节度使、平章事李绅不敢自开，全封进上长安。今上具览讫，敕付淮南节度使，却令分付本主。因此，海上人得将来。其敕文见在”[①]。日本的信使性海在扬州上岸后，其所携带之文书经扬州节度府检查，发现为函封之物，因而节度使李绅不敢拆看，便原封不动上交朝廷。经宣宗阅视后，知其为转交圆仁之书信，于是将文书退回扬州，降敕地方当局转交圆仁。性海在扬州得到朝廷敕旨后，便赴登州将书信等面交在那里候船的圆仁。从这件事可知，不属呈交地方当局的文书，地方当局都要上交朝廷，不得随意拆阅。

### （二）接转贡献

接转贡献是边境地方政府的又一外交职责。唐制规定：“若诸蕃献药物、滋味之属，入境州县与蕃使苞匦封印，付客及使，具其名数牒寺。”[②]外蕃贡献的这些物品，经所由入境的地方政府检查之后，会同蕃使一起加以包装并加盖封印，开列贡献物品的名称数量上报鸿胪寺，然后交由蕃使送达朝廷。在唐代，四外诸国通过边境政府进行贡献是很频繁的。显庆三年（658）八月“千私弗国王法陀拔底、舍利君国王失利提婆、摩腊王施婆罗地多并遣使朝贡。三国并南天竺属也，国皆绝远，未尝与中国通，至是泛海累月方达交州，并献其方物”[③]。此三国《新唐书·南蛮传下》记千私弗为千支弗，舍利君为舍跋若，摩腊为磨腊[④]。千私弗亦即《西域记》所记之建志补罗，今印度东南岸康契普腊姆。舍跋若在今科弗里河与佩内尔河间地区。磨腊或谓即秣罗矩吒之简，在今泰米尔纳德邦科弗里河及韦盖河一带。[⑤] 据《新唐书·南蛮传下》记载，显庆中，瞻博“与婆岸、千支弗、舍跋若、磨腊四国并遣使者入朝”[⑥]，当指此事。他们

---

① 《入唐求法巡礼行记校注》卷四，第502—503页。
② 《唐六典》卷一八《鸿胪寺》，第506页。
③ 《册府元龟》卷九七〇《外臣部·朝贡三》，第11402页。
④ 《新唐书》卷二二二下《南蛮下·瞻博传》，第6304页。
⑤ 参见陈佳荣等《古代南海地名汇释》，中华书局1986年版，第154、522、657页。
⑥ 《新唐书》卷二二二下《南蛮下·瞻博传》，第6304页。

到达交州之后，即由交州接转赴京贡献。

边境地方政府在接到贡献之后，要及时上报朝廷。太和三年（829）十二月，西川监军判官张士谦“奏南蛮宣尉回，得蛮人事物：金盏、银水瓶等”[①]。上报之后，要等待朝廷的指示后再进行处置。开成四年（839）七月，“新罗王金祐征遗淄青节度使奴婢，帝矜以远人，诏令却归本国”[②]。可见淄青节度使在收到新罗的馈赠之后，上报了朝廷，而按朝廷指示将所赠奴婢遣送回国。贞元四年（788）回鹘来唐迎接和亲公主时，“纳聘马三千匹，帝令朔州及太原分留七百匹”[③]。这是将贡献之物在地方分留一部分。元和十三年（818）四月，“剑南西川节度使奏，南诏请贡献助军牛羊、奴婢等，上发诏褒之，不令进献”[④]，这是指示地方政府劝阻其贡献。

贡献之物除了珍异特产等物资之外，也包括文化方面的产品。德宗贞元年间南诏、骠国（今缅甸）通过西川节度使韦皋进献乐舞即是一个典型事例。“贞元中，南诏异牟寻遣使剑南西川节度使韦皋，言欲献夷中歌曲，且令骠国进乐。皋乃作《南诏奉圣乐》”[⑤]。当时骠国依附于南诏，“南诏以兵强地接，常羁制之”。故异牟寻表示不仅自己献乐，而且让骠国也进献乐舞。当时骠国国王雍羌“闻南诏归唐，有内附心”[⑥]，也谋求与唐建立友好关系。贞元十七年（801）“骠国王雍羌遣其弟悉利移、城主舒难陀献其国乐，至成都，韦皋复谱次其声，又图其舞容、乐器以献”。南诏和骠国的音乐舞蹈都是通过西川节度使韦皋进献朝廷的，而且韦皋将南诏、骠国的音乐舞蹈进行了翻译和加工，并画出其舞蹈、乐器的形象，再向朝廷进献，使其能被唐人所理解和欣赏。因西川与南诏、骠国等交往比较频繁，较易物色熟悉其文化及语言的人员进行翻译和加

---

① 《册府元龟》卷九八〇《外臣部·通好》，第11516页。

② 《册府元龟》卷九八〇《外臣部·通好》，第11517页。按：《三国史记》卷一〇《新罗本纪》系此事于新罗神武王元年（839年，唐开成四年）。是年闰正月十九日闵哀王死，神武王金祐征继位，“秋七月，遣使如唐……是月二十三日薨”（第122—123页）。故此事应以开成四年为是。

③ 《册府元龟》卷九七九《外臣部·和亲二》，第11596页。

④ 《唐会要》卷九九《南诏蛮》，第1765页。

⑤ 《新唐书》卷二二《礼乐志十二》，第480页。

⑥ 《新唐书》卷二二二下《南蛮下·骠传》，第6308页。

工。经韦皋翻译加工之后上奏朝廷，于是“德宗阅于麟德殿，以授太常工人，自是殿庭宴则立奏，宫中则坐奏”。南诏乐成为唐宫廷音乐的组成部分。骠国乐虽“不隶于有司”[①]，但对于双方的文化交流来说无疑是有积极意义的，而韦皋对于中外文化交流也是做出了贡献的。

地方政府一方面负责接转对方前来贡献，另一方面也负责向对方转赐回报。吐鲁番阿斯塔那230号墓出土的《唐仪凤三年中书门下支配诸州庸调及折造杂练色数处分事条启》文书，记载曰：“拟报诸蕃等物，并依色数送□。其交州都督府报蕃物，于当府‘折’□□用，所有破除、见在，每年申度□□‘部’。”[②] 从这个文书可以知道，中央政府于全国的赋税收入中特列“报蕃物”这一专项开支归各地方政府，由地方政府负责在回报外蕃时支用，但须在事后将支用情况上报中央有关部门。

（三）转致求请

对方常通过边境地方政府向唐提出某种需要或请求，则边境地方政府须负责将其转达上报。会昌二年（842）幽州节度使张仲武奏称：“契丹新立王屈戍等云：‘契丹旧用回鹘印，今恳请当道闻奏，乞国家赐印。’伏望圣慈允许。”武宗敕旨答曰：“宜依，仍以‘奉国契丹之印’为文。”[③] 契丹原来依附于回纥，是年归唐，故通过幽州节度使向朝廷请求赐给新印，从而得到了允准。长庆四年（824）“九月甲子，灵武节度使李进诚奏：吐蕃遣使求五台山图。山在代州，多浮图之迹，西戎尚此教，故来求之”[④]。这是吐蕃通过灵武节度使提出请求五台山图，由灵武节度使向朝廷转达此一请求。南诏异牟寻归唐后，“剑南西川节度使韦皋奏：‘南诏前遣清平官尹仇宽献所授吐蕃印五，二用黄金，今赐印请以黄金，从蛮夷所重。’从之”。于是贞元十年（794）七月“诏赐南蛮异牟寻铸印一，用黄金，银为窠，其文曰‘贞元册南诏印’”[⑤]。这虽不是南诏方面直接向西川节度使提出此请求，但因西川节度使熟谙南诏的风俗和心态，

① 《新唐书》卷二二《礼乐志十二》，第480页。

② 国家文物局古文献研究室、新疆维吾尔自治区博物馆、武汉大学历史系编：《吐鲁番出土文书》第八册，文物出版社1987年版，第137页。

③ 《唐会要》卷九六《契丹》，第1719页。

④ 《册府元龟》卷九九九《外臣部·请求》，第11724页。

⑤ 《唐会要》卷九九《南诏蛮》，第1764页。

故代为提出此一请求，这对巩固双方关系是有积极意义的。

### 四　边境贸易管理

#### （一）互市管理

互市是中国古代外交的渠道和方式之一，互市点多设于边境地区，而由当地政府负责管理之。边境进行互市须由地方政府报请朝廷批准，元和十年（815）十一月，“吐蕃使款陇州塞，请互市，许之”。这是地方当局报告，经朝廷批准允许在陇州塞进行互市。陇州属凤翔道，吐蕃的这一要求经凤翔道上奏之后，得到了宪宗的批准。开成元年（836）六月，“淄青节度使奏：新罗、渤海将到熟铜，请不禁断”①。这是地方政府报请是否允许进行熟铜的互市贸易。

正当的边贸受到地方政府的保护，非法贸易则亦由其负责查禁。长庆元年（821）三月，平卢军节度使薛平上奏道：“应有海贼该掠新罗良口，将到当管登、莱州界及缘海诸道，卖为奴婢者。伏以新罗国虽是外夷，常禀正朔，朝贡不绝，与内地无殊。其百姓良口，常被海贼掠卖，于理实难。先有制敕禁断，缘当管久陷贼中，承前不守法度。自收复已来，道路无阻，递相贩鬻，其弊尤深。伏乞特降明敕，起今已后，缘海诸道，应有上件贼该卖新罗国良人等，一切禁断，请所在观察使严加捉搦，如有违犯，便准法断。”这是海盗掳掠新罗人口，到平卢所辖之登州、莱州及沿海诸道贩卖，此属非法交易，故薛平上奏朝廷明令禁止。这个禁止买卖奴婢的请求，得到了穆宗的批准，并指示沿海诸道要严格执法和查办。清查出来的非法买卖的奴婢，也由地方政府负责遣返。长庆三年（823），“新罗国使金柱弼进状：‘先蒙恩敕，禁卖良口，使任从所适。有老弱者栖栖无家，多寄傍海村乡，愿归无路。伏乞牒诸道傍海州县，每有船次，便赐任归，不令州县制约。’”这是在长庆元年下令禁止买卖新罗人口后，新罗方面发现有不少新罗人仍然流落于沿海乡村，因而其国大使向唐朝提出照会，希望唐政府提供方便，令这些落难新罗人员得以搭乘便船返国。唐朝接受了新罗的这一要求，为此穆宗再次降敕旨曰：“禁卖新罗，寻有正敕，所言如有漂寄，固合任归，宜委所在州

---

① 《册府元龟》卷九九九《外臣部·互市》，第11727页。

县，切加勘会，责审是本国百姓情愿归者，方得放回。”[①] 其具体遣返事宜，交由当地政府负责执行。

在双方进行互市时，地方政府须负责接待和维持秩序，以保证交易的顺利进行。太和四年（830），柳公绰为河东节度观察等使，“是岁，北虏遣梅禄将军李畅以马万匹来市，托云入贡。所经州府，守帅假之礼分，严其兵备，留馆则戒卒于外，惧其袭夺。太原故事，出兵迎之。畅及界上，公绰使牙将祖孝恭单马劳问，待以修好之意。畅感义出涕，徐驱道中，不妄驰猎。及至，辟牙门，令译引谒，宴以常礼。及市马而还，不敢侵犯”[②]。当时回纥来唐互市或入贡，常有侵扰之事发生，故地方当局在接待时如临大敌，严阵以待。柳公绰改变方式，以宾礼相待，使回纥感动，反而不敢侵犯，使互市得以顺利进行。柳公绰以高明的外交手法，不仅保证了互市的开展，对加强双方关系亦有裨益。在边境互市中有时关系紧张，也与某些地方官吏收受对方贿赂有一定关系。长庆二年（822），崔从为鄜坊道节度使，“党项互市羊马，类先遗帅守，（崔）从独不取，而厚慰待之，羌不敢盗境”[③]。可见党项在互市中“盗境”，是与边境管理人员接受对方的羊马有关，崔从不受，反而以礼待之，故其不敢盗境而还。边境政府处理互市问题不当，甚至可以酿成边患，党项“至开成末，种落愈繁，富贾人赍缯宝鬻羊马，藩镇乘其利，强市之，或不得值，部人怨，相率为乱，至灵、盐道不通”[④]。地方政府的强买强卖，导致对方的反抗，严重破坏了双方的正常交往。

### （二）蕃舶管理

在唐代陆上的对外贸易通过互市进行，而海外贸易则通过蕃舶交易进行。唐代实行对外开放政策，促进了海外贸易的发展，随着唐在西域军事的失利，陆上贸易道路有所阻滞，因而唐中期以后海上贸易更获得空前的发展。东南沿海的广州、交州、泉州、扬州是唐代海外贸易的重要港口，其中尤以广州最为重要和繁荣，是当时对外贸易的中心。“广州

---

① 《唐会要》卷八六《奴婢》，第 1571 页。

② 《旧唐书》卷一六五《柳公绰传》，第 4304 页。

③ 《新唐书》卷一一四《崔融传附崔从传》，第 4197 页。

④ 《新唐书》卷二二一上《西域上·党项传》，第 6217 页。

地际南海，每岁有昆仑乘舶以珍物与中国交市。”[①] 天宝年间日本留学僧和鉴真大师等人在广州见到的情景是：“江中有婆罗门、波斯、昆仑等舶，不知其数；并载香药、珍宝，积载如山。其舶深六、七丈。师子国、大石国、骨唐国、白蛮、赤蛮等往来居住，种类极多。”[②] 一派海外贸易繁荣的国际性大都会的景象。因而东南沿海的地方政府便负有蕃舶管理之职责，其中以岭南道最为突出和重要。

唐代的蕃舶管理大权操于东南沿海地方政府之手。文宗《太和八年疾愈德音》对东南沿海蕃舶管理有一段指示，其中说道：“南海蕃舶，本以慕化而来，固在接以恩仁，使其感悦。如闻比年长吏，多务征求，怨嗟之声，达于殊俗……其岭南、福建及扬州蕃客，宜委节度观察使常加存问，除舶脚、收市、进奉外，任其来往通流，自为交易，不得重加率税。”[③] 这个诏令表明蕃舶管理的大权在地方上是集中于地方长官手中的。

蕃舶抵达后，地方政府要及时向朝廷上报。李肇《唐国史补》卷下写道：“南海舶，外国船也。每岁至安南、广州。师子国舶最大，梯而上下数丈，皆积宝货。至则本道奏报，郡邑为之喧阗。”[④] 可见海舶抵港后，地方政府要及时向朝廷报告。这种上报制度还可从关于罗越国的记载中得到印证：“罗越者，北距海五千里，西南哥谷罗，商贾往来所凑集，俗与堕罗钵底同。岁乘舶至广州，州必以闻。”[⑤] 罗越国在今马来半岛南部。史言其舶到达后，广州政府必须向朝廷报告。可见道、州政府向朝廷上报蕃舶到达之事，已是唐代的惯例。

地方政府对于蕃舶商人要负责供给食料。《龙筋凤髓判》载一判云：“波斯昆仑等舶到，拟给食料。已前隐没不付，有名无料，虚破官物。请停。”[⑥] 可见蕃舶到达后，要由地方政府向其提供食料，这种食料是从“官物”中开支的。唐政府一般对于外交使节是提供食料的，而这里对于蕃舶商人也同样提供食料，可见当时不仅把蕃舶贸易视为经济行为，而

---

① 《旧唐书》卷八九《王方庆传》，第 2897 页。

② 《唐大和上东征传》，第 74 页。

③ 《全唐文》卷七五（文宗皇帝）《太和八年疾愈德音》，第 785 页。

④ （唐）李肇撰：《唐国史补》卷下，上海古籍出版社 1979 年版，第 63 页。

⑤ 《新唐书》卷二二二下《南蛮下·罗越传》，第 6306 页。

⑥ 《龙筋凤髓判笺柱》卷二《主客·二》，第 78—79 页。

且视为一种外交行为。

地方政府对蕃舶进行管理的具体程序是，当蕃舶抵达后，首先由地方政府长官进行“检阅”“讥视”。大历四年（769）李勉为岭南节度观察使，当时“前后西域舶泛海至者岁才四五，（李）勉性廉洁，舶来都不检阅，故末年至者四十余”[①]。可见对于蕃舶照例都要进行“检阅”。何以在李勉之前蕃舶稀少呢？这是因为前任节度使“讥视苛谨”[②] 的缘故。讥即稽查，“讥视”亦即“检阅”。本来这种“检阅”是行使国家主权的正常方式，但是实际上大多数节度使则借“检阅”之名，行敲诈勒索之实，只有少数能按正当规章进行检阅。开成元年（836）卢钧为岭南节度使，“海道商舶始至，异时帅府争先往，贱售其珍，（卢）钧一不取，时称洁廉”[③]。大中三年（849），韦正贯为岭南节度使，“南海舶贾始至，大帅必取象犀明珠，上珍而售以下值，（韦）正贯既至，无所取，吏咨其清”[④]。像卢钧、韦正贯这样清廉的毕竟少数，多数情况是“凡为南海者，靡不捆载而还”[⑤]。其结果是外商“至者见欺，来者殆绝”。韦正贯到任后“悉变故态，一无取求，问其所安，交易其物，海客大至”[⑥]。这些资料除了说明节度使负有“检阅”“讥视”蕃舶的职责外，也表明节度使如按正常规章制度“检阅”蕃舶，则为蕃商所欢迎，因而蕃舶来者激增，反之则大为减少。这说明节度使执行外贸政策之好坏直接影响蕃舶之来去的多寡。

在“检阅”之时，地方政府还要举行“阅货宴”。蕃舶“始至有阅货之燕，犀珠磊落，贿及仆隶”[⑦]。一方面地方政府尽地主之谊，对蕃商表示欢迎，另一方面则展示蕃商所输入之珍异商品。而在这种宴会过程中，不仅地方长官接受蕃商之馈赠，其下之吏员仆役亦得分润。这种做法已超出举行“阅货宴”的正常范畴，故为廉洁官员所反对，孔戣为岭

① 《旧唐书》卷一三一《李勉传》，第3635页。
② 《新唐书》卷一三一《宗室宰相·李勉传》，第4507页。
③ 《新唐书》卷一八二《卢钧传》，第5367页。
④ 《新唐书》卷一五八《韦皋传附韦正贯传》，第4937页。
⑤ 《旧唐书》卷一七七《卢钧传》，第4591页。
⑥ 《全唐文》卷七六四（萧邺）《岭南节度使韦公（正贯）神道碑》，第7945页。
⑦ 《韩昌黎文集校注》卷七《唐正议大夫尚书左丞孔公（戣）墓志铭》，第531页。

南节度使时，就对“阅货宴”中接受蕃商贿赂之风进行整肃，加以“禁绝，无所求索”①。

前文所引《太和八年疾愈德音》所称“舶脚、收市、进奉”则是节度使管理蕃舶的核心内容。

所谓“舶脚”，即征收关税。这种关税又称“下碇税”，“蕃舶之至，泊步有下碇之税”②。此即上述《太和八年疾愈德音》所称之“率税”。向蕃舶征收关税是国家主权的体现，故刘长卿《送徐大夫赴广州》诗云：“当令输贡赋，不使外夷骄。”③ 这种税率是多少并不清楚，不过节度使大概能够上下其手，随意加收，唐文宗对此提出警告，说：“如闻比年长吏，多务征求，嗟怨之声，达于殊俗。况朕方宝勤俭，岂爱遐琛。深虑远人未安，率税犹重，思有矜恤以示绥怀……不得重加率税。”④ 这表明地方长官任意增加率税的现象是普遍的，“南海有蛮舶之利，珍货辐辏，旧帅作法兴利以致富”⑤。表明地方长官可以任意增加税收，以中饱私囊。更有甚者则截留舶税，尽为已有，贞元中王锷为岭南节度使，“诸蕃舶至，尽有其税，于是财蓄不赀，日十余艘载皆犀象珠琲，与商贾杂出于境”。他以此贪污所得，贿赂当权者，“数年，京师权家无不富（王）锷之财”⑥。

所谓“收市”，即政府优先垄断珍贵商品的交易。高宗于显庆六年（661）二月十六日发布《定夷舶市物例敕》，曰：“南中有诸国舶，宜令所司，每年四月以前，预支应须市物。委本道长史，舶到十日内，依数交付价值。市了，任百姓交易。其官市物，送少府监简择进内。”⑦ 这个敕令表明：一是朝廷有“市物”的预算，每年四月以前将其交付“本道长史”；二是“收市”由地方长官主持，船到十天之内举行，在此期间只许官方收购；三是官方购买的舶货，必须及时偿付价值；四是待官方收

① 《新唐书》卷一六三《孔巢父传附孔戣传》，第5009页。

② 《韩昌黎文集校注》卷七《唐正议大夫尚书左丞孔公（戣）墓志铭》，第531页。

③ 储仲君撰：《刘长卿诗编年笺注》之《送徐大夫赴广州》，中华书局1996年版，第283页。

④ 《全唐文》卷七五（文宗皇帝）《太和八年疾愈德音》，第785页。

⑤ 《旧唐书》卷一七七《卢钧传》，第4591页。

⑥ 《新唐书》卷一七〇《王锷传》，第5169页。

⑦ 《唐会要》卷六六《少府监》，第1156页。

市完毕之后，才向百姓开放交易。收市所得商品称为“官市物”，上交中央少府监以供皇室之需。德宗贞元八年（792）岭南节度使李复向朝廷上报要求于安南置市舶中使，说：“近日舶船多往安南市易……臣今欲差判官就安南收市。”[①] 由于当时广州蕃舶减少，安南蕃舶增多，影响岭南节度使完成收市任务，于是考虑派遣官员前往安南收市。李复的建议未被朝廷批准，表明收市仍在广州进行。

到了唐后期，收市的份额大概为蕃货的三分之一，约成书于宣宗大中五年（851）、根据曾旅居中国的阿拉伯商人的亲身见闻记录而写成的阿拉伯人游记记载：“海员从海上来到他们的国土，中国人便把商品存入货栈，保管六个月，直到最后一船海商到达时为止。他们提取十分之三的货物，把其余的十分之七交还商人。这是政府所需的物品，用最高的价格现钱购买，这一点是没有差错的。每一曼那（mana）的樟脑卖五十个‘法库’（fakkouj），一法库合一千个铜钱。这种樟脑，如果不是政府去购买，而是自由买卖，便只有这个价格的一半。”[②] 从这个记载可见，官府在等待当年的蕃货全部到齐后，将其中的百分之三十作为收购对象，从而确保这百分之三十均为精品之后才能结束保管期。这百分之三十的收购价格高于市价，据该书记载可高达一倍；其余百分之七十交还货主，再任其在民间交易。这个记载所反映的与上述唐高宗所颁《定夷舶市物例敕》中规定的“舶到十日内，依数交付价值。市了，任百姓交易”的基本精神是一致的。有的学者根据《中国印度见闻录》这条记载认为当时对蕃舶征收关税百分之三十，但从这个记载看，这百分之三十并非指关税而是指官方收购之份额，更重要的是对蕃舶征收百分之三十的关税，并不符合唐代蕃舶管理的事实。有的学者之所以误解《中国印度见闻录》的这条记载，在于将阿拉伯人马尔瓦兹的相关记载用来理解唐制，马尔瓦兹为中国北宋后期时人，本人并未来华，他的记载中有关来华贸易的资料得自阿拉伯商人对于北宋时代蕃舶管理方面的

---

① （唐）陆贽撰，王素点校：《陆贽集》卷一八《论岭南请于安南置市舶中使状》，中华书局2006年版，第574—575页。

② 穆根来、汶江、黄倬汉译：《中国印度见闻录》卷一第34条，中华书局1983年版，第15页。本书卷一旧译作《苏烈曼游记》（参见张星烺《中西交通史料汇编》第二册第三编第五章，中华书局1977年版）。

传闻[①]。即使他的记载可信，也不能用来解释唐制，因为蕃舶制度从唐至宋有着很大的发展变化。又，关于官府保管舶货六个月的规定，法译者索瓦杰认为是为了“在同一季风期最后一条船来到之前不得出售，以便对进口的各类商品确定一个公平合理的牌价”[②]。笔者认为，这个解释并不完全符合原意，至少这不是当时的主要目的，因为既然是为了提取十分之三的精品作为皇家收购品，则等待最后一船到达之后才能确保将所有精品均被选择了，也就是说只有当全部精品都已被皇家挑选之后才能结束保管期；即使存在定价的问题，也只是官方收购部分商品的定价问题，而不是官方收购之后再给民间交易的定价，因为这部分商品是“任百姓交易”“任其来往通流，自为交易”的，从唐前期的高宗朝到唐后期的德宗朝都是贯彻始终的。

所谓“进奉”，即向朝廷供应蕃货。地方官员在征收关税和进行收市之后，要将所得商品向朝廷进奉。徐申为岭南节度使时，“蕃国岁来互市，奇珠玳瑁异香文犀，皆浮海舶以来，常贡是供，不敢有加，舶人安焉，商贾以饶”[③]。如果按照“常贡”之需而收购，蕃商是能够获得厚利的，因而也是受到他们欢迎的，反之在“常贡”之外强取则不然。权德舆《徐公（申）墓志铭并序》记此事曰：“溟涨之外，巨商万舰，通犀南金，充牣狎至。天子之恩泽赐予，声明物采皆待焉。上应急宣，以驰疾传；下无强贾，用绝奸利。和辑招徕，外区怀之”[④]。强调了徐申既能及时供应朝廷需求，又在管理蕃舶中消除“强贾”，以“绝奸利”，此即所谓“于常贡外，未尝賸索，商贾饶盈”[⑤]。但事实上是唐代岭南地方长官大多利用“进奉”贪赃，大发横财。天宝初年卢奂为南海太守时，“前守刘巨鳞、陆杲皆以赃败，故以（卢）奂代之。污吏敛手……远俗为安。时谓自开元后四十年，治广有清节者，宋璟、李朝隐、奂三人而已”[⑥]。

---

① 《中国印度见闻录》“中译者前言”，第3页。

② 《中国印度见闻录》卷一第34条，法译者索瓦杰注，第70页。

③ 《全唐文》卷六三九（李翱）《徐公（申）行状》，第6459页。

④ （唐）权德舆撰，郭广伟点校：《权德舆诗文集》卷二四《唐故金紫光禄大夫检校礼部尚书使持节都督广州诸军事兼广州刺史史大夫充岭南节度支度营田观察处置本管径略等使东海郡开国公赠太子少保徐公（申）墓志铭并序》，上海古籍出版社2008年版，第357页。

⑤ 《新唐书》卷一四三《徐申传》，第4695页。

⑥ 《新唐书》卷一二六《卢怀慎传附卢奂传》，第4418页。

可见广州地方长官清廉者少，贪赃者多。不仅地方长官利用市舶贪赃，其下之各级官吏亦然。开成年间卢钧为岭南节度使，有沈师黄者被“请为从事，同去南海，宾席三年，事皆决请。尝戏曰：‘沈书记不面货舶之风，无漱贪泉之水。’府罢，唯葛衣藤屦，轻装而归”[①]。可知岭南长官吏员都有贪赃的机会，沈从事本可利用“货舶”贪赃，只是由于其操守清廉才得以轻装而归。

更有甚者则截留进奉，中饱私囊。王锷为岭南节度使时，“以两税钱上供时进及供奉外，余皆自入。西南大海中诸国舶至，则尽没其利，由是锷家财富于公藏。日发十余艇，重以犀象珠贝，称商货而出诸境。周以岁时，循环不绝，凡八年”[②]。王锷不仅勒索蕃商，而且扣留应向朝廷进奉之舶来品，而将这些舶来品转运境外交易牟利、贿赂权贵。路嗣恭于大历八年（773）兼岭南节度观察使，平定岭南将哥舒晃之乱后，“及平广州，商舶之徒，多因（哥舒）晃事诛之，嗣恭前后没其家财宝数百万贯，尽入私室，不以贡献，代宗心甚衔之，故嗣恭虽有平方面功，止转检校兵部尚书，无所酬劳。及德宗即位，杨炎受其货，始叙前功，除兵部尚书、东都留守”[③]。可见，即使没收商舶的财宝也应上交朝廷，路嗣恭却占为己有，公然与皇帝争利，招致皇帝的不满，从而影响了他的仕途，后来用蕃货贿赂杨炎才得以“叙功”。

尽管地方政府官员从中贪赃，东南沿海的蕃舶之利仍然是朝廷的重要收入，乾符六年（879）黄巢占安南府后，向唐廷求官，宰相“（郑）畋欲因授岭南节度使”[④]，左仆射于琮曰：“南海有市舶之利，岁贡珠玑。如令妖贼所有，国藏渐当废竭。”[⑤] 由此可见，到了唐末，南海市舶之贡对于朝廷的财政收入仍然十分重要。

节度使对蕃舶的管理，还表现在他可以就蕃舶管理制定具体的政策、法令。卢奂为南海太守时，“污吏敛手，中人之市舶者，亦不敢干其法，

① 《唐代墓志汇编》大中〇八四，《唐故监察御史河南府登封县令吴兴沈公（师黄）墓志》，第 2313 页。

② 《旧唐书》卷一五一《王锷传》，第 4060 页。

③ 《旧唐书》卷一二二《路嗣恭传》，第 3500 页。

④ 《新唐书》卷一八五《郑畋传》，第 5402 页。

⑤ 《旧唐书》卷一七八《郑畋传》，第 4633 页。

远俗为安"①。朝廷派来管理蕃舶的宦官，也不干涉其对蕃舶行法，表明岭南地方长官有权制定某些管理蕃舶之法令。岭南节度使孔戣就曾修改蕃商之遗产继承法令，"旧制，海商死者，官籍其赀，满三月无妻子诣府，则没入"。元和年间孔戣为岭南节度使，"以海道岁一往复，苟有验者不为限，悉推与"②。孔戣认为海道往返常以年计，以三个月为限的规定不合理，于是将原来规定蕃商死亡后三个月内无亲属认领，即将其财产充公，改为不受时间限制，只要有确实之亲属前来认领即将其遗产全部退还。与此同时有的贪官则利用这一权力"做法"以牟利。"南海有蛮舶之利，珍货辐辏。旧帅作法兴利以致富，凡为南海者，靡不捆载而还"③。这是利用掌管蕃舶之权力，制定或施行一些便于敲诈勒索蕃商的政策、法令，以牟取私利。

由于广州具有国际商埠的性质，故岭南节度使所负管理蕃舶之职责就不仅是对外贸易工作，同时也是复杂的外交工作，因而岭南节度使之选拔就显得特别重要，"其海外杂国，若耽浮罗、流求、毛人、夷亶之州，林邑、扶南、真腊、干陀利之属，东南际天地以万数，或时候风潮朝贡，蛮胡贾人舶交海中。若岭南帅得其人，则一边尽治，不相寇盗贼杀，无风鱼之灾，水旱疠毒之患，外国之货日至，珠香象犀玳瑁奇物溢于中国，不可胜用；故选帅常重于他镇，非有文武威风知大体可畏信者，则不幸往往有事"④。蕃舶事宜管理不善，则不仅导致海舶数量减少，外贸萎缩，甚而可能酿成外交冲突事件。光宅元年（684），广州都督路元叡就被闹事之蕃商所杀。"（路）元叡阘懦，僚属恣横。有商舶至，僚属侵渔不已，商胡诉于元叡；元叡索枷，欲系治之。群胡怒，有昆仑袖剑直登听事，杀（路）元叡及左右十余人而去，无敢近者，登舟入海，追之不及。"⑤ 这个事件表明对于蕃舶之管理，如有不慎则不仅在经济上遭受损失，而且可能在外交上也遭到重大损失。更有甚者，乾元元

---

① 《新唐书》卷一二六《卢怀慎传附卢奂传》，第4418页。

② 《新唐书》卷一六三《孔巢父传附孔戣传》，第5009页。

③ 《旧唐书》卷一七七《卢钧传》，第4591页。

④ 《韩昌黎文集校注》卷四《送郑尚书序》，第284页。干陀利，《全唐文》此处误作"于陀利"。

⑤ 《资治通鉴》卷二〇三，唐则天后光宅元年（684）七月，第6420页。

年（758）“大食、波斯围广州城，刺史韦利见逾城走，二国兵掠仓库，焚庐舍，浮海而去”①。这次事件亦当为蕃商所为，当时到广州贸易之蕃商以波斯、大食人为多；从其劫掠仓库来看，当是对于广州地方政府强取蕃货、处置蕃舶事务之不满所致。此即韩愈“不幸往往有事”之谓。

## 五　外交行政与事务管理

### （一）馆驿管理

来使或外商入境之后，沿途之食宿交通则有馆驿为之解决。唐朝在中央有驾部郎中掌管“天下之传、驿”②，唐后期又有馆驿使专司其事。在地方，则由各地方政府具体负责这方面的管理，以及时招待来使或外商。柳宗元《馆驿使壁记》谓：“凡万国之会，四夷之来，天下之道途，必出于邦畿之内……华人夷人往复而授馆者，旁午而至。传吏奉符而阅其数，县吏执牍而书其物。告至告去之役，不绝于道；寓望迎劳之礼，无旷于日。”③ 这里的“传吏”是驿站的工作人员，“县吏”即地方政府的有关人员，由地方政府派员查验来往华人及蕃客之行李。会昌元年（841）陈夷行上疏曰：“奉中书门下牒状，准今年正月二十八日宣，应馆驿近日因循，多致败阙，邮递马畜每事阙供，蕃客往来，皆有论奏。”当时馆驿之凋敝甚至已招致蕃客的申诉，于是宰相们提出对策：“臣今商量，请准敕先牒诸州府，勘鞍马什物作人工价粮课，并每年缘馆驿占留钱数，诸色破用，及使料粟麦，递马草料，待诸州府报到，续具闻奏。”④ 责成地方政府全面负责馆驿修缮，上报修理经费预算、物资消耗等。可见地方政府要全面负责馆驿的管理。《唐六典》在记述“京畿及天下诸县令之职”时，特别指出“若……传驿……虽有专当官，皆县令兼综焉”⑤。说明虽有专官负责此事，但地方政府首长仍须全面负责馆驿之事。从馆

---

① 《资治通鉴》卷二二〇，唐肃宗乾元元年（758）九月，第7062页。

② 《唐六典》卷五《尚书兵部·驾部郎中》，第162页。

③ （唐）柳宗元：《柳河东集》卷二六《馆驿使壁记》，上海古籍出版社2008年版，第440—441页。

④ 《全唐文》卷七四五（陈夷行）《条覆馆驿事宜疏》，第7717页。

⑤ 《唐六典》卷三〇《三府督护州县官吏·京县畿县天下诸县官吏》，第753页。

驿的两项主要开支是“使料”和“马料”来看，反映了馆驿的两个主要职能，即供给使者饮食和交通工具。当然所谓“使者”不仅有外交使节，也包括各种因公出差官员和其他人员。

唐代的馆驿遍布全国各地，构成了一个完整的交通网络，“三十里置一驿”，而“其非通途大路则曰馆”①。地方政府均设置馆驿，唐后期史宪忠为陇州刺史时，“增亭障，徙客馆于外，戎谍无所伺”②。可见地方政府设有客馆以接待“戎”人。因客馆为招待使节或胡商之所，他们之中往往杂有间谍，迁出城外可减少他们刺探情报的机会，并可加强监视与管理。在交通要道地区则设馆尤多。

唐代道、州、县各级地方政府均有馆驿之设置。开成三年（838）七月，日本藤原常嗣所率遣唐使团，在赴扬州途经海陵县时，住宿于宜陵馆，“此是侍供往还官客之人处”。这是县的客馆。第二年二月，使团在入京完成使命后，被指定从楚州乘船返国。留驻扬州之使团其他人员，也前往楚州会集，廿四日“申后，到楚州城。判官、录事等下船入驿馆拜见大使，请益、留学生等暮际入馆，相见大使、判官等……话语之后，入开元寺，住于厨库西亭”③。可知藤原常嗣等使团人员住宿于楚州之驿馆。这是州的驿馆。值得注意的是，这里大使等外交官员住在驿馆，而请益僧等人则住在寺中。藤原葛野麻吕所率日本遣唐使团在完成使命后，被指定从明州乘船返国，他们于永贞元年（805）“三月廿九日，到越州永宁驿。越州，即观察府也；监使王国文于驿馆唤臣等，附敕书函，便还上都”④。这是道的驿馆。日本使团住于驿馆，朝廷所派监使护送至此，将“敕书函”于驿馆交付使团后即告别返京。可见县、州、道各级政府均有馆驿以接待使节。

### （二）蕃客过所公验管理

隋唐时期，在其统治区内通行之一切人员，如因公务者均需要有相应的公文或证件，非公务者则需要有“过所”或“公验”。对于外交使

① 《通典》卷三三《职官典十五·州郡下·乡官》注，第924页。

② 《新唐书》卷一四八《史孝章传附史宪忠传》，第4791页。

③ 《入唐求法巡礼行记校注》卷一，第21、120—121页。

④ 《日本后纪》卷一二《皇统弥照天皇》延历廿四年六月条，第42页。

节，则以“铜鱼符”为凭，所谓“行鱼契给驿”①，或由所在边州发给“边牒”②，这在前文已经论及。他们是作为唐朝皇帝的宾客而受到高规格的礼遇的。而对于外交官员之外的其余外蕃人员，如商人、僧侣、旅行者等各色人员，则需要有过所或公验。所谓过所或公验，就是一种通行证件，即今日俗称之谓路条。各级地方政府均须负责过所、公验的管理，其中包括外蕃人员过所、公验的管理。阿拉伯人的游记记载了唐后期阿拉伯商人在中国的亲身经历，说：“如果到中国去旅行，要有两个证明：一个是城市王爷的，另一个是太监的。城市王爷的证明是在道路上使用的，上面写明旅行者以及陪同人员的姓名、年龄，和他所属的宗族。”③这里所说的“城市王爷”，即地方政府如道州长官等，这个“城市王爷的证明”即是“过所”。另一个由太监开的证明则为胡商到内地的贸易许可证明，两个证明的性质是不同的，详见下文。

外蕃人员在地方上申请过所，由当地政府负责。唐制规定：“凡度关者，先经本部本司请过所，在京，则省给之；在外，州给之。”④即如果从京城外出，由尚书省刑部司门司批给，这在前文关于司门司条内已述及。在地方上则由地方政府批给。圆仁的《入唐求法巡礼行记》（以下简称《行记》）卷二细致而生动地记述了外国人在唐代地方政府申请过所和地方政府批给过所的情形。

开成四年（839），日僧圆仁等人在登州文登县被返日使船抛却，滞留于文登县青宁乡赤山村之赤山院（佛寺），在那里他们决心待过冬以后明年到五台山等地巡礼求法。于是圆仁等人开始了申请前往五台山等地的过所的行动。开成四年九月廿六日，圆仁等人向赤山院提出申请，“请寺帖报州县给与随缘头陀公验”⑤。文登县进行审查并上报登州。经过多方努力，开成五年（840）二月廿四日，终于“得县公牒”。牒文如下：

登州都督府　　　　　　　　文登县牒

---

① 《新唐书》卷二《太宗纪》，第45页。

② 《新唐书》卷四六《百官志一》，第1196页。

③ 《中国印度见闻录》卷一第43条，第18页。

④ 《唐六典》卷六《尚书刑部·司门郎中》，第196页。

⑤ 《入唐求法巡礼行记校注》卷二，第185页。

日本国客僧圆仁等肆人

僧圆仁，弟子僧惟正、惟晓，行者丁雄万并随身衣钵等

牒：检案内得前件僧状，去开成四年六月，因随本国朝贡船到文登县青宁乡赤山新罗院寄住，今蒙放任东西。今欲往诸处巡礼，恐所在州县、关津、口铺、路次不练行由，伏乞赐公验为凭，请处分者。依检前客僧未有准状给公验，请处分者。准前状给公验为凭者。谨牒

开成五年二月廿三日　　　　　　　　典王佐牒

主簿判尉胡君直①

这是文登县向登州申报的牒文。牒文的第二部分内容是开具圆仁及其随行人员和申请公验的事由。接着提出“依检前客僧未有准状给公验者，请处分者”，意即经县司审查，圆仁等人并无准给公验的批文，因而须由州政府决定是否给予公验。牒尾的押署表明牒文是由文登县典王佐所写，判官为主簿判尉胡君直。

圆仁等人持文登县牒文前往登州，于三月十一日得到州牒。牒首云：“登州都督府牒上押两蕃使。”② 永泰元年（765）“淄青、平卢节度使增领押新罗、渤海两蕃使”③。故这里的“押两蕃使”即登州之上级青州节度使，本牒是登州向青州节度使上报的文件。接着牒文开具了圆仁等人的申请和文登县的报告。最后牒称“州司先具事由、申使讫。谨具如前，不审给公验否者。刺史判‘州司无凭便给公验，付妥录申尚书取裁。仍遣僧人自赍状见尚书取处分者’”④ 云云。意即州政府不能决定是否给以公验，着圆仁等人持州牒至道，请节度使处分决定。牒文中的“尚书”即指青州节度使。唐制：节度使例兼尚书、仆射等为检校官，其时青州节度使亦兼此职称，故称其为尚书。据圆仁记述，当时的“青州节度使姓韦，时人唤韦尚书”⑤。开成四年（839）七月“以河南尹韦长为平卢

① 《入唐求法巡礼行记校注》卷二，第216—217页。

② 《入唐求法巡礼行记校注》卷二，第234页。

③ 《新唐书》卷六五《方镇表二》，第1805页。

④ 《入唐求法巡礼行记校注》卷二，第235页。

⑤ 《入唐求法巡礼行记校注》卷二，第193页。

军节度使”[1]，韦长在开成四年、五年为平卢节度使[2]，正值圆仁抵青州之时，那么这位韦尚书即韦长。

圆仁等人于开成五年（840）三月廿一日到达淄青平卢节度使治所青州，廿二日“到尚书押两蕃使衙门前，拟通入州牒，缘迟来，尚书入球场，不得参见……晚衙时入州，到使衙门，令刘都使通登州牒”。将登州牒上交之后，廿五日又“为请公验更修状进尚书”。圆仁又递交了一份申请公验的状文。廿七日，圆仁“遣惟正入本典院探公验事，本案报云：‘已有处分，给与公验。一头给公验，一头闻奏。待后日朝衙尚书押名押印了，使送到。’”得知青州节度使已同意给予公验，但一边开具公验，一边上报朝廷；节度使后天“朝衙”办公时即可署名盖章。三十日那天圆仁得知“节度使录求法僧等来由，闻奏天子讫”[3]。即青州节度使已将圆仁之事上奏了。四月一日终于得到了淄青节度使批给的公验，这样圆仁才得以踏上前往五台山和长安的旅程。

从圆仁申请公验的经历，可以看到给予蕃客公验的审批过程相当繁复，由县而州而道，逐级上报，层层审批，这样才得到公验。而发给蕃客过所、公验的决定权，在地方上唐代后期是属于道一级的。特别值得注意的是，节度使在审批圆仁的公验同时还要将此事上报皇帝，这在批给一般唐人公验时是不会如此郑重的。由此可见当时对于蕃客公验的审批，在地方政府部门是非常谨慎和严格的。这样我们可以看到，唐代的外交权力，在地方上是集中于地方最高行政长官之手，唐前期为州刺史，唐后期为节度使，正如在中央集中于皇帝手中是一样的。

圆仁在《行记》中没有把淄青节度使发给的公验内容记录下来，不过唐朝地方政府发给日本留学僧的公验实物还有若干件在今天仍留存于日本，这样使我们对于地方政府管理蕃客公验的制度有可能再进一步加以探究。这些留传至今的公验实物是：第一件是在圆仁于开成五年（840）获得淄青节度使公验之前三十六年，即贞元二十年（804）日僧最澄的两件公验。最澄于贞元二十年随藤原葛野麻吕所率

---

① 《旧唐书》卷一七下《文宗纪下》，第578页。

② 《唐方镇年表》卷三《平卢》，第344页。

③ 《入唐求法巡礼行记校注》卷二，第242、244、246、248页。

日本遣唐使到达明州，欲往台州天台山国清寺巡礼，明州于是年九月十二日批给的牒一件。第二年最澄拟从台州返回明州乘船回国，得到台州三月一日批给的公验一件。这两件实物被作为日本的国宝陈列于比睿山国宝馆。第二件是在圆仁得到淄青节度使公验后的十三年，即大中七年（853）日僧圆珍的福州都督府公验一件。圆珍于大中七年附唐人商舶到达福州，拟往天台山、五台山和长安巡礼求法，是年九月十四日福州都督府批给其公验。该实物现藏于东京国立博物馆。第三件是圆珍的温州、台州诸县公验和台州牒。圆珍离开福州后到达浙东观察使辖下的温州，先后获得温州横阳县、安固县、永嘉县的公验。进入台州境内，先后获得黄岩县、临海县的公验和台州牒。上述实物现藏于东京国立博物馆。第四件是圆珍的越州都督府过所。大中九年（855）圆珍欲从其停留的越州开元寺前往两京及五台山等地，得到了越州都督府三月十九日批给的过所一件。该件实物藏于日本三井寺，现寄存奈良国立博物馆。①

从上述公验实物中可以看到，唐代地方政府发给外僧的公验有两种形式，一种是由地方政府有关官员起草发放的，上面写明申请人员情况、申请事由、欲往何处，以及此地已“准给”，其余地方“幸依勘过”之类的话头。我们还可以看到，在这类公验上签署批给的地方政府主管官员并不完全一致，唐制规定府州由户曹、司户参军负责过所之事。贞元二十年九月十二日明州批给最澄的公验就是由司户参军孙某主判的。而大中七年十二月三日台州批给圆珍的牒，是由司功参军唐员签署的；大中九年三月十九日越州都督府批给圆珍的过所，是由功曹参军某签署的。“道佛”② 之事为功曹、司功参军所掌管诸事之一，这是因申请人是佛教徒并进行求法活动，故由他们来管理。就像中央政府的刑部司门司是掌管过所的，但是蕃僧的过所也可能由祠部批给，元和二年（807）二月新罗僧法清的公验就是由祠部批给的。在长安章敬寺的新罗僧法清，因要求到外地巡礼名山佛寺，于是得到了这份公验。是由当时的祠部员外郎

---

① 参见［日］砺波护《入唐僧带来的公验和过所》，译文见武汉大学历史系魏晋南北朝隋唐史研究室编《魏晋南北朝隋唐史资料》第十三辑，第136—149页。

② 《唐六典》卷三〇《三府督护州县官吏·上州中州下州官吏》，第749页。

周仲孙签署的[①]。“道佛之事”[②] 是祠部所掌管的诸事之一。

另一种形式是由外僧提出申请，而由地方政府长官在其申请书上批上“任为公验”之类简短的话头，并由地方长官署名即可。如最澄的贞元二十一年（805）的台州公验，是在最澄的申请牒文后由台州刺史陆淳亲笔批示“任为公验”，并签上日期和署名的[③]。此外如圆珍的福州都督府公验，是在圆珍的申牒后面批上：“任为公验　十四日　福府录事参军平仲。”[④] 这是由福州都督府的录事参军代为签署的。圆珍的温州横阳县公验，在圆珍的申牒后批曰：“任为凭据　廿六日　横阳县丞权知县事邴。”这是由县丞以代理县令的身份签署的。温州安固县公验，是在圆珍的申牒后批曰：“任为凭据　廿九日　安固县主簿知县事□度。”是由主簿以代理县令的身份签署的。温州永嘉县公验，是在圆珍的申牒后批曰：“任为公验　六日　永嘉县令行俭。”是由县令亲自签署的。台州黄岩县公验，是在圆珍的申牒后批曰：“任执此为凭　廿三日　□。”签署者不清楚。台州临海县公验，是在圆珍的申牒后批曰：“任执此为凭据　六日　令□。”[⑤] 这也是县令亲自签署的。这样我们就可以清楚地看到，这类形式的公验都是由州县首长或代理首长在申请人的牒文后直接签署的，所批之语虽则大多是“任为公验”一句，但各地各人亦略有小异。这样我们就可以明白何以在《入唐求法巡礼行记》中，圆仁把文登县公验、登州都督府公验都原文记录下来，而最后得到的是最重要的淄青节度使的公验却只字未录的原因。这就是因为淄青节度使只是在圆仁的申牒后面批上“任为公验”一句即可，故这份公验并无新的内容，所以没有重复抄录的必要。圆仁记事风格非常认真细致，如有新鲜内容他是不会不加以记录的。三月二十七日圆仁派人去打探公验批覆之事时，得到的答复是：“待后日朝衙尚书押名押印了，使送到。”[⑥] 这就证明淄青节度使所给这份公验只是由节度使在上面“押名”之后，同时加盖公章即可。

---

① 《入唐求法巡礼行记校注》卷二，第 184—185 页。
② 《唐六典》卷四《尚书礼部·祠部郎中》，第 120 页。
③ 《入唐僧带来的公验和过所》，《魏晋南北朝隋唐史资料》第十三辑，第 137 页。
④ 《入唐僧带来的公验和过所》，《魏晋南北朝隋唐史资料》第十三辑，第 139 页。
⑤ 《入唐僧带来的公验和过所》，《魏晋南北朝隋唐史资料》第十三辑，第 142—143 页。
⑥ 《入唐求法巡礼行记校注》卷二，第 246 页。

上述日僧带回日本的公验也都是加盖了当地政府公章的。从淄青节度使发给圆仁的公验只需节度使“押名押印”的记述，更印证了当时给予蕃客的公验的上述后一种形式的存在。

（三）翻译

由于边境地方政府负有多方面的外交职责，翻译就成为非常必要的一环，不论使节的来去还是文书的往还，均离不开翻译人员，于是边境地方政府亦设置有翻译官员以司其事。开元七年（719）三月敕：“胡书进表，并令西蕃所由州府缮讫封进。”① 如果有西域诸国的外交文书，则由蕃客所经州府负责翻译成汉文之后封装进上，可见这些地区的州府可能有或可能觅到翻译人才。太和四年（830）柳公绰为河东节度使时，回纥遣梅禄将军李畅来互市，“及至，辟牙门，令译引谒，宴以常礼”②。可见河东道设置有译官，负责翻译和礼宾事宜。咸通七年（866）南诏酋龙派遣清平官董成等十九人出使成都，西川节度使李福与其争执拜见之礼，“导译五返，日旰士倦，议不决”③。西川节度与南诏使者的谈判，是由“导译”居中进行的。可见西川节度府也置有译员。

由于边境地方政府的外交和翻译任务繁忙，因此唐朝曾命令边境地方政府设置专门机构以培养翻译人员。开成元年（836）五月“敕应边州今置译语学官，掌令教习，以达异意”④。这是命令边境地方政府设置“译语学官”，培养翻译人才，以满足外交活动之需要。边境地方政府设立外语学校，培养翻译人才，这在我国古代历史中尚属首见，这表明唐代边境政府外事活动之频繁，也是唐代外交空前发展的一个表现。

## 六　掌握、上报蕃情

边境地方政府既负有种种外交方面的职责，故必须及时而详尽地了解和掌握蕃情。李德裕为剑南西川节度使时，“乃建筹边楼，按南道山川

① 《唐会要》卷二六《笺表例》，第 505 页。

② 《旧唐书》卷一六五《柳公绰传》，第 4304 页。

③ 《新唐书》卷二二二中《南蛮中·南诏传下》，第 6284 页。

④ 《册府元龟》卷九九六《外臣部·鞮译》，第 11691 页。

险要与蛮相入者图之左，西道与吐蕃接者图之右。其部落众寡，馈饷远迩，曲折咸具。乃召习边事者与之指画商订，凡虏之情伪尽知之”[①]。李德裕通过“习边事者”及其他途径获得吐蕃方面的情况，画成地图，详尽地掌握了对方的各种情况。这是边境地方长官必须通蕃情的典型事例。除了通过正常渠道了解蕃情外，也通过其他情报手段获取蕃情。剑南西川节度使管内“黎、雅间有浅蛮曰刘王、郝王、杨王，各有部落，西川岁赐缯帛三千匹，使觇南诏，亦受南诏赂诇成都虚实。每节度使到官，三王帅酋长诣府”。关于浅蛮，胡注曰：“黎、雅西南大山长谷，皆蛮居之，所在深远，而三王部落居近汉界故曰浅蛮。”[②] 这是西川节度使与南诏互相利用边境少数民族刺探对方的情报。

在边境地区如果发生有关外交方面的事件，或对方有何重要动态，地方政府均须及时向朝廷上报。元和十一年（816），“西川奏，吐蕃赞普卒”[③]。这是边境地方政府向朝廷报告对方首领去世消息。大中三年（849）春，吐蕃“宰相尚恐热杀东道节度使，以秦、原、安乐等三州并石门、木硖等七关款塞，泾原节度使康季荣以闻，命太仆卿陆耽往劳焉”[④]。这是边境政府上报对方内争并降附之事后，中央及时采取了相应的外交行动。贞元十二年（796），西川节度使韦皋“奏收降蛮七千户，得吐蕃所赐金字告身五十五片”[⑤]。这些边境少数民族原来依附于吐蕃，如今在其首领率领下降附唐朝，其首领将吐蕃所给“告身”（即授官之符）一并上交西川节度使。韦皋向朝廷报告了此次接受降附的情况。乾元元年（758）九月“广州奏：大食国、波斯国兵众攻城”[⑥]。这是报告受到外国侵扰。贞元十年（794）三月，“西川节度使韦皋奏：南诏异牟寻击破吐蕃，收铁桥已来城垒一十六，擒其王五人，降其众十万余口”。开成三年（838）八月，“安南奏：得驩州状申，水真腊国差王子领兵马攻伐环王国，今差兵士赴欢州防遏”。这些是上报境外之争战情报。元和

① 《新唐书》卷一八〇《李德裕传》，第5331页。

② 《资治通鉴》卷二六一，唐昭宗乾宁四年（897），第8512页。

③ 《唐会要》卷九七《吐蕃》，第1737页。

④ 《旧唐书》卷一九六下《吐蕃传下》，第5266页。

⑤ 《旧唐书》卷一三《德宗纪下》，第383页。

⑥ 《旧唐书》卷一〇《肃宗纪》，第253页。

四年（809）九月，“丰州奏：吐蕃万骑至大石谷，掠夺回鹘之还国者”。太和五年（831）九月，“丰州刺史李公政奏：党项于黑山劫掠归国回鹘，差兵马使仆固全等七人，为贼射杀”①。这些是报告来使返国途中被劫掠之事。长庆元年（821）十二月，“丰州刺史李祐奏：先入回鹘使裴通，高品袁有直，并回鹘六十四人到鹈鹕泉”②。这是报告使节往还之动态。

综上所述，我们可以看到，唐代边境地方政府外交管理方面有两个重要特点。一是具有全方位的外交管理职能。地方政权机构的外交职能是非常广泛而全面的，几乎是全方位的、无所不包的，可以说涉外事务不论巨细均在其职权范围内。他们除了全面负责日常涉外事务之外，其本身还有很大的、广泛的对外交往权力。他们是中央政府在地方对外联系与交涉的总代表。与中央外交权力集中于皇帝之手一样，地方外交权力则集中于地方最高行政长官之手，这在唐前期为州刺史，唐后期为节度使。外交管理的地方集权与中央集权是统一的，他们既具有相对独立的对外权力，又须听命于中央，一方面贯彻执行中央的外交政策和指示，另一方面又向中央提供制定外交政策的依据和建议，上报外交使命之贯彻执行情况。地方集权与中央集权二者基本统一的同时，又包含着矛盾和斗争，在地方权力膨胀、中央权力羸弱的情况下，地方政权往往利用手中掌握的外交权力为工具，强化其与中央的离心力。二是具有周密完备的管理网络。唐代地方政府对于外交及涉外事务的管理，从最高地方行政机构的道，而州、县、乡直至最基层的村，逐级构成一个严密的、完整的金字塔式的管理网络。来自天廷的敕旨可迅速地逐级下达到基层，基层碰到的涉外问题也可迅速地逐级上达天听。只要需要，任何涉外事务均可通过这个网络上行下达，层层负责，上下协力，步调一致，密切配合，真可谓牵一发而动全身。中国古代外交管理权力之高度集中，至此已达于极致。

地方政权机构是唐代外交管理不可或缺的组成部分。唐太宗曾说：“前代帝王，称共治者，惟良二千石耳。虽文武百僚，各有所司，然治人

① 以上见《册府元龟》卷九九五《外臣部·交侵》，第11687、11688页。

② 《册府元龟》卷九八〇《外臣部·通好》，第11516页。

之本，莫如刺史最重也。”① 内政固如此，外交亦然。

## 第二节　地方军事与边防机构的外交职能

除了上述地方行政系统之外，在唐代还有一套地方军事与边防系统，即作为边疆军区的道及其下之军、镇、城、戍等，它们虽以军事为主要职责，但由于地处边境，故也担负重要的外交职责。

### 一　总管、都督与节度使

前文已谈及，“道”在唐代后期已是凌驾于州县之上的地方最高一级行政机构，但是在唐代前期的“道”与此不同，它有作为监察区的，有作为军事区的。作为军事区的道，设置于沿边及要害之地，为防守边疆的军事机构，此即所谓：“其缘边镇守及襟带之地，置总管府，以统军戎。”② 在道之下的边防军有军、守捉、城、镇等。道的长官，先为大总管、总管，后为大都督、都督。“大唐诸州复有总管，亦加号使持节。武德元年（618）诸州总管亦加号使持节，五年（622）以洛、荆、并、幽、交五州为大总管府，七年（624）改大总管府为大都督府，总管府为都督府。”但是在改总管为都督之后，“复有行军大总管者，盖有征伐则置于所征之道，以督军事”。即除了作为固定的边疆军区的都督之外，还有临时出征领兵的大总管。这种临时性质的方面军的“道”与作为常设军区的“道”并不是一回事，但为了方便在这里也一并叙及。唐代的都督之制，除了大都督与都督的区分外，于都督中又分为上、中、下三等。各都督府“前后制置改易不恒，难可备叙”③。

都督的职责，是“掌督诸州兵马、甲械、城隍、镇戍、粮廪，总判府事”④。但是从高宗以后，道的长官开始向节度使转变。“永徽已后，除都督带使持节，即是节度使；不带节者，不是节度使。景云二年（711）

① 《唐会要》卷六八《刺史上》，第1197页。

② 《旧唐书》卷三八《地理志一》，第1384页。

③ 《通典》卷三二《职官典十四·州郡上·都督》，第894页。

④ 《新唐书》卷四九下《百官志四下》，第1415页。

四月，贺拔延嗣除凉州都督，充河西节度使，此始有节度之号，遂至于今不改焉。"① 都督加使持节称号就成为节度使，但是直到睿宗时才以节度使为正式的官称。节度使是使职，因此一般仍以都督、都护等为本官。"节度使掌总军旅，颛诛杀。"② 除掌军事之外，还兼采访使、观察使、营田使、支度使等，逐步向行政权力扩展。因其权力很大，俨如一方诸侯，故曰方镇。但是终唐之世并未明令废除都督，不过是名存实亡而已。

从景云二年（711）设置河西节度使以来，至开元、天宝间，"于边境置节度、经略使，式遏四夷"③。先后所置十节度使及其所"式遏"之"四夷"为：

> 安西道节度使，"抚宁西域，统龟兹、焉耆、于阗、疏勒四国"。
> 北庭道节度使，"防制突骑施、坚昆、斩啜"。
> 河西道节度使，"隔断羌胡"。
> 朔方道节度使，"捍御北狄"。
> 河东道节度使，"掎角朔方，以御北狄"。
> 范阳道节度使，"临制奚、契丹"。
> 平卢道节度使，"镇抚室韦、靺鞨"。
> 陇右道节度使，"以备羌戎"。
> 剑南道节度使，"西抗吐蕃，南抚蛮獠"。
> 岭南道经略使，"绥静夷獠"④。

此十节度使备边之分工是：安西、北庭、河西"以备西边"；朔方、河东、范阳"以备北边"；平卢"以备东边"；陇右、剑南"以备西边"；岭南五府经略"以备南边"⑤。

作为边疆军区的统帅，在唐前期大体经历了上述从总管而都督而节

---

① 《唐会要》卷七八《节度使》，第 1425 页。

② 《新唐书》卷四九下《百官志四下》，第 1309 页。

③ 《旧唐书》卷三八《地理志一》，第 1385 页。

④ 《旧唐书》卷三八《地理志一》，第 1385—1389 页；又见《资治通鉴》卷二一五唐玄宗天宝元年（742）正月，第 6847—6850 页。

⑤ 《唐语林校证》卷八《补遗》，第 695 页。

度使的变化。他们虽以军事为主要职掌，但因地处边境，与周边民族政权和国家关系密切，故而在不同程度上都要担负一定的外交职责。不过其外交职掌与地方行政机构相较有一定特色，即多与军事问题紧密相关，带有更浓厚的军事外交色彩。

（一）统辖羁縻府州

前已述及，唐代于四边之外设置大量的羁縻府州。羁縻政策是汉唐时期中原皇朝对于边境地区少数民族及外国实行的一项传统政策，“天子之于夷狄也，其义羁縻勿绝而已”。《索隐》按：“羁，马络头也。縻，牛缰也。《汉官仪》‘马云羁，牛云縻’。言制四夷如牛马之受羁縻也。”[①]唐代于“内属”之“四夷”地区设置羁縻府州，大者为都督府，小者为州，“以其首领为都督、刺史，皆得世袭”[②]。先后所设羁縻都督府、州号称八百五十六之多。这些羁縻府、州大约有两类，一类设置于唐朝境外的各国、各族原住地，另一类设置于边外各族迁入内地后的侨居地。后者为唐领土内之人民。前者则有不同情况，应具体分析看待，有一些羁縻府州自始至终只是一个虚名，实为唐境之外的邻国、邻族。还有一些设在边外各族原地的羁縻府州，“或臣或叛”，在其臣服时有些可视为唐土，既叛之后则属境外；或一段时间服属于唐，后为邻国所吞并，也应承认领土主权之转移[③]。这些羁縻府、州，“皆边州都督、都护所领，著于令式”[④]。可见边境都督与都护都负有统辖之责。其中边州都督统辖羁縻府州的情况如下：

夏州都督府：隶突厥州四、府一。回纥府四、州五。吐谷浑州一。

灵州都督府：隶回纥州六。党项州二十八、府十二。

庆州都督府：隶党项府三、州二十三。

---

① （汉）司马迁撰，（南朝·宋）裴骃集解，（唐）司马贞索隐，（唐）张守节正义：《史记》卷一一七《司马相如列传》，中华书局1959年版，第3049、3050页。

② 《新唐书》卷四三下《地理志七下》，第1119页。

③ 参见谭其骧《唐代羁縻州述论》，载尹达、张政烺、邓广铭、杨向奎、王煦华主编《纪念顾颉刚学术论文集》（下册），巴蜀书社1990年版，第555—570页。

④ 《新唐书》卷四三下《地理志七下》，第1119页。

延州都督府：隶吐谷浑州一。

营州都督府：隶突厥州二。奚州九、府一。契丹州十七、府一。靺鞨州三、府三。

幽州都督府：至神龙初，营州都督府所隶者均改隶幽州都督府。此外还隶降胡州一。

凉州都督府：隶突厥州一、府一。回纥州三、府一。吐谷浑州一。

秦州、临州、姚州、松州等都督府：隶党项州七十三、府一、县一。

松州、茂州、嶲州、雅州、黎州都督府：隶诸羌州百六十八。

戎州、姚州、泸州都督府：隶诸蛮州九十二。

黔州都督府：隶诸蛮州五十一。

桂州、邕州、峰州都督府：隶诸蛮州五十一。①

边州都督对羁縻府州的统辖作用，一方面是从军事上加以控制。显庆五年（660）平定百济之后，“以其地置熊津、马韩、东明、金涟、德安等五都督，各统州县，立其酋长为都督、刺史、县令”，此即设置羁縻府州之事。与此同时，“命左卫郎将王文度为都统，总兵以镇之”②。所谓“都统”即是“都督”，是以史又称“以左卫中郎将王文度为熊津都督，安抚其余众”③。

另一方面则是从外交上加以控制。边州都督在羁縻府州与朝廷之间起着“中介”作用，朝廷的有关外交政策通过其推行，对羁縻府州的外交活动亦通过其开展。羁縻府州的朝贡活动就是经由边州都督而进行的，先天二年（713）十月敕曰：“诸蕃使、都府管羁縻州，其数极广，每州遣使朝集，颇成劳扰。应须朝贺，委当蕃都督与上佐及管内刺史，自相通融，明为次第。每年一蕃令一人入朝，给左右不得过二人。仍各分颁

① 《新唐书》卷四三下《地理志七下》，第1121—1146页。

② 《唐会要》卷九五《百济》，第1710页。

③ 《旧唐书》卷八四《刘仁轨传》，第2790页。

诸州贡物，于都府点检，一时录奏。"① 这道关于羁縻府州朝贡政策的命令规定，由边州都督与其管内刺史共同安排羁縻府州每年朝贡的先后次序，检核所限定之朝贡人数；清点他们的贡物，并登记造册上报朝廷。其他礼仪方面的事项也由边州都督代为料理，如羁縻府州首领的丧葬之事即如此，开元六年（718）契丹松漠都督李失活卒，"帝深加悯悼，亲为举哀，使使吊祭"的同时，并令"营州都督宋庆礼简校丧葬"②，具体料理有关丧葬事宜。此外，双方的交涉事务也由边州都督负责，如人员的赎取即是如此。贞观二十一年（647）诏曰："隋末丧乱，边疆多被抄掠。今铁勒并归朝化，如闻中国之人，先陷在蕃内者，流涕南望，企踵思归，朕闻之惕然，深用恻隐。宜遣使往燕然等州，知见在没落人数，与都督相计，将物往赎，远给程粮，送还桑梓。其室韦、乌罗护、靺鞨等三部，被延陀抄失家口者，亦令为其赎取。"③ 燕然州为贞观二十一年分回纥诸部所置羁縻州之一，唐政府为了将被抄掠至这些地区的人员召回，须以一定的物资赎取方能实现。可见这类所谓羁縻州府并非唐朝的地方州县，而是相对独立的政治实体。这项工作要"与都督相计"，此即负责统辖该羁縻州的唐边疆都督，燕然州隶于灵州都督府，故此事当由灵州都督具体办理。

（二）使命交通

边境军事长官有权直接对外遣使。武德元年（618）唐高祖派遣右武侯骠骑将军高静出使突厥，"致币于始毕可汗，路经丰州，会可汗死，敕于所到处纳库。突厥闻而大怒，欲南渡"。当时张长逊为丰州总管，得知此变，"长逊乃遣高静出塞，申国家赙赠之礼，突厥乃引还"④。丰州总管根据事态变化不仅决定重新派遣高静出使，而且将出使的任务由原先的向突厥"致币"改为向突厥致"赙赠"之礼，从而使突厥改变入侵的图谋。从这个事例可见边境总管具有对外遣使的权力。

高宗时，狄仁杰曾为并州都督府法曹参军，时"有同府法曹郑崇质，

---

① 《唐会要》卷二四《诸侯入朝》，第459页。

② 《册府元龟》卷九七四《外臣部·褒异一》，第11446页。

③ 《全唐文》卷八（太宗皇帝）《赎取陷没蕃内人口诏》，第99—100页。

④ 《旧唐书》卷五七《张长逊传》，第2301页。

母老且病，当充使绝域。仁杰谓曰：‘太夫人有危疾，而公远使，岂可贻亲万里之忧！’乃诣长史蔺仁基，请代崇质而行”①。法曹参军为都督府属官，这件事表明都督府有派遣属官出使“绝域”之权力。

麟德元年（664），检校熊津都督刘仁轨曾派遣郭务悰出使日本。日本天智天皇三年五月，“百济镇将刘仁愿遣朝散大夫郭务悰等进表函与献物”。同年十二月乙酉，“郭务悰等罢归”②。天智天皇三年即麟德元年。这里记作由刘仁愿派遣郭务悰出使有误，应是刘仁轨所遣。显庆五年（660）苏定方平百济后，留郎将刘仁愿镇守百济府城，刘仁轨为检校带方州刺史。龙朔二年（662）七月“熊津都督刘仁愿、带方州刺史刘仁轨大破百济于熊津之东”③。可知这年刘仁愿为熊津都督。龙朔三年（663）“诏刘仁轨将兵镇百济，召孙仁师、刘仁愿还”④。而高宗麟德元年（664）十月庚辰，有“检校熊津都督刘仁轨上言”⑤ 的记载。由此可知，龙朔三年刘仁愿已经离开百济回唐，而刘仁轨留镇百济，并为检校熊津都督。所以麟德元年派遣郭务悰出使日本的，应是刘仁轨。此次遣使的具体情形是：“大使、朝散大夫上柱国郭务悰等卅人，百济佐平祢军等百余人，到对马岛，遣大山中采女通信侣。僧智辨等来，唤客于别馆，于是智辨问曰：‘有表书并献物以不?’使人答曰：‘有将军牒书一函并献物。’”智辨奏闻，十二月日方报函曰：“使人朝散大夫郭务悰等至，披览来牒，寻省意趣，既非天子使，又无天子书，唯是总管使，乃为执事牒，牒是私意，唯须口奏。人非公使，不令入京。”可见这是唐朝边境镇将直接对外通使。日方因此次来使不是唐朝皇帝所遣，而是边境镇将所遣，使者“不令入京”，文书“亦不上朝廷”⑥，所以降格接待，以体现外交上的对等原则。

此外，天智天皇六年（唐高宗乾封二年，667）十一月“乙丑，百济镇将刘仁愿遣熊津都督府熊山县令、上柱国司马法聪等，送大山下境部

---

① 《旧唐书》卷八九《狄仁杰传》，第 2885 页。

② 《日本书纪》卷二七《天命开别天皇》，第 288 页。

③ 《资治通鉴》卷二〇〇，唐高宗龙朔二年（662）七月，第 6329 页。

④ 《资治通鉴》卷二〇一，唐高宗龙朔三年（663）九月，第 6338 页。

⑤ 《资治通鉴》卷二〇一，唐高宗麟德元年（664）十月，第 6340 页。

⑥ ［日］田中健夫编：《善邻国宝记　新订续善邻国宝记》，集英社，1995 年，第 40、42 页。

连石积等于筑紫都督府。己巳，司马法聪等罢归，以小山下伊吉连博德、大乙下笠臣诸石为送使”[1]。刘仁愿于乾封元年（666）为毕列道行军总管，配合辽东道行军大总管李勣征高丽[2]，总章元年（668）“坐征高丽逗留，流姚州”[3]。

边境军事长官对外遣使后，须向朝廷报告。开元时，安西节度副使王斛斯派张舒耀出使大食，联系双方连兵攻打突骑施事，回来后王斛斯将出使所获情报上奏朝廷，朝廷据此指示曰：“卿使张舒耀计会兵马回，此虽远蕃，亦是强国，观其意理，似存信义。若四月出兵是实，卿彼已合知之，还须量宜与其相应，使知此者计会，不是空言……若舒耀等虚有报章，未得要领，岂徒不实？当有所惩！绝域行人，不容易也。”[4] 这是朝廷对于安西节度遣使与大食连兵之事所作的批示，如果大食确实有意出兵，则应做好准备与其配合；如果使者所言不实，则应受到惩处。这种对外遣使也常由朝廷直接指挥，开元时为攻击突骑施，朝廷命令河西节度使牛仙客“仍使人星夜倍道，与大食计会”[5]。这是由朝廷指示河西节度使遣使与大食连兵。这种对外遣使活动，对于双方的关系是有影响和意义的，天宝年间“剑南节度使章仇兼琼遣使至云南，与归义言语不相得，归义常衔之”[6]。南诏首领皮逻阁于开元间赐名归义，封云南王。由于使节与云南王言语冲突，令其怀恨在心，后来南诏之背唐倒向吐蕃，与此不无关系。

边境军事长官也常接待对方来访。南诏王就经常访问剑南道，“旧事，南诏常与其妻子谒见都督”[7]。对方发生内部政争或军事冲突时，也可能向有关边疆军事长官求援，开元二十六年（738）突骑施酋长莫贺达干与吐火仙可汗相攻，于是“莫贺达干遣使告碛西节度使盖嘉运，上命嘉运招集突骑施、拔汗那以西诸国”[8]。边疆军事长官以保卫疆土为主要

① 《日本书纪》卷二七《天命开别天皇》天智天皇六年，第291—292页。

② 《新唐书》卷二二〇《东夷·高丽传》，第6196页。

③ 《资治通鉴》卷二〇一，唐高宗总章元年（668）八月，第6355页。

④ 《张九龄集校注》卷一〇《敕安西四镇节度副大使王斛斯书》，第604页。

⑤ 《张九龄集校注》卷八《敕河西节度使牛仙客书》，第537页。

⑥ 《旧唐书》卷一九七《南蛮、西南蛮·南诏蛮传》，第5280页。

⑦ 《旧唐书》卷一九七《南蛮、西南蛮·南诏蛮传》，第5280页。

⑧ 《资治通鉴》卷二一四，唐玄宗开元二十六年（738）六月，第6834页。

职责，因而双方军事冲突过程中，亦常有使命往还。天宝年间鲜于仲通为剑南节度使时，与南诏发生军事冲突，天宝十一载（752），南诏首领阁罗凤“遣使谢罪，仍与云南录事参军姜如芝俱来，请还其所虏掠，且言：‘吐蕃大兵压境，若不许，当归命吐蕃，云南之地，非唐所有也。’仲通不许，囚其使，进兵逼太和城，为南诏所败。自是阁罗凤北臣吐蕃”①。这是南诏遣使求和，但剑南节度使拒绝，结果导致南诏背唐而倒向吐蕃。

（三）互通文书

边疆军事长官有权与境外互通文书。新罗文武王十一年（唐高宗咸亨二年，671）七月二十六日，“大唐总管薛仁贵使琳润法师寄书”与文武王，文武王“报书”② 云云。当时薛仁贵为鸡林道总管，其与新罗王曾互通文书。日本天智天皇十年（唐高宗咸亨二年）正月辛亥，“百济镇将刘仁愿遣李守真等上表”，秋七月“唐人李守真等……并罢归”③。这是刘仁愿遣使日本，并向天智天皇致书。所谓“上表”，就是互致外交文书。

开元十年（722）小勃律国受到吐蕃进攻，“其王没谨忙诒书北庭节度使张孝嵩曰：‘勃律，唐西门。失之，则西方诸国皆堕吐蕃，都护图之。’孝嵩听许，遣疏勒副使张思礼以步骑四千昼夜驰，与谨忙兵夹击吐蕃。”④ 这是小勃律国致书北庭节度使，请求出兵援助其抵抗吐蕃进攻。开元中，北庭都护由北庭节度使兼，故勃律国王书称张孝嵩为都护。北庭节度使在接到文书后，决定出兵救援。杜希望为陇右节度使时，开元二十六年（738）“置镇西军，（杜）希望引师部分塞下，吐蕃惧，遗书求和。希望报曰：‘受和非臣下所得专。’”⑤ 这是吐蕃致书陇右节度使求和，时唐军拟采攻势，故推辞曰不敢自专。

一般来说，边镇在接到对方文书后，要上报朝廷处置。玄宗时《敕勃律国王书》云：“敕勃律国王苏·没谨忙：得王斛斯表卿所与斛斯书，知卿忠赤，输诚国家，外贼相诱，执志无二。又闻被贼侵寇，颇亦艰虞，

① 《旧唐书》卷一九七《南蛮、西南蛮·南诏蛮传》，第 5281 页。

② 《三国史记》卷七《新罗本纪》，第 75—77 页。

③ 《日本书纪》卷二七《天命开别天皇》，第 298、300 页。

④ 《新唐书》卷二一六上《吐蕃传上》，第 6083 页。

⑤ 《新唐书》卷一六六《杜佑传》，第 5085 页。

能自支持，且得退散，并有杀获，朕用嘉之”[①]。当时王斛斯为安西节度使，这是他在得到勃律国王的文书后，转奏朝廷，朝廷再据此给予回复。《敕安西节度王斛斯书》云：“得卿表，并大食东面将军呼逻散·诃密表，具知……”[②] 这是安西节度使接到大食边将的文书后，将其转奏朝廷。

**（四）译语**

边镇与缘边州郡一样因外交事务频繁，故亦设置翻译官员——译语人，以协助工作。

由于边镇常有外交文书往还，故须设置译员以笔译文书。唐玄宗《敕罽宾国王书》云：“敕罽宾国王：得四镇节度使王斛斯所翻卿表，具知好意。”[③] 这表明当罽宾国王的文书递交到四镇节度使王斛斯处时，王斛斯将其翻译成汉文后再上呈朝廷。可见在四镇节度使那里设有译员。

在日常大量的涉外事务中也需要翻译人员。吐鲁番阿斯塔那188号墓所出《唐译语人何德力代书突骑施首领多亥达干收领马价抄》就反映了这方面的具体情况。该文书内容如下：

（前缺）

1　□钱贰拾贯肆伯文

2　右酬首领多亥达干马叁疋直。

3　十二月十一日付突骑施首领多亥达

4　干领。

5　译语人　何德力[④]

与这件文书同墓出土有《唐开元三年张公夫人鞠娘墓志》，因而其年代下限当为开元三年（715）。它所反映的是：开元初年突骑施首领多亥达干来到西州互市，所卖三匹马成交之后，西州都督府之译语人何德力代替多亥达干写了这个收据。从这个文书我们可以知道，当时西州都督

① 《张九龄集校注》卷一二《敕勃律国王（苏·没谨忙）书》，第679页。

② 《张九龄集校注》卷一〇《敕安西四镇节度副大使王斛斯书》，第604页。

③ 《张九龄集校注》卷一二《敕罽宾国王书》，第682—683页。

④ 《吐鲁番出土文书》第八册，第87页。

府设置有“译语人”。

在进行互市贸易时，亦须译语人参与其事。这种译语人在吐鲁番出土文书中不止一见，阿斯塔那29号墓所出《唐垂拱元年康义罗施等请过所案卷》，即有“译翟那你潘”①。该文书记述了康义罗施等商胡“并从西来，欲向东兴易”，即进入内地贸易。为此西州都督府有关官员在为他们办理“过所”时，进行了一系列的调查审核，译语人翟那你潘在其中作为翻译人员参与向他们审查取证，因而在此案卷中花押。由此可见，在互市、办理过所等涉外事务中，都需要译语人参与其事。

值得注意的是，吐鲁番出土文书中所见译语人，均为胡人血统，上述译语人何德力，应属“昭武九姓”之何国人血统；翟那你潘亦当为胡人血统。我们在叙述中书省之译语人时，曾经指出唐中央政府之译语人多为胡人血统。由此看来，在唐代从中央到地方机构之译语人，均多为胡人血统人物充任，这是利用他们原有的外语条件，而又通晓汉语而采取的用人措施。

### （五）通和抚纳

边疆军事长官在以武力捍卫边境的同时，也常以外交手段与对方通和。武德九年（626）突厥寇边，以李靖为灵州道行军总管。突厥“颉利可汗入泾阳，（李）靖率兵倍道趋豳州，邀贼归路，既而与虏和亲而罢”②。这是在军事行动中结和。开元二十四年（736），崔希逸为河西节度使，“时吐蕃与汉树栅为界，置守捉使。希逸谓吐蕃将乞力徐曰：‘两国和好，何须守捉，妨人耕稼，请皆罢之，以成一家，岂不善也?’乞力徐报曰：‘常侍忠厚，必是诚言。但恐朝廷未必皆相信任。万一有人交搆，掩吾不备，后悔无益也。’希逸固请之，遂发使与乞力徐杀白狗为盟，各去守备。于是吐蕃畜牧被野”③。这是河西节度使采取主动，经过反复交涉谈判，终于达成边境和平协议，双方结盟撤守备。崔希逸曾为散骑常侍，故乞力徐如此称之。

① 国家文物局古文献研究室、新疆维吾尔自治区博物馆、武汉大学历史系编：《吐鲁番出土文书》第七册，文物出版社1986年版，第88—89页。

② 《旧唐书》卷六七《李靖传》，第2478页。

③ 《旧唐书》卷一九六上《吐蕃传上》，第5233页。

边境地区军事斗争尖锐复杂，外交斗争亦诡谲无常。开元二十一年（733）张守珪为幽州长史兼营州都督、河北节度副大使，当时“契丹及奚连年边患，契丹衙官可突干骁勇有谋略，颇为夷人所伏。赵含章、薛楚玉等前后为幽州长史，竟不能拒。及守珪到官，频出击之，每战必捷”。在军事胜利的情况下，“契丹首领屈剌与可突干恐惧，遣使诈降。守珪察知其伪，遣管记右卫骑曹王悔诣其部落就谋之”[①]。这是对方诈和，张守珪将计就计谋之。此次虽未达成和议，但可见作为边境军事长官是有权与对方和议的。天宝九载（750）“安西四镇节度使高仙芝伪与石国约和，引兵袭之，虏其王及部众以归”[②]。此虽为唐朝边将以通和之名，行武力袭击之实，但表明其有权与邻国通和。高仙芝这一举措，导致石国与西域诸胡的愤怒，大食等国遂联合夹攻唐军，高仙芝大败，石国“自是臣大食”[③]，不仅导致军事上的失败，也导致外交上的失利。

边疆军事长官也经常运用外交方式和手段悉心进行招徕抚纳。武德年间杨恭仁为凉州总管，由于他“久乘边，习种落情伪，悉心绥慰”，于是“葱岭以东，皆奉贡贽”[④]。这是通过“绥慰”的和平方式，达到纷纷前来朝贡之目的。贞观四年（630）“突厥既亡，营州都督薛万淑遣契丹酋长贪没折说谕东北诸夷，奚、霫、室韦等十余部皆内附”[⑤]。这是通过契丹酋长对东北诸族进行招徕。贞观二十一年（647），阿史那社尔为崑丘道行军大总管，“遣左卫郎将权祗甫徇诸酋长，示祸福，降者七十余城，宣谕威信，莫不欢服。刻石纪功而还。因说于阗王入朝，王献马畜三百饷军。西突厥、焉耆、安国皆争犒师”[⑥]。阿史那社尔通过遣使游说，招致西域诸国诸族纷纷降附入朝。

边境军事机构在招徕抚纳中具有重要作用。以营州为例，“初，营州都督治柳城以镇抚奚、契丹，则天之世，都督赵文翽失政，奚、契丹攻陷之，是后寄治幽州东渔阳城。或言：‘靺鞨、奚、霫大欲降唐，正以唐

① 《旧唐书》卷一〇三《张守珪传》，第3194页。
② 《资治通鉴》卷二一六，唐玄宗天宝九载（750）十二月，第6901页。
③ 《新唐书》卷二二一下《西域下·石（国）传》，第6246页。
④ 《新唐书》卷一〇〇《杨恭仁传》，第3926页。
⑤ 《资治通鉴》卷一九三，唐太宗贞观四年（630）八月，第6082页。
⑥ 《新唐书》卷一一〇《诸夷蕃将·阿史那社尔传》，第4115页。

不建营州，无所依投，为（突厥）默啜所侵扰，故且附之；若唐复建营州，则相帅归化矣。’”① 柳城在今辽宁朝阳，渔阳在今天津蓟县。营州都督治所由柳城撤至渔阳，与奚、契丹等族的距离较远，故影响了他们与唐的联系，而为突厥所乘。如能重新在柳城设治，则他们将纷纷归化。这表明边镇在招徕抚纳中是具有重要作用的。

（六）开展互市

边疆军事机构也设有一套互市官员，开元年间之《唐令》规定大都督府，设“市令一人（掌市内交易，禁察非为，通判市事），丞一人（掌判市事），佐一人、史一人、师三人（掌分行检察）”②。边境军事机构也常利用其地利条件而开展互市活动。开元年间宋庆礼为营州都督，“招集商胡，为立店肆，数年间，营州仓廪颇实，居人渐殷”③。通过互市而繁荣了营州的经济。天宝年间王忠嗣为朔方节度使，“每至互市时，即高估马价以诱之，诸蕃闻之，竞来求市，来辄买之。故蕃马益少，而汉军益壮”④。通过互市购得大量马匹，从而加强了军事力量。吐鲁番出土文书有不少关于边镇通过互市进行马匹交易的记录。阿斯塔那188号墓所出《唐上李大使牒为三姓首领纳马酬价事》文书一件，其内容如下：

（前缺）

1　九日

2　三姓首领胡禄达干马九疋，一疋⊡州拾匚

□疋各柒匚

3　三姓首领都担萨屈马六疋，疋别[备]匚

4　右检案内去十一月十[六]□得上[件]

5　牒请纳马，依状检到前官□

6　□□[牒]上李大使，请[牒]匚

① 《资治通鉴》卷二一一《唐纪》玄宗开元二年（714）正月，第6695页。

② 《唐令拾遗·州县镇戍岳渎关津职员令第六》“大都督府”条，第55页。

③ 《旧唐书》卷一八五下《良吏下·宋庆礼传》，第4814页。

④ 《旧唐书》卷一〇三《王忠嗣传》，第3201页。

（后缺）①

这个文书反映了当时西州都督府与三姓首领进行马匹互市的情况。从这件文书以及在吐鲁番出土的其他市马文书中可以看到边镇对于互市管理的一些情况。第一，这件文书称“去十一月十六□得上件牒请纳马”云云，表明在进行互市之前须经申请并得到批准，方能进行，并非随意进行。第二，这件文书称“依状检到前官□□□牒上李大使”云云，表明在互市之后须向有关上级报告。第三，从上文所引同墓所出《唐译语人何德力代书突骑施首领多亥达干收领马价抄》，可知互市之时要开具收据，写明马匹数量及价钱。必要时还由官方之译语人代为书写。由此可见，边镇对于互市的管理是相当严格和周密的。

（七）蕃舶管理

东南沿海之都督与内陆地区不同，其掌管对外贸易则主要通过管理蕃舶而进行，因为这些地方的对外贸易主要是通过海船进行的。前文我们已经谈及，在唐代中后期广州等东南沿海之蕃舶管理是由节度使负责的，而在唐前期则主要是由都督负责。武后光宅元年（684），广州都督路元叡因管理蕃舶时侵刻过甚，引起蕃商不满而被杀，“路元叡冒取其货，舶酋不胜忿，杀之”②。蕃商把愤怒集中于广州都督，可见是由广州都督负责蕃舶之管理。路元叡事件之后，王方庆被任命为广州都督，他“在任数载，秋毫不犯”③。所谓“秋毫不犯”，主要是指其在管理蕃舶贸易中廉洁奉公，不侵犯外商利益。故“议者谓治广未有如（王）方庆者，号第一，下诏赐瑞锦、杂采”④。广州都督对蕃舶之管理，与前文所述岭南节度使之情况基本上是一致的，兹不复赘。

（八）馆驿管理

由于边镇与外蕃接境，为使命交通所必经，因而同样需设置馆驿以接待来往使者或蕃商。吐鲁番出土文书表明唐代前期西州都督府设馆甚

① 《吐鲁番出土文书》第八册，第84页。

② 《新唐书》卷一一六《王綝传》，第4223页。

③ 《旧唐书》卷八九《王方庆传》，第2897页。

④ 《新唐书》卷一一六《王綝传》，第4223—4224页。

多，已见的有“北馆”“中馆”和“蒲昌馆”“柳中馆”“交河馆”“天山馆”等二十余馆。而“迎送使命”是这些馆的重要功能，据《唐天宝十四载郡坊申十三载九至十二月诸馆支贮马料帐》文书记载：

1　合郡坊马从天十三载九月□日已后，至其载十二月卅日以前，东西三路迎

2　送使命，食诸馆麦粟总「柒」伯捌拾柒硕玖斗贰胜贰合。[①]

这件文书表明，西州为东西交通之枢纽，为西达焉耆、东至伊州、北通北庭的三路所会[②]。而这些馆的主要任务就是“迎送使命”。

西州原为鞠氏高昌统治区，吐鲁番出土文书中有许多反映高昌客馆的资料。哈拉和卓33号墓出土的《高昌众保等传供粮食帐》，记云：“五日将天奴传，面三斛供何国王儿使奚匚……斛供亜吴吐屯使由旦五人道粮。”[③] 这是鞠氏高昌时期的文书，反映了高昌客馆接待来使时，供应粮食和支给“道粮”的事实。高昌客馆之“道粮”，疑即唐制供应蕃客之“程粮”。阿斯塔那122号墓出土的《高昌崇保等传寺院使人供奉客使文书》，记云：“崇保传：范寺使人供尼利珂蜜（寒）使。次二日，阴阿保传马寺使人、伍塔使人供卑失蛇婆护使。”[④] 这里的“尼利珂寒”即《隋书·北狄传·西突厥传》所记之泥利可汗，“卑失蛇婆护”即泥利可汗弟婆实特勤[⑤]。这是以佛教寺院附户至客馆为来使执役。一方面高昌的政治制度乃模仿继承内地制度，这套客馆制度无疑是仿照内地制度的；

---

① 国家文物局古文献研究室、新疆维吾尔自治区博物馆、武汉大学历史系编：《吐鲁番出土文书》第十册，文物出版社1991年版，第233页。

② 参见孙晓林《关于唐前期西州设馆的考察》，武汉大学历史系《魏晋南北朝隋唐史资料》第十一辑，武汉大学出版社1991年版，第251—262页。

③ 国家文物局古文献研究室、新疆维吾尔自治区博物馆、武汉大学历史系编：《吐鲁番出土文书》第二册，文物出版社1981年版，第283页。

④ 国家文物局古文献研究室、新疆维吾尔自治区博物馆、武汉大学历史系编：《吐鲁番出土文书》第三册，文物出版社1981年版，第328页。

⑤ 《隋书》卷八四《北狄·西突厥传》，第1876页；参见姜伯勤《高昌鞠氏朝与东西突厥—吐鲁番所出客馆文书研究》，载北京大学中国中古史研究中心编《敦煌吐鲁番文献研究论集》第五辑，北京大学出版社1990年版。

另一方面高昌的客馆制度也自然为日后在此设置的西州有所承袭。

（九）过所管理

边疆军事机构与地方行政机构一样也有管理过所的职责。一般来说边镇都是军事要地，而且是与外蕃交通的孔道，出入境的蕃客甚多，人员复杂，因而在过所的发放、勘验中也就格外严格。唐代的西州是丝绸之路上的枢纽，是商胡客贩及僧侣等各色蕃人必经之处。阿斯塔那29号墓出土的《唐垂拱元年康义罗施等请过所案卷》[①]，是反映边镇管理蕃客过所的一份珍贵资料。本案卷共有四段，残存者计58行。它记录了当时有两批西胡商人在西州申请过所的情况。一批胡商四人为：康义罗施、某钵、吐火罗拂延、吐火罗磨色多。康义罗施为康国人，即昭武九姓胡。拂延、磨色多为吐火罗人。钵之名字前残缺，故不知何国人。他们四人“并从西来，欲向东兴易”。即从西部进入唐境，路经西州，打算向东至长安进行贸易。但是他们“为在西无人遮得，更不请公文”。也就是说他们在进入西州之前并没有申请得到公验。因此他们在西州都督府受到盘查，文书即为西州有关官员讯问他们以及他们“请乞责保”的记录。讯问是由西州一位名亨的官员主持的，西州的译语人翟那你潘在讯问过程中担任翻译。一方面他们“被问所请过所，有何公文”，即追查他们在进入西州之前是否申请过过所，有何证明文件；另一方面则调查他们有否压良为贱、拐卖人口之嫌。因为他们都携带有奴婢和作人（即雇工）。西州官员某亨通过译人翟那你潘讯问“其人等不是压良、该诱、寒盗等色以不?”“寒盗”，寒通诃、呵，假借作“搴”，取也，略卖人口之谓。[②]翟那你潘等在讯问后做出了保证：“保知不是压良等色，若后不依今款，求受依法罪，被问依实。”保证不是压良为贱，今后如查有不实，甘受罪罚。

另一批胡商也是四人，他们是：康纥槎、某芎潘、某达、某延。第一人为康国胡，后三人名字前缺，不知何国人。不过文书说他们都是“兴生胡”，即兴生贸易之商胡，或简称“兴胡”。他们也同样“被问所请过

① 《吐鲁番出土文书》第七册，第88—94页。

② 参见程喜霖《〈唐垂拱元年康义罗施等请过所案卷〉考释》，《魏晋南北朝隋唐史资料》第十一辑，第248页。

所，有何公文?”他们承认从西边而来没有向“汉官府”请得过所，因而“并请责保”。经过调查审核以后，上述八人中有四人，即康尾义罗施、吐火罗拂延、吐火罗磨色多、康纥槎，以及另外一位何胡数刺（即昭武九姓之何国人），一共五人获得批准。他们请了五个保人作保，这五位保人是：庭、伊百姓康阿了，伊州百姓史保，庭州百姓韩小儿，乌耆人曹不那遮，高昌县史康师。这些保人虽然都是唐朝州县之百姓，但从他们的姓名可知多为胡人，应是已经入籍唐朝的胡人，因而由他们出来为胡商做保人。这些保人也同样负责讯问了上述五位商胡所携“家口入京”“不是压良……冒名假代等色”。最后保人担保他们“不是压良、假代等色”，并承担如果日后如有不实则“受依法罪”的责任。

从这个案卷我们可以看到，作为边镇的西州都督府，负有在中西交通要道勘验、发放过所的职责。这里是蕃客来往频繁的孔道，客流量大，人员复杂，情况复杂，因而其检查工作是相当繁重的。而他们在盘查过往蕃客尤其是商胡时又是非常细致而严格的。表明唐代的对外开放是与严密的外事管理政策和措施相结合的。

**（十）上报蕃情**

开元年间，唐玄宗根据四镇节度使的上奏情报，致书吐蕃赞普，提出抗议：“近得四镇节度使表云：彼使人与突骑施交通。但苏禄小蕃，负恩逆命，赞普既是亲好，即合同嫉顽凶。何为却与恶人密相往来，又将器物交通赂遗?”[①] 吐蕃与突骑施可汗苏禄秘密通使，互赠礼物，四镇节度使获得这个情报后，上报了朝廷，朝廷据此向吐蕃提出了抗议。可见边疆军事长官要及时上报外交动态，而这种情报对于唐政府的外交决策是很有价值和意义的。

## 二　军、镇

唐朝在边防线上设置军队以戍边，“唐初，兵之戍边者，大曰军，小曰守捉，曰城，曰镇，而总之者曰道”[②]。开、天之际边境八节度使统属之边防军的驻防单位有：军、镇、守捉、城等。这种“军”“镇”始置于

---

① 《张九龄集校注》卷一一《敕吐蕃赞普书》，第647页。

② 《新唐书》卷五〇《兵志》，第1380页。

武则天时期，均置“使”以主之，每“军”置使一人主之，五千人以上设副使一人，万人以上设营田副使一人；每“镇”置使、副使各一人[①]。唐代还有一种“镇”，与此不同，为唐初继承前代而设，有上镇、中镇、下镇，每镇设镇将、镇副各一人，“掌镇捍防守”。镇之下还有戍，设戍主、戍副各一人，职掌与镇略同[②]。这些军事单位在唐后期依然存在，不过如同随着安史之乱以后节度使之从边境推向内地一样，并不限于边境地区，在内地也有设置，其统属关系也有所变化。元和十四年（819）二月诏曰：“诸道节度使、团练、都防御、经略等使，所管支郡，除本军州外，别置镇遏、守捉兵马者，并合属刺史等。如刺史带本州团练、防御、镇遏等使，其兵马额便隶此使，如无别使，即属军事。其有边于溪洞、连接蕃蛮之处，特建城镇，不关州郡者，即不在此限。”[③] 这就表明在唐后期这类军事单位已改属于所管州郡，不过对于与蕃蛮接界的军事单位则不在此限，如当年八月浙东观察使奏称：“今当道望海镇，去明州七十余里，俯临大海，东与新罗、日本诸蕃接界。请据文不属明州。”朝廷批复曰“许之”[④]。

这些单位的职能当然主要是在军事上负责守护边疆，即所谓“掌捍防守御”[⑤]。但是因为它们地处边境地区，因而也就自然负有一定的外交职责和管理各种涉外事务。

（一）迎送使命

边军亦有迎送使命的职责。开元六年（718）十一月吐蕃遣使奉表曰：“又往者平论地界，白水已来中间并令空闲，昨秋间郭将军率聚兵马于白水筑城。既缘如此，吐蕃遂于界内道亦筑一城，其两国和同，亦须迎送使命，必若不和，其城彼此守捉边境。”[⑥] 这是吐蕃对于当时陇右节度使郭知运在白水筑城一事提出抗议，不过从中我们可以知道，这种边

---

① 《唐六典》卷五《尚书兵部·兵部郎中》，第158页。

② 《唐六典》卷三〇《三府督护州县官吏·镇戍岳渎关津官吏》，第755—756页。

③ 《唐会要》卷七八《诸使中·诸使杂录上》，第1441—1442页。《旧唐书》卷一五《宪宗纪下》略同，第467页。

④ 《唐会要》卷七八《诸使中·诸使杂录上》，第1442页。

⑤ 《新唐书》卷四九下《百官志四下》，第1320页。

⑥ 《册府元龟》卷九八一《外臣部·盟誓》，第11527页。

城除了“守捉边境”之军事职能外，亦有“迎送使命”之外交职能。

迎使之例：开元二十四年（736），窣干（史思明之原名）逃亡入奚，谎称为唐使臣，骗得奚王派遣其良将琐高率三百人随其入唐朝贡。“窣干将至平卢，先使人谓军使裴休子曰：‘奚使琐高与精锐俱来，声云入朝，实欲袭军城，宜谨为之备，先事图之。’休子乃具军容出迎，至馆，悉坑杀其从兵，执琐高送幽州。”[①] 这虽是史思明导演的一场闹剧，但是从中反映了边军在迎送使命中的实际情况，奚王使团在到达幽州之前先由驻守边境之平卢军负责接待；军使裴休子“具军容出迎”并未引起奚人怀疑，说明这是正常的接使礼仪；使团被迎入馆内安置，表明在军中也设有迎接来使的客馆。

送使之例：建中元年（780），回纥“酋长突董、翳蜜施、大小梅录等还国，装橐系道，留振武三月，供拟珍丰，费不赀。军使张光晟阴伺之，皆盛女子以橐，光晟使驿吏刺以长锥，然后知之”[②]。这是回纥使团返国时路经振武军的情况。在接待时有“驿吏”参与其事，联系上文平卢军有馆以接待使人，可见军中有接待使者的馆驿。这个使团有近千人，带有骆驼和马数千匹，缯锦十万，可见使团规模之大，他们在振武军停留了三个月，由军中负责款待他们的饮食起居，而且供应非常丰盛，据称“日食肉千斤，他物称是”，以致财力不堪负担。当然这种情况有其特殊性，董突等人所率使团是一支长期滞留长安、“殖货纵暴”[③]、杂有九姓胡的人员，因而他们回国时所带辎重甚盛，甚至拐带人口。而当时回纥势强，故唐朝对其多所委曲求全。不过这件事还是表明边军在送使出境方面负有重要职责。

《入唐求法巡礼行记》对于边军迎送来使有许多生动具体的记述。藤原常嗣所率日本使团于开成三年（838）七月二日抵达扬州海陵县淮南镇，随即派出判官、准录事等官员“令向镇家，兼送文牒”。后来大使也带着“土物”到镇去。不仅派员向军镇呈文通报，而且大使还亲自登门拜望。镇军告诉他们：“更可还向于掘港庭”，并派出两军人为他们带路。

---

① 《资治通鉴》卷二一四，唐玄宗开元二十四年（736）四月，第6817页。

② 《新唐书》卷二一七上《回鹘传上》，第6121页。

③ 《资治通鉴》卷二二六，唐德宗建中元年（780）八月，第7287—7288页。

到达延海村后，“九日巳时，海陵镇大使刘勉来慰问使等，赠酒饼，兼设音声……巡检事毕，却归县家”。二十日他们的船队到达如皋镇，“镇大使刘勉驾马来泊舫之处，马子从者七八人许，检校事讫，即去”[①]。直到二十三日才到达海陵县，受到县令的迎接。从这里可以看到来使所首先接触的是边军，因为他们是负责边境巡逻守卫的，然后由他们引导到地方政府部门。他们一方面负责对来使进行检查，另一方面还要进行款待。这位刘勉被称为“镇大使”，唐制“每镇又有使一人、副使一人”[②]。

蕃国通过边军遣使时，边军要及时上报朝廷，等候处理指示。贞元十三年（797）正月，“吐蕃赞普遣使修好，塞上以闻，上以犬戎负约，不受其使”[③]。其时“邢君牙筑永信城于陇州以备虏，虏使者农桑昔来请修好，朝廷以其无信，不受”[④]。可知上文中的“塞”即陇州之永信城。永信城在接到吐蕃使后即上报朝廷，再由朝廷下达指示拒绝其使。双方关系不睦时，通过边将拒绝对方来使，是经常采用的外交手法。开元十八年（730）十月吐蕃派遣其大臣名悉猎“来朝，请固和好之约，且献书”。其上书中提出：“承前数度使人入朝，皆被边将不许，所以不敢自奏。”[⑤] 文中透露了边将屡拒其使的事实，可见由边将拒绝对方来使的方式是经常被采用的。

**（二）接转文书**

蕃国有时也通过边军转交文书。开元十八年（730）五月“吐蕃遣使致书于境上求和”[⑥]。《新唐书》记此事曰：“吐蕃令曩骨委书塞下，言：‘论莽热、论泣热皆万人将，以赞普命，谢都督刺史：二国有舅甥好，昨弥不弄羌、党项交构二国，故失欢，此不听，唐亦不应听。’都督遣腹心吏与曩骨还议盟事。”[⑦] “曩骨”为吐蕃官名，类似唐的“千牛”官，即侍卫官。这是吐蕃通过边军转交求和文书，提出双方不和乃因弥不弄羌、

① 《入唐求法巡礼行记校注》卷一，第9、11、16—17页。

② 《新唐书》卷四九下《百官志下》，第1320页。

③ 《旧唐书》卷一三《德宗纪下》，第385页。

④ 《新唐书》卷二一六下《吐蕃传下》，第6099页。

⑤ 《册府元龟》卷九七九《外臣部·和亲二》，第11502页。

⑥ 《资治通鉴》卷二一三，唐玄宗开元十八年（730）五月，第6789页。

⑦ 《新唐书》卷二一六上《吐蕃传上》，第6084页。

党项之挑拨离间，彼此均不应当听信其言，希望恢复和好。文书上交后，由都督派使者与其会谈结盟之事。贞元十三年（797）正月“吐蕃赞普遣使农索昔赍表，请修和好，边将以闻，德宗以其豺狼之心，数负恩背约，不受表状，任其使却归”[①]。此与上文所述农桑昔款永信城为同一事，这里的“边将”即上引《新唐书》所记之永信城守军长官。此记载强调其来递交文书，边将转达后，唐朝将文书退回对方。

### （三）接受贡赐

边军一方面可以代表政府接受蕃国的贡献。天宝六载（747）十二月“九姓、坚昆及室韦献马六十匹，令西受降城使印而纳之”[②]。唐制，“凡马驹以小官字印印右膊；以年辰印印右髀；以监名依左右厢印印尾侧”。而诸蕃“部落马同种类，其印各别”[③]。蕃国所进马匹均须盖上不同印记，以为分别。这是令边防城使负责接受上述诸部之献马。

另一方面边军有时也代表朝廷向蕃国颁发赏赐。回纥在协助唐朝平定安史之乱、收复两京中做出贡献，至德二载（757）肃宗以回纥叶护为司空，封忠义王，并下诏大加赏赐，告知曰：“每岁送绢二万疋至朔方军，宜差使受领。”[④] 这是唐方将赐物送至朔方军，然后由回纥每年派人到那里去领取。

### （四）转致请求

对方有所请求时，也常通过边军转达。回纥在开成年间为黠戛斯所破，会昌初其中一支在乌介可汗率领下逼近唐朝北边，对唐构成威胁，朝廷百计驱之不去。在此情况下，“退浑、党项利虏掠，因天德军使田牟上言，愿以部落兵击之”[⑤]。退浑、党项通过天德军转达其欲出兵助唐攻打回纥的意愿。元和十年（815）十一月“吐蕃使款陇州塞，请互市，许之”[⑥]。这是对方遣使至边塞，提互市的请求，由边塞向上转致以后得到了批准。

---

① 《册府元龟》卷九九六《外臣部·责让》，第11696页。

② 《册府元龟》卷九七一《外臣部·朝贡四》，第11412页。

③ 《唐会要》卷七二《诸监马印、诸蕃马印》，第13055、1306页。

④ 《唐大诏令集》卷一二八《番夷·命官·回纥叶护司空封忠义王制》，第691页。

⑤ 《新唐书》卷一八〇《李德裕传》，第5336页。

⑥ 《册府元龟》卷九九九《外臣部·互市》，第11727页。

### （五）宣达朝旨

朝廷对于蕃国的政策有时也通过边军负责宣达和贯彻。张九龄《敕伊吾军使张楚宾书》曰："近得卿表，知沙陀入界，此为刘涣凶逆，处置狂疏，遂令此蕃，暂有迁转。今刘涣伏法，远近知之；计沙陀部落，当自归本处。卿可具宣朝旨，以慰其心；兼与盖嘉运相知，取其稳便。丰草美水，皆在北庭，计必思归，从其所欲也。卿可量事安慰，仍勿催迫；处置了日，具以状闻。"[①] 这是宰相张九龄代表朝廷给伊吾军使下达的指示。北庭都护刘涣伏法事在开元二十二年（734），其后由盖嘉运任北庭都护。沙陀入界之事是由北庭都护刘涣处置不当造成的，朝廷的政策是采取和平方式令其自动迁出，因而指示伊吾军使张楚宾向沙陀宣达这一政策，根据具体情况进行安抚，以期圆满解决这一问题。

### （六）上报蕃情

边军还须及时向上报告蕃情动态。长庆元年（821）以太和公主出嫁回纥，十一月振武节度使张惟清上奏："得天德军转牒云：回鹘七百六十人将驼马及车，相次至黄芦泉迎公主。"[②] 这是在和亲公主前往回纥途中，天德军向振武节度使报告回纥前来迎接的动态，节度使再将其上报朝廷。

### （七）勘验过所

边防各级军事单位都有勘验过所的职责，对于蕃客亦然。日僧圆珍等人得到大中七年（853）九月十四日福州都督府判给的前往天台山、五台山等地巡礼的公验后，于九月廿八日途经福建海口镇时，由海口镇"勘过"。这种"勘过"证明是在公验后端书写的，文如下：

福建海口镇勘日本国僧圆珍
等出讫大中七年九月廿八日
史魏□□
镇将朱浦[③]

---

① 《张九龄集校注》卷八《敕（伊州刺史）伊吾军使张楚宾书》，第527—528页。

② 《册府元龟》卷九七九《外臣部·和亲二》，第11507页。

③ 《入唐僧带来的公验和过所》，《魏晋南北朝隋唐史资料》第十三辑，第140页。

此即海口镇在检查了圆珍等人的公验后，同意放行而作的批语。这个勘过证明是由海口镇的“史”魏某书写的，唐制军镇有“史”，由其负责文书之事。最后是镇将朱浦署名认可。

吐鲁番出土文书中有不少关于边疆各级军事单位勘验过所的资料。阿斯塔那509号墓出土的《唐开元二十年瓜州都督府给西州百姓游击将军石染典过所》，记载了石染典从安西到瓜州“市易事了，今欲却往安西已来，路由铁门关，镇戍守捉不练行由，请改给者”①。这是他向瓜州提出申请“改给”过所，以便返回安西。据日本《养老关市令》：“若已得过所，有故卅日不去者，将旧过所申牒改给。”② 日本《养老令》乃承袭唐令而来，故此亦可视为唐制。大概石染典在瓜州已超过三十日，因而请求瓜州“改给”过所。牒文中之“镇戍守捉”即为沿途之军事单位。是年的三月十四日，瓜州都督府“改给”了石染典过所，他持这件过所自瓜州前往伊州的途中，过所后依次写有：

> 三月十九日，悬泉守捉官高宾勘西过
> 三月十九日，常乐守捉官果毅孟进勘西过
> 三月廿日，苦水守捉押官年五用勘西过
> 三月廿一日，盐池戍守捉押官健儿吕楚□勘过

这表明沿途有四个守捉勘验了石染典的过所。同墓所出《唐开元二十一年西州都督府案卷为勘给过所事》，有王奉仙自安西还京，于十一月十日在西州都督府得到过所，向东，“十四日至赤亭镇官勘过”，这里他曾被赤亭镇镇将勘过。但他“无向北庭行文，至酸枣戍捉获”。即他未按过所规定的路线东行，而是折向北庭方向，因而被酸枣戍之戍兵捉获。另一件记蒋化明因过所丢失，“至酸枣戍捉获，勘无过所”③。则因勘验无过所而被戍兵捉获。这些虽是关于唐百姓过所的管理情况，但对于蕃客

① 国家文物局古文献研究室、新疆维吾尔自治区博物馆、武汉大学历史系编：《吐鲁番出土文书》第九册，文物出版社1990年版，第40—42页。

② 《唐令拾遗·关市令第二十六》“度关津先请过所”条，第642页。

③ 《吐鲁番出土文书》第九册，第51—69页。

过所管理之严格必定有过之无不及。

#### （八）互市场所

由于边军驻地多为对外交通孔道，所以常作为双方互市之场所。开元十五年（727）突厥毗伽可汗派遣其大臣梅录啜入朝。此前吐蕃曾致书毗伽可汗，邀约突厥联兵攻唐。毗伽可汗不仅没有答应其要求，反而将吐蕃的书信献给唐朝。“上嘉其诚，引梅录啜宴于紫宸殿，厚加赏赉，仍许于朔方军西受降城为互市之所，每年赍缣帛数十万匹就边以遗之”①。这是以边城为互市场所，每年仅缣帛即数十万匹，可见贸易量之巨大。这个互市每年都要进行，唐朝从中购得大量马匹，作为国有马场的牧马，“由是国马益壮焉”②，对于加强唐朝国防起了重要作用。除了西受降城这个唐代中期最大的马匹互市场所之外，其他还有开元十九年（731）开放的与吐蕃在赤岭的互市③，元和十年（815）开放的与吐蕃在陇州塞的互市④，等等。

### 三　关

唐代于天下设二十六关，这些关区分为上、中、下三等，“京城四面关有驿道者为上关，余关有驿道及四面关无驿道者为中关，他皆为下关焉”⑤。以关令一人为长官，唐后期则以关使为长官，下置“镇守官健”⑥。有津之处则设津，亦分上、中、下三等，统称为关津。关也与外交有关，承担一定的涉外事务。

#### （一）限中外，隔华夷

从设关的目的任务来看：“关所以限中外，隔华夷，设险作固，闲邪正禁者也。”⑦ 表明唐代明确规定设关的目的不仅是针对国内，即所谓“禁末游，伺奸慝”⑧ 等任务，而且是针对外国和周边民族，把“限中外、

---

① 《旧唐书》卷一九四上《突厥传上》，第5177页。

② 《资治通鉴》卷二一三，唐玄宗开元十五年（727）九月，第6779页。

③ 《资治通鉴》卷二一三，唐玄宗开元十九年（731）九月，第6796页。

④ 《册府元龟》卷九九九《外臣部·互市》，第11727页。

⑤ 《唐六典》卷六《尚书刑部·司门郎中》，第195—196页。

⑥ 《旧唐书》卷一八下《宣宗纪》，第624页。

⑦ 《旧唐书》卷四三《职官志二》，第1839页。

⑧ 《旧唐书》卷四四《职官志三》，第1924页。

隔华夷”作为其重要职能。

关有如国家之门户，根据国家的利益和一定时期的对外政策而决定其开合闭启。在对外通商贸易方面，唐朝规定某些战略物资不得出境贸易，开元二年（714）闰三月敕：“金铁之物，亦不得将度西北诸关。”① 这是命令西北诸关查禁金铁之物，不许以此战略物资出关。贞元元年（785）八月“吐蕃率羌、浑之众犯塞，分遣中官于潼关、蒲关、武关，禁大马出界”②。这是派遣专使至诸关监督大马这一重要战略物资出境。一般来说，唐政府对于外商来唐贸易是采取开放政策的，敦煌遗书S. 1344号《唐户部格残卷》垂拱元年（685）八月二十八日敕：“诸蕃商胡，若有驰逐，任于内地兴易，不得入蕃，仍令边州关津镇戍，严加捉搦。”③ 规定外商在唐境可以自由贸易，只是不得随意出境，而由关津等边防单位严格执行。双方关系紧张之时，则实行闭关以禁止边贸，大中三年（849）八月凤翔节度使奏收复秦州，宣宗制曰：“三州七关创置戍卒，且要务静。如蕃人求市，切不得通；有来投降者，申取长吏处分。”④ 三州为秦、原、安乐三州，原州有石门等七关。三州七关与吐蕃相接，故令其禁止蕃人前来贸易。

在文化交流方面，唐政府一般也是采取开放的政策，但对某些不希望输入的文化有时也会闭上关门，不令入关。对于西方传来的幻术，唐政府就曾闭关不纳：“自汉武帝，幻伎始入中国，其后或有或亡，至国初通西域复有之。高宗恶其惊俗，敕西域关津不令入中国。”⑤ 这是唐高宗明令禁止西域幻术入关。高宗为此发布《禁幻戏诏》曰：“如闻在外有婆罗门胡等，每于戏处，乃将剑刺肚，以刀割舌，幻惑百姓，极非道理，宜并发遣还蕃，勿令久住。仍约束边州，若更有此色，并不须遣入朝。”⑥ 认为这种文化有“幻惑百姓”之负作用，故不宜引进。这表明如果要拒

---

① 《唐会要》卷八六《市》，第1581页。

② 《唐会要》卷七二《马》，第1303页。

③ 敦煌遗书S. 1344号《唐户部格残卷》，刘俊文：《敦煌吐鲁番唐代法制文书考释》，中华书局1989年版，第278页。

④ 《旧唐书》卷一八下《宣宗纪》，第624页。

⑤ 《唐会要》卷三三《散乐》，第611页。“关津”，《旧唐书》卷二九《音乐志二》作“关令”，第1073页。

⑥ 《全唐文》卷一二（高宗皇帝）《禁幻戏诏》，第145页。

绝某种文化进口，亦须由边境关津负责查禁堵截。

（二）勘验过所

关的日常职责是检查出入行人，“凡行人车马出入往来，必据过所以勘之”[①]，即负责勘验过所等通行证明。蕃客出入关时同样须要勘验过所。在发给蕃客的过所上面，都要写上“恐所在关津不练行由”，故给予此过所这样一些话头。前文所引大中九年（855）尚书省司门司给予日僧圆珍的过所有“恐所在关津守捉，不练行由”的批语；越州都督府给予圆珍的过所有“恐所在州县镇铺关津堰寺，不练行由”的批语。尽管这些批语有些大同小异的变化，但都会经常提到“关津”，因为它们是蕃客必经之处。圆仁从五台山赴长安的旅程中，就曾经过汾州之阴地关、汾水关、蒲津关等，接受了“关司勘出”“关司勘入”[②] 的检查。

蕃客出入关时，不仅同样须勘验过所，而且更为严格，并有一些针对蕃客的具体规定。其中有一项规定是：“蕃客往来，阅其装重，入一关者，余关不讥。”[③] 即蕃客入关时须检查其所携带之行李，但入关之后其余关卡则不再复查。唐代在给蕃客发放过所时，即在其上注明所带物品的数量和品种，前文所引贞元二十年（804）明州发给日僧最澄的牒中，就详细开列其所携之经卷、念珠、佛像、文书钞疏及随身衣物等，并写明这些物品的重量“总计贰百余斤”[④]。可见其登记是非常仔细详尽的。蕃客在到达唐境之后，即须及时向当地政府呈报所携带物品及其数量，圆仁等人到达扬州时，八月十日那天“请益、留学两僧随身物等斤量之数定录，达使衙了”[⑤]。意即他们已把随身物品及其数量写好，送交淮南节度使衙门了。蕃客持此写明所携物品品种数量的过所，在通过关卡时，关卡官吏要据此清点所携物品与过所上登记的是否相符，这就是所谓“阅其装重”。

---

① 《唐六典》卷三〇《三府督护州县官吏·镇戍岳渎关津官吏》，第 757 页。

② 《入唐求法巡礼行记校注》卷三，第 329、330、334 页。

③ 《新唐书》卷四六《百官志一》，第 1201 页。

④ 《入唐僧带来的公验和过所》，《魏晋南北朝隋唐史资料》第十三辑，第 136—137 页。

⑤ 《入唐求法巡礼行记校注》卷一，第 32 页。

## 第三节　边境镇抚机构——都护的外交职能

自汉代设置西域都护之后，魏晋南北朝基本上不置，直至隋代始于西域设置校尉，炀帝大业（605—617）年间，西域“相率来朝者三十余国，帝因置西域校尉以应接之”①。唐代前期进一步大规模地于周边民族地区设置都护府，负责管理边疆民族与外交事务。《历代职官表》谓：“唐大都护，即汉西域都护之制，至此不复为加官，即以都护专称矣。”② 成为正式的职事官。唐代都护府有大都护府与上都护府之分，先后所设有：

安西都护府，贞观十四年（640）侯君集平高昌后设，治所西州（高昌故城），西尽波斯国皆隶之。曾先后一度移治龟兹、碎叶等地。贞元（785—804）以后废。

燕然都护府，贞观二十一年（647）四月置于古单于台。龙朔三年（663）移治漠北回纥部落，改称瀚海都护府，总章二年（669）改为安北都护府。垂拱（685—688）以后内迁，德宗建中（780—783）时废。

瀚海都护府，永徽元年（650）破突厥车鼻可汗后置。龙朔三年（663）改称云中都护府，治于云中古城。麟德元年（664）改为单于都护府。唐末始废。

北庭都护府，长安二年（702）置，治西州北部之庭州。西至突骑施，北至坚昆，东至回鹘。贞元三年（787）陷于吐蕃。

安东都护府，总章元年（668）九月李勣平高丽后，分高丽地而设，治所平壤城。上元三年（676）移治辽东故城。此后相继移治新城、平州、辽西故郡城。至德（756—757）后废。

安南都护府，调露元年（679）置，治交州。一度改称镇南都护府。存至唐亡。

---

① 《隋书》卷八三《西域传序》，第 1841 页。《北史》卷九七《西域传序》有异，谓：“大业中，相率而来朝者四十余国，帝因置西戎校尉以应接之。”（第 3207 页）

② 《历代职官表》卷七〇《新疆各官》“唐”按语，第 1362 页。

保宁都护府，天宝八载（749）以剑南之索磨川置。

都护府之职责，“掌抚慰诸蕃，辑宁外寇，觇候奸谲，征讨携离”①。或谓“掌所统诸蕃慰抚、征讨、斥堠，安辑蕃人及诸赏罚、叙录勋功”②。可见其主要职责是镇抚边境民族和国家，因而其外交职能更为突出。

### 一 统辖羁縻府州

统辖羁縻府州是边疆都护的重要职责。羁縻府州“皆边州都督、都护所领，著于令式”③。都护与都督一样也负有统辖羁縻府州之职责。《历代职官表》谓：“唐初西州特置都护府，设大都护以领之，后复改为节度使，亦聊示羁縻，不能制其要领。”④

各都护府所辖之羁縻府州如下：

单于都护府：突厥府三，州十二。

安北都护府：突厥府六，州八。

安东都护府：高丽降户府九，州十四。

北庭都护府：突厥府二十五，州一。

燕然都护府：回纥府一，州三。

安西都护府：四镇都督府四，州三十四；河西内属诸胡府二，州十二；西域府十六，州七十二。

安南都护府：诸蛮州四十一。

前已述及，羁縻府州大致有两种类别，一为唐朝所属边疆地区民族，一为与唐有藩属关系之国家和民族。唐朝边疆都督府对于各羁縻府州的管理情况，在关于都督之章节内已经论述。都护府对于羁縻府州的管理大体也是如此，也是通过军事与外交两手达到控制蕃族蕃国的目的。从

---

① 《唐六典》卷三〇《三府督护州县官吏·大都护上都护府官吏》，第755页。

② 《通典》卷三二《职官典十四·州郡上·都护》注，第896页。

③ 《新唐书》卷四三下《地理志七下》，第1119页。

④ 《历代职官表》卷七〇《新疆各官》“历代建置”按语，第1355页。

外交这一方面而言，都护府实际上是唐中央在边境的外交代表，这些地方都是邻族、邻国的集中之地和与唐交往的必经之处，它们与唐朝的外交联系往往都经过都护而进行。都护府在邻族、邻国与唐中央之间起着中介的作用。但是都护府的外交职责并不限于管理羁縻府州，没有设置羁縻府州之外族、外国，在各该都护府管辖之范围一带者，其外交事务也在各该都护府职权范围之内，如安南都护府之于南海诸国，安西都护府之于西域诸国，安东都护府之于东北诸族远国等，即如此。有个别都护府未辖羁縻府州，但也同样负有管辖某一方面邻族、邻国外交之职责，如保宁都护府之“领牂牁、吐蕃”①，即属这种情况。

### 二　以导宾贡

都护的重要职责之一是维护引导边族、邻国向唐朝遣使朝贡。贞观二十一年（647）铁勒、回纥诸部内附，唐政府“于故单于台置燕然都护府统之，以导宾贡”②。这表明设置都护府的重要目的之一是“以导宾贡”。是年正月“以铁勒、回纥等十三部内附”，于其地设置羁縻都督府六、州七。“于是回纥等请于回纥以南、突厥以北，置邮驿，总六十六所，以通北荒，号为‘参天可汗道’，俾通贡焉，以貂皮充赋税。”③ 同年四月，即设置燕然都护府以统之，以统辖这些羁縻府州，以及这条“参天可汗道”。或谓邮驿之数为六十八所，所中“置群马、湩、肉待使客”④。沿途设置驿站六十余所，配备马匹和奶、肉等食物，以供应来往使节。这条“参天可汗道”就是北方诸族、诸国向唐朝朝贡、通使的一条交通大道。而“以导宾贡”即为燕然都护之重要职责。

不仅对燕然都护府来说是如此，所有都护府莫不如此。安西都护府统辖区域亦有一条“安西诸国朝贡道”⑤。唐前期“西域诸国，分置羁縻州军府，皆属安西都护统摄。自天宝十四载已前，朝贡不绝”⑥。安西都

① 《新唐书》卷四二《地理志六》，第1092页。
② 《旧唐书》卷一九五《回纥传》，第5196页。
③ 《唐会要》卷七三《安北都护府》，第1314页。
④ 《新唐书》卷二一七上《回鹘传上》，第6113页。
⑤ 《新唐书》卷二一七上《回鹘传上》，第6114页。
⑥ 《旧唐书》卷四〇《地理志三》，第1650页。

护府所统辖之羁縻府州及西域诸国，均通过这条“安西诸国朝贡道”向唐廷朝贡，而由安西都护府负责“导宾贡”。

宣宗大中十二年（858）正月王式为安南都护、经略使，原先这里“饥乱相继”，以致“六年无上贡”，从而严重影响了邻国与唐朝通使。王式到任后，平定叛乱，“始修贡赋”，于是“占城、真腊皆复通使”①。可见都护对于维护、引导邻国来使起着重要作用。

都护之导宾贡，是以武力作为后盾的，如果有的国家或地区不向唐朝贡，则都护亦可能以武力征讨之。贞观十八年（644）西突厥大臣屈利啜为其弟娶焉耆王突骑支之女，双方“遂相约为辅车势，不朝贡，安西都护郭孝恪请讨之”②。这是安西都护请求以武力征讨不臣之国。小勃律国王苏失利之在位时，“为吐蕃阴诱，妻以女，故西北二十余国皆臣吐蕃，贡献不入，安西都护三讨之无功”。至天宝六载（747）时，“诏副都护高仙芝伐之……遂平其国”③。小勃律与西北二十余国投靠吐蕃，断绝了与唐的朝贡关系，屡经都护征讨始平定之。平定小勃律等国后，“于是拂林、大食诸胡七十二国皆归国家，款塞朝献”④。其影响所及达于东罗马帝国、阿拉伯诸国等七十余国，可见都护对于维护和发展唐朝对外关系作用巨大，亦可见都护之“导宾贡”实乃文武并用。

### 三　抚和招纳

对诸蕃进行抚和，以巩固和加强它们与唐朝的关系，这是都护的重要使命。神龙（705—707）年间郭元振为安西大都护，当时西突厥突骑施部在其首领乌质勒统治下，“部落强盛，款塞愿和”。于是郭元振亲至其牙帐与其会谈，时值大雪天寒，因乌质勒年迈，不胜寒冷，会后即死去。乌质勒之子娑葛以为这是郭元振用计杀害其父，便图谋起兵袭击，副使解琬得知后，劝郭元振趁夜逃走。“元振曰：‘吾以诚信待人，何所疑惧，且深在寇庭，遁将安适？’乃安卧帐中。明日，亲入虏帐，哭之甚

① 《资治通鉴》卷二四九，唐宣宗大中十二年（858）七月，第8072页。

② 《新唐书》卷二二一上《西域上·焉耆国传》，第6229页。

③ 《新唐书》卷二二一下《西域下·小勃律传》，第6251—6252页。

④ 《旧唐书》卷一〇九《李嗣业传》，第3298页。

哀，行吊赠之礼。娑葛乃感其义，复与元振通好，因遣使进马五千匹及方物。"[①] 从这一事件中我们可以看到，一方面对方希望与唐和好时，是通过都护来进行沟通的，郭元振之亲赴虏庭就是为实现这一目的；另一方面当双方关系遇有纠葛时，则都护须运用外交手腕以消除芥蒂，维护和好关系。在突发事件面前，郭元振以清醒的头脑、老练的外交手腕不仅消除了对方的误会，而且进一步促进了双方的关系。

李素立为瀚海都护时，"有阙泥孰别部，犹为边患，（李）素立遣使招谕降之。夷人感其惠，率马牛以馈素立，素立唯受其酒一杯，余悉还之"[②]，通过遣使等和平方式对于骚扰边境的部族进行抚和招纳。

但是，如果都护不能很好地运用外交方式以抚和，则可导致蕃人之离心。调露元年（679）王方翼为检校安西都护，原任都护杜怀宝调任庭州刺史。王方翼"筑碎叶城，面三门，纡还多趣以诡出入，五旬毕。西域胡纵观，莫测其方略，悉献珍宝"[③]。王方翼以所筑碎叶城之曲折奇诡而令胡人震慑，以致纷纷来献方物。后来王方翼调离，杜怀宝重新回来任都护，"遂失蕃戎之和"。史籍记载此事原委不甚周悉，王方翼在任时能得蕃戎之和，杜怀宝在任时则失蕃戎之和，这里恐不完全是因筑碎叶城如何的问题，而应是两位都护在抚和蕃戎方面的差距造成的。

都护不善抚和，不仅可能导致蕃戎离心，严重者还可引致边患。宣宗大中（847—859）末年，"安南都护李琢贪暴，侵刻獠民，群獠引林邑蛮攻安南府。"唐政府不得不"大征兵赴援，天下骚动"[④]。结果在咸通四年交州失陷。由此可见，都护在抚和蕃戎中具有重要的作用。

### 四　纳质

蕃族、蕃国向唐纳质，是维系双方外交关系的重要方式之一。纳质当然主要是对唐中央政府，但是也有向都护纳质的情况。大中（847—

① 《旧唐书》卷九七《郭元振传》，第 3044—3045 页。
② 《旧唐书》卷一八五上《良吏上·李素立传》，第 4786 页。
③ 《新唐书》卷一一一《王方翼传》，第 4135 页。
④ 《旧唐书》卷一九上《懿宗纪》，第 654—655 页。

859）年间王式为安南都护，“归质外蕃，而占城、真腊慕义，悉入献，亦还所掠王民”[①]。由于王式将外蕃之质子归还，使外蕃感戴，因而主动贡献，并遣返所掠边民。这表明原先在安南都护府有外蕃之质子。开成初马植为安南都护，“羁縻首领皆来纳款，遣子弟诣府，请赋租约束”[②]。所谓“遣子弟诣府”，即向都护府纳质。

### 五　转赐俸禄

唐朝对于某些有功之蕃族、蕃国首领，在特定情况下册封之后也可能给予俸禄，而这种俸禄指定由相关都护转赐。突厥首领阿布思数为边患，天宝十二载（753）北庭都护程千里讨之，阿布思西逃至葛逻禄部，葛逻禄叶护顿毗伽将其擒送程千里。玄宗于是发布《葛逻禄叶护开府仪同三司制》以嘉奖其功，下令册封顿毗伽为开府仪同三司、金山王，并指定其“俸禄于北庭给”[③]。次年五月玄宗又特降玺书褒扬顿毗伽之功，其中有云：“卿今载已前俸禄，并令京军给付，后虑其辽远，任于北庭请受。”[④] 意即天宝十二载至十三载之俸禄由京军给付，此后之俸禄则固定至北庭都护府领取。可知都护有向有功蕃酋转赐俸禄之职责。

### 六　使命往还

都护与境外亦经常互通使命。新罗僧人慧超于开元中巡礼五天竺后，途经中亚进入唐境，其《往五天竺国传》记曰：“胡蜜国北山里，有九个识匿国……近有两窟王，来投于汉国，使命安西，往来不绝。”[⑤] 识匿国即今帕米尔高原上的锡克南[⑥]，据慧超的记述可知识匿国通过与安西大都护通使而“来投于汉国”，从而与安西大都护使命往还不绝。据慧超记载，“从胡蜜国东行十五日，过播蜜川，即至葱岭镇，此即属汉”。再从葱岭“步入一月，至疏勒”。“又从疏勒东行一月，至龟兹国，即

---

① 《新唐书》卷一六七《王播传附王式传》，第5120页。

② 《新唐书》卷一八四《马植传》，第5391页。

③ 《唐大诏令集》卷一二八《蕃夷·命官·葛逻禄叶护开府仪同三司制》，第690页。

④ 《册府元龟》卷九七五《外臣部·褒异二》，第11459页。

⑤ （唐）慧超著，张毅笺释：《往五天竺国传笺释·识匿国》，中华书局1994年版，第145页。

⑥ 《西域地名》，第84页。

是安西大都护府。”[①] 由此可见，从识蜜国至安西大都护治所，约为两个半月行程。

都护也有接转来使的职责。南诏异牟寻意欲摆脱吐蕃控制，恢复与唐的友好关系，于贞元九年（793）遣使三道同时赴唐，一道由赵莫罗眉率领从戎州路入，一道由杨大和坚率领从黔州路入，一道由杨传盛率领从安南路入。其到达成都者，由剑南西川节度使韦皋转送至京，前文已叙述；其到达安南者，则由安南都护转送。杨传盛所率使团于六月十八日到达安南后，当时的安南都护赵昌于二十一日即将这一情报上报朝廷，曰：“其杨传盛等，今年四月十九日从蛮王蒙异牟寻所理大和城发，六月十八日到安南府。其和使杨传盛，年老染瘴疟，未得进发，臣见医疗，候获稍损，即差专使，领赴阙庭。其使云，异牟寻自祖父久背国恩，今者愿弃豺狼之思，归圣人之德。此皆陛下雨露之泽及外夷，故蛮徼遐荒，愿为内属。臣忝领蕃镇，目睹升平，踊跃欣欢，倍常万幸。有蛮王与臣书及金镂合子等，谨差十将李茂等随表奉进。谨奏。”[②] 从赵昌的奏状我们可以比较具体地了解当时都护接转来使的情形：其一，异牟寻使者携有致安南都护赵昌的文书一封，书中“远陈诚恳”，表达了其归唐的决心和诚意。并通过使臣杨传盛更加详尽地向都护口头转致其归唐之目的意图。并献礼品金镂合子一件，以进一步表达其上述诚意：“合子有绵，有当归，有朱砂，有金……其使味言，送合子中有绵者，以表柔服，不敢更与生梗；有当归者，永愿为内属；有朱砂者，盖献丹心向阙；有金者，言归义之意如金之坚。”[③] 异牟寻使者所携之礼品，两《唐书》及《资治通鉴》只载生金、丹砂两事，从赵昌奏状可知尚有绵与当归。其二，赵昌接获南诏使臣后，三天内即派人护送使团人员进京。送使人员为安南都护府之军官“十将”等。而大使杨传盛患病，暂时留在安南府治疗，但一俟病愈也另“差专使领赴阙庭”。其三，都护府除了将南诏所致文书、礼品悉数转交朝廷之外，还同时向朝廷写了一份详尽的报告，报告

---

① 《往五天竺国传笺释·葱岭镇》，第 146 页；同书《疏勒国》条，第 153 页；同书“龟兹国”条，第 159 页。

② 《全唐文》卷五一四（赵昌）《蒙异牟寻请降奏状》，第 5222 页。

③ 赵吕甫：《云南志校释》附录，赵昌：《蒙异牟寻请降状》，转引自赵鸿昌《南诏编年史稿》，云南人民出版社 1994 年版，第 139 页。

了来使到达日期、人员情况、所携文书、礼品；来使陈述之目的意图；都护府接待来使之情况；都护府转送来使之具体处置等。

## 七　对外交涉

唐政府有关外交方面的交涉事宜有时也责成都护出面进行。开元二十二年（734）十月，多治比广成所率日本遣唐使团在完成使命后，从苏州乘船返国，不幸遇风暴，其中判官平郡广成等人所乘之第三舶漂至林邑国。玄宗在《敕日本国王书》中述此事曰："又得广州表奏，朝臣广成等飘至林邑国。既在异国，言语不通，并被劫掠，或杀或卖，言念灾患，所不忍闻。然则林邑诸国，比常朝贡，朕已敕安南都护，令宣敕告示，见在者令其送来。待至之日，当存抚发遣。"[①] 敕书中的朝臣广成即平郡广成。玄宗在得知平郡广成等人的下落后，即指示安南都护向林邑国进行交涉，向其宣示唐朝的旨意，发现日本使团人员后即遣送回唐，再由唐将他们发遣回国。日常对林邑国之外交都是由安南都护负责的，故玄宗责成其向林邑国交涉此事。

## 八　辑宁外寇

都护有"辑宁外寇，征讨携离"的职责，因而蕃国遭受危难时须由其出兵救助。开元三年（715）吐蕃与大食共立阿了达为拔汗那王，并出兵进攻长期依附于唐的拔汗那。拔汗那王兵败，向安西都护求救。当时适值监察御史张孝嵩奉使在安西，他对安西都护吕休璟说："不救则无以号令西域。"于是吕休璟"帅旁侧戎落兵万余人，出龟兹西数千里，下数百城……传檄诸国，威振西域，大食、康居、大宛、罽宾等八国皆遣使请降"[②]。这一军事行动不仅援救了拔汗那，而且使西域诸国宾服，获得了巨大外交功效。

## 九　互市管理

都护亦负有管理互市之职责。真腊国人到峰州市马，而"御史科安南都护罪"，都护诉云："为相知捉搦陆路不伏。"判词云："眷兹真腊，

---

① 《张九龄集校注》卷一二《敕日本国王（主明乐美御德）书》，第684页。

② 《资治通鉴》卷二一一，唐玄宗开元三年（715）十一月，第6713页。

早挹淳风……所以来往边州，市马峰部。论其由绪，未乖从有之方；验以逗留，岂爽求无之道。御史职唯激浊，志在扬清，疑彼奸非，欲婴罗网。都护为相知捉搦，先有禀承，滥投一面之科，宁杜三缄之口。向若边烽变扰，论情不可免辜。今既市马往来，据理难书厥罪。御史科结，有谢于弹珠；都护有词，无惭于辨璧。宜依薄诉，用叶通途。"① 真腊国人到峰州买卖马匹，检察官御史怀疑其有奸非，便控告都护失职之罪。因峰州在安南都护防区之内，故认为其有责任。判词认为真腊国人是来进行正当的贸易，又非边境发生战事之时，罪名难以成立，予以推翻。由此可见，都护对于边境互市负有管理职责。

开元十四年（726）杜暹为安西都护，突骑施金河公主"遣牙官赍马千匹诣安西互市，使者宣公主教与暹，暹怒曰：'阿史那氏女，岂合宣教与吾节度耶！'杖其使者，留而不遣，其马经雪寒，死并尽。苏禄大怒，发兵分寇四镇"②。原来在开元五年（717）八月，唐以西突厥十姓可汗阿史那怀道之女"为金河公主，以妻突骑施可汗苏禄"③。这样阿史那怀道之女便以唐公主的身份与突骑施可汗苏禄结婚，从而形成唐与突骑施的和亲关系。金河公主遣使至安西互市时，其使者向安西都护宣"教"，何以引起杜暹的不满呢？唐制："凡上之所以逮下，其制有六，曰：制、敕、册、令、教、符。"其中"亲王、公主曰教"④。金河公主虽是突厥女，但她已取得唐公主的身份，故她可以对安西都护下达"教"。杜暹不买她的账，认为她没有资格以上对下之文书给他，于是扣留了公主的使者和马匹，造成其经济上重大损失，从而导致苏禄举兵攻打安西四镇。从这个事件我们可以看到，安西都护也同样负有管理互市的职责，只是由于都护杜暹处置失当，造成双方矛盾，从而挑起了边衅。

### 十　通蕃情

都护驻守边陲，便于及时掌握蕃国动态及国情，故其须将蕃情及时

① 《全唐文》卷九八一（阙名）《对真腊国人市马判》，第10159页。

② 《旧唐书》卷一九四下《突厥传下》，第5191页。

③ 《册府元龟》卷九七九《外臣部·和亲二》，第11500页。《资治通鉴》系此事于开元十年，记为"交河公主"，第6754页。

④ 《唐六典》卷一《三师三公尚书都省·尚书都省》，第10页。

上报朝廷，以为朝廷进行外交决策与施政提供参考。景龙（707—710）年间“西突厥娑葛与阿史那忠节不和，屡相侵扰，西陲不安。安西都护郭元振奏请徙忠节于内地”①。这是安西都护根据其所掌握的西突厥动态而向朝廷提出的建议。神龙二年（706）时西突厥突骑施部首领乌质勒死后，其子娑葛即位统众，大将阿史那忠节不服，双方矛盾激化，于是兵戎相向。阿史那忠节兵力弱小不敌娑葛，于是郭元振奏请追阿史那忠节入朝宿卫，并将其部落迁入瓜州、沙州之间，以平息他们双方的内争。郭元振这个建议是符合当时西突厥和西域形势发展变化的实际的，因而有助于稳定局势，有利于唐与西突厥和好关系的发展，进而巩固唐在西域的战略地位。唐朝原先所扶植的西突厥阿史那氏，这时已经式微，突骑施部势力日益强大，新崛起的突骑施汗国已经完全控制西突厥。根据这种变化了的情况，郭元振采取改而支持突骑施的方针，因而提出上述建议。这个建议得到中宗批准。

但是当阿史那忠节入朝行至播仙城时，遇到经略使周以悌，周以悌教唆忠节道：“国家厚秩待君，以部落有兵故也。今独行入朝，一羁旅胡人耳，何以自全?”② 让他贿赂宰相宗楚客、纪处讷，要求留下不入朝，发安西都护之兵，并借吐蕃之兵以击娑葛。宗楚客、纪处讷接受贿赂后果然答应。郭元振立即上书指陈这一决策之失误，强调如果借吐蕃之兵，无异引狼入室，因吐蕃早就觊觎安西四镇和十姓突厥之土地。如果吐蕃得志，则四镇将陷于危机，阿史那忠节在其掌握之下，西突厥将背唐而倒向吐蕃。宗楚客等一意孤行，派遣御史中丞冯嘉宾持节安抚忠节，以牛师奖为安西副都护，征吐蕃之兵以讨娑葛。娑葛之“进马使”在京得知这个讯息，急速回报。于是娑葛举兵四路进犯，攻陷安西，断四镇之路。宗楚客进而奏请以周以悌取代郭元振。娑葛致书郭元振曰：“与汉本来无恶，只仇于阙啜（即阿史那忠节）。而宗尚书取阙啜金，枉拟破奴部落，冯中丞、牛都护相次而来，奴等岂坐受死……乞大使商量处置。”③郭元振将娑葛的文书转奏朝廷，宗楚客大怒，诬陷郭元振有异图。郭元

① 《旧唐书》卷九二《宗楚客传》，第2972页。

② 《新唐书》卷一二二《郭元振传》，第4363页。

③ 《旧唐书》卷九七《郭元振传》，第3048页。

振即派其子郭鸿间道入京申诉。从出土的唐代《和守阳墓志》我们得知郭元振当时还派其下属和守阳进京申诉，面陈实情。和守阳时为碛西支度营田判官，志云："时安西大都护郭元振与宰臣宗楚客有间，恐祸成贝锦，身陷诛夷，以君德辉宏达，质直不回，奉义而行，有死无陨，拔邪拯难，非君莫可。使驰表奏，未及到见，楚客阴求结托，约以重利，令诬元振实有反端，如或不从，必加刑劾。君以为危人啖利，贪夫败迹，二心应事，忠义不为，而乃坚明元振，遂得脱祸。"① 和守阳事不见载籍，此墓志可补史文之阙。通过郭元振的努力，终于挫败此一错误外交举措，朝廷恢复郭元振安西大都护之职，将周以悌流放白州，册立娑葛为十四姓可汗，由是"西土遂定"②。据上引墓志，和守阳以此事之功，被任为"册立突骑施可汗使"，可见事后册立突骑施，亦由都护属官具体执行。

安西都护郭元振处理这一事件的过程表明，都护在外交上负有重要的责任，起着重要的作用。他不是一般地将蕃情上报而已，而且主动提出相应的对策，并为之进行不懈的斗争。由于其身处边境，熟悉境外情况和动态，因而可以根据蕃情变化对外交方针政策提出中肯的建议和恰当的措施。事实证明郭元振处理西突厥内部矛盾的方针和措施是正确的，只是由于奸臣从中作梗而横生枝节。不过通过郭元振的努力，最后还是挫败了奸邪，使这一正确的外交方针和措施得以贯彻执行，从而保持了唐与西突厥的友好关系，巩固了唐在西域的地位。

## 第四节　其他关涉机构的外交职能

除上述三个方面之外，唐代在地方上还有其他一些外交管理部门或涉外部门，即某些使职或中央派出机构，其重要者有押蕃使与押蕃舶使、市舶使、互市监等。

### 一　押蕃使

押蕃使是唐代设于四周边境地区的外交与民族事务管理部门。李

---

① 《唐代墓志汇编》天宝〇七一，《唐故中大夫使持节江华郡诸军事江华郡太守上柱国和府君墓志铭并序》，第1580页。

② 《新唐书》卷二一五下《突厥传下》，第6067页。

肇《唐国史补》卷下在论述唐代的使职时，列举了内外使职四十种，其中“外任则有节度使、观察使……押蕃使”[①] 等。押蕃使是外任使职中比较重要的一种。“押”即掌管之意。押蕃使有时称“押蕃落使”[②]“捍蕃使”[③]，有时简称“押使”[④] 等。押蕃使只在沿边藩镇设置，内地和东南沿海均不置，而在负责南海诸蕃舶管理的岭南设置性质类似的押蕃舶使。此诚如吴廷燮在《唐方镇年表》中所云：唐节度诸使“接蕃国者，则兼押蕃落、押蕃舶等使”[⑤]。关于押蕃舶使我们将在下一个问题中加以论述。

押蕃使始置于开元四年（716）。是年正月二十九日郯王李嗣直“除安北大都护，充安抚河东、关内、陇右诸蕃部落大使”。陕王李嗣昇“为安西都护，充河西道及四镇诸蕃部落大使”[⑥]。郯王、陕王均以都护而兼“诸蕃部落大使”。同年契丹李失活、奚李大酺来降，于两蕃地置羁縻州，封李失活为松漠郡王，兼松漠都督，“以将军薛泰督军以镇抚之”[⑦]，同时“诏将军薛泰为押蕃落使”[⑧]。薛泰在督军镇抚同时，兼任“押蕃落使”。“诸蕃部落使”与“押蕃落使”性质是一致的。是为押蕃使设置之始。此后则陆续加以增设，其主要者如下。

幽州、卢龙节度押奚、契丹两蕃使：开元五年（717），于营州置平卢军使，开元七年（719）升平卢军使为平卢节度使、管内诸蕃使。是为幽州境内置押蕃使之始。开元二十八年（740），“平卢军节度使兼押两蕃、渤海、黑水四府经略处置使”[⑨]。所谓“两蕃”即指奚与契丹，“通天年中，契丹叛，奚亦臣属突厥，两国常为表里，号为‘两蕃’”[⑩]。天宝

---

① 《唐国史补》卷下，第 53 页。

② 《新唐书》卷六四《方镇表一》，第 1775 页。《新唐书》卷二一九《北狄·契丹》，第 6170 页。《白居易集笺校》卷五四《除王佖检校户部尚书充灵盐节度使制》，第 3120 页。

③ 《全唐文》卷四〇（元宗皇帝）《赐契丹衙官静析军副大使可突于书》，第 440 页。

④ 《旧唐书》卷一九九下《北狄·靺鞨传》，第 5359 页。

⑤ 《唐方镇年表·序录》，第 2 页。按，中华书局 1980 年版此处句读有误，今径改。

⑥ 《唐会要》卷七八《亲王遥领节度使》，第 1435 页。

⑦ 《旧唐书》卷一九九下《北狄·契丹传》，第 5355 页。

⑧ 《新唐书》卷二一九《北狄·契丹传》，第 6170 页。

⑨ 《新唐书》卷六六《方镇表三》，第 1832—1833、1836 页。

⑩ 《唐会要》卷九六《奚》，第 1719 页。

元年（742）幽州节度使更名为范阳节度使，此后“常以范阳节度使为押奚、契丹两蕃使”①。上元二年（761）平卢陷，平卢节度使侯希逸引兵南保青州。次年（宝应元年，762），范阳节度使复为幽州节度使，幽州节度使兼卢龙节度使，此后即以幽州、卢龙节度领押两蕃使。如贞元元年（785）七月以刘怦为幽州卢龙节度副大使，兼押奚、契丹使。九月以刘济为“幽州卢龙节度观察、押奚契丹两蕃使”②。乾宁二年（895）以刘仁恭“充幽州卢龙军节度、押奚契丹等使”③。

淄青、平卢节度押新罗、渤海两蕃使：上元二年（761）平卢节度使侯希逸与史朝义连年争战失败后退保青州，第二年废淄沂节度使，改称淄青平卢节度使，“由是青州节度有平卢之号”④。永泰元年（765）“淄青平卢节度增领押新罗、渤海两蕃使。”⑤ 原属平卢节度使掌管的渤海转归淄青平卢节度使，加上新罗共为两蕃。此后淄青平卢节度使均兼领押新罗、渤海两蕃使。

朔方灵武定远等城节度管内押诸蕃部落使：开元十六年（728）“朔方节度兼检校浑部落使”。这是朔方道置押蕃使之始。开元二十年（732），“朔方节度增领押诸蕃部落使”⑥。此后朔方节度均兼领押诸蕃部落使。

振武麟胜节度押蕃落使：乾元元年（758）“置振武节度押蕃落使”⑦。此后振武节度均兼领押蕃落使。

夏绥银宥节度押蕃落使：贞元三年（787）“置夏州节度观察处置押蕃落使”⑧。此后夏绥节度均兼领押蕃落使。

剑南西川押近界诸蛮及西山八国云南安抚使：贞元十一年（795）“西川节度增领统押近界诸蛮及西山八国云南安抚使”⑨。咸通九年（868）以西川之嶲州置定边军，统押近界诸蛮，西川节度使“以有定边军之故，

---

① 《旧唐书》卷一九九下《北狄·奚传》，第5356页。
② 《旧唐书》卷一二《德宗纪上》，第349、351页。
③ 《旧唐书》卷二〇上《昭宗纪》，第756页。
④ 《资治通鉴》卷二二二，唐肃宗宝应元年（762）四月，第7126页。
⑤ 《新唐书》卷六五《方镇表二》，第1805页。
⑥ 《新唐书》卷六四《方镇表一》，第1762、1763页。
⑦ 《新唐书》卷六四《方镇表一》，第1766页。
⑧ 《新唐书》卷六四《方镇表一》，第1775页。
⑨ 《新唐书》卷六七《方镇表四》，第1877页。

不领统押诸蛮安抚等使”[①]。即将其原来统押诸蛮转归定边军掌管，但不久又恢复由其掌管，咸通十一年（870）“西川节度复领统押近界诸蛮等使”[②]，仍为统押近界诸蛮及西山八国云南安抚使。

河东节度押北山诸蕃使：“长庆元年（821），河东节度使领押北山诸蕃使。”[③] 但据《唐方镇年表》引《承天题记》，元和十五年（820）裴度题衔为镇州四面行营都招讨、河东节度观察处置押北山诸蕃等使[④]。则在长庆元年之前河东节度使已领押蕃使。

天雄节度押蕃落使：大中三年（849）升秦州防御守捉使为秦、成两州经略天雄军使，大中六年（852）以“秦成两州经略领押蕃落副使”。咸通五年（864），“升秦成两州经略、天雄军使为天雄军节度、观察、处置、营田、押蕃落等使”[⑤]。

定边节度押近界诸蛮使：咸通九年（868），设定边军节度使，统押近界诸蛮使[⑥]。但《新唐书·方镇表四》系此事于咸通八年[⑦]。

安西四镇押蕃使：前文已述及，早在开元四年（716）即已以安西大都护领四镇诸蕃落大使。后置安西四镇节度使，至德二载（757）改称镇西，大历二年（767）“镇西复为安西，其后增领五十七蕃使”[⑧]。

归义军节度押蕃使：大中五年（851）张义潮以河、湟之地十一州归唐，置归义军于沙州，以张义潮为节度使。光化三年（900）以张承奉为归义军节度使、押蕃落使[⑨]。

以上为唐代周边押蕃使设置之大略，可知押蕃使多在边境道一级地方政权机构设置，而且多为节度使所兼领。但其在唐中期始置时则为边境军事单位所兼领。除当时兼领押蕃使的节度使乃边防军事单位外，尚有其他边境军事单位兼领押蕃使者。边境都督府兼押蕃使者，如《旧唐

① 《资治通鉴》卷二五一，唐懿宗咸通九年（868）九月，第8121—8122页。
② 《新唐书》卷六七《方镇表四》，第1887页。
③ 《新唐书》卷六五《方镇表二》，第1817页。
④ 《唐方镇年表》卷四《河东》引《承天题记》，第423页。
⑤ 《新唐书》卷六七《方镇表四》，第1884—1886页。
⑥ 《资治通鉴》卷二五一，唐懿宗咸通九年（868）六月，第8120页。
⑦ 《新唐书》卷六七《方镇表四》，第1887页。
⑧ 《新唐书》卷六七《方镇表四》，第1863、1870、1874页。
⑨ 《旧唐书》卷二〇上《昭宗纪》，第768页。

书·北狄传·靺鞨传》载，开元十三年（725）于黑水靺鞨置羁縻府州，十六年（728）"其都督赐姓李氏，名献诚，授云麾将军兼黑水经略使，仍以幽州都督为其押使，自此朝贡不绝"①。这是以幽州都督为押蕃使。以边将为押蕃使者，如前述开元四年（716）以薛泰为押契丹等蕃落使时，他是以将军而督军镇抚该地。开元六年（718）契丹可突于反，营州"都督许钦澹令薛泰帅骁勇五百人"② 讨之。可见他是受营州都督领导的边将。州一级也有少量设置，代宗朝郭子仪表"将作少监梁进用为押党项部落使，置行庆州。且言：'党项阴结吐蕃为变，可遣使招慰，芟其反谋，因令（梁）进用为庆州刺史，严逻以绝吐蕃往来道。'代宗然之"③。这是以庆州刺史为押蕃使。大中五年（851）张义潮归唐时，"天德军奏沙州刺史张义潮、安景旻及部落使阎英达等差使上表，请以沙州降"④。这里的"部落使"亦当为押蕃使。

押蕃使虽由当道节度使兼领，但其亦另有一套机构设置。元和十五年（820）七月，"平卢军新加押新罗、渤海两蕃使，赐印一面，许置巡官一人"⑤。《唐会要》卷78《诸使中》"节度使"条记此事曰："赐两蕃使印一面。"⑥ 由此可见押蕃使不仅有自己的官印，而且有自己的属官。唐代使府幕职一般有副使、判官、巡官等，押蕃使亦有这些幕职。据《唐蓟州刺史兼御史大夫张府君（建章）墓志铭》，张建章于宣宗朝为幽州节度判官，懿宗"咸通五年四月，奏升押奚、契丹两蕃副使"⑦。又据《故幽州大都督府兵曹参军陈府君墓志铭并序》，宣宗大中十一年（857）幽州大都督府兵曹参军陈立行死，有"幽州押奚、契丹两番副使"李俭为其撰写墓志铭。⑧ 这些是设置押蕃副使之证。据《唐故朝散大夫使持节龙溪郡诸军事守龙溪郡太守上柱国梁君（令直）墓志铭并序》，天宝年间

① 《旧唐书》卷一九九下《北狄·靺鞨传》，第5359页。

② 《旧唐书》卷一九九下《北狄·契丹传》，第5352页。

③ 《新唐书》卷二二一上《西域上·党项传》，第6217页。

④ 《资治通鉴》卷二四九，唐宣宗大中五年（851）条胡注引《宣宗实录》载，第8049页。

⑤ 《旧唐书》卷一六《穆宗纪》，第479—480页。

⑥ 《唐会要》卷七八《诸使中·节度使》，第1433页。

⑦ 《唐代墓志汇编》中和〇〇七《唐蓟州刺史兼御史大夫张府君（建章）墓志铭》，第2511页。

⑧ 《唐代墓志汇编》大中一二九《故幽州大都督府兵曹参军陈府君墓志铭并序》，第2352页。

梁令直被“仆射安公奏充节度支度、陆运、营田、四蕃两府等判官”[①]。这里的仆射安公即安禄山，因天宝十三载（754）安禄山被拜为尚书左仆射，故称其为仆射安公。安禄山于天宝元年（742）为平卢节度使，天宝三载（744）兼范阳节度使，天宝十载（751）又兼河东节度使，一身而兼三道节度。梁令直被安禄山辟署为“四蕃”使府之判官，开天时期范阳节度使领押奚、契丹两蕃使，平卢节度使镇抚室韦、靺鞨，四蕃殆指此四者。这是押蕃使设置判官之证。押蕃使设置巡官，除上述《穆宗纪》元和十五年（820）于平卢节度押两蕃使置巡官之记载外，尚有《唐会要》载，会昌五年（845）九月中书门下奏“条流诸道判官员额”时，其中规定“淄青除向前职额外，留押新罗、渤海两蕃巡官”[②]。可知在平卢淄青道押蕃使一直设有巡官，这次调整机构时还特加保留。又据《唐故宣德郎前守孟州司马乐安孙府君（景裕）墓志铭》，宣宗时有孙景裕者，“韦公博方伯青社，思报旧恩，奏充押蕃巡官”[③]。据《唐方镇年表》，韦博于大中六年（852）至九年（855）期间为平卢节度使[④]，他当于此时曾辟孙景裕为押蕃巡官。这证明会昌之后平卢淄青道确实继续保留押蕃巡官之编制。此外，押蕃使也有自己的办事机关，开成五年（840）日僧圆仁到青州申请公验时，于三月廿二日“到尚书押两蕃使衙门前，拟通入州牒”[⑤]。这是青州押蕃使有自己的衙门。这个“押两蕃使衙门”未必就是单纯为押蕃使衙门，也可能是与青州节度使共有之衙门，但可说明当时押蕃使确有自己的办公机关。

于沿边诸道增设押蕃使，一方面是由于边境地区的外交事务日繁，需要设置一专门之外交管理机构，以负责日常外交事务；另一方面也是突出和强调边镇外交事务之职能，是边镇权力扩张的一个反映。实际上押蕃使就是在边镇设置的专职外交机构。押蕃使所负外交职责与前述节

---

① 《唐代墓志汇编》天宝二六七《唐故朝散大夫使持节龙溪郡诸军事守龙溪郡太守上柱国梁君（令直）墓志铭并序》，第1718页。

② 《唐会要》卷七九《诸使下·诸使杂录下》，第1450页。

③ 《唐代墓志汇编》咸通〇八四《唐故宣德郎前守孟州司马乐安孙府君（景裕）墓志铭》，第2444页。

④ 《唐方镇年表》卷三《平卢》，第7346页。

⑤ 《入唐求法巡礼行记校注》卷二，第242页。

度使之外交职责是一致的，因为押蕃使均由节度使兼领，也可以说边境节度使是以押蕃使的身份执行外交事务的。虽然如此，押蕃使在管理外交事务中的具体情况文献中仍然有所反映。

### （一）朝贡管理

管理蕃国朝贡事务是押蕃使的重要职责。“故事，常以范阳节度使为押奚、契丹两蕃使。自至德之后，藩臣多擅封壤，朝廷优容之，彼务自完，不生边事，故二蕃亦少为寇。其每岁朝贡，常各遣数百人至幽州，则选其酋渠三五十人赴阙，引见于麟德殿，锡以金帛遣还，余皆驻而馆之，率为常也。”① 这就是幽州押两蕃使管理蕃国朝贡事务的具体情况。奚、契丹两蕃每年朝贡者先抵达幽州，由那里的押蕃使负责接待他们，从众多的朝贡者中选拔少数代表进京，其余人员留在当地，仍由押蕃使负责招待他们的食宿，等待进京代表完成使命后，再一同出境。押蕃使在选拔少数朝贡者进京时，还要选派官员陪同这些朝贡者进京。元和十五年（820）二月敕：“淄青统押海蕃，每年皆有朝事，比差部领，人数校多。今后差官，正试相兼，不得过五人。”② 由于陪同人员过多，因而做出规定，今后不得超过五人。

### （二）接转贡献

蕃国之贡献，亦常通过押蕃使接转。“贞元十六年（800）正月，南诏异牟寻作《奉圣乐舞》，因西川押云南八国使韦皋以进，特御麟德殿以阅之。”③ 南诏进献乐舞是通过韦皋进行，这里他是以押蕃使的身份接转蕃国贡献的。韦皋时为西川节度使兼押蕃使，我们在前文已经谈过韦皋以节度使的身份接转这次贡献，可见节度使与押蕃使在管理外交事务方面完全是一回事，不过在设置押蕃使的边镇接转蕃国贡献时，与其说是以节度使的身份，毋宁说是以押蕃使的身份而行使这一职权的。

### （三）上报蕃情

押蕃使须密切注视蕃国动态，并将蕃情及时上报朝廷，以便作出相

---

① 《旧唐书》卷一九九下《北狄·奚传》，第5356页。《唐会要》卷九六《奚》所载略同，第1720页。

② 《唐会要》卷二四《诸侯入朝》，第461页。

③ 《唐会要》卷三三《南蛮诸国乐》，第620页。

应之外交决策。开元六年（718）契丹李失活死，突厥乘虚向奚发动进攻，于是押蕃使薛泰将这一动态向朝廷作了报告。玄宗根据薛泰的报告而致书契丹可突干，要求他帮助奚抵御突厥。玄宗在《赐契丹衙官静析军副大使可突干书》中说“近得捍藩使薛泰表云：突厥杀儿到大雒扬言，万众欲抄两蕃，左手有急，右手不助，既在一身，得其自勉力捍，时须觉察，审防奸诈”云云。[①] 杀儿即突厥之毗伽可汗。长庆元年（821）平卢军节度使、押新罗渤海两蕃使薛平上奏：“海贼掠卖新罗人口于缘海郡县，请严加禁绝，俾异俗怀恩。”[②] 海盗掠卖新罗人口，薛平作为主管新罗事务之押蕃使，将此情况上报朝廷，并提出解决处置之意见，以维护两国之友好关系。他的建议得到了穆宗的批准。

（四）过所管理

押蕃使也负责蕃客之过所公验管理。日僧圆仁等人拟前往五台山巡礼求法，于开成五年（840）三月向登州都督府申请公验，登州都督府将此事上报青州押两蕃使，其牒文首称：“登州都督府牒上押两蕃使”，请其批准。圆仁持此牒于三月二十一日到达青州，次日“朝衙入州，见录事、司法。次到尚书押两蕃使衙门前，拟通入州牒，缘迟来，尚书入毬场，不得参见……晚衙时入州，到使衙门，合刘都使通登州牒”[③]。圆仁持登州牒是到押蕃使衙门办理公验的，须换得押两蕃使签署的正式公验，才能合法地前往五台山。因此他到达青州后立即前往押蕃使衙门，办理签证手续。他是在得到押两蕃使的公验后，才启程前往五台山的。当时韦长为青州节度使兼押两蕃使，显然他不是以节度使身份，而是以押蕃使身份签发给圆仁过所的。青州押两蕃使是负责新罗、渤海事务的，而圆仁是日本人，其公验也由押两蕃使负责，可见其不仅主管新罗、渤海两蕃事务，此外之一切外交事务均由其管理，包括日本事务。

## 二　市舶使与押蕃舶使

随着唐代经济重心的南移以及海外贸易的发展，东南沿海的广州、

---

① 《全唐文》卷四〇（元宗皇帝）《赐契丹衙官静析军副大使可突干书》，第440页。

② 《旧唐书》卷一六《穆宗纪》，第486—487页。

③ 《入唐求法巡礼行记校注》卷二，第234、242页。

交州、扬州等城市发展成为进行海外贸易的都会，蕃舶蚁聚，外商云集，呈现空前的繁荣景象。其中以广州最为重要，是当时海外贸易的中心。由于海上贸易的发展及其成为国家重要财政收入，蕃舶管理更形迫切需要，在这种情况下作为海外贸易管理者的市舶使便应运而生。前文我们已谈及，在广州等地作为地方政府的道、州和地方军事部门的都督府都负有管理蕃舶的重任，但与此同时也产生了专以蕃舶管理为职任的市舶使。

玄宗开元二年（714）“市舶使、右卫威（应为威卫）中郎将周庆立、波斯僧及烈等广造奇器异巧以进”。当时柳泽为殿中侍御史、岭南监选使，对此进行抨击，认为这是周庆立“欲求媚圣意，摇荡上心……宣奢淫于天下”[①]。玄宗对此称善。这是“市舶使”见于文献最早者，周庆立时为“安南市舶使”[②]。论者或谓此时已有朝廷派驻广州之市舶机构，不确。这时的市舶使还只是临时差遣，偶尔为之。此事发生之后二年即开元四年（716），“有胡人上言海南多珠翠奇宝，可往营致，因言市舶之利……上令监察御史杨范臣与胡人偕往求之，范臣从容奏曰：‘陛下前年焚珠玉、锦绣，示不复用。今所求者何以异于所焚者乎！彼市舶与商贾争利，殆非王者之礼……此特胡人眩惑求媚，无益圣德，窃恐非陛下之意，愿熟思之。’上遽自引咎，慰谕而罢之”[③]。从这个记载可以看到，当胡人向玄宗说市舶之利、玄宗决定前往营致时，是派监察御史与胡人一同前往的，而不是派“市舶使”去办理的，这说明当时并无常设的市舶使，更无常驻于广州之市舶机构。此其一。这个时期唐朝统治集团对于南海市舶之利的认识还处于不成熟阶段，还受到传统观念的束缚，认为“市舶与商贾争利，殆非王者之礼”，把市舶与奢侈腐败联系在一起。加以玄宗即位日浅，还在提倡廉朴而不尚侈靡。在这种政治环境中也还不可能在广州设立市舶机构。此其二。

唐代市舶使的担当者，大体经历了由朝官而宦官而监军（宦官）的发展变化过程。最初的市舶使由朝官担任，至开元十年（722）始见

---

① 《册府元龟》卷五四六《谏诤部·直谏一三》，第6547—6548页。

② 《旧唐书》卷八《玄宗纪上》，第174页。

③ 《资治通鉴》卷二一一，唐玄宗开元四年（716）五月，第6718页。

以宦官任其职。宦官韦某于“开元十年解褐授内府局丞……寻充市舶使，至于广府”[①]。内府局为内侍省下属六局之一，任其职者均为宦官。这是文献首见以宦官充任市舶使。天宝（742—755）初年卢奂为南海太守，大力整顿蕃舶管理，革除官吏向蕃商敲诈勒索之弊端，“中人之市舶者亦不敢干其法”[②]。可见其时亦有宦官被派往广州充任市舶使，但是从宦官不敢干预卢奂所采取的措施来看，当时市舶管理之大权仍然在地方政府手中，宦官只是临时被差遣前来采购舶来物品。正因为市舶管理大权操于地方长官之手，作为朝廷特使的宦官市舶使与地方政府就有可能发生矛盾，广德元年（763）十二月“宦官市舶使吕太一逐广南节度使张休，纵下大掠广州”[③]。张休弃城奔端州，后吕太一被官军平定。

市舶之有机构当在德宗朝。王虔休《进岭南王馆市舶使院图表》云：“梯山航海，岁来中国，镇安殊俗，皆禀睿图。伏以承前虽有命使之名，而无责成之实，但拱手监临大略而已，素无簿书，不恒其所。自臣亲承圣旨，革划前弊，御府珍贡，归臣有司……近得海阳旧馆，前临广江，大槛飞轩，高明式序，崇其栋宇，辨其名物，陆海珍藏，徇公忘私……后述职于此者，但资忠履信，守而勿失，不刊之典，贻厥将来。”[④] 王虔休之官历主要在德宗朝，故此表亦可能是德宗时期所上。从这个表可以看到在此之前市舶使一无簿书，二无办公地点，职责并不具体明确，只是“监临大略”而已，可能仍是临时差遣，尚未有正式之机构。王虔休对此进行改革，建设了市舶使院，当亦有了簿书，市舶使之机构大体可见，足为后世法，故上表报告之。

至文宗开成（836—840）年间，以宦官为市舶使的做法发生了变化，由一般宦官临时出使演变为相对长驻岭南之“监军”兼任市舶使。开成元年（836）卢钧为广州刺史、岭南节度使，其“性仁恕，为政廉洁，请监军领市舶使，己一不干预”[⑤]。此为文献中首见以“监军”兼领市舶使。

---

① 《全唐文》卷三七一（于肃）《内给事谏议大夫韦公神道碑》，第3766页。

② 《新唐书》卷一二六《卢怀慎传附卢奂传》，第4418页。

③ 《旧唐书》卷一一《代宗纪》，第274页。

④ 《全唐文》卷五一五（王虔休）《进岭南王馆市舶使院图表》，第5235页。

⑤ 《旧唐书》卷一七七《卢钧传》，第4591—4592页。

唐代中后期于诸道方镇置监军使，“开元二十年（732）后并以中官为之，谓之监军使”[①]。其职掌“监视刑赏，奏察违谬”[②]。权势极重，与藩帅分庭抗礼。其后又有李敬实于宣宗“大中四年（850），除广州都监兼市舶使”[③]。从《李敬实墓志铭》知其曾任内侍省掖庭局令、内给事等宦官职务。据唐代监军制度，监军使之外，还有都监、都都监。李敬实是以广州都监兼任市舶使。由此进一步证明从卢钧开创的以监军领市舶使的做法后来已成惯例。因而这个时期又把市舶使称呼为“监舶使”[④]。这个称呼意味着监军在岭南监督军事的同时亦监督市舶事宜。

自从监军领市舶使之后，市舶使就由临时演变为相对固定。唐后期监军已经制度化，一般任期为三年，任满之后再“入觐”述职，听候转迁。李敬实在任广州都监兼市舶使时，据其墓志铭称：“秩满朝觐，献奉之礼，光绝前后。”这是在三年任满之后回京“朝觐”。在市舶使由监军兼领之后，市舶使的任期与监军的任期可能是一致的，大约也以三年为一任期。市舶使遂由原来的临时出使转变为相对固定的常驻之官。

一方面是朝廷向岭南派遣市舶使以司市舶事宜，另一方面岭南地方长官又掌管市舶管理之大权，那么这两者之间是什么关系呢？

首先，当朝廷派有市舶使时，则两者并存，共同管理。天宝（742—756）初卢奂为南海太守兼五府节度使时，“中人之市舶者亦不敢干其法”[⑤]，表明其时广州派有由宦官担任之市舶使，他与节度使共同管理市舶。而“中使”之到来，并没有动摇或取代卢奂对市舶的管理权力，卢奂照样对蕃舶实施其“法”，市舶使也并未干预其行“法”。宣宗大中四年（850）李敬实以广州都监兼市舶使，如果任期三年，则他在大中四、五、六年间兼任市舶使。大中四、五年时的岭南节度使是韦正贯，其时也是两者并存的。《李敬实墓志》记其担任市舶使之事迹曰：“才及下车，

---

① 《通典》卷二九《职官典十一·武官下》“监军”条，第168页。

② 《唐会要》卷七二《京城诸军》，第1535页。

③ 《李敬实墓志铭》，见《考古与文物》1985年第6期关双喜《西安东郊出土唐李敬实墓志》，周绍良、赵超主编《唐代墓志汇编续集》［大中〇七八《大唐故军器使银青光禄大夫行内侍省内给事赠内侍上柱国陇西县开国男食邑三百户赐紫金鱼袋李府君（敬实）墓志铭并序》，上海古籍出版社2001年版，第1028—1029页］据此收录。

④ 《全唐文》卷七六四（萧邺）《岭南节度使韦（正贯）公神道碑》，第7945页。

⑤ 《新唐书》卷一二六《卢奂传》，第4418页。

得三军畏威，夷人安泰。不逾旬月，蕃商大至，宝货盈衢，贡献不愆。”而萧邺《岭南节度使韦公神道碑》在叙述韦正贯管理蕃舶事功时也说：“先是海外蕃贾赢象犀贝珠而至者，帅与监舶使必搂其伟异，而以比弊抑偿之，至者见欺，来者殆绝。公悉变故态，一无取求，问其所安，交易其物，海客大至。”① 前者称“蕃商大至”，后者称“海客大至”，两者虽都有溢美之嫌，但他们都负有市舶管理的职责则是符合事实的，此期间海上贸易的起色，应是他们共同努力的结果。相反地，在韦正贯之前，当蕃舶到来时，“帅与监舶使必搂其伟异”，导致“来者殆绝”，也是两者共同贪赃之所致。不论正反两方面都表明“帅与监舶使”是共同进行市舶管理的。李敬实的到来，同样没有动摇或取代韦正贯对市舶的管理权力。

其次，当朝廷未派市舶使时，则完全由节度使负责市舶事宜。贞元八年（792）岭南节度经略使李复曾向朝廷上奏说：“近日舶船多往安南市易，进奉事大，实惧阙供。臣今欲差判官就安南收市，望定一中使，与臣使司同勾当，庶免欺隐。”他要求朝廷派出市舶使，与他所派遣的判官共同到安南“收市”。可见这期间在广州是没有中央派来的“市舶使”的，这进一步证明市舶使并非经常有的，只是朝廷根据需要而临时派遣的。在没有朝廷所派市舶使时，是由节度使掌管市舶管理之权的。岭南节度使不仅负责在广州“收市”，而且可以根据情况派僚属到安南去“收市”。为了避免“欺隐”之嫌，他才向朝廷请求派“中使”同往。可见节度使是负“市舶”之总责，而且经常性的市舶管理是在节度使手中的。德宗准备同意李复的要求，但宰相陆贽不同意，他说：“广州地当要会，俗号殷繁，交易之徒，素所奔凑，今忽舍近而趋远，弃中而就偏，若非侵刻过深，则必招怀失所。”认为蕃舶从广州转聚安南，责任在岭南节度使“侵刻过深”“招怀失所”。陆贽又说：“且岭南安南莫非王土，中使外使悉是王臣，若缘军国所需，皆有令式恒制，人思奉职，孰敢阙供，岂必信岭南而绝安南，重中使以轻外使。”② 这番话表明朝廷把市舶管理大权交给了地方长官，并非必须派市舶使才能管理此事，不能“重中使

① 《全唐文》卷七六四（萧邺）《岭南节度使韦公神道碑》，第 7945 页。

② 《陆贽集》卷一八《论岭南请于安南置市舶中使状》，第 574—575 页。

轻外使”。这里的“中使”指市舶使，“外使”指地方长官。市舶管理有一套“令式恒制”，不论市舶使还是地方长官都应遵照执行，而在没有市舶使期间，则无疑是完全由地方当局负责执行的。

最后，市舶使与地方长官在市舶管理权能方面有一个消长变化过程。地方长官对市舶之管理是全面的、经常性的和一贯的，而市舶使乃自开元初新起之事物。市舶使产生初期，其使命主要是为皇室采购舶来珍异物品，因而其对市舶之管理只是“拱手监临大略而已”。随着朝廷对于市舶收入需求的不断增长，以及市舶使制度之逐步发展完善和施行经验之积累，其权能也在逐渐增强扩展。德宗时期，随着市舶机构的建立，市舶使“奉宣皇化，临而存之，除供进备物之外，并任蕃商列肆而市，交通夷夏，富庶于人”[①]。除了完成贡献珍异这一主要任务之外，已扩及外商与外贸之综合管理。地方长官管理市舶之各项具体职能，市舶使也逐渐基本上具有了，据成书于穆宗朝的《唐国史补》记载：“市舶使籍其名物，纳舶脚，禁珍异，蕃商有以欺诈入牢狱者。”[②] 这些都是地方长官管理蕃舶之一贯职责，这时市舶使也同样具有了。但这并不表明市舶使已取代了节度使的市舶管理权，而是“帅与监舶使”两者共同管理，主要的权力还是在地方长官手中。

岭南节度使虽然负责市舶管理，但他并不担任市舶使，而是以押蕃舶使身份进行蕃舶之管理。

当前学术界多认为“押蕃舶使”是“市舶使”的另一种称呼，两者是一回事。窃意押蕃舶使与市舶使是不同性质的两种官职，押蕃舶使是节度使的兼官，是作为全面负责对外管理的一种官职；市舶使是负责外贸管理的特定专职官员。柳宗元《岭南节度使飨军堂记》对此有详细的记述，他说：“唐制：岭南为五府，府部州以十数，其大小之戎，号令之用，则听于节度使焉；其外大海多蛮夷，由流求、诃陵，西抵大夏、康居，环水而国以百数，则统于押蕃舶使焉。内之幅员万里，以执秩拱稽，时听教命；外之羁属数万里，以译言贽宝，岁帅贡职。合二使之重，以治于广州。”可见节度使主内，押蕃舶使主外，而押蕃舶使的职权比市舶

① 《全唐文》卷五一五（王虔休）《进岭南王馆市舶使院图表》，第 5235 页。

② 《唐国史补》卷下，第 63 页。

使广泛得多，是全面负责外交与外贸。他接着说：“今御史大夫、扶风公廉广州，且专二使，增德以来远人，申威以修戎政。”此人即马总，他于元和八年（813）至十一年为岭南节度使。这里明言节度使是一身而二任，节度使同时兼任押蕃舶使。他当然也管理市舶之事，但他是以押蕃舶使身份，而不是以市舶使身份管理市舶事宜的，外贸只是其职权范围之一。飨军堂修竣后，“公与监军使肃上宾，延郡僚……胡夷蜑蛮，睢盱就列者，千人以上”①。这些“胡夷蜑蛮”当包括境内少数民族、外商与外交使节等，并非仅是外商。如果这位监军使也是兼任市舶使的话，那并不妨碍节度使与他共同管理市舶事宜，因为这只是押蕃舶使的职责之一。

岭南节度使兼任押蕃舶使，而北方和内陆边境地区的方镇长官则兼任押蕃使，他们分别以这两种不同的兼职以负责对外交与外贸进行全面管理。“押蕃使”与“押蕃舶使”的性质和地位是相同的，只是北方和内陆地区所面对的是若干具体之蕃国，故以押某某等蕃使为称；而广州所面对的是“蕃舶”，而且“国以百数”，无法以具体之蕃国相称，故只能称之为“押蕃舶使”，此为其特点所决定。

市舶使作为采购舶货这样一种特定商品的专使，与作为全面负责边境外交、外贸的押蕃舶使或押蕃使是不同性质、不同序列的官职，后者是由边境地方长官兼任以负责外交、外贸管理的使职；前者是朝廷派往外地负责采购特定商品的一种专使。在实际工作中，市舶使与押蕃舶使是密切结合的，唐后期尤甚。市舶使的职责，与前述地方政府与军事长官管理蕃舶之职责基本上是一致的，也是以“舶脚、收市、进奉”为其核心内容。《唐国史补》谓蕃舶到达后，“市舶使籍其名物，纳舶脚，禁珍异”。这段记载即概括了市舶使进行蕃舶稽查、征收关税、收市进奉的具体管理内容。市舶使管理蕃舶的最终目的是保证对朝廷的进奉，因此必须在市舶使进行“收市”之后才能自由贸易，王虔休《进岭南王馆市舶使院图表》曰：“今年波斯、古逻本国二船，顺风而至，亦云诸蕃君长，远慕望风，宝舶荐臻，倍于恒数。臣奉宣皇化，临而存之，除供进备物之外，并任蕃商列肆而市，交通夷夏，富庶于人，公私之间，一无

① 《柳河东集》卷二六《岭南节度使飨军堂记》，第443页。

所阙，车徒相望，城府洞开，于是人人自为，家给户足，而不知其然。”①可见在保证供应朝廷所需之外，蕃商可以列肆而市，任其与百姓交易。收市进奉有一套制度，已见前述，此即所谓“供国之诚，庶有恒制”。陆贽《论岭南请于安南置市舶中使状》亦谓“军国所须，皆有令式恒制”②。尽管如此，蕃舶管理中的贪污敲诈现象还是非常严重的，萧邺《岭南节度使韦公神道碑》谓：“海外蕃贾，赢象犀贝珠而至者，帅必与监舶使搂其伟异，而以比弊抑偿之。”③ 地方长官与市舶使相互勾结，狼狈为奸，剥削蕃商。

监军领市舶使的制度确立之后，市舶使的管理权力又有所加强。根据旅居中国的阿拉伯商人的亲身闻见、于公元 9 世纪中叶至 10 世纪初成书的《中国印度见闻录》记载说：“如果到中国去旅行，要有两个证明：一个是城市王爷的，另一个是太监的。城市王爷的证明是在道路上使用的，上面写明旅行者以及陪同人员的姓名、年龄，和他所属的宗族……而太监的证明上则注明旅行者随身携带的白银与货物，在路上，有关哨所要检查这两种证明。”④ 对此，中译者注道：“这里所记载的正是唐代通行的‘过所’。”⑤ 所谓“城市王爷”即节度使，他所发的证明，无疑即是“过所”。而所谓“太监”及其所发之证明是什么呢？窃以为这里的“太监”应指“监军”，唐后期的方镇均派有以宦官担任之“监军”，他与节度使分庭抗礼，共同管理当地军政要务。而开成（836—840）以后多以监军领市舶使，所以这里所称的“太监”，实即为市舶使。如果这个推断不谬，则所谓“太监的证明”，乃是监军兼市舶使发给外商到内地的贸易许可证明。从其所登记的内容来看，与节度使所颁发的“过所”是有区别的，“过所”着重登记旅行者的身份，“是在道路上使用的”；而后者登记的是其财产、货物。由此可见“太监”颁发的这个证明不是通常所谓的“过所”，而应是舶商在港口完成舶脚、收市等手续之后，进而与民间进行贸易的许可证明。关于“过所”，唐代史籍已多所记载，而后者

① 《全唐文》卷五一五（王虔休）《进岭南王馆市舶使院图表》，第 5235 页。

② 《陆贽集》卷一八《论岭南请于安南置市舶中使状》，第 575 页。

③ 《全唐文》卷七六四（萧邺）《岭南节度使韦（正贯）公神道碑》，第 7945 页。

④ 《中国印度见闻录》卷一第 43 条，第 18 页。

⑤ 《中国印度见闻录》卷一，中译者注第 43 条，第 77 页。

则未见于中国史籍，这条记载补充了这方面重要之史实。这个记载表明监军领市舶使后，市舶使对地方长官的市舶管理权有所侵夺和取代。

市舶使与押蕃舶使在共同管理蕃舶贸易之事的同时，也参与对于蕃商、侨民的管理。阿拉伯商人在游记中写道："在商人云集之地广州，中国官长委任一个穆斯林，授权他解决这个地区各穆斯林之间的纠纷；这是照中国君主的特殊旨意办的。每逢节日，总是他带领全体穆斯林作祷告，宣讲教义，并为穆斯林的苏丹祈祷。此人行使职权，做出的一切判决，并未引起伊拉克商人的任何异议。因为他的判决是合乎正义的，是合乎尊严无上的真主的经典的，是符合伊斯兰法度的。"[①] 在蕃商、侨民中委任一位首领，负责管理他们的内部事务，处理他们的内部纠纷，但他是由中国官员委任的，接受中国官员的指导。此与《唐国史补》所谓"有蕃长为主领"，以及"蕃商有以欺诈入牢狱者"等记载是一致的。唐制，蕃客本国人相犯，以本国法律判决；不同国人相犯，则以唐法判决。上引《中国印度见闻录》所载当为前者。由于市舶使不仅是管理对外贸易的官员，同时也是外交官员，因而市舶使又称为"结好使"[②]。这一称呼表明市舶使所兼具的外交官员身份的性质。

## 三　互市监

上文我们在叙述中央外交管理机构时，已经谈及互市监为少府之下属部门，但其在实际上是由边境地方政府领导，并派驻于边境地区，因而可以说它是中央在地方的一个派出机构。

汉代以来，边境互市由地方政府负责管理，没有专门的互市管理机构，"汉、魏已降，缘边郡国皆有互市，与夷狄交易，致其物产也。并郡县主之，而不别置官吏"[③]。直至隋文帝时才于缘边设立专门的互市机构——交市监[④]。这是中原皇朝与周边国家、民族的政治、经济关系发展到一个新的高度和新的阶段的标志和产物。开皇九年（589）"突厥部落

---

① 《中国印度见闻录》卷一第12条，第7页。

② 《全唐文》卷六一一（裴次元）《奏广州结好使事由奉诏书谢恩状》，第6174页。

③ 《唐六典》卷二二《少府军器监·诸互市监》注，第580页。

④ 《隋书》卷二八《百官志下》，第790页。

大人相率遣使贡马万匹，羊二万口，驼、牛各五百头。寻遣使请缘边置市，与中国贸易，诏许之”[①]。这时隋灭陈统一了全国，隋皇朝与周边国家、民族的关系有了更大的发展，周边国家、民族也要求进一步发展与中原皇朝的政治、经济关系，在这种历史条件下，对外贸易管理机构便应运而生。

隋交市监官员，“至隋，诸缘边州置交市监，视从第八品；副监，视正第九品”[②]。至隋炀帝时将交市监改为互市监，并将其隶属于四方馆，隋炀帝时于建国门外设四方馆，有四方使者各一人，“掌其方国及互市事”。每一使者署下设互市监及副监、参军各一人，具体负责互市管理，互市监及副监“掌互市”，参军掌“出入交易”[③]。东、西、南、北四方各置互市监，分掌四方贸易。

唐初承隋制，依然设置交市监，“皇朝因置之，各隶所管州、府。监加至从六品下；改副监为丞，品第八下”[④]。提高了正副长官的品级，并把副长官改称为交市监丞。贞观六年（632）改称互市监，垂拱元年（685）改称通市监，后又恢复互市监之名称。其行政关系隶属于少府。

互市监为中原皇朝设于边境地区的对外贸易机构，“掌蕃国交易之事”[⑤]。这种边境贸易以马牛等大牲畜为主，故史籍在叙述互市监职掌时，直谓其“掌诸蕃交易马驼驴牛之事”[⑥]。互市监管理外贸的职能和程序是：“凡互市所得马、驼、驴、牛等，各别其色，具齿岁、肤第，以言于所隶州、府，州、府为申闻。太仆差官吏相与受领，印记。上马送京师，余量其众寡，并遣使送之，任其在路放牧焉。每马十匹，牛十头，驼、骡、驴六头，羊七十口，各给一牧人。”[⑦] 从这个规定可见，互市监在购进牲畜之后，须将所购牲畜之具体情况向其所隶属之州、府报告，然后由州、府向中央报告。显然互市监是归所在州、府领导。而牲畜之验收则由太

---

① 《隋书》卷八四《北狄·突厥传》，第1871页。

② 《唐六典》卷二二《少府军器监·诸互市监》注，第580页。

③ 《隋书》卷二八《百官志下》，第798页。

④ 《唐六典》卷二二《少府军器监·诸互市监》注，第580页。

⑤ 《新唐书》卷四八《百官志三》，第1272页。

⑥ 《旧唐书》卷四四《职官志三》，第1895页。

⑦ 《唐六典》卷二二《少府军器监·诸互市监》，第580页。

仆寺负责。

《唐六典》没有说明互市监是怎样具体管理与蕃国贸易的，唐《关市令》对此有详细规定："诸外蕃与缘边互市，皆令立官司检校，其市四面穿堑及立篱垣，遣人守门。市易之日卯后，各将货物畜产，俱赴市所，官司先与蕃人对定物价，然后交易。"① 这里的"官司"当包括互市监在内。从《令》中可见唐政府对边境贸易的管理是相当严格而周密的，首先要设置特定的互市场所，这个场所是封闭式的，保证其管理之便利和贸易之安全。其次须在事先由互市官员与蕃人商定物价。最后，贸易有一定的日期和时间，在该日之卯时开市。大历（766—779）年间董晋出使回纥时，与回纥谈判边境马匹贸易问题时说："尔之马岁五至，而边有司数皮偿赀。"② 可见每年举办五次互市。这里的"边有司"亦当包括互市监在内，他在贸易中负责清点牲畜数目及向对方偿付货值。

在边境互市中，还有"互市牙郎"为双方服务。安禄山为营州柳城"杂种胡人"，"及长，解六蕃语，为互市牙郎"③。史思明为营州宁夷州"突厥杂种胡人"，亦"解六蕃语，与（安）禄山同为互市郎"④。他们二人均为胡族血统，通晓多种语言，故在互市中承担"互市牙郎"。"牙郎，驵侩也；南北物价，定于其口，而后相与贸易。"⑤ 可见这种互市牙郎是一种交易经纪人，由其确定物价之后，买卖双方再进行交易，同时也是双方贸易中的翻译人员。

---

① 《白孔六帖》卷二四《市》引，文渊阁《四库全书》，第892册，第368页。

② 《新唐书》卷一五一《董晋传》，第4819页。

③ 《旧唐书》卷二〇〇上《安禄山传》，第5367页。

④ 《旧唐书》卷二〇〇上《史思明传》，第5376页。

⑤ 《资治通鉴》卷二一四，唐玄宗开元二十四年（736）四月胡注，第6817页。

# 后论　汉唐外交制度的发展衍变及其特点

本书考察了汉唐一千一百余年外交制度的发生、发展与演变进程，现在我们可以大体总结一下它们在这个时期的演变趋势、规律和特点，以及其在唐代所达到的新的高度和水平。

## 一　汉唐外交决策制度的演进及其特点

本书分别考察了汉唐时期外交决策制度的基本内容及其发展演变进程。从中我们可以看到，我国古代的外交决策制度经过两汉、魏晋南北朝八百余年的实践、探索和经验积累，到了唐代已经发展成熟，臻于完善。汉唐时期外交决策制度的演进及其特点主要表现在如下几个方面。

### （一）完成了由二级决策体制向三级决策体制的演变进程

汉唐时期我国古代外交决策体制经历了由二级决策体制向三级决策体制演变的过程，其主要标志是宰相决策逐渐成为独立的决策层次并日益占据重要地位。

两汉时期，在外交决策制度上确立了以皇帝决策为核心、公卿集议决策为辅佐的二级决策体制。汉承秦制，确立并实行了一套以皇帝为首、三公九卿（诸卿）为辅的中央集权政治制度。以三公九卿体制为基本模式的中央官僚群体，是汉代中央政权赖以决策和施政的基本依靠力量和队伍。汉代的外交决策就是在这个基本力量和队伍的基础上，依靠这一决策群体而进行的。根据外交问题的大小轻重缓急，以及统治集团权力分配的变化，在具体进行外交决策时，则有公卿百官集议决策、中朝决策、中外朝合议决策和有司决策等不同形式。而作为最高决策者的皇帝，可以参加或不参加这些决策会议，如果皇帝亲临这些会议，则又有了与上述决策方式相应的各种御前决策会议形式。丞相或三公虽有议政决策之大权，但基本上是从属于御前决策和公卿集议决策。公卿集议和御前会议是汉代外交决策的两种最基本方式和层次，其他决策方式都是由这两种基本方式和层次派生的。在这两种基本决策方式之外，又有垂询、纳谏、卜筮和权臣专决等不同的补充形式。两汉外交决策就是由这些不同的决策方式和层次，主从结合、内外相维而构成的一个完整的体系，表现了外交决策方式、层次的多样性特点。

由于两汉统一皇朝的崩解，魏晋南北朝时期进入了分裂割据的时代，各个国家和政权立国的环境、条件、背景不尽相同，加以周边少数民族纷纷入主中原，建国命号，又使这种情况更为复杂，因而不同国家、不同时期的政治制度及其所面临的外交态势亦有不同程度的差异，导致外交决策制度和方式的复杂多变。

我们在前文已经提出这一时期外交决策中的独断专行较两汉时期突出，然而这一特点在各个国家和各个时期又是不尽相同的，大体经历了三国时期的帝王专决到两晋时期的权臣专决，再到南北朝时期皇帝专决的曲折转化过程。三国时期浓厚的军事割据政权特色，加以这时正处于汉代三公九卿制破坏而三省制尚未完全形成的转变阶段，因而帝王专决比两汉显得突出。到了两晋尤其是东晋时期帝王专决走向了它的反面——权臣专决，这是由于士族门阀势力的兴盛，导致皇权的削弱，而新兴的三省制度反为权臣所利用。到了南朝时期，随着士族门阀势力的衰落，皇权复振，对于士族权臣专权的反弹而再次出现皇帝专决的情形。北朝的情况与南朝在表面上有相似之处，但在实质上却有所不同，拓跋鲜卑所建立的北魏政权，其皇权与原先的氏族部落军事首领权力有着直接的传承关系，因而其皇权的强大是建立在不同基础之上的。

这一时期的朝议制度也同样经历了复杂多变的曲折历程。三国时期正处于政治制度的转型时期，朝议制度虽然大体上继承了汉制，但又有所变化。不仅朝议决策比两汉时期相对较少，而且其决策成员及其在决策中的地位、作用也有不同程度的变化。曹魏的朝议决策虽然仍以公卿为主，但尚书的作用呈日益增大并取而代之之势。吴、蜀方面则以类似汉代三公的丞相的权力强大，在朝议中居于主导地位为其特点。到了西晋时，产生了尚书“八座”朝议的形式，即以尚书省之长官令、仆与诸曹尚书组成一个经常性的、相对固定的决策班子，直接对皇帝负责。“八座”决策制度的产生，在皇帝和百官之间逐渐形成了一个相对稳定的常设决策班子，从而开始了由二级决策体制向三级决策体制的转变。这一变化在我国古代国家决策制度史上有重要意义，表明决策制度上升到了一个新的台阶，为日后隋唐时期的宰相决策这一层次开了先河。但是，“八座”并非一个宰相班子，其成员中只有尚书长官为宰相，其余诸曹尚书并非宰相。“八座”决策制度不仅受到皇帝专权的掣肘，而且经常受到中书和门下等部门或官员的侵夺，影响了其决策效能的发挥。史称“自晋以后，八座及郎中，多不奏事”[①]，就是“八座”决策实际状况的一个反映。到了南北朝时期，尚书省朝议制度又由于中书、门下权力的发展而发生变化，逐渐出现三省博议制度，为日后唐代三省长官集体议政准备了条件。

发展到了唐代，随着三省制度的成熟和集体宰相制度的确立，宰相决策已经成为一个独立的、最重要的决策层次，这就是“政事堂”（中书门下）决策制度的确立。政事堂决策成员均为宰相，因唐代实行集体宰相制，宰相为一个班子，实行集体议政决策制度，而以“政事堂”（中书门下）为其议政决策场所。故当时规定凡天下大事“先于政事堂议定，然后奏闻”[②]。唐代宰相在决策中的地位和作用较前提高，唐太宗的一段话便是这种情况的反映，他曾批评隋文帝：

> 不肯信任百司，每事皆自决断……宰相以下，惟即承顺而已。朕意则不然，以天下之广，四海之众，千绪万端，须合变通，皆委百司商量，宰相筹画，于事稳便，方可奏行。岂得以一日万机，独断一人之虑也。[③]

这里所说隋文帝与宰相的关系，其实不独隋代为然，乃是隋以前历代通病，是皇权政治尚未成熟的一种反映。随着皇权政治到唐代之发育成熟，皇帝与宰相的关系已经基本上协调，宰相的政治作用得到较好的

① 《隋书》卷二六《百官志上》，第721页。
② 《文献通考》卷五〇《职官考四・门下省》，第455页。
③ （唐）吴兢撰：《贞观政要》卷一《政体》，上海古籍出版社1978年版，第15页。

发挥，因而在决策中对宰相比较放手，大事先由其商议，提出可行方案再上奏皇帝，做出决断。这成为唐代决策制度的鲜明特色。唐玄宗曾对人说："朕既任（姚）崇为庶政，事之大者，当白奏，朕与共决之。"①史称唐宪宗"求理方切，军国大小，一付中书（即中书门下）"②。反映的都是这种情况。"政事堂"（中书门下）决策制度的确立，标志着一种稳定的、专职的常务决策机构的确立。宰相决策成为唐代外交决策中最基本的一个重要环节，它与御前决策和百官大会决策共同构成有机的三级决策体系。两汉以来的二级决策体制，经过魏晋南北朝时期的孕育、涵养，至此已完成了向三级决策体制的演变进程。

**（二）决策方式、方法之逐步合理化、规范化**

汉唐一千余年间决策制度演变的另一个特点是，决策的方式、方法在实践过程中不断加以调整、改革，使其日趋合理化、规范化。其主要表现是一些在决策实践中证明弊端较多的决策方式，如公卿集议决策、朝会决策等逐渐退居次要地位；一些优越性较大的决策方式则日益成为决策的主要方式，宰相决策地位之上升就是如此；对于御前决策这一最高决策方式，也不断地进行了调整、改革，使之日益规范和高效。

我们说两汉是中央集权政治，外交决策权力也集中于皇帝一人之手，但是皇帝不可能包揽全部决策过程，他还须依靠整个统治集团的集体智慧，以期使外交决策更好地反映统治阶级的根本利益，而公卿百官决策会议就是其最主要的方式。两汉时期公卿百官集议决策是最经常、最基本的方式，这种方式的优点是可以听取广大官员意见，有利于集思广益。这种会议参加的人员相当广泛，上至三公九卿，下至博士议郎，以及政府各部门的掾属，此外还常特邀有关人员与会，因此会议的人数是非常多的，多者可达数百人。可以说是调动了整个统治集团的力量，群策群力，从而保证了汉代外交决策的正确性和可行性。会上可以就议题展开不同意见的争论，这种争论有时还是很激烈的，"廷争数日不决"或"议久不决"的情况时有发生。

在一定情况下，决策会议也实行"从众"的原则。章帝元和二年

---

① （唐）李德裕撰，吴企明点校：《次柳氏旧闻》，中华书局2012年版，第48页。

② 《册府元龟》卷三三五《宰辅部·窃位》，第3954页。

(85) 讨论是否归还北匈奴生口问题，由于争论激烈，有违反会议纪律现象发生，被司隶校尉举奏，为此章帝诏报称："久议沈滞，各有所志。盖事以议从，策由众定。"[①] 虽然这个原则在多数情况下并没有贯彻，但是在某些时候也还是实行了的。安帝时邓太后临朝，其兄邓骘为大将军。永初四年（110）庞参奏记于邓骘，建议放弃西域，"（邓）骘及公卿以国用不足，欲从（庞）参议，众多不同，乃止"[②]。在邓骘专权用事的情况下，尚且因多数人不同意而作罢。武帝建元六年（前135）讨论是否与匈奴和亲，会上出现两种对立的意见，御史大夫韩安国主张和亲，"群臣议多附（韩）安国，于是上许和亲"[③]。这是皇帝遵从大多数人的意见。元帝竟宁元年（前33），西域都护甘延寿因诛匈奴郅支单于而封为列侯，"时丞相匡衡亦用（甘）延寿矫制生事，据萧望之前议，以为不当封，而议者咸美其功，上从众而侯之"[④]。这也是皇帝"从众"而决断。不过这种"从众"的情况在两汉的外交决策中并不多见，而元帝之所以"从众"，是因为他本人一直就希望奖励甘延寿，多数人的意见与他的意见吻合。

但是公卿百官集议决策这种方式的缺点和局限性也是明显的。事实上在两汉的外交决策中，独断专行，打击不同意见是时常发生的。武帝太初元年（前104）一次外交决策会议，"公卿议者皆愿罢（大）宛军，专力攻胡"。可是"天子业出兵诛（大）宛，（大）宛小国而不能下，则大夏之属渐轻汉，而（大）宛善马绝不来，乌孙、轮台易苦汉使，为外国笑"。于是武帝"乃案言伐（大）宛尤不便者邓光等"[⑤]。天凤六年(19) 王莽发兵攻匈奴，在出发前的廷议中，大司马严尤坚持认为"匈奴可且以为后，先忧山东盗贼"。于是王莽大怒，"策免（严）尤"[⑥]。皇帝在外交决策中拥有至高无上的、独断专行的权力，使得这种集议方式不

---

① （南朝·宋）范晔撰，（唐）李贤等注：《后汉书》卷四五《袁安传》，中华书局1965年版，第1519页。

② 《后汉书》卷五一《庞参传》，第1688页。

③ 《汉书》卷五二《韩安国传》，第2398页。

④ 《汉书》卷七九《冯奉世传》，第3300页。

⑤ 《汉书》卷六一《李广利传》，第2699—2700页。

⑥ 《资治通鉴》卷三八，王莽天凤六年（19），第1219页。

可能做到畅所欲言，有效地发挥群体智慧。同时，由于这种决策方式与会人员多，情况复杂，也可能相应产生种种问题。东汉熹平元年（172）一次公卿大会，“既议，坐者数百人，各瞻望中官，良久莫肯先言……公卿以下各相顾望”①。这种数百人的大会出现观望、冷场的场面是不可避免的。而另一方面公卿会议“廷争连日，异同纷回”②，“议久不决”③的情况也时有发生。因而常有不得不罢会另作决策的情况。惠帝三年（前192）召开公卿集议，讨论如何对待匈奴冒顿单于侮辱吕后一事时，会上“诸将皆阿吕后意”，主张出兵打击。在这种大型会议上出现随声附和、阿谀逢迎的情况不足为奇。这次赖有季布挺身而出坚决反对，以致“殿上皆恐，太后罢朝”④。吕后是在会后冷静下来采纳了季布的意见。哀帝建平四年（前3）讨论匈奴单于来朝问题的公卿大会上，两派意见争论不下，哀帝“乃罢群臣，独与（息夫）躬议”⑤。也是在大会之外做出决策的。

因此，两汉以后公卿集议决策方式遂逐步减少，日益退居次要地位。唐代的百官大会决策基本上是汉代公卿集议的承袭，但其在决策中的地位和作用已大为削弱，不可同日而语，它已只是作为宰相和皇帝决策时的参考，而且召开的次数也大为减少，通常是在遇有疑难大事时召开，以听取群官意见。

御前会议决策方式在汉唐时期也经历了不断调整、改革的进程，总的说来是由大型向小型、由不规范向比较规范的方向转变。两汉时期的御前决策会议虽然也有多种方式，但是一般说来都具有两个特点，一是会议规模大、人数多，即便是西汉中后期的中朝会议，人数虽相对较少，但也不会太少；二是有较大的随意性，尚未定时定制，往往是遇到问题时才召开，或者根据皇帝个人的意愿而召开，缺乏明确的规范。魏晋南北朝时期分裂割据，各个政权立国条件、背景不尽相同，制度参差不齐，

① 《后汉书》卷五六《陈球传》，第1832页。

② 《后汉书》卷四〇下《班固传》，第1374页。

③ （汉）班固撰，（唐）颜师古注《汉书》卷七〇《陈汤传》，中华书局1962年版，第3016页。

④ 《史记》卷一〇〇《季布列传》，第2730—2731页。

⑤ 《汉书》卷四五《息夫躬传》，第2184页。

更为混乱。到了唐代，御前决策会议向着规范化、小型化发展。在利用朝参这一传统方式进行御前决策的同时，唐前期主要采用仗下决策，唐后期主要采用延英决策。这两种方式成为唐代御前决策的基本的、主要的方式。利用朝会进行议政决策原是两汉时期重要的御前决策方式，尽管唐代继续行用这一决策方式，但是由于它的礼仪成分浓厚，与会成员太多，以及因种种原因辍朝的情况时有发生，它在唐代御前决策中的作用也就逐渐下降，而代之以仗下决策和延英决策等方式。

唐代仗下决策和延英决策的共同特点有以下两点。

一是小型化，这两种会议参加的人员基本上规定为宰相，即唐皇朝的核心决策成员。只在必要时放宽至其他有关官员，但也是人数不多、分批谒见：大历九年（774）“中书舍人常衮等……一十八人诣阁门请论事。有诏三人一引，各尽己怀。帝皆毕词听纳”①。这是以三人为一批晋见。贞元七年（791）“每御延英令诸司官长二人奏本司事。寻又敕常参官每一日二人引对，访以政事，谓之巡对”②。这是以两人为一批晋见。宪宗元和元年（806）规定“每坐日，两人待制，正衙退后，令于延英候对，以为常式”③。这也是以两人为一批。由此可见延英会议人数一般说来为两三人。

御前决策会议小型化的优越性是显然的，君臣之间可以深入细致地、从容地商讨问题；它减少了许多繁文缛节，提高了工作效率；有利于保守机密。

二是规范化。规范化的一个重要表现就是会议的时间、地点比较固定。唐前期的仗下决策，是在朝参之后，于“每日仗退后”④ 进行。后来改为单日或双日朝参，也是仗退之后即进行。唐后期的延英决策，最初是根据需要随时召开，后来规定“宰相间日于延英召对”⑤，每隔一天召开一次。史称“唐制，天子以只日视朝，乃命辍朝、放朝皆用双日”⑥。

---

① 《册府元龟》卷九九二《外臣部·备御五》，第 11656 页。

② 《旧唐书》卷一三《德宗纪下》，第 372 页。

③ 《唐会要》卷二六《待制官》，第 509 页。

④ 《唐会要》卷五六《起居郎起居舍人》引苏氏曰，第 961 页。

⑤ 《旧唐书》卷一三六《窦参传》，第 3747 页。

⑥ 《新唐书》卷八“赞曰”，第 253 页。

每逢单日召开延英会议，双日休会，成为定制。但又有灵活性，不论皇帝或宰相，只要有需要，都可以随时提出召开。延英会议的地点则固定在大明宫内的便殿——延英殿。这种固定时间、地点的会议的产生，意味着决策的经常化、制度化，标志着御前常务决策会议的形成。这种御前常务决策会议是唐代最高的决策核心会议。这对于提高决策的效率和质量都有积极的意义。

（三）决策中制约机制的逐步加强

汉唐一千余年间决策制度演进的另一个重要特点就是制约机制的日益强化，这对于提高决策之质量，减少失误是有意义的。

两汉时期对于决策的制约已经有了初步的制度。对于诏敕的审查，在西汉时是由决策核心成员的丞相兼理。汉哀帝时丞相王嘉之“封还诏书”[①] 即属此制。东汉时期这一职能转归尚书台，诏敕须经尚书“通议”并审署，方可颁布。章帝元和（84—87）中，朱晖为尚书仆射，尚书张林建议废钱用谷帛，章帝“诏诸尚书通议”。因朱晖反对，此议未得通过。后又有人重提此议，“帝然之，有诏施行”。朱晖上奏坚决反对，章帝“发怒，切责诸尚书。晖等自系狱。三日，诏敕出之，曰：‘国家乐闻驳议……诏书过耳，何故自系？’晖因称病笃，不肯复署议”[②]。可见尚书台的“驳议”“署议”制度对于决策起了一定的制约作用。经审查被认为不当的诏令，尚书台也有权封还，尚书仆射钟离意之“数封还诏书”[③] 即为其制。此外，对于决策的制约则主要通过群臣的谏诤来体现。到了东晋南北朝时期，已由专门之机构——门下省负责对于诏敕进行审查，从而为日后唐代的诏敕审查制度奠定了基础。

魏晋南北朝时期虽然决策制度比较混乱，帝王、权臣专决现象也比较严重，但是从决策制度的发展大势而言，还是有所进步与提高，决策中制约机制的逐步强化即是其突出表现之一。这种制约机制的强化主要体现在对决策的审查、封驳的逐渐制度化。

早在东汉末年，献帝时“初置侍中、给事黄门侍郎，员各一人，出

① 《汉书》卷八六《王嘉传》，第3498页。
② 《后汉书》卷四三《朱晖传》，第1460页。
③ 《后汉书》卷四一《钟离意传》，第1409页。

入禁中，近侍帷幄，省尚书事”[①]。这时的尚书在决策中起着重要作用，所谓“省尚书事”，实际上也是对决策进行审查。曹魏时期继续汉末制度，并加置散骑常侍、散骑侍郎，与侍中、黄门侍郎“共平尚书奏事”[②]。他们对于尚书奏事，或“与尚书共论……然后共奏议”。或径直“入深文论驳”[③]。其复审权力已经不小。

西晋时正式设立门下省，以侍中为其长官，黄门侍郎为副长官。到了东晋时，门下省不仅对尚书奏事进行封驳，还发展为对中书所草诏令进行封驳。《文馆词林》残卷所载魏晋南北朝时期135首诏令中，曹魏和两晋时期的44首是以“制诏”为起首的，东晋南北朝时期的79首则以“门下”为起首[④]。这个事实表明，魏晋时期继承汉制，诏书直接下达而尚无专职之封驳机构及制度，从东晋开始皇帝诏书要经过门下省封驳和颁布，而到南北朝时则成为定制。这是中枢决策中制约机制强化和制度化的表现，是决策制度进一步提高和完备的标志。外交决策中亦复如是。《文馆词林》卷六六四所载十二份《抚边》诏中，除《贞观年中安抚岭南诏》之外，有十一份与外交问题有关，在这十一份诏书中，《汉文帝与匈奴和亲诏》与《魏明帝答东阿王论边事诏》均以“制诏”起首，而从《后魏孝文帝与高句丽王云诏》之后直至《贞观中抚慰处月处密诏》包含北魏、隋及唐初的七份均以“门下”起首[⑤]。表明南北朝之后外交决策亦同样经门下省封驳、颁行。魏孝文帝这个诏书颁布于太和十六年（492）。上年高句丽王琏死，其孙云继位，魏孝文帝遣使致哀，并封云为都督辽海诸军事、辽东公、高句丽王，“又诏云遣世子入朝”。但是“云上书辞疾，惟遣其从叔升于随使诣阙，严责之”[⑥]。魏孝文帝如何“严责”，史文

---

① （晋）司马彪撰，（梁）刘昭注补：《续汉书·百官志三》引《献帝起居注》，《后汉书志》第二十六，中华书局1965年版，第3594页。

② （唐）房玄龄等撰：《晋书》卷二四《职官志》，中华书局1974年版，第733页。

③ （晋）陈寿撰，（南朝·宋）裴松之注，陈乃乾校点：《三国志》卷一三《魏书·华歆传》注引华峤《谱叙》，中华书局1959年版，第406页。

④ 据陈仲安、王素《汉唐职官制度研究》第一章第三节统计，中华书局1993年版，第52页。

⑤ （唐）许敬宗编，罗国威整理：《日藏弘仁本文馆词林校证》卷六六四《诏》三四《抚边》，中华书局2001年版，第239—253页。

⑥ （北齐）魏收撰：《魏书》卷一〇〇《高句丽传》，中华书局1974年版，第2216页。“升于”，《三国史记》卷一九《高句丽本纪》作“升干”，第193页。

缺载，幸赖《文馆词林》保存了这个“严责”高句丽王的诏书。

魏晋南北朝时期决策中的制约机制的逐步加强，尤其是东晋南北朝时期门下省封驳制度的确立和成为定制，表明决策制度在这个时期取得了长足的发展和提高，这为唐代“中书主出命，门下主封驳，尚书主奉行”的更为严密的制约机制奠定了基础。

到了唐代，决策的制约机制大为强化，其主要表现是决策过程的整体性更加强化而严密，即决策是由各个方面共同协作完成的，不是个别人个别部门可以完成的。唐代建立了诏敕联合审署发布的严密制度。众所周知，唐代三省制最大的特点是既分权而又相互制衡，即所谓“中书主出命，门下主封驳，尚书主奉行”。门下省固然是对诏敕行使“封驳”权的主要部门，但实际上其他两省对于诏敕也都从各自不同的角度进行审查。

贞观三年（629）唐太宗曾“谓群臣曰：‘中书、门下，机要之司，诏敕有不便者，皆应论执。比来唯睹顺从，不闻违异。若但行文书，则谁不可为，何必择才也！’房玄龄等皆顿首谢。故事：凡军国大事，则中书舍人各执所见，杂署其名，谓之五花判事。中书侍郎、中书令省审之，给事中、黄门侍郎驳正之。上始申明旧制，由是鲜有败事”①。这里唐太宗强调了中书、门下都应对于诏敕认真“论执”，共同负责，以减少“败事”的出现。

中书省固然负责诏敕的起草，但是也要负一定的驳正之责。中书舍人根据宰相所下“词头”，即诏书内容大要，进行起草时，如认为不妥，则可封还。白居易在为中书舍人时，就曾封还“词头”②。舍人还参议章奏，批答敕旨，先由他们各执所见，分别署名，即所谓“五花判事”。然后由中书侍郎、中书令审覆之后，转门下省驳正。

门下省的中心工作就是“封驳”，即对决策进行审查。由于唐代门下省正副长官在不同时期里一般都担任宰相，故门下省之封驳职责主要由给事中负责。唐文宗“太和三年（829）八月敕：‘凡制命颁行，事有不

---

① 《资治通鉴》卷一九三，唐太宗贞观三年（629）四月，第6064页。

② 《白居易集笺校》卷六〇《论左降独孤朗等状》，第3398页。

可，给事中职合封进。省审既毕，宣布百司。'"[①] 这里明确规定由给事中负责诏敕的封驳。给事中"凡百司奏抄，侍中既审，则驳正违失。诏敕不便者，涂窜而奏还，谓之'涂归'。季终，奏驳正之目。凡大事，覆奏；小事，署而颁之"[②]。这里规定诏敕由侍中审查之后，即由给事中负责封驳。给事中在审查诏敕时，如发现问题，不仅可以封还，还可以直接进行修改，即所谓"涂归"，或称"批敕"[③]。可见演至唐代，门下省的"封驳"职能已经制度化、法典化。

尚书省虽为执行机构，但它也在一定程度上行使对诏敕的审议封驳之权。诏敕下达之后，先经尚书左右丞、尚书郎封驳，再由六部尚书、侍郎审覆[④]。

由此可见，唐代对于诏敕的审查，是调动中枢决策、行政部门集体负责，各个环节层层把关，有主有从，既相互制约，又密切配合，协同运作。

唐代决策中制约机制的强化，不仅体现在三省之间的相互制约，而且实际上体现为皇帝与宰相及三省之间的相互制约上。

唐代对于皇帝在决策中的制约大为加强。御前会议所作出的决策，皇帝也并非可以随意更改。据称文宗即位之初，"时宰臣启事，得请之后，往往中变"。对此宰相曾向皇帝提出异议：太和元年（827）四月丙辰，文宗与宰相在延英会议后，宰相韦处厚从容独进曰："陛下用臣等为宰相，使参大政，前后论奏，皆蒙听纳，近日虽云不阻，然臣等既退，寻多改移。事若出自圣旨，则是陛下示臣等以不信；若与别人商量，则臣等不合更居此位。"对于文宗随意更改延英会议决定的做法进行规谏，文宗听后"瞿然曰：'卿何事邪?！卿何事邪?！……'慰勉久之而退"。待韦处厚既出延英门，又"遽命中人复召处厚独入，咨访移晷，开陈理体者数百言……帝欣纳焉"[⑤]。延英会议的决定，是由皇帝与宰相共同议定的，也即核心常务决策会议的决定。对此宰相固然不能随意更改，即使皇帝"寻多改移"也会遭到宰相的抗议，在这种情况下，皇帝也不得

---

① 《唐会要》卷五四《省号上·给事中》，第941页。

② 《新唐书》卷四七《百官志二》，第1207页。

③ 《旧唐书》卷一四八《李藩传》，第3999页。

④ 参见王素《三省制略论》第八章第三节，齐鲁书社1986年版，第261—262页。

⑤ 《册府元龟》卷一〇一《帝王部·纳谏》，第1212页。

不自认理亏，收回成命。

御前会议的决策，还须先经宰相研究，以决定是否颁布。如决定颁布时，即经由上文所述之程序，由宰相下达中书省起草，再交由门下省审查。审查合格的文件，再上呈皇帝，经皇帝画“可”，还须宰相副署，盖上“中书门下之印”，才成为正式的诏书，始可颁布执行。复原的唐代制书式基本上反映了上述决策程序。一份诏敕分别由中书令（宣）、中书侍郎（奉）、中书舍人（行）签署之后，再分别由侍中、黄门侍郎、给事中等签署，最后则为皇帝画“可”[①]。皇帝、中书、门下缺一不可。皇帝诏敕如不经过中书门下则不被承认，正如武则天时刘祎之所说：“不经凤阁鸾台（中书门下），何名为敕?”[②]

唐代对于决策的制约，还通过设置专职的谏官来实现。唐以前虽然也有谏官，但还不是正式的职事官。唐代谏官不仅成为正式的职事官，而且层级、人数众多，形成庞大的谏官群体。中枢机构中书、门下两省均设置一批谏官，分别为左右散骑常侍、左右谏议大夫、给事中、左右补阙、左右拾遗等。

唐代赋予谏官较大的权力，对决策行使审查、监督的职能。前文所述给事中对诏敕的封驳，即为谏官之重要职能。谏官还直接参与核心决策会议，发挥直接的监督作用，唐制：“中书、门下及三品官入奏事，必使谏官、史官随之，有失则匡正，美恶必记之。”[③]

此外，谏官还可通过廷争、上封事等方式，对于决策在事前或事后提出意见，发挥作用。这些对于提高决策水平、减少失误都是有积极意义的。

古代国家政治制度的核心问题是调节好皇权与相权关系，关系协调则政通，反之则政梗。皇权之强化不等于专断，皇权并不能无限制地强化，否则将走向反面，甚而危及政权生存。相权不能无限削弱，否则不仅达不到强化皇权的目的，同样也将危及政权的存在。综上所述，我们可以看到，我国古代政治制度发展到了唐代，一方面宰相在决策中的权

① 《唐令拾遗》《公式令》第二十一，第477—480页。

② 《旧唐书》卷八七《刘祎之传》，第2848页。

③ 《资治通鉴》卷二一一，唐玄宗开元五年（717）九月，第6728页。

力、地位有所上升，另一方面对皇权的制约则有所强化。唐代是皇权时代君相关系较为有序、协调的时期，唐代政治的昌明与国势之兴隆，这无疑是重要的原因之一。在这种君相关系之下建立的决策体制，大大提高了决策的质量与水平，从而也大大促进了这一时期各项事业，包括外交的发展。

### （四）决策功效不断提高

汉唐时期随着决策制度的日益改进与完善，决策的功效也相应不断提高，其主要表现是决策的质量与效率的提高。

唐代三级决策体制的确立以及高层常务核心决策会议的规范化、小型化，有助于决策质量与效率的提高。

唐代高层常务决策会议的突出优越性，是使君相之间可以就有关问题进行深入细致的商讨，从而有助于作出最佳决策。决策是高级思维活动，须将所搜集的各种信息进行分析、综合，从而作出最优化选择。任何一项军国大计的决策，如不能畅所欲言，展开深入细致的讨论，就难于制订出最佳方案。唐代御前决策中行用时间最长的延英会议的一个最大优越性就是所谓“献可替否，得曲尽于讨论。”① 在这种会议上，君相之间从容论难、激烈争论的情况是比较普遍的。贞元四年（788）李泌为宰相时，德宗曾“从容与（李）泌论即位以来宰相”，德宗说：“朕好与人较量理体：崔祐甫性褊躁，朕难之，则应对失次，朕常知其短而护之。杨炎论事亦有可采，而气色粗傲，难之辄勃然怒，无复君臣之礼，所以每见令人忿发。余人则不敢复言。卢杞小心，朕所言无不从；又无学，不能与朕往复，故朕所怀常不尽也。”李泌对曰：“杞言无不从，岂忠臣乎！夫‘言而莫予违’，此孔子所谓‘一言丧邦’者也！”德宗说：“惟卿则异彼三人者。朕言当，卿有喜色；不当，常有忧色。虽时有逆耳之言，如曏来纣及丧邦之类。朕细思之，皆卿先事而言，如此则理安，如彼则危乱，言虽深切而气色和顺，无杨炎之陵傲。朕问难往复，卿辞理不屈，又无好胜之志，直使朕中怀已尽屈服而不能不从，此朕所以私喜于得卿也。”② 德宗对诸宰相之评论基本上集中于宰相们在

---

① 《全唐文》卷八五五（卢文纪）《请对便殿疏》，第 8975 页。

② 《资治通鉴》卷二三三，唐德宗贞元四年（788）二月，第 7511—7512 页。

御前决策中的表现，这些评论是否允当可以不必论，要之反映当时君相之间的确存在着“较量治体”“问难往复”，甚而“无复君臣之礼”的实际情况。这种情况的存在不应视为德宗个人原因所决定，而是由唐代确立的常务核心决策会议制度具有的优越性所决定的。尽管在有唐一代，每位皇帝在位时的情况也必然不尽一致，但这基本上是一个比较普遍的现象。

在这种“曲尽讨论”的政治氛围下，宰相之间在御前决策会议上也经常展开激烈的争论，并竭力“献可替否”，如果无所献替，则为舆论所不容，甚至被罢免相位。宪宗元和中，李吉甫、李绛、权德舆为宰相，“（李）吉甫、（李）绛议政颇有异同，或于上前论事，形于颜色，其有诣于理者，权德舆亦不能为发明，时人以此讥之，竟以循默而罢”[①]。这三位宰相中，两位能在决策会议中展开论难，一位则不能很好地参与辩论，无所献替，因而被罢相。德宗时“贾耽在相位凡十三年，不能以天下安危大事争于君前，颇为知识之士所短”[②]。贾耽虽保住了相位，但因不能在决策会议上展开争论，亦为舆论所鄙。由此可见，唐代的决策会议既为与会者创造了进行辩论的环境和条件，又要求与会者积极参与、大胆论难，否则便为舆论所不容。

御前会议所创造的深入细致讨论问题的条件，有利于提高决策的水平。为了解除吐蕃对唐的严重威胁，德宗贞元三年（787）宰相李泌建议北和回纥、南通南诏、西结大食、天竺，以牵制吐蕃。德宗因在为雍王时曾被回纥所屈辱，故坚决不同意与回纥连和。李泌与德宗先后进行了十五次以上的深入商讨，最后德宗接受了李泌的主张，答应与回纥和亲。唐与回纥的连和，促进了唐与南诏、大食、天竺的关系，从而孤立了吐蕃。这一外交方略实施的结果，“蕃军太半西御大食，故鲜为边患，其力不足也”[③]。大大缓解了吐蕃对唐的威胁。事实证明这一决策是正确的，但是，如果不是君相之间可以深入细致地进行反复的商讨，则这一决策就未必能够产生。

---

① 《册府元龟》卷三三五《宰辅部·窃位》，第3954页。

② 《册府元龟》卷三三六《宰辅部·依违》，第3972页。

③ 《旧唐书》卷一九八《西戎·大食国传》，第5316页。

唐代决策制度中制约机能的强化，对于决策质量的提高、减少失误起了积极的作用，史称“由是鲜有败事”①，基本上是符合实际情况的。

唐代所确立的三级决策体系以及高层常务决策会议所具有的特点，使决策的运作灵活而高效。武宗会昌二年（842），为了确定对于回纥犯边的对策，接连召开了一系列的决策会议。仅为了解决群臣对决策的意见分歧的问题，在八月下旬就先后召开了一次延英会议、三次宰相会议和两次百官大会。三种决策方式交叉运用，从而统一了整个统治集团的认识，较好地解决了对回纥方针问题。表明唐代决策方式的运作是相当灵活高效的。

唐代的朝参及仗下决策、延英决策等，虽然一般为每日或隔日一次，但是只要有重要的、紧急的问题均可随时接见或召开会议。这为及时商讨紧急大事、提高决策效率提供了保证。尤以延英决策会议具有小型、灵活的特点，因而发生问题时可以及时召开会议，以作出决策。武宗会昌二年（842）八月初，回纥突入大同川，进犯云州，八月“九日始奏到，故议发兵守备驱逐”②。这天接到边境的奏报之后，宰相李德裕等先召开宰相会议，提出了初步处理方案，然后请求召开延英会议。武宗立即召开了延英会议，做出了发兵守备驱逐的决策。这一过程从第二天宰相李德裕向武宗上呈的奏状《请发陈许徐汝襄阳等兵状》中可以看出，奏状称：“臣等昨日已于延英面奏，请太原、振武、天德各加兵备，向后不更往来救援。伏蒙圣恩许臣等以进状，请更征发陈、许、徐、汝、襄阳等兵”云云。③ 奏状中的“请太原、振武、天德各加兵备，向后不更往来救援”。是宰相在延英会议之前所准备的方案，这一方案在延英会议上由宰相“面奏”之后，得以批准。这表明八月九日召开延英会议之前已经开过了宰相会议。可见八月九日接到边境报告后，迅速召开了宰相会议及延英会议，从而做出了最终决策，可见其决策效率是相当高的。

---

① 《资治通鉴》卷一九三，唐太宗贞观三年（629）四月，第6064页。

② 《资治通鉴》卷二四九，唐武宗会昌二年（842）八月《考异》，第7964—7965页。

③ 《李德裕文集校笺·文集》卷一四《请发陈许徐汝襄阳等兵状》，第248页。

## 二　外交决策制度的特殊性

汉唐皇朝的行政决策体系由内政决策与外交决策等共同构成。外交决策作为行政决策中一个子系统，它与内政决策等既有基本的共性，又有其一定的特殊性。综观汉唐时期外交决策的特殊性主要表现在以下几个方面。

### （一）决策的信息来源和依据的不同

决策作为一种复杂的思维活动，首先必须依据一定的信息才能进行，在大量信息中经过筛选、分析，从而做出正确的决策。任何行政决策也都首先必须依据相应的信息或情报才有可能进行。外交决策的最大特点是其信息来源和依据与一般内政决策有所不同。外交决策的信息来源主要有两个方面。

一是使节和外交官员所提供的信息或提出的问题和建议。使节又包括两个方面，即对方的来使或来书所提出或引致的问题，以及己方所遣使节复命述职带回的信息、情报等。以汉代的外交决策为例，由对方来使、来书所提出或引致的问题，据我们在第一章所列举的御前决策十三例中，为六例，几近半数；公卿集议决策二十六例中，为八例，几占三分之一。由此可见这个方面是外交决策中重要的信息来源或依据之一。不过一般说来对方来使主要是提出或引致有关外交方面的一些问题，如和亲、盟誓、朝贡、谈判、交涉等，从而引致相关的决策行动。而己方使节所提供的信息、情报则直接对于决策之成败得失发生重要作用。张骞出使西域回来后，向汉武帝报告了“身所至大宛、大月氏、大夏、康居，而传闻其旁大国五、六”① 的情况，导致汉武帝作出通西南夷及进一步通西域的决策，对于推动汉代外交起了不可估量的作用，就是最突出的事例。

在外交决策过程中，当对于对方的意图或内情尚未十分了解时，也常有意识地派遣使节前往获取信息，以为决策之参考。会昌元年（841）回鹘残部侵逼北边，究竟采取和抚政策还是武力驱逐，决策集团意见分歧，于是“诏以鸿胪卿张贾为巡边使，使察回鹘情伪”。不久又派通事舍

① 《汉书》卷六一《张骞传》，第2689页。

人苗缜出使回鹘残部之一嗢没斯处，一方面了解原先下嫁回纥的太和公主的下落，另一方面以“卜嗢没斯逆顺之情”①。这都是有意识遣使以获取信息。

使节所刺探之情报，往往对决策起相当重要的作用。武则天万岁通天元年（696）吐蕃一方面遣使请和亲，另一方面又要求罢安西四镇兵、分十姓之地，于是“朝廷使（郭）元振因察其事宜”②。正当朝廷犹豫未决时，郭元振回来，向武则天提交了一份长篇报告，详细分析了吐蕃的内部矛盾和有关情况，以及四镇、十姓之地得失的利害关系，提出既不割地撤戍，又不绝其和好冀望的策略，并以此缓兵之计等待吐蕃内部矛盾的爆发。武则天接受了郭元振的意见，巧妙地处理了这个问题，数年后果然吐蕃内部矛盾爆发。如果不是特派使节前往吐蕃，洞悉其内情，就不可能作出切中事机的决策，妥善地处理好这一微妙的外交问题。

二是边境行政、边防部门提供的信息或提出的问题和建议。汉唐时期，边疆地区行政和军事单位都须经常地、及时地向中央朝廷报告边境地区所发生的各种问题，其中许多都与外交有直接或间接的关系，从而为外交决策提供了必要的、宝贵的信息，成为外交决策的重要依据。早在西汉时边疆地区与中央朝廷之间就通过驿传系统建立了紧密的信息传递渠道，除了经常性的上报之外，如遇有紧急情况还可通过驿传向朝廷发“犇命书”③，快速报告紧急情报。

唐代建立了更为完备、严密的驿传系统，以向中央传递文书，并通过专职的“进奏官”和“奏事官”向朝廷报告边情。这对于唐朝廷及时掌握边境动态、进行外交决策，发挥了重要作用。

武宗会昌初，回鹘破亡后，残部侵逼北边，唐廷进行了一系列紧张的决策活动，试图驱逐其离开边境地区。在此期间，边境地区的进奏官及奏事官亦频繁入京，及时上报回鹘动态，而决策集团则据之以进行决策。会昌二年（842）九月十二日，李德裕上《请发镇州马军状》云：“右，太原奏事官孙俦适到，云回鹘移营近南四十里。刘沔料必是缘契丹

① 《资治通鉴》卷二四六，唐武宗会昌元年（842）八月、十一月，第7953、7957页。

② 《旧唐书》卷九七《郭元振传》，第3042—3043页。

③ 《汉书》卷七四《丙吉传》，第3146页。

不同，恐袭其背，所以移营。又幽州进奏官孙方造云，（张）仲武破回鹘之时，收得室韦部落主妻儿。昨室韦部落主欲将羊马金帛赎妻儿，仲武并不要，只令杀回鹘监使，即还妻儿。室韦使已领幽州军将同去杀回鹘监使。缘军将未回，仲武未敢闻奏。据此事势，正堪驱除。臣等问孙俦，与幽州合势向前移营，驱除得否，更要添多少兵马？孙俦答云，若系移营，亦不要添大段兵马，只缘大同军兵少，得易定一千人助大同，即得其镇州马军。臣等商量，不用征发稳便，未审。”① 其时太原奏事官与幽州进奏官均回京报告当地的边情，他们向宰相作了很详细的汇报，宰相的询问也非常细致、具体。宰相们根据他们报告的动态，召开了宰相会议，提出了处置方案，上报皇帝，请示可否。唐朝廷正是得力于奏事官和进奏官的报告而及时作出了调动河东、幽州兵马准备明春反击的决策，由河东节度使刘沔、幽州节度使张仲武等协同指挥。

其中又以奏事官来往最为频繁，提供的情报亦最为丰富和及时。李德裕在此期间的一系列奏状便反映了这方面的具体情况。其《请密诏塞上事宜状》中云：“据太原奏事官孙俦称，昨来回鹘到横水栅杀戮军人百姓……请密诏刘沔与（张）仲武计会，先经略此贼。”② 这是根据河东节度奏事官之陈奏而作出的决策。《驱逐回鹘事宜状》称：“又缘太原步兵钝弱，素为河朔所轻，兼本道奏事官孙寮、孙俦自称，太原兵敌回鹘不得，即须于河朔侧近别征兵”③。这是根据河东道奏事官报告的太原兵力状况所作的决定。《论回鹘事宜状》谓：“昨日奏事官论博言到，传（张）仲武语与臣，近稍得回鹘消息”云云④，这是卢龙节度奏事官之陈奏。《进振武节度使李忠顺与臣一道状》曰：“今日振武奏事官闾邱宏到，云却收到河东没落官健杨惟清等二人，称回鹘可汗在天德北三百里已下”⑤ 云云，这是振武军奏事官上报边情。《论天德军捉到回鹘生口等状》谓：“臣等见今日天德军奏事官王可度云，每有回鹘投降及城来捉得十五

---

① 《李德裕文集校笺·文集》卷一四《请发镇州马军状》，第 260 页。

② 《李德裕文集校笺·文集》卷一三《请密诏塞上事宜状》，第 225 页。

③ 《李德裕文集校笺·文集》卷一四《驱逐回鹘事宜状》，第 254—255 页。

④ 《李德裕文集校笺·文集》卷一七《论回鹘事宜状》，第 336 页。

⑤ 《李德裕文集校笺·文集》卷一七《进振武芦度使李忠顺与臣一道状》，第 338 页。

人”云云①，这是天德军奏事官上报边情。由此可见，节度使和军镇均有奏事官频繁入京，报告边境动态。李德裕在会昌二年八月二十七日的《驱逐回鹘事宜状》中已提及太原奏事官孙俦向其奏事，同年九月十二日的《请发镇州马军状》又云“太原奏事官孙俦适到”，太原奏事官孙俦在八九月份中至少已经两度回京，其往返相当频繁。

由此可见，在制定对待回鹘问题的整个决策过程中，自始至终都紧密依靠边境发来的奏报或奏事官的口头报告，而这种奏报或奏事官的往还又是十分迅速和频繁的，这就保证了决策的信息需求，使决策能够达致最大限度的优化和具针对性。

### （二）涉外知识与经验在外交决策中有重要作用

决策的首要问题是要达到某种预定的目标，不同的预定目标决定决策者需要具备相应的知识和经验。外交决策所要达到的目标是解决本国与其他国家的关系问题，以最大限度地实现本国的国家利益。因而进行外交决策时除了一般决策所需具备的条件之外，还需要有一定的关于外部世界的知识和外事经验。从汉唐外交决策制度的研究中，我们可以看到涉外知识和经验在外交决策中具有重要意义，这是外交决策与一般决策不同的特点之一。

汉武帝之所以能够做出一系列重大外交决策，采取一系列重大外交行动，实现“凿空”，首次打开通向世界的大门，这除了他本人的雄才大略，还与他对外部世界的了解和认识有关。他对外部世界的认识，主要是通过外交使节、降附者等方面获得，此外他也注意从载籍中学习，为了经略西域，“汉使穷河源，其山多玉石，采来，天子案古图书，名河所出山曰昆仑云”②。在听取使节汇报的同时还要查阅有关文献资料。

东汉时期西域曾经历“三绝三通”，决策集团对于西域之弃守纷纭不决，这一方面与当时的汉、匈奴、西域力量对比关系变化有关，另一方面则与东汉决策集团成员对西域的认识差异有一定关系。在东汉决策集团内部，放弃西域的论调和主张不时复起，仅安帝永初元年（107）至延光二年（123）的七年间，就曾掀起三次“放弃论”，其中有两次幸赖对

---

① 《李德裕文集校笺·文集》卷一三《论天德军提到回鹘生口等状》，第240页。

② 《汉书》卷六一《张骞传》，第2696页。

西域具有实践经验和认识的人士反对而未获通过，只有一次因无反对者而得以通过。

安帝永初元年，西域发生叛乱，“公卿议者以为‘西域阻远，数有背叛，吏士屯田，其费无已’”。于是作出撤销西域都护的决定。这次决策中没有人出来反对，当与其时因熟悉西域问题的西域都护段禧等人“道路隔塞，檄书不通”①，导致信息欠缺不无关系。

东汉撤出西域后，匈奴乘机占领西域，联合西域不断寇边。敦煌太守曹宗患之，于是派长史索班出屯伊吾。安帝永宁元年（120）北匈奴与车师后王共杀索班，曹宗请求出兵击匈奴，以报索班之耻，因复取西域。接曹宗奏报后，“公卿多以为宜闭玉门关，绝西域”。又一次掀起放弃西域的浪潮。在这种情况下，邓太后特召班勇出席公卿决策会议。班勇既反对曹宗的出兵主张，也反对公卿放弃西域的主张，而提出恢复敦煌营兵、设西域副校尉于敦煌、派西域长史出屯楼兰的三项主张。经过与公卿们反复辩论，邓太后批准了班勇的前两项主张，实现了对西域的一定程度的控制。但因未接受班勇出屯楼兰的意见，因而并未完全避免匈奴对河西的威胁。班勇之所以能够明智地排除上述两方面的错误主张，提出切中事机的主张，很重要的原因是他对西域问题有较深刻的认识，他是经营西域三十一年的名将班超之子，成长于西域，“有父风”②，永初元年又曾任军司马出敦煌迎西域都护，有在西域的实践经验。

安帝延光二年（123）北匈奴与车师连兵，一再入侵河西，东汉无力还击。于是朝廷决策集团“因欲闭玉门、阳关，以绝其患”③。又一次掀起放弃西域浪潮。这时敦煌太守张珰上书反对说：“臣在京师，亦以为西域宜弃；今亲践其土地，乃知弃西域则河西不能自存。”④ 张珰以其自身的实践经验表明，对西域重要性的认识与一个人是否亲践其地、是否有感性认识也有密切关系，也会影响决策者对这一问题的价值取向。他在上书中分析了西域和北匈奴的态势，提出对付这一问题的上、中、下三

① 《资治通鉴》卷四九，汉安帝永初元年（107）六月，第1570页。

② 《资治通鉴》卷五〇，汉安帝永宁元年（120）三月，第1603页。

③ 《后汉书》卷八八《西域传》，第2911页。

④ 《资治通鉴》卷五〇，汉安帝延光二年（123）四月，第1625—1626页。

策。经过朝议，终于放弃了撤出西域的主张，基本上采纳了张珰的中策，决定以班勇为西域长史，率部进驻柳中。班勇破平车师，使西域自东汉建立以来经历“三绝”之后再一次复通。从这一决策过程可见，张珰由于职务经历而具有了对西域比较深刻的认识，因而对这一问题做出了明智判断，提出了切中事机的对策。

从上述三次关于西域问题决策的不同结果中，我们可以看到是否具有对于外部世界的知识或实践经验，对于外交决策具有重要的意义。但是决策集团成员，特别是其核心成员不可能对于外部世界都有深刻的了解，更不必说实践经验了，因而正如在本篇各章节的叙述中我们已经看到的，在汉唐外交决策中，经常吸收具有对外部世界知识或实践经验的人员参加决策会议，就是很重要的措施了。

也正因为如此，一些具有对外部世界知识和实践经验的人员，就有可能在外交决策问题上与决策核心在认识上存在差异，甚至发生矛盾。西汉元帝建昭三年（前36）陈汤、甘延寿出使西域。陈汤“为人沈勇有大虑，多策谋，喜奇功，每过城邑山川，常登望”。是位很注意实地调查研究的有心人。他到西域后对这里的态势有了深刻了解，认识到如果坐待匈奴郅支单于完全控制乌孙、大宛等西域大国，则将对汉在西域的利益构成更为严重的威胁；又了解到郅支城守薄弱，因而与甘延寿谋划直捣郅支城下，袭杀之，以一举扭转西域局势。甘延寿虽然认为这是一条好计，但认为应向朝廷请示之后才能行动。陈汤说：“国家与公卿议，大策非凡所见，事必不从。”显然，在他的心目中，朝廷对西域缺乏实际体验与认识，是不可能接受这个计划的。于是陈汤断然行动，顺利斩获郅支首级。这一招不仅直接解决了郅支匈奴对汉的威胁，而且“悬旌万里之外，扬威昆山之西……万夷慴伏，莫不惧震”[①]。大大提高了汉朝的国际威望和影响，并由此而促进了呼韩邪单于的附汉。尽管陈汤这一行动为汉带来极大利益，但因“矫制”而长期受到决策集团的非难。

汉唐时期随着外交的日益发展，以及常务决策制度的发展及其小型化，到了隋唐时期对于决策核心成员的涉外知识与经验较前更为注意，并有了明显的提高。隋朝两帝的外交决策核心成员长孙晟、裴矩都是具

① 《汉书》卷七〇《陈汤传》，第3010、3017页。

有丰富的外部世界知识和实践经验的人物。长孙晟曾在北周时出使突厥，“因察山川形势，部众强弱，皆尽知之”。在突厥生活多年，洞悉其内情，并与突厥可汗、贵族建立了密切的私交。隋初他向隋文帝介绍突厥情况，“口陈形势，手画山川，写其虚实，皆如指掌。上深嗟叹，皆用纳焉”。当时突厥强大，为隋北边之威胁。他向隋文帝提出了“远交而近攻，离强而合弱”的策略，即通使西方的玷厥、阿波，联络东方的处罗及其控制下的奚、霫等族，以孤立和削弱摄图。文帝采纳了长孙晟的计策，“反间既行，果相猜贰”①。长孙晟身体力行，频繁出使突厥，而且被纳入决策核心，参与决策谋划，协助隋文帝贯彻这一外交方针，经过十余年的努力，终于解除了突厥对隋的威胁。

裴矩也是一位通晓外部世界的人物，其在张掖掌管对西域诸蕃的贸易期间，即注意搜集西域之“国俗山川险易，撰《西域图记》三卷，入朝奏之”。于是隋炀帝“每日引（裴）矩至御坐，亲问西方之事……帝由是甘心，将通西域，四夷经略，咸以委之”②。裴矩成为隋炀帝进行外交决策的核心成员。

唐代确立了宰相决策制度，外交决策亦为其所主管。唐代宰相有不少是比较熟悉外部世界之情况，或有相应之实践经验者。唐代在选拔宰相时，也比较注意以此作为重要条件。武则天长安三年（703）西突厥突骑施酋长乌质勒与诸部不和，举兵相攻。时“安西道绝，表奏相继。则天令（唐）休璟与宰相商度事势，俄顷间草奏，便遣施行。后十余日，安西诸州表请兵马应接，程期一如休璟所画。则天谓休璟曰：‘恨用卿晚。’因迁夏官尚书、同凤阁鸾台三品。又谓魏元忠及杨再思、李峤、姚元崇、李迥秀等曰：‘休璟谙练边事，卿等十不当一也。’”唐休璟因熟悉边事而被吸收参加宰相会议，由于其表现出色，旋即被武则天任命为宰相，并责备诸宰相在这方面远不如唐休璟。唐休璟曾长期担任边将，历官营府户曹、丰州司马、安西副都护、西州都督、凉州都督等，因而“自碣石西逾四镇，绵亘万里，山川要害，皆能记之”③，是位谙练边事、

---

① 《隋书》卷五一《长孙览附从子（长孙）晟传》，第1330、1331页。

② 《隋书》卷六七《裴矩传》，第1578、1580页。

③ 《旧唐书》卷九三《唐休璟传》，第2979页。

熟悉蕃情的官员。

不过，被武则天责备的诸宰相也并非都不熟悉边事。魏元忠在圣历二年（699）曾检校并州长史、天兵军大总管，“以备突厥”；后为陇右诸军大使，“以讨吐蕃；又为灵武道行军大总管御突厥”①。也是一位颇有边事经验的边将。唐代的宰相中像这样有边疆大吏之经历者不在少数。如睿宗朝宰相郭元振，既担任过凉州都督、安西大都护等边职，又担任过外交职务，曾出使吐蕃，并担任主客郎中，在西域、吐蕃问题上堪称专家。名相张说，自谓“久在疆埸，具悉边事”②。肃宗朝宰相郭子仪不仅出身边将，熟悉蕃情，而且与回纥上层关系密切，威望甚高。类似情况，不胜枚举。

有的宰相对于外部世界还颇有专门研究。德宗朝宰相贾耽是其中之突出代表。贾耽于德宗贞元九年（793）至顺宗永贞元年（805）为宰相，前后十三年之久。他“好地理学”，在为相期间更利用职务之便，从外交使节中调查访问，搜集资料，深入研究了域外地理：“凡四夷之使及使四夷还者，必与之从容，讯其山川土地之终始。是以九州之夷险，百蛮之土俗，区分指画，备究源流。”他积三十年之功，于贞元十七年（801）撰成《海内华夷图》及《古今郡国县道四夷述》四十卷。他自述两书之旨趣曰：“绝域之比邻，异蕃之习俗，梯山献琛之路，乘舶来朝之人，咸究竟其源流，访求其居处。阛阓之行贾，戎貊之遗老，莫不听其言而掇其要；闾阎之琐语，风谣之小说，亦收其是而芟其伪……中国以《禹贡》为首，外夷以《班史》发源，郡县纪其增减，蕃落叙其衰盛。”③ 他除了根据中国古代地理、历史著作之外，特别注意从外交使节、外商、外侨中广泛采访搜求。该书图文并茂，实为中国古代对域外地理研究之大成，而贾耽则堪称域外地理学大家。贾耽的域外地理研究，是唐代外交发展在学术文化上的反映。同时该书对当时外交工作又具有很大实用参考价值，“或指图问其邦人，咸得其真”④。贾耽研究地理学的目的就是为实用

① 《新唐书》卷一二二《魏元忠传》，第4344页。

② 《旧唐书》卷九七《张说传》，第3053页。

③ 《旧唐书》卷一三八《贾耽传》，第3784—3786页。

④ 《新唐书》卷一六六《贾耽传》，第5084页。

服务。在此之前，鉴于“自吐蕃陷陇右积年，国家守于内地，旧时镇戍，不可复知”，贾耽“乃画陇右、山南图，兼黄河经界远近，聚其说为书十卷”（包括《关中陇右及山南九州等图》一轴、《别录》六卷、《河西戎之录》四卷），以备“遣将护边”[①] 之用。贾耽的地理学研究对于当时外交决策和行动无疑是有很大参考价值的。

对域外世界的认识不仅体现于决策者个人的知识掌握上，也体现于整体的资料积累和知识水平的提高上。汉唐皇朝在发展对外关系的同时，注意通过使节往还搜集、积累有关域外的资料。使节返国后，皇帝常亲自询问了解域外各方面情况。外国使节到达后，主要由主管外交接待的鸿胪等有关官员负责了解该国情况。到了唐代搜集这方面资料的工作已经发展为有组织地进行，规定由史馆负责搜集、汇总政府各部门所获得的有关域外资料。每当蕃国使节来到后，鸿胪寺要“勘问土地、风俗、衣服、贡献、道里远近，并其主名字”[②] 上报史馆。其他部门如有这方面资料也向史馆上报。史馆也可主动向有关部门索取或了解这方面资料。因而唐代关于域外世界的著述，不仅有宰相或使节等个人所作，也有由史官所作的官修著述。高宗时曾“遣使分往康国、吐火罗，访其风俗物产，画图以闻，诏史官撰次”[③]，修成《西域国志》六十卷。这些有关域外世界的官私著述，对于提高决策群体的整体知识水平无疑是有很大帮助的。

总之，外交决策之成败得失，一般说来与决策者的外部世界知识和经验成正比关系，所具备之知识、经验丰富，则决策成功率相对较高，反之则相对较低。

### （三）根据信息反馈做出追踪决策的情况较为频繁

任何决策的都是为了实行，在实行过程中决策者还要不断了解其效果及出现的新情况新问题，以做出必要的调整或修正，这在行政学上称为“追踪决策”。决策实行中的信息反馈及由此而做出的调整或修正，是整个决策中的必要组成部分。一般说来外交决策根据信息反馈所作追踪

---

① 《旧唐书》卷一三八《贾耽传》，第3784页。

② 《唐会要》卷六三《史馆上·诸司应送史馆事例》，第1089页。

③ 《新唐书》卷五八《艺文志二》，第1506页。

决策较内政决策频繁。这是因为在闭塞的古代社会中，内政决策基本上只考虑国内因素，即国内人民的承受程度，而不顾及国外因素；而外交决策则要复杂得多，除了考虑国内因素，还要考虑国外因素，包括当事国的情况以及可能引致之国际影响等。因而古代统治者对于内政决策作出调整、修正就比较罕见和困难，而在外交决策的执行过程中，由于错综复杂的内外因素而对于决策做出调整、修正的情况就比内政决策要常见和频繁。

首先，根据当事国的信息反馈作出追踪决策。根据外交决策所施行的当事国的信息反馈而做出相应调整、修正的情况是比较常见的。这包括根本性的修正和非根本性的修正两个方面。

根本性的修正，主要表现为对于双方的战争与和平、友邦与敌国关系的调整和转变。

西汉初年，雄踞大漠南北的匈奴对其构成严重的威胁。汉七年（前200）高帝“使人使匈奴。匈奴匿其壮士肥牛马，但见其老弱及羸畜。使者十辈来，皆言匈奴可击”[①]。根据这一并不确切的信息，高帝作出亲征匈奴的决策，结果遭到大败。通过这场战争，高帝确切掌握了匈奴的虚实，事实是“当是时，冒顿单于兵强，控弦四十万骑”[②]。于是高帝在与刘敬商议之后，把对匈奴的方针作了根本性修正，改而采取和亲政策。从此，这成为汉初六七十年间对待匈奴的基本方针。

唐中宗景龙二年（708）西突厥突骑施酋长娑葛与其部将西突厥王族阿史那忠节相攻，娑葛请求唐廷除之，安西大都护郭元振亦请如其奏。阿史那忠节则请求唐发安西兵及联合吐蕃以攻击娑葛。在宰相宗楚客、纪处讷的主谋下，唐廷决策支持阿史那忠节，派冯嘉宾持节安抚阿史那忠节，发甘、凉以西兵，联合吐蕃，以讨娑葛。于是娑葛自立为可汗，发兵抗唐，生擒阿史那忠节，杀唐使冯嘉宾，“乃陷安西，四镇路绝”[③]。在这种情况下，娑葛仍致书郭元振，表明自己本无仇于唐，只因宗楚客等偏听偏信支持阿史那忠节。郭元振将娑葛书信转致朝廷，并相继派遣

① 《史记》卷九九《刘敬列传》，第2718页。

② 《汉书》卷四三《刘敬列传》，第2122页。

③ 《旧唐书》卷九七《郭元振传》，第3048页。

其子郭鸿、部属和守阳等向朝廷奏明事实真相①。于是朝廷决策“赦娑葛罪，册为十四姓可汗”②。当时西域的情况是，唐朝传统上支持的西突厥阿史那氏汗系后裔已经式微，突骑施汗国正在崛起，南面的吐蕃正觊觎十姓、四镇之地，西边的大食正图东向扩张。唐朝采取支持阿史那氏、联合吐蕃攻击突骑施的决策显然是与变化了的西域形势不相适应。在这一决策实施过程中不断的信息反馈证明其是错误的，于是作了重大修正，改而采取承认并支持突骑施的方针。结果“西土遂定”③。突骑施成为唐在西域的有力屏藩，对于遏制吐蕃、大食的进犯起了积极作用。

非根本性修正，即外交方针政策的局部调整，这方面的情况就更为常见、频繁了。

汉宣帝神爵二年（前60）乌孙昆弥翁归靡上书提出：将以汉外孙元贵靡（即武帝时下嫁乌孙之解忧公主所生长男）继位为昆弥，请求再与汉公主结婚，而与匈奴断绝关系。朝廷决策答应乌孙要求，以相夫为公主下嫁元贵靡，以常惠为特使护送前往。常惠一行尚未出塞，得知乌孙政局变化，翁归靡死，贵族拥立匈奴公主所生泥靡为昆弥，元贵靡不得立。常惠上书提出将相夫公主留在敦煌，自己前往乌孙责其背约，待其重立元贵靡之后，再回敦煌迎接相夫公主前往乌孙。朝廷得报后，召开决策会议，大鸿胪萧望之仍坚持反对与乌孙和亲的前议，认为：“乌孙持两端，亡坚约，其效可见。前少主在乌孙四十余年，恩爱不亲密，边境未以宁，此已事之验也。”宣帝采纳了萧望之的建议，召还相夫公主，此后“汉遂不复与结婚”④。这次取消与乌孙的和亲，一方面因乌孙背约，另一方面则总结长期与乌孙关系的历史经验教训，感到和亲对发展双方关系意义不大。汉朝虽然不再以婚姻方式来维系双方关系，但是仍然继续与乌孙保持联系和接触。这只是策略手段的调整，并非双方关系根本性的转变。

唐武宗会昌元年、二年（841—842）期间，回鹘乌介可汗率部众往

---

① 和守阳事不见史籍记载，见于《唐代墓志汇编》天宝〇七一《唐故中大夫使持节江华郡诸军事江华郡太守上柱国和（守阳）府君墓志铭》，第1580—1581页。

② 《旧唐书》卷九七《郭元振传》，第3048页。

③ 《新唐书》卷二一五下《突厥传下》，第6067页。

④ 《汉书》卷七八《萧望之传》，第3279页。

来于唐北部边塞天德、振武之间，唐廷制定了令其退回漠南的基本方针，但其一直不肯退回，继续侵扰边境。为此唐廷根据信息反馈，接二连三调整、修正相关决策。其一，根据使者杨观报称，可能因回鹘那颉啜屯于山北，乌介可汗恐其与奚、契丹连谋袭击，故不敢远离塞下。于是唐廷令卢龙节度使张仲武联合奚、契丹迎击那颉啜部。那颉啜败逃，被乌介可汗擒杀。但是乌介可汗仍不肯退回漠南①。其二，又据数位从回鹘返回的使者报称，乌介可汗迟迟不肯退出，是因等待、邀求“马价”②。所谓“马价”，乃指“回鹘自肃、代以来，以马与中国互市，随其直而偿其价”③。于是朝议决策尽以马价给之，但其仍然不退。其三，付给其马价绢之后不久，乌介可汗更越过边界，深入云州。于是唐廷决策调遣军队，待明春以武力驱逐。

对于回鹘乌介可汗的犯边，唐廷的总方针是令其退出边境，返回漠南。在贯彻执行这一方针过程中，唐廷不断根据信息反馈而调整决策，前两次是图谋以间接的、较为和平的手段令其退出，最后不得已才决定以武力手段达到目的。这是在总方针不变的情况下调整、变换策略手段。

其次，国际影响也是调整、修正外交决策的因素之一。外交决策的重要特点是它不仅与当事国发生直接关系，而且具有国际间的连锁反应，从而产生正面或负面的国际影响。当这一决策可能产生负面的、消极的国际影响时，也促使改变或调整原先的决策。

前述汉宣帝神爵二年（前60）决定以相夫公主嫁乌孙后，因乌孙政局变化，朝廷再次商议是否继续与乌孙和亲。萧望之主张召回公主，不再与乌孙和亲，其所阐述的理由之一是：“今少主以元贵靡不得立而还，信无负于四夷，此中国之大福也。”④ 认为召回相夫公主一事，责任在乌孙一方，因其背约，而己方已履行了承诺，在“四夷”面前并无道义之亏。汉朝最后重新作出召回相夫公主的决策，考虑到在国际上不致产生不良后果和负面影响，也是重要原因之一。

---

① 《资治通鉴》卷二四六，唐武宗会昌二年（842）五月、六月、七月，第7962—7963页；参见《李德裕文集校笺·文集》卷一四《奏回鹘事宜状》，第2513页。

② 《李德裕文集校笺·文集》卷五《赐回鹘可汗书意》，第66页。

③ 《资治通鉴》卷二四六，唐武宗会昌二年（842）五月胡注，第7962页。

④ 《汉书》卷七八《萧望之传》，第3279页。

东汉和帝永元三年（91），窦宪破北匈奴后，北单于逃亡，其弟於除鞬自立为单于。窦宪提议遣使立於除鞬为单于。和帝付诸廷议，多数附和窦宪之议，袁安等人反对，主张让南单于返回漠北部领北匈奴余众。廷议的结果上奏之后，袁安又上书进一步阐述己见："伏念南单于屯，先父举众归德，自蒙恩以来，四十余年。三帝积累，以遗陛下。陛下深宜遵述先志，成就其业。况屯首唱大谋，空尽北虏，辍而弗图，更立新降，以一朝之计，违三世之规，失信于所养，建立于无功……《论语》曰：'言忠信，行笃敬，虽蛮貊行焉。'今若失信于一屯，则百蛮不敢复保誓矣。又乌桓、鲜卑新杀北单于，凡人之情，咸畏仇雠，今立其弟，则二虏怀怨，兵、食可废，信不可去。"① 认为如果重立北单于，一方面失信于南单于，同时也将失信于"百蛮"；另一方面将使参与进攻北匈奴的乌桓、鲜卑担心、怀怨。主张在处理外交关系时也应讲求诚信。由此可见袁安反对再立北单于，主要是从国际上可能产生的负面影响考量的。其时窦宪专权，此议最终虽被和帝批准，但不久於除鞬叛逃，东汉出兵将其消灭。袁安之议当时虽未获通过，但它表明任何一桩外交举措都不是孤立的，都会产生错综复杂的国际影响；后来的事实发展表明袁安的意见是正确的。

贞观十五年（641），遣使册封西突厥叶护可汗，同时"又命使者多赍金帛，历诸国市良马"。于是魏徵谏曰："可汗位未定而先市马，彼必以为陛下意在市马，以立可汗为名耳。使可汗得立，荷德必浅；若不得立，为怨实深。诸国闻之，亦轻中国。市或不得，得亦非美。苟能使彼安宁，则诸国之马，不求自至矣。"② 认为这种做法不仅将招致西突厥的不满，还将导致其他国家轻视中国；反之则不仅增强西突厥之向心力，也可提高唐之国际威望，则诸国之马不求自至。唐太宗接受了魏徵的意见，立即下令召回市马使者。这是从国际影响考虑而改收回成命。

最后，国内因素也是修正、调整外交决策的原因之一。外交决策施行的对象虽然是在境外，然而它与内政也是息息相关的。

---

① 《后汉书》卷四五《袁安传》，第 1520—1521 页。

② 《资治通鉴》卷一九六，唐太宗贞观十五年（641）七月，第 6168—6169 页。《贞观政要》卷二《纳谏第五》所载稍详，第 61 页。

汉武帝通西域虽然打开了外交的大门，但同时伴随着频繁的军事行动，前后三十余年，导致“海内虚耗”。征和四年（前89）桑弘羊等上书建议屯田轮台以东，“稍筑列亭，连城而西，以威西国，辅乌孙，为便”。武帝就此下诏，“深陈既往之悔”，曰：“曩者，朕之不明，以军候弘上书言‘匈奴缚马前后足，置城下，驰言“秦人，我匄若马”’，又汉使者久留不还，故兴遣贰师将军，欲以为使者威重也……今请远田轮台，欲起亭隧，是扰劳天下，非所以优民也，今朕不忍闻……当今务在禁苛暴，止擅赋，力本农，修马复令，以补缺，毋乏武备而已。”① 武帝主要是就对外征伐而进行反思，但这同时也是对于数十年外交的一次反思。为了进行外交而兴师动众、劳民伤财，以致“民力屈，财用竭”。因而武帝决心减少对外活动，集中力量于内政，减轻人民负担。这是根据国内因素而对外交方针所作的重大调整。

汉宣帝神爵二年（前60）于中途召回和亲乌孙的相夫公主，其中原因之一是：“少主不止，徭役将兴。”② 认为和亲将加重国内人民的负担，也是从国内因素考量而对外交决策所作的局部调整。

贞观四年（630），高昌王麹文泰入朝，西域诸国纷纷要求随麹文泰遣使朝贡。于是太宗让麹文泰之使臣前往迎接他们。魏徵谏曰：“中国始平，疮痍未复，若微有劳役，则不自安。往年文泰入朝，所经州县，犹不能供，况加以此辈。若任其商贾来往，边人则获其利；若为宾客，中国即受其弊矣。汉建武二十二年，天下已宁，西域请置都护、送侍子，光武不许，盖不以蛮夷劳弊中国也。今若许十国入贡，其使不下千人，欲使缘边诸州何以取济？人心万端，后虽悔之，恐无所及。”③ 当时高昌使者已经出发，唐太宗听取魏徵进谏后，立即派人追赶高昌使者，收回成命。这也是从减轻国内人民负担，尤其是边郡人民负担，从巩固国内统治出发而对外交决策所作的调整。

### 三　汉唐外交管理体制的演进及其特点

以上我们分别叙述了汉唐时期的中央外交管理机构和地方外交管理

---

① 《汉书》卷九六下《西域传下》，第3912—3914页。

② 《汉书》卷七八《萧望之传》，第3279页。

③ 《旧唐书》卷七一《魏徵传》，第2548页。

机构，从中可见汉唐时期的外交管理体制大体经历了汉代的确立阶段，魏晋南北朝时期的调整阶段，至唐代而进入其成熟、完善的阶段。

汉代所确立和构架起的从中央到地方的系统的、完整的外交管理体系，为先秦乃至秦代所未见，这在中国古代外交制度发展史上是空前的创举，并为日后历朝外交管理体制奠定了基础。这一外交管理体制的确立，并非一蹴而就，是随着外交形势和政治制度的发展变化以及客观需要而不断建置、充实和改革，逐步形成和确立起来的。

首先，从中央专职机构来看，在汉代曾经历了三次较大的建置和改革。

第一次是在汉武帝时。西汉初年，继承秦制，外交管理机构基本上是单一的，只由“典客”一个机构负责。这一机构就是日后汉代主要的外交管理机构——大鸿胪的前身。从机构名称而言，中经景帝中元六年（前144）改称为“大行令”之后，武帝太初元年（前104）始更名“大鸿胪”，并将其属官“行人”改称为“大行令”。此后除王莽曾一度将其改称“典乐”之外，便固定名称为“大鸿胪”。这不仅是名称上的改变，组织机构上也相应作了设置和充实。太初元年改称“大鸿胪”的同时，增设了新的下属机构，如“别火令”“大行治礼丞”等。此外先后设置者尚有“译官令”“大鸿胪文学”等。这些都体现了外交管理机构由简单向复杂演变的趋势。由此可见，汉武帝时是外交机构建设的一个重要时期。这是因为汉武帝时中国古代外交进入了一个新的阶段。汉初在外交上与秦代相比，还没有太大的改变，自汉武帝通西域，打开了通向世界的大门，积极推展对外交往，外交得以空前发展。为了适应外交发展的需要，于是大力加强外交管理机构的建设。从大鸿胪新设之属官观之，当因外交工作需要而增设，如大行治礼丞为司仪所需，译官令为语言文字沟通之需要等。与此同时汉武帝又增强了尚书的权力，以尚书四员负责政务之上传下达，从《汉旧仪》《汉官仪》等的记载来看，可能已将尚书分为四曹以理事，其中当有分管外交事务之“客曹”。从此，这个部门的地位日益上升，成为与大鸿胪并行之外交管理机构。可以说汉代外交管理的多元化是从汉武帝开始的。

第二次是在汉成帝时。成帝时对外交管理机构作出两项重要建设和改革措施，一是将原来专门掌管归附汉朝的周边民族和属国的“典属国”

撤销，合并于大鸿胪。这是因为典属国的职掌与大鸿胪的职掌有许多交叉、重叠，因而合并为一个机构。这样就进一步加强和扩充了大鸿胪的机构和职能。二是将尚书四曹增设为五曹，其中一曹为主管“外国四夷”政务之“客曹”。这是文献明确记载设置客曹尚书之始。至此尚书客曹正式成为中央外交管理机构，与大鸿胪共同构成双轨并行的外交管理体制。这成为此后中国古代基本的外交管理体制模式。

第三次是在东汉光武帝时。光武帝将尚书主客曹分为南、北两主客曹，在尚书六曹中有二曹负责外交管理。同时增加了协理具体事务之郎官，每曹六郎，两主客曹共有尚书郎十二员，在全部三十六员尚书郎中占了三分之一。由此可见尚书主客曹的机构在东汉有了较大的发展。对于大鸿胪则进行了精简，裁撤了译官、别火二令、丞，把与外交无关之郡邸长、丞撤销，由郎官具体管理郡邸事务。经过改革和调整，东汉大鸿胪减少了一些与外交无关的职事，《历代职官表》按语有云：“西汉封拜诸侯王，以大鸿胪行事，至后汉而《礼仪志》所载，则皆谒者引赞，是其职已移之谒者台。”[①] 大鸿胪所主封国事务已被谒者台分割一部分。这是大鸿胪外交职能在逐步突出的一个表现。光武帝的改革进一步巩固了中央外交管理机构的双轨制度。

其次，从地方外交管理机构来看，汉代也有过三次比较重要的建置时期。

第一次还是在汉武帝时。其时一方面在边疆地区“开置边郡”[②]，将其与内地一般行政机构加以区别，赋予重要的外交权力；另一方面则在外交任务尤为重大、繁忙的边境地区，设置镇抚机构，这主要是在开通西域后，于其地“置使者校尉领护，以给使外国者”[③]，开日后设置西域都护之先河。此外还在上谷设置护乌桓校尉，拥节监领乌桓、鲜卑。这样就构成了由“边郡”和镇抚机构组成的边境外交管理体系。汉代边境地区这一多元的外交管理体制，也是在汉武帝时期确立起来的。

第二次是在宣、元时期。宣帝神爵三年（前59）正式设置西域都护，

---

① 《历代职官表》卷三三《鸿胪寺》“北齐”按语，第618—619页。

② 《汉书》卷六四下《严助传》，第2776页。

③ 《汉书》卷九六上《西域传上》，第3873页。

并护南北道，成为正式的职官，大大加强了其外交职能。元帝时又增置西域戊己校尉，进一步强化了对西域的镇抚和对外职能。

第三次也是在东汉光武帝时。其时一项重要措施是设置使匈奴中郎将，以负责匈奴事务。

通过上述三次较大的建置，从两个方面加强了地方外交管理机构建置，一方面通过设置“边郡”以加强边境地方行政机构的外交职能；另一方面则通过设置完备的边境镇抚机构，构筑和强化了从西北经北边直达东北边境的庞大的镇抚体系，与边境州郡及边防部门共同构成三位一体的对外管理网络，完成了地方外交管理体制的多元化进程。

魏晋南北朝是外交管理机构的调整时期，其间进行了几次重大的调整。

第一次为太康改制。魏晋继承汉制，曹魏的五曹尚书和西晋初年的六曹尚书中，均有客曹尚书的设置，太康年间撤销了客曹尚书的建制，从此以后在尚书机构中不再设置客曹这一部门。太康改制后，只保留尚书主客曹郎的建置，从此以后尚书主客曹郎成为外交政务之主要管理者，表明尚书台中的外交管理机构降格为尚书诸部之下的一曹。这也意味着主管外交之官员被排除于决策集团，成为专业的外交行政官员。太康改制后将尚书台外交管理部门定格于主客曹，遂成为此后历朝之成制。

第二次为东晋缩编。西晋皇朝瓦解之后，司马氏偏安江左建立东晋政权，由于国势羸弱，土宇窄小，外交事务大为减少，于是进入了外交管理机构的大缩编时期。第一，将主管外交事务之大鸿胪撤销，采用“有事权置，事毕即省”的办法，根据实际需要而随时权设。大鸿胪之职掌亦有所削减，“惟掌导护赞拜，不复主宾客之礼”①，几沦为司仪之官。第二，裁撤尚书主客曹郎，先是将西晋之左右南北四主客曹合并为一个主客曹，尔后又将其撤销。今世有“弱国无外交”之语，衡诸历史事实，似有几分道理。

第三次为南北朝之复振。经过东晋十六国一百余年战乱中的调整和交融，演至南北朝时期，南北政权陆续进入相对稳定阶段，国势有所上

---

① 《历代职官表》卷一七《理藩院》“宋齐梁陈”按语，第326页。

升，外交亦有了相应的起色和不同程度的发展，因而外交管理机构亦随之复振，并不断进行改革和调整，以适应变化了的形势，从而为隋唐外交管理机构的完善和成熟准备了条件。南朝于刘宋初年恢复了尚书主客曹的建置，虽然在元嘉十年（433）曾一度废置，但旋即恢复，此后相沿不替。北魏前期甚至模仿汉制设主客尚书，孝文帝时则仿南朝之制设置尚书主客曹。另一外交管理机构大鸿胪的恢复，北朝要早于南朝，北魏前期已见大鸿胪之记载，太和十五年（491）已明令设置“主客少卿”（即鸿胪少卿）。而南朝则迟至梁武帝天监七年（508）始恢复大鸿胪的建制。至此中央两个专职外交管理机构在南北方均得到了恢复。重建之后的这两个专职外交管理机构及其相互关系均已有所发展变化。魏晋时期尚书与曹郎的统辖关系不明，至南北朝中后期统属关系逐渐明晰，主客曹在南朝统辖于左仆射，在北齐统辖于祠部，开隋唐主客曹隶属于礼部尚书之先河。南朝将“大鸿胪”名称改为“鸿胪”，以鸿胪卿为其长，北齐将大鸿胪改称鸿胪寺，遂均为隋唐所沿用。两者职权的轻重关系也已十分明显。尚书主客曹掌管外交政务，鸿胪寺掌管外交事务的特性日益鲜明。尚书主客曹不仅继续掌管外交政令，而且承担外交礼宾接待事务，原属大鸿胪的执掌不少已转归尚书主客曹。尚书主客曹在外交管理中的地位和作用上升，凌驾于鸿胪之上。但是在主客曹地位和作用上升，取代大鸿胪许多外交职掌的同时，中书省的中书舍人又取代尚书主客曹、鸿胪寺而承担了重要的外交职掌，他们不仅负责外交文书的起草，而且担负具体的外交接待事务。

南北朝时期外交管理机构调整、改革的进程中，其外交管理的专业性质日趋明显突出，从而推动了外交管理水平的提高。外交接待制度和使馆制度的提高就是其突出的表现。前者可以主客郎在接待来使之后须上交接使《语词》的工作总结报告为代表，后者可以“诸国使邸”即国别使馆之出现，及使馆之外交场所职能的日益突出为代表。这些都表明到了南北朝时期外交的管理制度和水平已达到了一个崭新的高度。

魏晋南北朝地方外交管理方面最突出的一个特点就是边境镇抚系统的陵替。由于这一时期分裂割据，失却了汉代统一皇朝之对外国力，外交之注意力和重点已转移至各割据政权之间，因而边境镇抚系统较之汉代大为收缩和削弱。魏晋南北朝虽然继承汉代制度，各政权均设置各种持节领护郎将、校尉之职，然而大多由刺史兼领，徒具虚名；有的向着虚衔化发展，成为赠官；有的只管理民族事务，并无外交职事。真正负有外交管理职责者寥寥无几。

历经两汉魏晋南北朝八百余年的演进，至唐代外交管理体制已发展成熟与完善，其主要表现在以下五个方面。

### （一）外交决策与执行之分离

汉唐时期的外交管理体制经历了决策与执行功能由合而分的发展变化进程。

西汉前期，外交决策与执行基本上是合一的，其时丞相总理万机，集决策与执行于一身，遇有外交大事，行政系统的公卿与武官系统的将军往往共同会议，共商决策。到了西汉中后期，外交决策与执行出现了第一次分离。从武帝开始逐步形成“中外朝”，皇帝常依靠中朝进行外交决策，一定程度上削弱了外朝的决策权力，导致外交决策与执行功能的分离现象。到了东汉时期，由于中外朝界限的消失，两者又在新的意义上合一。

产生这一变化的原因，主要是与中央职官制度和权力配置的变化有关。西汉前期丞相位尊权大，从而可以做到决策与执行的合一。汉武帝时期削弱相权，皇帝转而直接依靠中朝，导致了决策与执行功能的分离。到了东汉，作为中朝官首领之大司马成为三公之一的太尉，他与外朝官首领丞相（东汉称司徒）、御史大夫（东汉称司空）共同构成“三公”，集体掌管决策与执行大权。东汉制度规定：“凡国有大造大疑”，均由三公“通而论之”；“国有过事”，亦由三公“通谏争之”①。外交作为国家大事，自然亦由三公“通而议之”“通谏争之”，外交决策与执行又在新的条件下归于合一。

魏晋南北朝时期外交决策与执行的分合关系经历了曲折的演变进程。曹魏时期继续东汉之制，尚书基本上仍作为皇帝的近臣而在内廷决策中起着重要作用，与外朝公卿还存在一定的“内”“外”关系。与此同时又有中书监、令“制断时政”② 于“中”。到了西晋时期，这一发展趋势的

---

① 《续汉书·百官志一》，点校本《后汉书志》第二十四，第3557页。

② 《三国志》卷二五《魏书·辛毗传》，第698页。

结果导致“尚书制断，诸卿奉成”[①]，尚书从后台出现于前台，既主持决策，又指挥执行，从而使决策与执行又在新的条件下归于合一。到了南北朝时期，尚书台的决策权力又不断被中书、门下和皇帝的恩幸所侵夺。到了梁代更发展为以中书、门下为主的“内省”与以尚书为代表的“外朝”的内外关系[②]，从而使决策与执行再次呈现分离的趋势，这为隋唐时期进一步从制度上明确规定决策与执行的分离准备了条件。这一变化进程虽然曲折复杂，但是总的说来是向着两者分离的方向发展，这是外交管理制度进一步成熟和完善的表现。

经过两汉魏晋南北朝长期实践的积累与探索，到了唐代，随着三省制的确立，决策与执行功能分离关系已经制度化，这就是“中书主出令，门下主封驳，尚书主奉行”体制的确立。中书、门下为决策机构，尚书为执行机构，这就从职官制度上对两者的分离作了明确的规范。这是八百多年来两者不断分合演进的一个总结。唐初尚书省长官作为宰相参与决策时，决策与执行仍然是合一的。随着尚书省长官之从宰相中析出，以及宰相之从兼职向专职之转变，终于使决策与执行实现了明确的分离。唐后期使职差遣在外交领域的盛行并没有改变这种分离关系，仍然在由中书门下指挥下由使职差遣执行各项外交任务。翰林学士在决策中地位的上升，则在新的意义上使决策与执行功能进一步分离。

决策与执行功能分离关系的发展，导致决策机构的常务化、规范化、小型化，对于提高决策水平，推动决策质量与效率的提高具有积极意义。同时又使外交行政管理机构更加专业化，尤以作为专职外交机构的鸿胪、主客，其外交职能较以往任何朝代都更为鲜明突出。这标志着我国古代外交管理制度到了唐代已发展到了一个新的高度和水平，并为日后两者之进一步分离奠定了基础。

### （二）外交政令与外交事务之分离

汉唐时期外交政令与外交事务亦经历了由相互纠缠不清而至分工明确、相互分离的发展进程。汉代虽然基本上以大鸿胪为外交事务机构，

---

① 《晋书》卷四六《刘颂传》，第1303页。

② 参见祝总斌《两汉魏晋南北朝宰相制度研究》第七章第一节（四），中国社会科学出版社1990年版，第220页。

以客曹尚书主管外交之政令，但是两者之间职事分工不明、相互侵权之现象已日益增多。及至魏晋南北朝，随着尚书台地位之上升，尚书主客曹不仅负责外交政令之颁行，凌驾于大鸿胪之上，而且取代其执行大量外交事务，外交政令与外交事务之缠绕不清，较汉代又有过之而无不及。不独作为外交专职机构之鸿胪、主客之间职掌多所重叠缠绕，关涉机构中亦存在相同的情况，已经发展成为决策机构的中书省，其属官中书舍人不仅掌管外交政令，亦参与大量的外交事务。

及至唐代，随着古代官制之发育成熟，外交管理部门中外交政令与外交事务之分工明确，两者相互分离，各司其职，密切配合。尚书省作为全国行政枢纽，掌管政令之颁行，九寺五监诸省作为行政事务机构，具体办理各项行政事务，分工明确，秩序井然。外交管理部门亦然，其具体表现在如下两个方面：一是作为外交专职机构之主客司与鸿胪寺之间，以前者主管外交政令，后者掌管外交事务。《唐六典》和《旧唐书·职官志》在记述尚书主客郎中的职掌时，均谓其“皆载于鸿胪之职焉”。作此省略记载，就是因为二者的职掌是一致的，其区别仅在于一者“掌政令”，一者“行政令”。作为外交事务机构之鸿胪寺虽然主要接受尚书主客司所颁之政令，同时亦接受尚书其他部门之政令，如涉外之宗教事务接受祠部之政令，蕃国资料之搜集，接受兵部职方司之政令等。二是外交关涉机构间之颁政令与行事务亦同样分工明确。唐代的行政事务机构除九寺之外，尚有五监、诸省等，它们中有不少与外交事务有关。这些外交关涉机构，亦同样接受尚书省有关部门之政令指挥。如光禄寺负责宴飨蕃客事务，须接受礼部膳部司之政令。司农寺负责宴飨蕃客食料及日常生活用品之供应，亦须接受礼部诸司之政令，等等。此诚如严耕望氏所谓，唐代“尚书六部与九寺诸监，其职掌之性质大异，而有下行上承之关系……尚书六部为上级机构，主政务；寺监为下级机关，掌事务”①。

### （三）主管机构与关涉机构关系之协调

汉唐时期外交主管机构与关涉机构之间的关系也日趋协调。虽然在汉代已确立了外交主管机构与关涉机构相互配合的管理体制，但是其时

① 严耕望：《唐仆尚丞郎表》卷一《述制》，中华书局1986年版，第2页。

关涉机构尚少，相互之间虽然还未见明显的职务之冲突和纠缠，亦未见密切与协调之配合，显示了其时外交管理体系尚属粗疏之早期阶段特征。魏晋南北朝时期关涉机构有了较大的增加，新兴的中央机要部门中书、门下、尚书三省及其他传统机构均或多或少地承担了一定的外交管理职责，但是它们与外交主管机构之间明显地存在着职责上的某些相互重叠与纠缠，如中书舍人既承担一定的外交政令，又参与不少具体的外交事务，而与鸿胪、主客之职务均有所交叉与重叠。

及至唐代，由于中央职官制度之发育成熟，外交主管机构与关涉机构之关系亦随之而进入了新的阶段。其时关涉机构本身已构成庞大而严密的体系，从决策中枢机构中书、门下两省，至总理万机之尚书省各部，下及九寺、五监、诸省等行政事务部门，均在不同程度上承担着一定的外交政令与事务管理职责。外交管理之关涉机构已覆盖中央政府之绝大多数部门。这些关涉机构与主管机构之间分工明确，协同运作，配合密切而协调。以接受蕃客贡献为例，第一步须先将蕃客贡献物品之数量、品种上报鸿胪寺；第二步鸿胪寺会同有关部门进行检查，如所献为马匹，则会同殿中省、太仆寺官员查验，药物等则由鸿胪寺自行查验；第三步会同少府监、太府寺根据物品质量定价；第四步由鸿胪寺将验收合格之物品数量上报中书，再听候决策部门做出决定；第五步决策部门将其决定通过尚书省下达如何处理之指示，再由有关部门遵照执行。在这一外交行政运作过程中，以外交专职机构鸿胪寺为中心和联络点，旁及同级部门之殿中监、太仆寺、少府监、太府寺等，上及决策中枢之中书门下，以及行政中枢之尚书省。可以说几乎动员了三省六部九寺五监之有关部门，相互协作，密切配合，方得以圆满完成。在这一外交行政运转过程中，作为外交专职机构之鸿胪寺，一方面得到了各个行政事务机构之密切合作，另一方面则接受决策与政令部门之指导，各司其职，井然有序，环环相扣，繁而不乱，充分表现了外交专职机构与关涉机构之间的协调关系。

### （四）中央与地方外交管理更为专业与协调

汉唐间一千余年中，外交管理有着一个逐渐专业化的发展过程。

汉代中央政府的典客、鸿胪原先集封国王侯、地方政府、四方民族、国家乃至宗教的管理和接待事务于一身，外交只是其诸多职务之一。随着国家内外形势和内政、外交的发展变化，于是封国王侯事务、地方政府事务、民族和宗教事务不断剥离，其外交职能日益凸显。在汉代确立了中央以九卿之一的大鸿胪、诸曹尚书之一的主客曹为外交主管机构，并以若干部门配合运作的管理体制基础上，经过魏晋南北朝时期逐渐克服两者之间职责的模糊和交叉。向着后起的、负责外交政务的尚书主客曹为主，负责外交事务的大鸿胪为辅，以及两者管理幅度相应调整和职责区分逐渐分明的方向发展。中央关涉机构在汉代原有的少数几个部门的基础上向着增加和周备的方向发展。及至唐代，由于三省六部制的确立和完善，尚书与卿监关系的相对顺畅，尚书主客司与鸿胪寺职责分明，分工明确，外交管理的专业性更为突出，协同完成外交有关各项职事。关涉机构几乎覆盖中央政府各部门，但各自在外交工作中的职责、地位以及与专职机构的关系都有比较明确的规定，多而不乱，有条不紊地运转，协同完成外交任务。到了唐代鸿胪、主客已经基本上成为专职外交管理机构，完成了外交管理机构的专业化进程。

汉唐时期外交管理的专业化，不仅表现为中央外交管理机构的专业化，同时也体现于地方政府外交管理的专业化方面。汉代虽然已基本上确立了地方行政系统、边防军事系统与边境镇抚系统三位一体的外交管理体系，但是其时边疆行政与边防军事实际上主要是由“边郡”兼而行之。边境镇抚系统的设置先后参差，职官名称、职能各异，其中有不少为临时性质的加官，显示了其早期阶段的特征。魏晋南北朝时期虽然地方行政与边防系统已逐渐有所分别，但是两者均处于混乱与多变的状态，边境镇抚系统则较汉代大为削弱，大多已名存实亡。到了唐代，地方外交管理体系已进入空前完善与周密的阶段。边疆行政与边防军事已自成系统，关系分明；边境镇抚系统则统一于都护一职，成为正式的职官。地方行政系统、边防军事系统、边境镇抚系统以及中央派出机构和使职，四位一体，井然有序，各司其职，在中央外交政令统一指挥下，各自行使地方外交管理职能。“译语人”之从中央到地方政府的有关机构或部门中的普遍设置，即为外交管理专业化的具体表现之一。唐中后期外交管理的使职化，更促进了外交管理的专业化进程，边疆军政长官，在内陆地区者兼任押蕃使，在滨海地区者兼任押蕃舶使，赋予他们更为鲜明突出的外交职能。同时在边境地区设置互市监等中央派出机构，以及市舶使等使职，从而使地方外交管理更为集中与专业。由于从中央到地方外交管理专业化的基本完成，于是到了唐代，在外交权力集中和强化的同时，在外交政务方面遂有条件、有可能大为放手，在中央则放手由三省六部、九寺五监分工负责，在地方则放手由地方军政长官积极主动开展，充分调动了从中央到地方各级行政部门的外交管理积极性，大大强化了从中央到地方周密完备而又高效的管理网络的建构和运作，来自中央的外交政令皆可迅速地逐级下达到基层，基层的涉外问题也可迅速地逐级上达天听，中央与地方的外交信息，依靠从首都伸向周边的馆驿系统而迅速传递与沟通，中央与地方外交管理更为协调，配合更为默契，从而将唐代的外交推进到中国古代历史的巅峰状态。

### （五）集权与分权基本适度合理

汉唐外交制度的根本特点是外交权力的高度集中，在这一外交管理体制中存在着两个不同层次的权力中心，在中央集中于皇帝，在地方集中于地方长官。这两个不同层次的金字塔尖，构成国家外交权力的中枢神经和周围神经系统，指挥和操纵着外交躯干与手足之运转，不可或缺地、相辅相成地构成一个有机的整体。如何处理好权力的集中与分散、中央集权与地方分权之间的关系，是外交管理中一个重要而复杂的问题。到了唐代，外交管理体制成熟的突出表现是外交管理中的集权与分权的适度与合理。外交作为国家重大政事，其权力高度集中于中央是毫无疑义的，这在汉唐时期是一贯的。但是在汉代外交权力有过分集中之缺陷，这主要表现在皇帝对于外交权力，不论在决策与执行方面均揽得过多过死，未能充分发挥公卿百官的主动性和积极性。其时不仅外交决策权力高度集中，在外交执行中亦然，虽然汉朝政府建立起三公九卿制的庞大行政体系，但是行政的最高权力仍然是集中于皇帝手中的。外交管理方面也不例外，一切权力集中于皇帝，他不仅通过各种诏令指挥、干预重大的外交行政，而且指挥、干预具体的外交事务，如东汉顺帝汉安二年（143）为了欢送匈奴单于兜楼储返回南庭而举行的一次盛大的“祖会”活动，是由顺帝下诏指定大鸿胪与太常负责组织的。汉明帝在下诏赏赐“降胡”之后，还亲自查阅大司农的执行报告，当他发现数字有误时，特召负责书写的尚书郎而笞罚之。由此可见，皇帝对于外交行政事务之指挥与干预几乎是无所不至的。不仅中央如此，地方亦然。汉代地方政府长官也是高度集权的，举凡当地的政治、军事、外交、财政以及文化教育等，均集中于其手，俨然如皇帝在中央之集权。虽然汉代地方政府在处理外交问题时，必须听命于中央，但是我们从前文地方外交管理机构的叙述中可以清楚地看到，地方长官有着很大的对外权力，而且总揽外交方面的一切事务。魏晋时期则发展为两个极端，或则帝王独断，或则权臣专决，至南北朝中后期随着三省制为代表的皇权政治制度的日益发展，皇帝与臣僚之间权力的分配有所调整，始向着较为合理的方向发展。

及至唐代，由于皇权政治制度的发育成熟，外交管理中的集权与分权关系调整得比较适度与合理。这首先表现在常务核心决策制度的定型化、规范化，使皇帝决策与宰相决策结合起来，构成一种相互制衡的机制，一方面制约了皇帝的独断专行，另一方面在发挥宰相的主动性和积极性的同时又制约了其专权。其次表现在外交决策与执行，外交政令与事务的分离，把不同权力分散于不同部门，各司其职，环环相扣，充分调动和发挥了整个统治集团的智慧和才能，在集权中包含着分权，在分权中贯穿着集权。最后表现在中央与地方权力分配的相对合理和适度。唐代的地方行政长官虽然仍如汉代一样有很大的权力，但是外交权力掌握于中央并没有变化，两者在执行对外事务时，权力的分配比较规范和合理，如外交文书就是在中央统一指挥下，根据不同情况或由中央的有关部门发出，或由地方的有关部门发出，既调动了地方的主动性和积极性，又提高了外交的实际功效。

汉唐时期所确立和架构的外交管理体制，在中国古代外交制度发展史上是空前的创举，并为日后历朝外交管理体制奠定了基础。这套外交管理体制主要有如下特点。

第一个特点是其模糊性。中国古代没有单纯的外交管理机构，它与诸侯封国事务、民族事务等方面的管理总是结合在一起，难以分割清楚。这是由于中国古代关于世界的观念以及由此而形成的外交观念所决定的。在当时人们的眼光中，中原王朝居天下之中，而世界被划分为“五服”或“九服”。所谓“五服”，“邦内甸服，邦外侯服，侯卫宾服，夷蛮要服，戎狄荒服”。韦昭解释道，甸服为“天子畿内千里之地”，侯服为“诸侯之近者”，宾服为“中国之界也”，要服为“九州之界也”，荒服为“九州之外，荒裔之地”。又据韦昭说，商代以前将天下划分为上述之

“五服”，西周以后则在此基础上进一步划分为“九服”①。所谓“九服”，据《周礼·夏官·职方氏》所载为“王畿”之外的“侯服”“甸服”“男服”“采服”“卫服”“蛮服”“夷服”“镇服”“藩服”。据贾公彦的解释，自“蛮服”以内是“九州”的范围，自“蛮服”以下“皆夷狄”②。贾氏所谓“夷狄”，即《周礼·秋官·大行人》所谓“九州之外，谓之藩国”。具体即为郑玄所注：“九州之外，夷服、镇服、蕃服也。”③ 此三“服”即为“夷狄”“藩国”。这样我们可以看到，在所谓“五服”或“九服”中实际上包含着中原地区的诸侯、边疆地区的少数民族和外国，而这三类地区都要服从中央天子并有朝贡义务，这就是这三类地区都称为“服”的原因，郑玄解释说：“服，服事天子也。”④ 在一定意义上毋宁说这三类地区都是中央王朝的“诸侯”，因为它们都在不同程度上有服事中央天子的义务。

从这种观念出发，古代的礼宾机构便具有诸侯事务、民族事务、外交事务三者合一的特点和性质。古代的“行人”便是这种性质的官员或机构，据《周礼》记载：“大行人掌大宾之礼，大客之仪，以亲诸侯。”⑤“小行人掌邦国宾客之礼籍，以待四方之使者……大客则摈，小客则受其币而听其辞。”据郑玄解释，这里的“大宾”，为“要服（即蛮服）以内诸侯”，即亲自来朝见天子的诸侯。据贾公彦解释，“大客”为“要服以内诸侯之使臣”，“小客”为“蕃国诸侯之使臣”⑥。前者为诸侯所遣使节，后者为藩国所遣使节。传说舜时“龙主宾客，远人至……各以其职来贡，不失厥宜。方五千里，至于荒服。南抚交趾、北发，西戎、析枝、渠叟、氐、羌，北山戎、发、息慎，东长、鸟夷，四海之内，咸戴帝舜之功”⑦。龙这位中国历史上第一位“外交部部长”，其所管理的就是民族事务与外交事务兼而有之，只是由于当时封邦建国制度尚未有显著的发

① 《国语集解》卷一，《周语上》，第6—7页。

② 《周礼注疏》卷三三《夏官司马·职方氏》，第1030页。

③ 《周礼注疏》卷三七《秋官司寇·大行人》，第1176页。

④ 《周礼注疏》卷三三《夏官司马·职方氏》注，第1030页。

⑤ 《周礼注疏》卷三七《秋官司寇·大行人》，第1161页。

⑥ 《周礼注疏》卷三七《秋官司寇·大行人》，第1182—1184页。

⑦ 《史记》卷一《五帝本纪》，第43页。

展，故尚不含有封国王侯事务。

汉唐时期继承前代的传统，外交事务与封国王侯事务、少数民族事务也是结合在一起，由共同的机构进行综合管理，其间并没有严格的划分。不过由于封邦建国制度的逐步变化与式微，其中的封国王侯事务便日益相对削弱，而由于对外关系的逐步发展，其管理外交的功能则日益加强和突出。

汉代外交管理体制的模糊性即相当突出，首先表现在外交事务与民族事务之混合。大鸿胪与主客曹的职责都是管理所谓“四方夷狄”，而这一概念在当时是模糊的，它既包含了真正意义上的外国，也包含了各类边疆民族。而有的边疆民族在不同时期虽有所变化，但这种变化并没有在管理机构方面反映出来，而发生相应的改变。以匈奴为例，其在西汉前期是独立于汉皇朝的少数民族国家；宣帝甘露三年（前51）呼韩邪单于“称藩”于汉，成为汉皇朝的藩属国；东汉光武帝建武二十四年（48）匈奴分裂为南北两部，南匈奴进一步依附汉皇朝，逐渐入居塞内，匈奴国家消亡，成为汉皇朝的边疆少数民族。尽管匈奴在两汉时期经历了不同性质的变化，但是在管理机构的归属上并没有发生相应的变化，仍以“四方夷狄”由原有机构对其进行管理。西汉后期“典属国”之合并于“大鸿胪”，将边境地区所设安置内附少数民族的“属国”及相关事宜也划归大鸿胪管辖，其结果是使大鸿胪的民族事务职能较前又有所加强。

汉代外交管理体制的模糊性，还表现在以下几个方面。其一，一职多能。大鸿胪除了管理外交事务与民族事务之外，还掌管封国王侯事务、郡国计吏事务及郊庙行礼等，其一职多能相当突出。其二，外交行政与外交事务之混杂。西汉前期大鸿胪虽然以外交事务为主要职司，但也负责一定的外交政务。随着客曹尚书地位的上升，外交政令为其所辖，但是它也日益承担一些外交具体事务，一定程度上分割了大鸿胪的外交事务。其三，皇室事务与国家行政事务之混杂。虽然大鸿胪是诸卿中承担国家政务较多的少数几个部门之一，但是它仍然承担着不少皇室事务，如皇室郊庙园陵祭祀、丧礼以及宗室王侯封拜等。

魏晋南北朝时期外交管理体制的模糊性仍有一定的发展。除了继承汉代传统之外，又由于这个时期宗教信仰有较大发展，因而宗教事务亦由外交管理部门负责，北齐时于鸿胪寺下设典寺署，专司宗教事务。这种情况在隋及唐初仍然继续。不过在魏晋南北朝时期，外交管理部门职责之专业化趋势也有了一定的发展，北齐时将北魏左右南北四主客曹加以调整，合并为一主客曹，专司外交管理，而另设主爵曹以负责封爵事务，将这一事务从外交管理部门中析出。

唐代的外交管理体制虽然基本上继承前代传统而具有模糊性特征，但是其外交管理专业化性质已较前代鲜明突出。开元二十五年（737）将宗教事务从外交管理部门划归宗正寺及尚书祠部分管之后，作为外交专职机构的鸿胪、主客的职掌，除管理周、隋后裔“二王”之事外，则集中于管理“诸蕃朝聘之事”[①]。而这一职掌主要即为外交性质，由于唐代对外关系之空前发展，因此所谓“诸蕃”中的外国成分亦空前增加，在《唐六典》所载七十余蕃中，即绝大部分为外国[②]，由此可见，鸿胪、主客的外交机构的专业性质有了很大的发展。

第二个特点是其多元性。汉唐时期确立和构架起来的外交管理体制，其另一突出特点表现为外交工作并非由单一的机构或部门包揽，而是由诸多机构、有主有从、相互配合、协同运作而进行的，总体而言，有专职机构与关涉机构两大系统共同管理；就这两大方面而言，专职机构又是双轨并行，甚至多轨运行，关涉机构更是几乎覆盖中央政府的各个部门。这一多元性的外交管理体制正是在汉唐时期确立和完善起来，并成为后代中国古代外交管理体制的基本格局。汉唐时期的外交管理机构就中央政府而言，大体上可以分为两类：一类为专职管理机构，一类为关涉机构。专职管理机构又主要有两个部门：一为九卿（诸卿）系统的鸿胪，一为尚书系统的主客。而由于外交工作是一项繁复的“系统工程”，需要中央政府各个部门的配合与协作，所以除专职管理机构以外，尚有诸多关涉机构，即从不同的角度配合、协助进行外交管理工作的其他机构或部门。又由于外交工作不仅需要中央有关部门进行管理，还需要地方各级部门的密切配合，因此在地方上也有相应的外交管理机构或职能部门。地方外交管理体系，基本上由地方行政系统、边防军事系统及边境镇抚系统三个方面构成。这样我们可以看到，在汉唐时期从中央到地

① 《唐六典》卷四《尚书礼部·主客郎中》，第129页。

② 《唐六典》卷四《尚书礼部·主客郎中》，第129—130页。

方都有一套多元的外交管理机构和部门，它们各司其职而又密切配合，逐步构成了一个系统的、完整的、严密的，而且运转灵活高效的外交管理体制。

外交管理体制的多元性，至唐代更有所发展。以外交专职管理机构而言，除了传统的鸿胪、主客之外，在唐代又增加了四方馆，中后期又增加了礼宾院、客省院等部门，故唐后期的文献中在谈及外交管理时，常将“鸿胪”“礼宾”并提。在唐后期外交使职盛行，设置鸿胪礼宾使、客省使等外交管理专使同时，传统的鸿胪、主客机构亦未废。以外交关涉机构而言，则更是空前庞大周备，几乎涉及中央行政机构的各个部门。

外交管理专职机构的双轨制，加强了外交管理权力的相互制衡。在这一管理体制下，外交政令与外交事务基本上分属于两个不同部门，主客曹负责外交政令管理，大鸿胪负责外交事务管理，两者相互制约而又分工协作，既提高了外交管理的政策水平，又加强了外交事务的管理水平。而这又从总体上加强了以皇帝为首的中枢对于外交管理的集权统一。但是其负面作用也是明显的，主要是造成两者在职能上的交叉、重叠，这方面从东汉后期已经表现出来，魏晋南北朝时期愈益严重，主客曹不仅管理外交政令，同时也承担不少外交事务，造成与大鸿胪职能的混淆。直至唐代才将两者关系调整顺畅。

### 四　汉唐外交管理体制的运行机制

汉唐时期外交管理体制之运行，基本上分为决策、政令与事务三个层次而实施。在两汉时期先后以丞相、三公及尚书台为政令之枢纽，魏晋南北朝时期基本上以尚书台为政令之枢纽，说“基本上”是因为在不同时期中书或门下也曾在一定程度上扮演这一角色。到了唐代，上述三个层次的运行已经规范化，在唐前期由政事堂，中后期由中书门下出令，经尚书都省转发，再交由各有关部门贯彻执行。尚书省为国家政令之总枢纽。

汉唐时期外交管理的运行主要通过如下三个方面进行。

一是皇帝的诏敕。皇帝既是外交的最高决策者，又是最高行政长官。以皇帝为首的中央决策集团对外交所作的决策，均以皇帝诏敕的名义下达相关部门贯彻执行。汉制：“帝之下书有四：一曰策书，二曰制书，三曰诏书，四曰诫敕。”策书“以命诸侯王。三公以罪免亦赐策”。其余三种的形制和用途是：“制书者，帝者制度之命，其文曰制诏三公，皆玺封，尚书令印重封，露布州郡也。诏书者，诏，告也，其文曰告某官云〔云〕，如故事。诫敕者，谓敕刺史、太守，其文曰有诏敕某官。它皆仿此。”① 由此可见皇帝主要通过后三种方式，即“制书”“诏书”“诫敕”以指挥中央公卿百官和地方长官执行政令。皇帝诏敕下达之具体途径，在西汉时是由丞相、御史大夫“两府”（或称“二府”）负责下达中央各部门或地方政府，元狩六年（前117）四月，“御史大夫（张）汤下丞相，丞相下中二千石，二千石下郡太守、诸侯相，丞书从事下当用者。如律令”②。皇帝的诏敕先下达御史大夫府，御史大夫再转达丞相府，由丞相再下达中央诸卿和地方郡国。到东汉时诏敕之下达枢纽由“两府”转归尚书台，此即“尚书出纳王命”③“盖政令之所由宣”④ 之谓。外交政令之运行亦然。“四方夷狄封者，台下鸿胪诏拜之。”⑤ 封拜外国侯王时，由尚书台将诏书下达大鸿胪，大鸿胪根据诏书命令具体执行。《后汉书·钟离意传》所载对四夷之赏赐，亦将皇帝诏旨先下达尚书台，由尚书台起草诏书之后，下达大司农负责执行⑥。魏晋南北朝时期亦基本上由尚书省下达，但中书、门下也在不同时期不同程度上发挥这一作用。

唐代诏敕及行政文书之上传下达已经达到相当规范化程度。尚书都省为其上传下达之总枢纽，“凡上之所以逮下，其制有六，曰：制、敕、册、令、教、符。凡下之所以达上，其制亦有六，曰：表、状、笺、启、牒、辞。诸司自相质问，其义有三，曰：关、刺、移。”这里归纳唐代行政文书有三大类，一为下行文书，主要为以皇帝名义下达的“制”“敕”“册”，以及尚书省自身制定、下发州县乃至最基层的“符”。二为上行文书，主要为臣下呈奏皇帝之“表”“状”。三为平行文书，主要为同级机构间的“移”文。尚书都省为天下文书之总枢纽，“凡制、敕施行，京师

---

① 《后汉书》卷一上《光武帝纪上》注引《汉制度》，第24页。
② 《史记》卷六〇《三王世家》，第2111页。
③ 《后汉书》卷六三《李固传》，第2076页。
④ 《通典》卷二二《职官典四·尚书上·尚书省并总论尚书》，第588页。
⑤ 《续汉书·百官志二》，点校本《后汉书志》第二十五，第3583页。
⑥ 《后汉书》卷四一《钟离意传》，第1409页。

诸司有符、移、关、牒下诸州者，必由于都省以遣之。”[①] 中央公卿百司之间横向之运行，大体遵循“大事承制敕，小事则听于尚书省”[②] 之原则。中央与地方之间纵向之运行，可从下述事例明之。天宝二年（743）有四位日本留学僧拟携鉴真偷渡赴日，被扬州当局抓获，其处理过程是：淮南道节度使将此事上奏，“奏至京鸿胪寺”；经鸿胪寺调查了解四位留学僧的情况后，又将所掌握之情况上奏；然后“敕下扬州”，具体处理[③]。中央与地方通过上“奏”与下“敕”处理外交事务，这是唐前期的运行情况。大历十二年（777）小野石根所率日本遣唐使抵达扬州，观察使陈少游一面上奏一面安排使团以六十人入京，出发百余里后，接到“中书门下敕牒”，令其减为二十人[④]。这是根据宰相机构所下达的“敕牒”以指挥外国使团之行动。开成三年（838）藤原常嗣所率日本遣唐使抵达扬州不久，淮南节度使“奏状之报符”便已下达至节度府[⑤]。这是由地方政府上奏日本使团之到来，中央接到地方“奏状”后，下“符”指示如何安排来使之行止。这是通过上“奏”与颁下“符”“牒”等公文处理外交事务，是为唐后期之情况。

二是有关的律令。律令是汉唐时期政府机关日常行政运转所须遵循之法规。汉初“命萧何次律令，韩信申军法，张苍定章程，叔孙通制礼仪。”[⑥] 在秦法基础上进行一系列的立法活动。这些律令也是外交管理中的行政规范。韩延年于代理大行令期间，“留外国书一月”[⑦]，因“乏兴”之罪而受到惩处。此即触犯了《九章律》之《厩》律。可见外交机构官员亦须依据法规行事，受其约束。叔孙通所撰礼仪也属行政法典，“叔孙通所撰礼仪，与律令同录，臧于理官”[⑧]。将其与律令一起收藏于法官之所，可见其性质是相同的。“叔孙通益律所不及，傍章十八篇。”[⑨]《傍

---

① 《唐六典》卷一《三师三公尚书都省·尚书都省》，第10—11页。
② 《新唐书》卷四八《百官志三》，第1249页。
③ 《唐大和上东征传》，第45—46页。
④ 《续日本纪》卷三五《天宗高绍天皇》宝龟九年十一月条，第445页。
⑤ 《入唐求法巡礼行记校注》卷一，第44页。
⑥ 《汉书》卷一下《高帝纪下》，第81页。
⑦ 《汉书》卷一七《景武昭宣元成功臣表》，第653页。
⑧ 《汉书》卷二二《礼乐志》，第1035页。
⑨ 《晋书》卷三〇《刑法志》，第922页。

章》十八篇的具体内容已不可考，但从《史》《汉》之零星记载可知朝仪及君臣礼仪规范之法典亦属其中。1986 年湖北江陵张家山 336 号汉墓出土的汉律中有《朝律》，是在汉七年叔孙通所订朝仪基础上，景帝中元六年（前 144）之前所修订的。现已公布的汉简《朝律》有云：

(1) 趋。下就立（位）√少府中郎进

(2) 并趍（跪）大行左。大行进趍（跪）曰

(3) 后五步，北上，谒者一人立东陛者，南面。立定，典客言具，谒者以闻。皇帝出房，宾九宾及朝者①

汉简《朝律》较汉七年叔孙通朝仪有所补充和发展，主要体现于朝者入场、就位及传声上报方面较后者具体、详细，其要有二：一是《史》《汉》所缺载的礼仪官员的职责和地位有所补充而得以明确，即大行、典客在殿下值守引导，而谒者立于"东陛"，负责殿下与殿上之沟通，表明谒者作为宫内近侍较宫外行政官员大行、典客与皇帝要亲近；二是将《史》《汉》所载"胪句传"具体化，即："大行进趍（跪）曰"→"典客言具"→"谒者以闻"，这样依次向上传言。此外，典客与谒者在朝会中的出现，亦为《史》《汉》所不载，赖汉简《朝律》而得以补缺。

汉武帝"招进张汤、赵禹之属，条定法令"②。据张斐《律序》称，有"赵禹作《朝会正见律》"③，此当在叔孙通之礼仪与汉简《朝律》基础上之增订。叔孙通之礼仪、汉简《朝律》与赵禹之《朝会正见律》，构成了汉代朝会礼仪的基本体系。在外交中，朝见礼仪十分重要，因而是汉统治集团特别关注的问题。宣帝甘露二年（前 52）匈奴呼韩邪单于将于明年正月来朝，汉朝特召开公卿会议以"议其仪"，会上两派意见激烈争论，或谓"其礼仪宜如诸侯王，位次在下"。或谓"宜待以不臣之礼，

---

① 引自胡平生《中国湖北江陵张家山汉墓出土竹简概述》，收于大庭修主编《汉简研究国际シンポジウム92 报告书——汉简研究の现状と展望》，日本关西大学出版部 1993 年版，第 273 页。简文中的标点，引者作了一些改动。

② 《汉书》卷二三《刑法志》，第 1101 页。

③ 《太平御览》卷六三八《刑法部四·律令下》引，第 2859 页。

位在诸侯王上”[①]。尽管双方意见对立，但有一点是共同的，即接待礼仪必须依据礼仪法规以斟酌取舍，定其高下。

律令是皇帝意志的另一种表现形式，正如杜周所说：“三尺安出哉？前主所是著为律，后主所是疏为令。”[②] 当时律令以三尺长的竹简书写，故以“三尺”代指律令。杜周的说法，道出了律令的本质。

尚书主客曹还有自己专业范围内的律令。“五曹自有条品”[③]，条品，即列曹尚书职责范围内的法令规章条款。属于政府各有关部门的具体法令，分别保存于列曹尚书那里。五曹之一的主客曹也应当有自己的“条品”，是为其日常行政之法规依据。

魏晋南北朝时期法律形式较汉代增多，继承汉代律、令、科、比的基础上，增加了格、式等。魏明帝时在总结汉律的基础上，制定魏法，有《新律》十八篇，《州郡令》四十五篇，以及《尚书官令》《军中令》等，合计一百八十余篇[④]。这是为了适应变化了的社会新情况，由汉律转变为魏晋新律的一次重大改革。曹魏新律除了一般的刑事、民事法规之外，还有大量的行政法规，这无疑为外交之专职机构及中央与地方之关涉机构提供了行政规范和章程。北朝时期所制定的《后魏律》及《北齐律》，则具有上承汉魏、下启隋唐之意义，程树德谓：“唐宋以来相沿之律，皆属北系，而寻流溯源，又当以元魏之律为北系诸律之嚆矢。”而北朝又“尤以齐律为最”[⑤]。此外北朝后期“格”“式”上升为独立之法规形式，为隋唐时期将法典统一于“律”“令”“格”“式”准备了条件。

唐代法律形式主要为律、令、格、式四种，“唐之刑书有四，曰：律、令、格、式。令者，尊卑贵贱之等数，国家之制度也；格者，百官有司之所常行之事也；式者，其所常守之法也。凡邦国之政，必从事于此三者。其有所违及人之为恶而入于罪戾者，一断于律”[⑥]。显然，令、

① 《汉书》卷七八《萧望之传》，第3282页。

② 《汉书》卷六〇《杜周传》，第2659页。

③ 黄晖撰：《论衡校释》卷一二《程材篇》，中华书局1990年版，第541页。

④ 《晋书》卷三〇《刑法志》，第923页。

⑤ 程树德：《九朝律考》卷五《后魏律考序》、卷六《北齐律考序》，中华书局2003年版，第333、391页。

⑥ 《新唐书》卷五六《刑法志》，第1407页。

格、式三者乃国家制度、政府组织及百官行政规章制度之法规，律者为刑罚之根本大法。唐代法律体系之完善，为外交管理提供了行政规范和法律之依据。唐代的令、格、式多已佚失残缺，唐令方面，基本上承袭《永徽令》之《日本养老令》今天仍保存完整，日本学者仁井田升以此为参照，加以复原，著成《唐令拾遗》一书，共恢复原唐令715条，约相当于唐令之半，共有《官品令》《考课令》《军防令》《仪制令》《公式令》《关市令》《杂令》等三十三篇，涵盖社会的各个方面，为唐代典章制度之大成。这里就包括外交管理方面的制度规定，如《关市令》中有关于"外蕃与缘边互市"之法令，规定了互市官员之职责与管理程序，互市场所之设置与具体管理事项等[①]，从中可以了解边境互市管理之法规。

在唐代法律形式中唯唐律得以完整保存至今，此即现今传世之《唐律疏义》。唐太宗时撰定《贞观律》，为有唐一代之法律大典，高宗时又命长孙无忌等撰《律疏》，对《贞观律》文加以注疏阐释，其中还包含了许多唐代的"令""格""式"。此即今传之《唐律疏议》。从《唐律疏议》中我们可以看到，唐律从刑罚方面对于外交管理有周密和具体的规定，从中也可以窥见唐代外交机构及外交官员之行政规范和行为准则。唐律《职制律》规定："诸漏泄大事应密者，绞。非大事应密者，徒一年半；漏泄于蕃国使者，加一等。"此条之疏议曰："国家之事，不欲蕃国闻知，若漏泄于蕃国使者，加一等，合徒二年。其大事，纵漏泄于蕃国使，亦不加至斩。"[②] 规定如将国家机密泄露于外国使节，要比一般情况下加罪一等，但其量刑不超过斩刑。这就从刑罚方面对于外交管理机构及各种涉外事务及人员的行政和行为准则作了明确的规范。疏议所引唐代《主客式》曰："蕃客入朝，于在路不得与客交杂，亦不得令客与人言语。州、县官人若无事，亦不得与客相见。"疏议对此解释道："即是国内官人、百姓，不得与客交关。"[③]《主客式》是在我国古代法律中首见对于专职外交管理机构"主客"部门所制定的专门法规，可见唐代的外交

---

① 《唐令拾遗·关市令第二十六》，第643—644页。

② 《唐律疏议》卷九《职制》"漏泄大事"条，第195页。

③ 《唐律疏议》卷八《卫禁》"越度缘边关塞"条，第178页。

机构及其管理制度已达到了法典化、规范化的程度。《唐律疏议》所引《主客式》这条律文，规定了外交官员及涉外人员在接待外国使节时的职责及其行为准则和纪律。

唐律还对处理外国人的罪罚原则做出了明确的规定："诸化外人，同类相犯，各依本俗法；异类相犯者，以法律论。"疏议对此解释道："'化外人'，谓蕃夷之国，别立君长，各有风俗，制法不同。其有同类自相犯者，须问本国之制，依其俗法断之。异类相犯者，若高丽之与百济相犯之类，皆以国家法律，论定刑名。"① 意即相同国籍的外国人之间的法律问题，按照其本国的法律处理，不同国籍人员之间的法律问题，则按照唐朝法律处理。这表明唐代在处理涉外案件时，不像中世纪欧洲那样存在属人法和属地法两个极端，而是把二者结合起来，区别对待。唐律在这方面的规定，已具有国际私法之性质。这一法律原则，为唐朝外交管理部门处理涉外案件提供了依据。

三是施政"故事"。何谓"故事"？"故事"即官府施政过程中保留下来的成规、惯例，又称"旧书""旧事"。《隋书·经籍志》对"故事"的起源和含义作了解释："古者朝廷之政，发号施令，百司奉之，藏于官府，各修其职，守而勿忘。"这些保存于官府中的施政实践中的"品式章程"即为"故事"②。汉代已开始将"故事"汇编成册，《新唐书》所录有《秦汉以来旧事》八卷、《汉武帝故事》二卷、韦氏《三辅旧事》一卷、葛洪《西京杂记》二卷、《建武故事》三卷、《永平故事》二卷、应劭《汉朝驳》三十卷、《汉诸王奏事》十卷、《汉魏吴蜀旧事》八卷等③。汉代的"故事"保管于尚书台，东汉人应劭撰有《尚书旧事》，这是尚书台所保存的官府"故事"档案之汇编。"汉故事，皆尚书主之也。"④ 尚书诸曹均保存相关之"故事"，故曰"五曹……自有故事"⑤。五曹之一的主客曹自然也有自己的"故事"。

在外交管理中，经常根据已有之"故事"行事。元帝建昭三年（前

---

① 《唐律疏议》卷六《名例》"化外人相犯"条，第 133 页。

② 《隋书》卷三三《经籍志二》，第 967 页。

③ 《新唐书》卷五八《艺文志二》，第 1473—1474 页。

④ 《资治通鉴》卷五一，汉顺帝阳嘉二年（133）三月胡注，第 1664 页。

⑤ 《论衡校释》卷一二《程材篇》，第 541 页。

36）陈汤出使西域时，设计斩匈奴郅支单于首，此事在汉朝廷决策集团中引起激烈的争论，或以为陈汤此举乃擅兴师矫制，不宜奖赏；或谓此乃便宜行事，有大功于汉，应受嘉奖。直至竟宁元年（前33）仍久议不决，于是元帝“取安远侯郑吉故事，封千户”①。这是在无所适从之时，以“故事”为依据而做出决断。所谓郑吉“故事”，宣帝地节三年（前67）屯田于西域之郑吉发兵攻破依附于匈奴的车师，又于神爵二年（前60）招降匈奴日逐王，威震西域，于是“上嘉其功，乃下诏曰：‘都护西域骑都尉郑吉，拊循外蛮，宣明威信，迎匈奴单于从兄日逐王众，击破车师兜訾城，功效茂著。其封吉为安远侯，食邑千户”②。这次褒奖郑吉的诏令，保存于尚书，成为“故事”，为后来嘉奖陈汤的依据。

由于尚书保管了大量的有关“故事”，因此在遇到外交上的疑难问题时，就可以从中查阅有关资料，以为定夺之参考和根据。东汉安帝永宁元年（120）十二月，西南夷掸国王遣使来献音乐及“幻人”，这些幻人所表演的杂技有吐火、自支解、易牛马头等。次年元会时，演出了这些杂技，安帝与群臣共同观赏，大为惊奇。谏大夫陈禅当场举手大声反对说：“帝王之庭，不宜设夷狄之技。”但尚书陈忠批驳了陈禅的意见，他劾奏陈禅曰：“古者合欢之乐舞于堂，四夷之乐陈于门……今掸国越流沙，逾县度，万里贡献，非郑卫之声，佞人之比，而禅廷讪朝政，请劾禅下狱。”③ 这件事在东汉朝廷中引发了一桩有关外交问题的纷争。应劭谓此事曰：“邓太后时，西夷檀国来朝贺，诏令为之。而谏大夫陈禅以为夷狄伪道不可施行。后数日，尚书陈忠案汉旧书，乃知世宗时犛轩献见幻人，天子大悦，与俱巡狩，乃知古有此事。”④ 应劭所曰与《陈禅传》所记为同一事。这场关于可否在朝廷中表演掸国所献杂技的争执，终于因尚书陈忠查到了历史根据，才解决了这一争议。而陈忠所查阅的“汉旧书”，即保存于尚书台的档案资料，亦即汉代文献常称的“故事”或“旧事”。在“汉旧书”中记载了汉武帝时犛轩以幻人献于汉，受到武帝

① 《汉书》卷七〇《陈汤传》，第3020页。

② 《汉书》卷七〇《郑吉传》，第3006页。

③ 《后汉书》卷五一《陈禅传》，第1685页。

④ 《汉书》卷六一《张骞传》颜师古注引应劭曰，第2696页。

热烈欢迎的故事，表明此事已有先例，故演出掸国杂技亦属名正言顺。由此可见，尚书“故事”“旧事”对于外交方针政策的执行是有很大参考价值的。陈忠所查阅的无疑是主客曹保存下来的有关外交方面的档案资料，亦即与日后应劭所编《尚书旧事》同一性质的“故事”。

在中国古代“故事”有很强的承袭性。汉代外交施政中，不仅把汉代所有之“故事”作为根据，也把汉代以前的成例作为参考，这在某种意义上也是一种“故事”。上文所述陈汤斩郅支单于首事，陈汤将郅支首级解送京师后，提议将其悬挂于藁街蛮夷邸间，丞相匡衡、御史大夫繁延寿反对，理由是《礼记·月令》说春天是“掩骼埋胔”之时，车骑将军许嘉、右将军王商赞成悬挂，理由是春秋时齐鲁两国君主会盟于夹谷，齐君安排侏儒演戏，孔子认为有讥笑鲁君之嫌，于是将其演员斩首。时值盛夏，孔子犹将其“首足异门而出”。故可将郅支首悬挂十日后再掩埋。主张悬挂的一派，援引春秋时的“故事”以为决断之依据[①]。又上文所述东汉安帝时关于是否应演出掸国乐舞杂技的争论中，陈禅反对的理由是：“昔齐鲁为夹谷之会，齐作侏儒之乐，仲尼诛之。”也是援引春秋孔子诛齐优的“故事”为依据。陈忠批驳陈禅时，也以先秦“故事”“古者合欢之乐舞于堂，四夷之乐陈于门”[②]为依据，认为于明堂四门之外演奏四夷之乐，乃自古成例。同样的道理，汉代外交中的“故事”，也可成为其后历朝施政中的依据。北魏孝明帝熙平（516—518）年间，柔然主丑奴“遣使来朝，抗敌国之书，不修臣敬。朝议将依汉答匈奴故事，遣使报之”[③]。这是北魏在考量如何处理与柔然的外交问题时，参照了汉代报答匈奴的“故事”。

魏晋时期继承汉代保存“故事”的制度，“其常事品式章程，各还其府，为故事”[④]。西晋时贾充等人在撰律、令的同时，又“删定当时制、诏之条，为《故事》三十卷，与《律》《令》并行”[⑤]。此外据《隋书·经籍志二》载，尚有《晋故事》四十三卷、《晋建武故事》一卷、《晋

① 《汉书》卷七〇《陈汤传》，第3015页。

② 《后汉书》卷五一《陈禅传》，第1685页。

③ 《魏书》卷二四《张衮传附张伦传》，第617页。

④ 《晋书》卷三〇《刑法志》，第927页。

⑤ 《唐六典》卷六《尚书刑部·刑部尚书》注，第185页。

咸和、咸康故事》四卷、《晋东宫旧事》十卷等①。据《新唐书·艺文志二》载，尚有《晋太始、太康故事》八卷、《晋建武以来故事》三卷、《晋氏故事》三卷、《晋诸杂故事》二十二卷等②。魏晋至南北朝前期“故事”编撰最为兴盛。至南北朝后期，“故事”开始向“格”的形式转变。萧梁时“取故事之宜于时者为《梁科》”，据称“梁易《故事》为《梁科》三十卷，蔡法度所删定”③。这是“故事”开始向其他法令形式转变之始。与此同时“后魏以‘格’代‘科’，于麟趾殿删定，名为《麟趾格》。北齐因魏立格，撰《权格》，与《律》、《令》并行”④。北朝后期完成了由“故事”向“格”的转变，至隋唐时期“故事”已纳入“格”的范畴，成为与“律”“令”“式”并存之主要法典形式。

唐代大抵历朝均要修《格》，重要者有《贞观格》《永徽格》《开元格》等。这些《格》分为二十四篇，以尚书省六部二十四司作为篇名，“其曹之常务但留本司者，别为《留司格》一卷。盖编录当时制敕，永为法则，以为故事”⑤。外交专职机构之主客司，自有《主客格》一篇，作为其行政之规章。另有《散颁格》作为普遍遵循的行政规章。唐代的《格》实为前代之“故事”，这种《格》便成为当时政府机关施政之重要法规之一。

汉唐时期以皇帝为首的中央统治集团，主要通过上述三种方式或途径指挥从中央到地方的外交政务。对于外交来说，中央与周边地区的通信与交通联系尤为重要和必需，为此汉唐时期建立了一套交通邮驿系统，作为中央与地方联系的渠道和网络。举凡中央诏敕之下达及边情之上报，主要通过这些渠道和网络以进行。

汉初承秦而有传车、驿马，后来则主要使用驿马。“秦世旧有厩置、乘传、副车、食厨，汉初承秦不改，后以费广稍省，故后汉但设骑置而无车马，而律犹著其文，则为虚设，故除厩律取其可用合科者，以为

---

① 《隋书》卷三三《经籍志二》，第966—967页。

② 《新唐书》卷五八《艺文志二》，第1474页。

③ 《唐六典》卷六《尚书刑部·刑部尚书》注，第185页。

④ 《隋书》卷三三《经籍志二》，第974页。

⑤ 《唐六典》卷六《尚书刑部·刑部尚书》注，第185页。

《邮驿令》。"[1] 汉初田横"乘传诣洛阳"，颜注曰："传者，若今之驿，古者以车，谓之传车，其后又单置马，谓之驿骑。"[2] 汉代后来改为以驿马为主，除了节省费用之外，亦因"患其不速，一概乘马矣"[3]。汉制"驿马三十里一置，卒皆赤帻绛韝云"[4]。驿路上的停留设施为"置"。考古发掘已发现了汉代"置"的遗迹，1990年在甘肃敦煌发现的汉悬泉置遗址就是这种驿站设施。驿骑有严格的行程规定，"奉玺书使者乘驰传，其驿骑也，三骑行，昼夜千里为程"[5]。居延汉简中多有邮递文书"中程""不中程"或"失期"与否的记载：

> 十一月邮书留迟不中程各如牒晏等知邮书数留迟为府职不身拘校而委[6]
>
> 邮书失期前檄召候长敞诣官对状[7]

对于达不到规定行程标准的"不中程"者，或延误日期的"失期"者，都要严格追究责任，加以不同的罪罚。

汉代边境地区就是通过这些"传""置"而与中央保持密切的、迅速的外交业务联系。元狩二年（前121）匈奴"浑邪王与休屠王等谋欲降汉，使人先要边。大行李息将城河上，得浑邪王使，即驰传以闻"[8]。桑弘羊与丞相御史向武帝奏言："张掖、酒泉遣骑假司马为斥候，属校尉，事有便宜，因骑置以闻。"[9] 这些都是通过"传""置"而向中央报告外交情报。成帝建始四年（前29）"西域都护段会宗为乌孙兵所围，驿骑上书，愿发城郭敦煌兵以自救"。成帝为此与朝臣商议对策，特召"习外

① 《晋书》卷三〇《刑法志》，第924—925页。

② 《汉书》卷一下《高帝纪下》，第57—58页。

③ （清）顾炎武著，（清）黄汝成集释：《日知录集释》卷二九《驿》，上海古籍出版社1985年版，第2128页。

④ 《续汉书·舆服志上》，点校本《后汉书志》第二十九，第3651页。

⑤ 《通典》卷六三《礼典二十三·沿革二十三·嘉礼八》引《汉官仪》，第1754页。

⑥ 谢桂华、李均明、李国炤：《居延汉简释文合校》，55.11，137.6，224.3。

⑦ 《居延汉简释文合校》123.55，第203页。

⑧ 《史记》卷一一一《卫将军骠骑列传》，第2933页。

⑨ 《汉书》卷九六下《西域传下·渠犁传》，第3912页。

国事”的陈汤垂询，陈汤估计不过数日必可解围。果然“居四日，军书到，言已解”[①]。这是西域都护通过“骑置”不断向朝廷请示、报告的情况。史称“列邮置于要害之路，驰命走驿，不绝于时月”[②]。就是边境与中央通过“邮置”进行频繁联系的写照。

遇有紧急情况，则以“奔命书”与皇帝直接联系。宣帝时丙吉为丞相，他的“驭吏”有一天在街上“适见驿骑持赤白囊，边郡发奔命书驰来至。驭吏因随驿骑至公车刺取，知虏入云中、代郡”。此“驭吏”原是边郡人，故“习知边塞发奔命警备事”[③]。这是边郡通过驿骑将“奔命书”速递朝廷。“奔命书”以赤白囊包裹，或谓赤白囊“似为赤表白囊”[④]。此说似可商榷。汉代边塞烽布有赤、白及赤白三种颜色，汉简载：“今月余赤烽一”[⑤]，这是赤烽；“烽皆白”[⑥]，这是白烽；“八月甲子买赤白缯蓬一完”[⑦]，这是赤白烽。“奔命书”用赤白囊，与边塞烽布有赤白烽相类，当表示紧急情况之最。那么“赤白”是什么颜色呢？《说文解字》：“红，帛赤白色也。”段注：“按此今人所谓粉红、桃红也。”[⑧]据此则“赤白囊”为粉红色缯帛所制，以此为特急函件之标志。这位驿骑持赤白囊直奔“公车”，丙吉的驭吏到那里打听到了其所带来的紧急情报是匈奴进犯云中、代郡。“公车”为卫尉属官，卫尉“掌宫门卫屯兵”，属官有公车司马。颜师古注引《汉官仪》云：“公车司马掌殿司马门，夜徼宫中，天下上事，及阙下凡所征召，皆总领之。”[⑨]公车司马即皇宫的门卫、收发，由于其昼夜值班警戒，故紧急公文直送其处，由其转交宫内。可见“奔命书”是边郡与皇帝直接联系的一种“特快专递”。通常地方的文

---

① 《汉书》卷七〇《陈汤传》，第3022—3023页。

② 《后汉书》卷八八《西域传》“论曰”，第2931页。

③ 《汉书》卷七四《丙吉传》，第3194页。

④ 陈直：《汉书新证》，天津人民出版社1979年版，第387页。

⑤ 中国社会科学院考古研究所编：《居延汉简甲乙编》下册517.11（甲2270），中华书局1980年版，第269页。

⑥ 《居延汉简甲乙编》下册311.31A，第216页。

⑦ 《居延汉简释文合校》，284.24，第479页。

⑧ （汉）许慎撰，（清）段裁注：《说文解字注》十三上《系部》，上海古籍出版社1988年版，第651页。

⑨ 《汉书》卷一九上《百官公卿表上》，第728—729页。

书是由御史大夫（后由尚书）接受，“奔命书”则直送皇帝。丙吉的驭吏探得情报后，立即向丙吉报告，请其预作准备，以待皇帝召见。果然不久皇帝就召见丞相及御史大夫，商量对策。由于丙吉事先有所准备，甚得圣意。这个事件清楚地展示了当时边郡与中央进行讯息沟通的过程：边郡遇有紧急情报上呈，即以粉红色缯帛封装为“奔命书”，通过驿骑速递京师，直叩宫门，送达皇帝，然后由皇帝召见宰相或决策集团其他成员议处。

悬泉置出土汉简表明，不仅边境地区通过邮置向朝廷传递书信，朝廷亦通过邮置向边境地区传递书信，甚至可以向出使外国的汉使传递书信。

> 西书十四封，合檄一……一封章破，诣使送大月氏使者……正月丁亥，日未入，出西界。①

这是某次通过悬泉置向西传递的十四封书信中，有一封是朝廷给“使送大月氏使者”的，可知当时中央与边境地区外交事项的沟通联络是相当完善而高效的。

汉代就是通过这套从中央到边疆、布满全国的交通邮驿系统，把以皇帝为中枢的外交管理系统组成为一个有机的整体，保证了外交政令之集中统一指挥和高效的贯彻执行。

唐代建立了更为发达、先进的驿传系统，以向朝廷传递信息。唐制“凡三十里一驿，天下凡一千六百三十有九所”。注称其中有水驿二百六十所，陆驿一千二百九十七所，水陆相兼之驿八十六所。每驿皆置驿长一人，并根据该驿站繁忙程度配置多少不等之马匹或船只，陆驿之马匹从最高七十五匹依次递减，水驿之船只为四至二只②。对于驿传系统制定了严格的管理制度。程期方面，对于“殊俗入朝者”，一般情况下规定“乘传者日四驿，乘驿者六驿”③。每驿三十里计，则分别为一百二十里和

---

① 郝树声、张德芳：《悬泉汉简研究》第二章《纪年与时称》，释“日未入”引简 41（V92DXT1210③：97），甘肃文化出版社 2008 年版，第 82 页。

② 《唐六典》卷五《尚书兵部·驾部郎中》，第 163 页。按：据此注之数字统计实为 1643 所。

③ 《新唐书》卷四六《百官志一》，第 1196 页。

一百八十里不等。重要文书则要求“日行五百里”①。驿使稽程，要根据不同情况加以惩处，唐律规定：“诸驿使稽程者，一日杖八十，二日加一等，罪止徒二年。若军务要速，加三等。”《疏议》对此解释道：“‘军务要速’，谓是征讨、掩袭、报告外境消息及告贼之类，稽一日徒一年，十一日流二千里，是为‘加三等’。”② 外交情报即属“军务要速”之列，由此可见，如果延误外交情报之传递，比一般情况要加重三等罪罚。

唐代《公式令》规定：“在京诸司有事须乘驿，及诸州有急速大事，皆合遣驿。”③ 中央政府之公文及地方政府之“急速大事”均须通过驿传系统递送，如不通过驿传系统，要加以处罚。外交文书及情报也属“急速大事”之内。遇有“急速大事”，还可通过“飞驿”传送。贞观十九年（645）唐太宗征辽东时，就建立了“飞驿”制度④。德宗贞元三年（787）唐与吐蕃会盟于平凉川，韩游瓌率军负责安全保卫。会盟之日，吐蕃以武力劫盟，杀唐方代表、士卒数百人，俘一千余人。“其夜三更，邠宁节度韩游瓌飞驿叩苑门，奏盟会不成，将校覆没，兵临近镇。”⑤ 这就是边境发生的“急速大事”，通过“飞驿”速递京师，直叩天廷，有类汉代之“奔命书”。

唐代边镇还通过专职的“进奏官”和“奏事官”向朝廷报告边情。唐前期地方政府在首都设有“邸务”，作为驻京办事处。大历十二年（777）将其改为“进奏院”⑥，设进奏官负责地方与中央的信息沟通。唐后期又频见诸道及军镇有“奏事官”负责向中央传递信息，其职责：“服勤藩镇，敷奏阙庭，奉主帅之表章，达军府之情状。”⑦ 他们的报告或写成“奏状”“奏报”上报，或面陈口述。进奏官及奏事官对于唐朝廷及时掌握边境动态，进行外交管理，发挥了重要作用。唐代外交之空前发展，与其建立了一套周密、迅捷的信息传递系统和网络有着直接的关系。

---

① 《唐大诏令集》卷四《帝王·改元中·改元载初敕》，第19页。
② 《唐律疏议》卷一〇《职制》“驿使稽程”条，第208页。
③ 《唐律疏议》卷一〇《职制》“文书应遣驿不遣”条，第209页。
④ 《唐会要》卷六一《御史台中·馆驿》，第1059页。
⑤ 《旧唐书》卷一二五《柳浑传》，第3555页。
⑥ 《唐会要》卷七八《诸使中·诸使杂录上》，第1439页。
⑦ 《白居易集笺校》卷五一《义武军奏事官虞候卫绍则可检校秘书监职如故制》，第3026页。

# 参考文献

## 一　传统文献

### 经部文献

（汉）孔安国传，（唐）孔颖达疏，廖名春、陈明整理，吕绍纲审定：《尚书正义》，北京大学出版社 2000 年版。

（汉）郑玄注，（唐）贾公彦疏，赵伯雄整理，王文锦审定：《周礼注疏》，北京大学出版社 2000 年版。

（汉）郑玄注，（唐）贾公彦疏，龚抗云整理，王文锦审定：《礼记正义》，北京大学出版社 2000 年版。

（春秋）左丘明传，（晋）杜预注，（唐）孔颖达正义，浦卫忠、龚抗云、胡遂、于振波、陈咏明整理，杨向奎审定：《春秋左传正义》，北京大学出版社 2000 年版。

（汉）公羊寿传，（汉）何休注，（唐）徐彦疏，浦卫忠整理，杨向奎审定：《春秋公羊传注疏》，北京大学出版社 2000 年版。

（晋）范宁集解，（唐）杨士勋疏，夏先培整理，杨向奎审定：《春秋穀梁传注疏》，北京大学出版社 2000 年版。

（魏）何晏注，（宋）邢昺疏，朱汉民整理，张岂之审定：《论语注疏》，北京大学出版社 2000 年版。

### 史部文献

（汉）司马迁撰，（南朝宋）裴骃集解，（唐）司马贞索隐，（唐）张守节正义：《史记》，中华书局 1959 年版。

（汉）班固撰，（唐）颜师古注：《汉书》，中华书局 1962 年版。

（南朝宋）范晔撰，（唐）李贤等注：《后汉书》，中华书局 1965 年版。
（晋）陈寿撰，（南朝宋）裴松之注：《三国志》，中华书局 1959 年版。
（梁）沈约撰：《宋书》，中华书局 1974 年版。
（梁）萧子显撰：《南齐书》，中华书局 1972 年版。
（北齐）魏收撰：《魏书》，中华书局 1974 年版。
（唐）房玄龄等撰：《晋书》，中华书局 1974 年版。
（唐）姚思廉撰：《梁书》，中华书局 1973 年版。
（唐）姚思廉撰：《陈书》，中华书局 1972 年版。
（唐）令狐德棻等撰：《周书》，中华书局 1971 年版。
（唐）李百药撰：《北齐书》，中华书局 1972 年版。
（唐）李延寿撰：《北史》，中华书局 1974 年版。
（唐）李延寿撰：《南史》，中华书局 1975 年版。
（唐）魏徵、令狐德棻撰：《隋书》，中华书局 1973 年版。
（后晋）刘昫等撰：《旧唐书》，中华书局 1975 年版。
（宋）欧阳修、宋祁撰：《新唐书》，中华书局 1975 年版。
（宋）薛居正等撰：《旧五代史》，中华书局 1976 年版。
（元）脱脱等撰：《宋史》，中华书局 1985 年版。
徐元诰撰，王树民、沈长云点校：《国语集解》，中华书局 2002 年版。
缪文远撰：《战国策新校注》，巴蜀书社 1987 年版。
（汉）宋衷注，（清）秦嘉谟等辑：《世本八种》，商务印书馆 1957 年版。
王先谦撰：《汉书补注》，中华书局 1983 年版。
王先谦撰：《后汉书集解》，中华书局 1984 年版。
卢弼：《三国志集解》，中华书局 1982 年版。
（晋）司马彪撰，（梁）刘昭注补：《续汉书志》，载点校本《后汉书》，中华书局 1965 年版。
范祥雍校注：《洛阳伽蓝记校注》，上海古籍出版社 1978 年版。
（北魏）郦道元注，（民国）杨守敬、熊会贞疏，段熙仲点校，陈桥驿复校：《水经注疏》，江苏古籍出版社 1989 年版。
（唐）吴兢撰：《贞观政要》，上海古籍出版社 1978 年版。
（唐）李肇撰：《唐国史补》，上海古籍出版社 1979 年版。
（唐）李吉甫撰，贺次君点校：《元和郡县图志》，中华书局 1983 年版。

（唐）长孙无忌等撰，刘俊文点校：《唐律疏议》，中华书局 1983 年版。
（唐）刘肃撰，许德楠、李鼎霞点校：《大唐新语》，中华书局 1984 年版。
（唐）许嵩撰，张忱石点校：《建康实录》，中华书局 1986 年版。
（唐）杜佑撰，王文锦、王永兴、刘俊文、徐庭云、谢方点校：《通典》，中华书局 1988 年版。
（唐）李林甫等撰，陈仲夫点校：《唐六典》，中华书局 1992 年版。
（唐）许敬宗编，罗国威整理：《日藏弘仁本文馆词林校证》，中华书局 2001 年版。
（唐）李德裕撰，吴企明点校：《次柳氏见闻》，中华书局 2012 年版。
（唐）张鷟撰，蒋宗许、刘云生、蒋信、谭勤、陈默笺注：《龙筋凤髓判笺注》，法律出版社 2013 年版。
（唐）段成式撰，许逸民校笺：《酉阳杂俎校笺》，中华书局 2015 年版。
（五代·后蜀）何光远撰：《鉴诫录》，傅璇琮、徐海荣、徐吉军主编：《五代史书汇编》丙编，杭州出版社 2004 年版。
（宋）王溥撰：《唐会要》，中华书局 1955 年版。
（宋）司马光编著，（元）胡三省音注：《资治通鉴》，中华书局 1956 年版。
（北宋）王钦若等编：《册府元龟》，中华书局 1960 年版。
《宋大诏令集》，中华书局 1962 年版。
（宋）沈括撰，胡道静校注：《新校证梦溪笔谈》，中华书局香港分局 1975 年版。
（宋）王谠撰，周勋初校证：《唐语林校证》，中华书局 1983 年版。
（宋）郑樵撰：《通志》，中华书局 1987 年版。
（宋）李焘撰，上海师范大学古籍整理研究所、华东师范大学古籍研究所点校：《续资治通鉴长编》，中华书局 1995 年版。
（宋）程大昌撰，黄永年点校：《雍录》，中华书局 2002 年版。
（宋）钱易撰，黄寿成点校：《南部新书》，中华书局 2002 年版。
（宋）宋敏求编：《唐大诏令集》，中华书局 2008 年版。
（元）王元亮重编：《唐律释文》，（唐）长孙无忌等撰，刘俊文点校：《唐律疏议》附录，中华书局 1983 年版。
（元）马端临撰：《文献通考》，中华书局 1986 年版。

（清）洪饴孙撰：《三国职官表》，刘仁祐点校：《后汉书三国志补表三十种》下册，中华书局1984年版。
（清）赵翼撰，王树民校证：《廿二史札记校证》，中华书局1984年版。
（清）顾炎武著，（清）黄汝成集释：《日知录集释》，上海古籍出版社1985年版。
（清）徐松撰，（清）张穆校补，方严点校：《唐两京城坊考》，中华书局1985年版。
（清）纪昀等撰：《历代职官表》，上海古籍出版社1989年版。
（清）孙星衍等辑，周天游点校：《汉官六种》，中华书局1990年版。
（清）劳格、赵钺著，徐敏霞、王桂珍点校：《唐尚书省郎官石柱题名考》，中华书局1992年版。
（清）钱大昕撰，孙开萍、孙永如、张连生、陈文和点校：《廿二史考异》，陈文和主编：《嘉定钱大昕全集》第二、三册，江苏古籍出版社1997年版。
（清）钱大昕著，田汉云点校：《三史拾遗》，陈文和主编：《嘉定钱大昕全集》第四册，江苏古籍出版社1997年版。
吴廷燮撰：《唐方镇年表》，中华书局1980年版。
岑仲勉：《郎官石柱题名新考订（外三种）》，中华书局1984年版。

**子部文献**

黄晖撰：《论衡校释》，中华书局1990年版。
（唐）徐坚等：《初学记》，中华书局1962年版。
（唐）白居易撰，（宋）孔傅续撰：《白孔六帖》，台北商务印书馆1986年版（景印文渊阁四库全书），第892册。
（唐）慧超著，张毅笺释：《往五天竺国传笺释》，中华书局1994年版。
（唐）欧阳询撰，汪绍楹校：《艺文类聚》，上海古籍出版社1999年版。
（唐）虞世南辑录：《北堂书钞》，学苑出版社2015年版。
（宋）李昉等撰：《太平御览》，中华书局1960年版。
（宋）王钦若等编：《册府元龟》，中华书局1960年版。
（宋）李昉等编：《太平广记》，中华书局1961年版。
（宋）赞宁撰，范祥雍点校：《宋高僧传》，中华书局1987年版。
（宋）王应麟辑：《玉海》，广陵书社2003年版。

**集部文献**

（梁）萧统编，（唐）李善注：《文选》，上海古籍出版社 1986 年版。

（唐）元稹撰，冀勤点校：《元稹集》，中华书局 1982 年版。

（唐）韩愈撰，马其昶校注，马茂元整理：《韩昌黎文集校注》，上海古籍出版社 1986 年版。

（唐）白居易著，朱金城笺校：《白居易集笺校》，上海古籍出版社 1988 年版。

（唐）刘禹锡撰，《刘禹锡集》整理组点校，卞孝萱校订：《刘禹锡集》，中华书局 1990 年版。

（唐）陆贽撰，王素点校：《陆贽集》，中华书局 2006 年版。

（唐）柳宗元：《柳河东集》，上海古籍出版社 2008 年版。

（唐）权德舆撰，郭广伟校点：《权德舆诗文集》，上海古籍出版社 2008 年版。

（唐）张九龄撰，熊飞校注：《张九龄集校注》，中华书局 2008 年版。

储仲君撰：《刘长卿诗编年笺注》，中华书局 1996 年版。

傅璇琮、周建国校笺：《李德裕文集校笺》，河北教育出版社 2000 年版。

刘学锴撰：《温庭筠全集校注》，中华书局 2007 年版。

吴在庆撰：《杜牧集系年校注》第二册，中华书局 2016 年版。

（宋）欧阳修撰，李逸安点校：《欧阳修全集》，中华书局 2001 年版。

（宋）李昉等编：《文苑英华》，中华书局 1966 年版。

（清）彭定球等编：《全唐诗》，中华书局 1960 年版。

（清）董诰等编：《全唐文》，中华书局 1983 年版。

**二 考古（出土）文献**

中国科学院考古研究所编：《居延汉简甲编》，科学出版社 1959 年版。

中国社会科学院考古研究所编：《居延汉简甲乙编》，中华书局 1980 年版。

大通上孙家寨汉简整理小组：《大通上孙家寨汉简释文》，《文物》1981 年第 2 期。

谢桂华、李均明、朱国炤：《居延汉简释文合校》，文物出版社 1987 年版。

甘肃省文物考古研究所编：《敦煌汉简》（上、下），中华书局 1991 年版。

广州市文物管理委员会、中国社会科学院考古研究所、广东省博物馆编：

《西汉南越王墓》（上），文物出版社1991年版。
罗振玉、王国维编著：《流沙坠简》，中华书局1993年版。
中国文物研究所胡平生、甘肃省文物考古研究所张德芳编撰：《敦煌悬泉汉简释粹》，上海古籍出版社2001年版。
郝树声、张德芳：《悬泉汉简研究》，甘肃文化出版社2009年版。
林梅村编：《楼兰尼雅出土文书》，文物出版社1985年版。
国家文物局古文献研究室、新疆维吾尔自治区博物馆、武汉大学历史系编：《吐鲁番出土文书》第二册，文物出版社1981年版。
国家文物局古文献研究室、新疆维吾尔自治区博物馆、武汉大学历史系编：《吐鲁番出土文书》第三册，文物出版社1981年版。
国家文物局古文献研究室、新疆维吾尔自治区博物馆、武汉大学历史系编：《吐鲁番出土文书》第七册，文物出版社1986年版。
国家文物局古文献研究室、新疆维吾尔自治区博物馆、武汉大学历史系编：《吐鲁番出土文书》第八册，文物出版社1987年版。
国家文物局古文献研究室、新疆维吾尔自治区博物馆、武汉大学历史系编：《吐鲁番出土文书》第九册，文物出版社1990年版。
国家文物局古文献研究室、新疆维吾尔自治区博物馆、武汉大学历史系编：《吐鲁番出土文书》第十册，文物出版社1991年版。
（清）陆增祥编：《八琼室金石补正》，文物出版社1985年版。
（清）王昶辑：《金石萃编》，文物出版社1985年版。
赵超：《汉魏南北朝墓志汇编》，天津古籍出版社1992年版。
周绍良主编：《唐代墓志汇编》，上海古籍出版社1992年版。

### 三　史料汇编、工具书

冯承钧：《西域南海史地考证论著汇辑》，中华书局1957年版。
吉林师范大学、北京师范大学历史系世界古代及中世纪史教研组编：《世界古代史史料选集》（上），北京师范大学（内部发行），1959年。
陈垣：《二十史朔闰表》，中华书局1962年版。
张星烺编著，朱杰勤校订：《中西交通史料汇编》，中华书局1977年版。
冯承钧：《西域地名》，中华书局1980年版。
江向荣、夏应元编：《中日关系史资料汇编》，中华书局1984年版。

陈佳荣、谢方、陆峻岭：《古代南海地名汇释》，中华书局 1986 年版。
（汉）许慎撰，（清）段玉裁注：《说文解字注》，上海古籍出版社 1988 年版。
徐锡祺编：《新编中国三千年历日检索表》，人民教育出版社 1992 年版。
黄时鉴主编：《插图解说中西关系史年表》，浙江人民出版社 1994 年版。
吕宗力主编：《中国历代官制大词典》，北京出版社 1994 年版。

## 四　近现代著作

范文澜：《中国通史简编》，人民出版社 1955 年版。
王国维：《观堂集林（附别集）》，中华书局 1959 年版。
王仲荦：《北周六典》，中华书局 1979 年版。
陈直：《汉书新证》，天津人民出版社 1979 年版。
陈直校证：《三辅黄图校证》，陕西人民出版社 1980 年版。
陈直：《居延汉简研究》，天津古籍出版社 1986 年版。
陈梦家：《汉简缀述》，中华书局 1980 年版。
王铁崖主编：《国际法》，法律出版社 1981 年版。
池步洲：《日本遣唐使简史》，上海社会科学院出版社 1983 年版。
安作璋、熊铁基：《秦汉官制史稿》，齐鲁书社 1984、1985 年版。
杨鸿年：《汉魏制度丛考》，武汉大学出版社 1985 年版。
杨鸿年：《隋唐宫廷建筑考》，陕西人民出版社 1992 年版。
林幹：《匈奴通史》，人民出版社 1986 年版。
王素：《三省制略论》，齐鲁书社 1986 年版。
严耕望：《唐仆尚丞郎表》，中华书局 1986 年版。
严耕望：《严耕望史学论文集》，上海古籍出版社 2009 年版。
张国刚：《唐代官制》，三秦出版社 1987 年版。
刘俊文：《敦煌吐鲁番唐代法制文书考释》，中华书局 1989 年版。
培伦主编：《印度通史》，黑龙江人民出版社 1990 年版。
沈福伟：《中国与非洲》，中华书局 1990 年版。
祝总斌：《两汉魏晋南北朝宰相制度研究》，中国社会科学出版社 1990 年版。
谢元鲁：《唐代中央政权决策研究》，（台北）文津出版社 1992 年版。
陈仲安、王素：《汉唐职官制度研究》，中华书局 1993 年版。

赵鸿昌：《南诏编年史稿》，云南人民出版社 1994 年版。
程树德：《九朝律考》，中华书局 2003 年版。
黎虎：《汉代外交体制研究》，商务印书馆 2014 年版。
黎虎：《先秦汉唐史论》，北京师范大学出版社 2016 年版。
李振宏主编：《朱绍侯九十华诞纪念文集》，河南大学出版社 2015 年版。

## 五 专题论文

邓小南：《为肃州刺史刘臣璧答南蕃书（伯二五五五）校释》，北京大学中国中古史研究中心编：《敦煌吐鲁番文献研究论集》第二辑，中华书局 1982 年版。
关双喜：《西安东郊出土唐李敬实墓志》，《考古与文物》1985 年第 6 期。
黎虎：《殷代外交制度初探》，《历史研究》1988 年第 5 期。
姜伯勤：《高昌鞠氏朝与东西突厥——吐鲁番所出客馆文书研究》，北京大学中国中古史研究中心编：《敦煌吐鲁番文献研究论集》第五辑，中华书局 1990 年版。
谭其骧：《唐代羁縻州述论》，尹达、张政烺、邓广铭、杨向奎、王煦华主编：《纪念顾颉刚学术论文集》（下册），巴蜀书社 1990 年版。
程喜霖：《〈唐垂拱元年唐尾义罗施等请过所案卷〉考释》，《魏晋南北朝隋唐史资料》第十一辑，武汉大学出版社 1991 年版。
孙晓林：《关于唐前期西州设馆的考察》，《魏晋南北朝隋唐史资料》第十一辑，武汉大学出版社 1991 年版。
《汉悬泉置遗址发掘重大收获》，《中国文物报》1992 年 1 月 5 日。
胡平生：《中国湖北江陵张家山汉墓出土竹简概述》，载［日］大庭修主编《汉简研究国际シンポジウム92 报告书——汉简研究の现状と展望》，［日］关西大学出版部 1993 年版。
余太山：《关于“李柏文书”》，《西域研究》1995 年第 1 期。
邬文玲：《汉代“使主客”略考》，《中国史研究》2016 年第 3 期。
代国玺：《说“制诏御史”》，《史学月刊》2017 年第 7 期。

## 六 外文（外国）论著文献

［苏联］弗・鲍爵姆金主编：《世界外交史》第一分册，叶文雄译，五十

年代出版社 1950 年版。
［日］黑板胜美校订：《国史大系·续日本纪》，大八洲出版株式会社 1935 年版。
［日］黑板胜美校订：《国史大系·日本后纪》，吉川弘文馆 1971 年版。
［日］黑板胜美校订：《国史大系·日本书纪》，吉川弘文馆 1971 年版。
［日］竹内理三编：《平安遗文》，株式会社东京堂 1964 年版。
［日］筒井英俊编校：《东大寺要录》，［日］国书刊行会 1971 年版。
［日］真人元开著，汪向荣校注：《唐大和上东征传》，中华书局 1979 年版。
［日］木宫泰彦：《日中文化交流史》，胡锡年译，商务印书馆 1980 年版。
［日］仁井田升：《唐令拾遗》，栗劲等译，长春出版社 1989 年版。
［日］平冈武夫编：《唐代的长安与洛阳地图》，上海古籍出版社 1991 年版。
［日］释圆仁原著，［日］小野胜年校注，白化文、李鼎霞、许德楠修订校注，周一良审阅：《入唐求法巡礼行记校注》，花山文艺出版社 1992 年版。
［日］藤原仲实撰：《古今和歌集目录》，载［日］塙保己一编《群书类从》，平文社 1993 年版（1934 年初版）。
［日］田中健夫编：《善邻国宝记·新订续善邻国宝记》，集英社 1995 年版。
［日］砺波护：《入唐僧带来的公验和过所》，龚卫国译，《魏晋南北朝隋唐史资料》第十三辑，武汉大学出版社 1994 年版。
［韩］朝鲜古书刊行会编：《东史纲目》，（韩国·汉城）景仁文化社 1987 年版。
［朝鲜］金富轼：《三国史记》，（韩国·汉城）景仁文化社 1995 年版。
［新罗］崔致远撰，党银平校注：《桂苑笔耕集》，中华书局 2007 年版。
［法］迭朗善译：《摩奴法典》，马香雪中译，商务印书馆 1982 年版。
［英］戈尔－布思主编：《萨道义外交实践指南》（第五版），杨立义等译，上海译文出版社 1984 年版。
穆根来、汶江、黄倬汉译：《中国印度见闻录》，中华书局 1983 年版。
［印度］萨曼德拉·莱·罗伊：《古代印度外交》，周启明等编译：《国外外交学》，中国人民公安大学出版社 1990 年版。

# 初版后记

呈现在读者面前的这本《汉唐外交制度史》，是我所确定的“汉唐外交制度研究”课题的一部分，还有另一部分尚未完成，待其完成之后，庶几勾勒出汉唐外交制度之全貌。然而就这么一册书，前后历时十有五年，驽钝若斯，良深愧叹！

这个课题是在20世纪80年代初酝酿确定的。从1982年开始资料搜集工作，当时决定从最基础的工作做起，用笨办法、下苦功夫，力图全面、系统地掌握第一手资料。80年代末90年代初做完了基本资料的搜集，共得卡片16盒2万余张。之后便开始将已经抄录的卡片进行分类排比，思考、酝酿如何把握有关问题。从排比、分析资料中逐渐理出了一些头绪，放弃了一些不符合历史实际情况的想法，肯定了一些被资料证明是符合历史实际的想法，从而形成了大体上可以提挈这一问题的纲领，初步确立了本书的结构。这些认识来自对基本史料的分析理解，并非凭空臆想。1992年决定动笔撰写，适逢本系动员教师申报国家教委“八五”社会科学研究基金，于是以“汉唐外交制度研究”为题提出了申请，得到了批准，项目期限为1993—1995年。为此，从1992年下半年开始有意识地排除各种杂务，到1993年秋基本上排除完毕，开始正式撰写。于1995年11月完成了初稿。接着就着手下一部分书稿的撰写准备，计划待全书完成之后再谈出版之事。但有几位朋友屡屡建议将已经写成的部分先行出版，犹豫再三，直至1996年夏才下决心拿出去。但当时因手头有另一书稿亟须处理，延宕至1997年上半年才得以对初稿加工修改，今始得以付梓。

这十余年，欣逢盛世，士农工商，终能各勤其业。人生最富创造力的盛年已经虚度，如今有幸可以坐下来搞点研究工作，因而决心做一点实事，以夺回和弥补荒废之岁月。然而天不佑吾，贱躯多恙，十余年间，两罹顽疾，三度入院，严重时伏案半小时即感不支，于是求医问药，吐纳导引，百计图存，如是者数年，除应付日常最必须工作之外，研究工作几乎停止。其间商海腾涌，学术之舟亦为之震荡。在经济建设突飞猛进同时，学术研究亦大有一日千里之势，或谓“知识爆炸”时代已然降临，霎时间著作等身者有之，论文以数百篇、千篇计者有之。自感落伍于时代，见弃于潮流，孤灯黄卷，环堵萧然，不免自惭形秽，贻笑大方。窃愧虚索长安之米，每惧养愚藏拙之嫌。个中况味，亦一言难尽矣。然而守愚自得，初衷无改，日就月将，居然成篇。如今虽然完成了部分计划，拿出了区区成果，但此时的心境不仅没有变得平静，反而平添了诸多波澜与不安。古语云：十年磨一剑。十年则有过之矣，剑则实未敢许，时生“覆瓿书成空自苦”之叹。

科学研究的本质是创造而不是重复，是认识未知而不是重复已知。科学巨哲爱因斯坦曾言，提出一个问题比解决一个问题更重要，认为前者为创造性想象力，后者为一种技能。要认识未知必先提出问题，是为创造之始之母。创造中可能会有这样那样的错误，然而在创造中出现错误比在重复中不出错误要有意义。故不揣浅陋，提出“中国古代外交制度”这一问题进行讨论，实因深感这是一个客观存在的、重要的却至今无人问津的问题。人生苦短，十年无几，假我天年，庶几克成抛砖引玉之功，余愿足矣。

值此拙稿付梓之际，我要对于从各个方面帮助、关心和支持我的研究工作的前辈、师友和学生表示最衷心的感谢，他们是：

前辈学界泰斗中，北京大学教授季羡林先生不仅欣然为拙著题签，而且拨冗审阅书稿，写出评语，给予了高度的肯定和赞许；北京师范大学教授白寿彝先生不仅关心我的研究工作，而且给予了大力的、切实的支持和帮助；在动笔撰写之初，我曾向北京大学教授周一良先生请教，周先生充分肯定这一课题的价值，并建议从先秦写起，允诺审阅拙稿，虽因后来先生清恙而未果，然而他的热情支持对我却起了很大的精神鼓舞作用；北京师范大学教授赵光贤先生对于我的研究也给予了充分的肯定和热情的鼓励。这些年高德劭的学术大师的奖掖提携，关怀呵护，对后学如我者不论在治学与为人方面都起了垂范作用。

北京大学历史系教授祝总斌、吴宗国先生，为魏晋南北朝史、隋唐史领域著名专家，而且均于政治制度史之研究造诣精湛，建树卓著。由于国家教委研究基金管理规定结项时需有同行专家之评定，因而曾请两位先生审阅了拙稿。他们不惮烦劳，非常认真、仔细地审阅了全稿，不仅写出了评议，而且提出了许多中肯的、极有价值的具体修改意见，对于改进和提高拙稿质量起了重要作用。他们还欣然应我之请，以评语为基础，为拙著赐序。

在撰稿过程中，有些急需参考而书店或图书馆一时所无的书籍，承蒙以下先生或惠寄藏书，或慷慨赠予。他们是：厦门大学郑学檬教授、山东大学郑佩欣教授、南开大学张国刚教授、烟台大学崔明德教授、台北文津出版社邱镇京教授等。

在研究过程中，还有许多朋友从不同角度给予了关心和帮助。中国社会科学院历史研究所张弓研究员、北京师范大学历史系张宏毅教授均自始至终关注并鼓励我的研究工作，给予了很多切实的帮助。我曾向中国社会科学院历史研究所张泽咸研究员请教了几个具体问题，承蒙他给予了热情的指教。北京师范大学历史系郭小凌教授帮助我掌握电脑技术，从启蒙至日后操作中一切问题与故障之处理，数年如一日，招之即来，风雨无阻，不厌其烦，亲切耐心，令人感动。北京师范大学历史系施建中教授藏书甚丰，每逢节假日而又急需参考书时，向其求助，总是慷慨相借。

在20世纪80年代搜集资料阶段，以下几位硕士研究生曾帮助抄录卡片，他们是1984级的张文强君、邓奕琦君，1985级的余桂元君、符丽明君，1988级的何文格君。在1995年撰稿后期，张金龙君考取为我的博士研究生，他以极大的热情帮助我搜集有关论著。初稿完成后，他是第一位读者，提出了许多修改意见，又为本书的出版做了很多具体工作。由于他熟悉书稿的情况，因而被兰州大学出版社特聘为本书的责任编辑之一。他为本书的修改和出版付出甚多。在修改过程中，1995级博士生李文才君、1996级博士生汪波君、1997级博士生张兴成君曾帮助做了一些核对资料的工作。

最后我要特别提出兰州大学出版社的于泽俊社长和张克非总编两位

先生，在当今学术著作众所周知的出版困难情况下，他们不仅慨允出版此书，而且将此书作为重点图书以最快的速度出版发行，这种出版家的气度令人油然起敬。

可以说，如果没有这些在我急需或困难时伸出援手的师长、朋友、同学的帮助，是不可能顺利完成并出版这本书稿的，故特郑重记述于此，以示永志不忘！

日月其迈。当年开始搜集资料之时，长女黎惠尚在初中、次子黎杨尚在高小，他们也曾踊跃帮助抄写了一些卡片，女儿字迹尚可，儿子则纯为涂鸦，娇女憨男，怡怡如也。如今均已走上工作岗位有年矣。

水平所限，书中疏漏纰缪、论断失中之处在所难免，敬祈读者诸君不吝赐正焉。

**黎　虎**

**1997 年仲秋识于**

**北京师范大学**

# 再版跋语

日月其迈！《汉唐外交制度史》初版至今倏然已经二十年。

二十年前本书初版时，还不得不申申其言：中国古代同世界各国一样也是存在外交这一国家必要职能的。如今这已成为广泛的共识。

本书初版问世之后，学术界反映之热烈、评价之高，为始料所不及，这是对于笔者莫大的鼓励和鞭策。

中外学者相继发表专文评介此书，其主要者有：中国社会科学院历史研究所朱大渭先生于《中国史研究》2000 年第 1 期发表的《中国古典外交制度的开拓奠基之作——〈汉唐外交制度史〉评介》；河南大学历史系教授朱绍侯先生于《史学月刊》2000 年第 1 期发表的《中国古代外交史的创新奠基之作——评〈汉唐外交制度史〉》；原武汉大学教授、现为华东师范大学教授牟发松先生于中华书局《书品》2000 年第 2 期发表的《〈汉唐外交制度史〉浅评》；大阪市立大学教授中村圭尔先生于日本《东洋学报》（第 84 卷第 3 号，2002 年 12 月）发表的《黎虎著〈汉唐外交制度史〉评介》；首都师范大学教授张金龙先生发表的《〈汉唐外交制度史〉评分》（见于氏著《北魏政治与制度论稿》，甘肃教育出版社 2013 年版），等等。此外还有许多学者在其著述中给予积极的肯定和评价。

尤为可喜的是二十年来以中国古代外交制度为研究课题的学术著述陆续问世，以此为研究课题的博士、硕士学位论文相继出现，诸如《宋代外交制度研究》① 《北魏外交制度研究》② 《金丽外交制度初探》③

① 吴晓萍：《宋代外交制度研究》，安徽人民出版社 2006 年版。

② 韩雪松：《北魏外交制度研究》，博士学位论文，吉林大学，2009 年。

③ 玄花：《金丽外交制度初探》，硕士学位论文，吉林大学，2007 年。

《中古前期的交聘与南北互动》[①]《朝贡制度史论》[②]《宋朝的对外交往格局——论宋朝外交文书形态》[③]《宋代外交思想研究》[④]《先秦时期的国礼与国家外交——从氏族部落交往的国家交往》[⑤]《宋朝外交运作研究》[⑥]《北宋外交机构的形成与演变——以官僚体制和周边局势的变动为线索》[⑦] 等。此风的影响还及于日本学术界，例如大阪市立大学也出现了以《遣唐使と唐の外交制度——唐の後半期さ中心にして一》为题的硕士学位论文[⑧]。外交制度是“中国古典外交学”的基础，以往虽然也不乏古代外交史著述，但从制度层面进行者少，二十年来这种状况已有所改变。

二十年来的考古发现，尤其是河西走廊一带的考古发现及其陆续公布，不仅不是动摇，而是日益为“中国古代外交”“外交制度”这一命题不断地增加砝码。敦煌效谷县境内的悬泉置汉简资料，展示了一幅中外使节熙来攘往的繁忙景象，汉方所派遣之“使外国”[⑨] 者，是由皇帝下达“制诏”，经由宰相出具“传信”，行文地方行政、边防单位乃至沿途邮置，国家财政提供使节往还之全部费用，他们是肩负国家使命而行动的，是一种国家的政治行为。对方来使也多明确奉“王”命而来，诸如“康居王使者”[⑩]“大月氏王副使者”[⑪]“山王副使”[⑫]“折垣王（贡）狮使者”[⑬]“乌

① 蔡宗宪：《中古前期的交聘与南北互动》，台北稻香出版社 2008 年版。

② 李云泉：《朝贡制度史论》，新华出版社 2004 年版。

③ 冒志祥：《宋朝的对外交往格局——论宋朝外交文书形态》，广陵书社 2012 年版。

④ 张云筝：《宋代外交思想研究》，中国社会科学出版社 2012 年版。

⑤ 张健：《先秦时期的国礼与国家外交——从氏族部落交往的国家交往》，文物出版社 2013 年版。

⑥ 周立志：《宋朝外交运作研究》，博士学位论文，河北大学，2013 年。

⑦ 朱溢：《北宋外交机构的形成与演变——以官僚体制和周边局势的变动为线索》，《史学月刊》2013 年第 12 期。

⑧ 姜晓丽：《遣唐使と唐の外交制度——唐の後半期さ中心にして一》，硕士学位论文，日本大阪市立大学，2006 年。

⑨ 《汉书》卷九六上《西域传上》，第 3873 页；《敦煌悬泉汉简释粹》（Ⅱ0114②：291），编号五三，第 53 页。

⑩ 《悬泉汉简研究》（Ⅱ90DXT0213③：6），第 195 页。

⑪ 《悬泉汉简研究》（Ⅱ90DXT0114③：273），第 207 页。

⑫ 《敦煌悬泉汉简释粹》（Ⅱ0214②：385），编号 194。

⑬ 《悬泉汉简研究》（Ⅱ90DXT0214S：55），第 209 页。

孙、莎车王使者四人”[①]“大月氏、大宛、踈（疏）勒、于阗、莎车、渠勒、精绝、杅弥王使者十八人”[②] 等，此类简牍目不暇接，表明双方都是奉君主之命而进行交往。中国古代存在“外交”是客观的事实，可谓“铁证如山”，断然而无疑。

承蒙中国社会科学出版社垂青，由他们承担全部出版费用再版拙著，使拙著得以跻身此一流出版社，何幸如之！二十年后再次得到出版部门的眷顾，这是对于拙著最大的肯定和最高的奖赏！

季羡林先生二十多年前为拙著所写《推荐书》，现在首次公之于世，老一辈学术大师对于后学的拳拳之心，跃然纸上，令人铭感奋发，抚今思昔，不禁感慨系之。二十年来中国古代外交制度研究所呈现的新面貌，证明了季老在《推荐书》中所提出的论断的正确性，已被学术发展的客观实践并将继续被其发展趋势所证实。本书在二十年之后得以再版，或可告慰季老在天之灵！

这次再版，补充了一些个人二十年间的某些研究成果，增添了一些新的资料，如出土张家山汉简《朝律》，陆续公布的悬泉置汉简等。原来征引文献均置于正文之中，这次全部移为页下注，使得行文较初版顺畅了一些，所有征引文献均注明了页码，便于读者查找。除改正了一些学者在公开发表的书评中所指出存在的问题之外，还根据一些友人提供的意见作了修改，例如苏州大学历史系张承宗教授在阅读拙著之后，特意赐函提出了一些修改意见；中国民革中央的刘则永博士，对于拙著存在的字词乃至标点符号方面的问题写出了极其详细的修改意见。

东北大学教授、历史学博士董劭伟先生一贯对于我的研究工作给予大力的支持和帮助，往往以瞬时速度给我提供有关学术信息。这次再版，又承蒙他在教学科研、行政工作百忙之中拨冗为拙著的修订提出许多宝贵意见，并在查找或核对资料、统一格式等方面做了大量工作。日本神户大学大学院的村井恭子副教授于繁忙的教学科研工作中挤出时间帮助查找、核对了一些日本古籍。谨致谢忱。

可以说拙著是在学术界同道、友人的关爱之下得以不断完善的。

---

① 《敦煌悬泉汉简释粹》（Ⅰ0309③：20），编号144。

② 《悬泉汉简研究》（Ⅰ91DXT0309③：97），第205页。

本书的再版是在中国社会科学出版社历史与考古出版中心副主任宋燕鹏先生的关心和具体帮助下完成的，以其中国古代历史的深厚学养和丰富的社科著作编审历练，负责编辑拙著可谓得心应手，使这次再版中的合作如鱼得水，留下了美好的记忆。

岁月沧桑。当年我开始研究汉唐外交制度时，还是手抄笔写的“手工业”时代，如今已进入计算机的电子时代。“汉唐外交制度”这一课题的研究计划，三十余年中仅完成了《汉唐外交制度史》《汉代外交体制研究》两书，深感愧疚。不过，此两书合起来，基本上构成了我关于“中国古典外交制度”的研究体系：

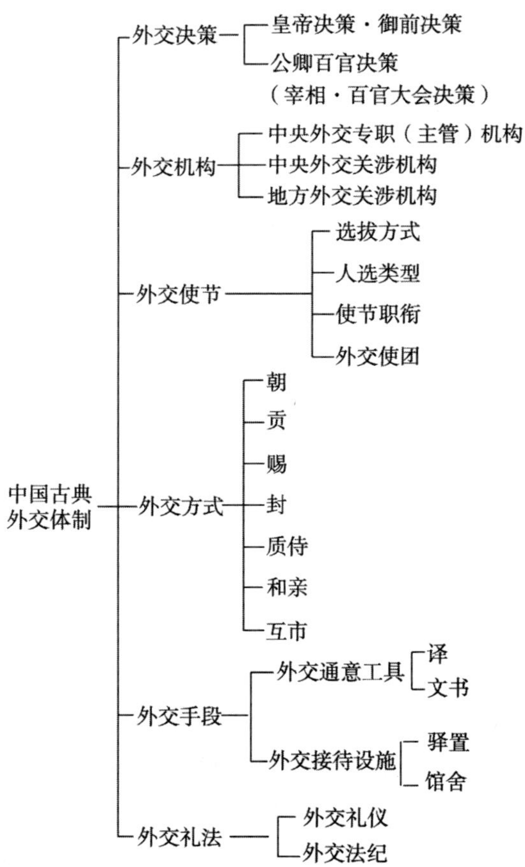


现在，汉代的基本问题算是写出来了，尚缺魏晋南北朝隋唐其余部分没有完成。由于自然规律的决定，我已经不可能完成全部汉唐外交制

度研究的其余部分的撰写了，尽管这部分资料仍然静悄悄地待在我的卡片盒中，尽管现在自我感觉完成魏晋南北朝隋唐其余部分的撰写对我来说是比前两部书更为得心应手的事情，但是，也只能是望着这些卡片而兴叹了，中夜徘徊，跋前疐后，只能寄望于有志于此的后来者了。若果有此后来者，我想说的是：这是个大有可为的领域。记得当年曾经与一位对我选择外交制度作为专题研究而好奇的同事交流时，他说这个问题没有什么材料，他是研究魏晋南北朝史的，于是我问他：你觉得魏晋南北朝部分能够写多少字？他说也就是一两万字吧。历史研究者可能都经历过这么一个阶段，觉得没有什么问题可写、没有什么资料可资利用的时候。这除了我们的学术积累和功力还未到家这样的客观原因之外，还有一个很重要的原因，就是个人的观念和思维方式的问题，观念和思维方式不调整、不改变、不上轨的话，就会觉得没有什么问题可写，没有什么资料可资利用，反之则有问题甚至很多问题可写，有材料甚至很多材料可资利用。观念和思维方式调整了、对头了，则很多以前不以为是材料的现在变成材料了，别人不以为是材料的，在你的手里就会成为材料了。所以，当时我与这位同事说，我觉得自己是找到了一个“富矿”。衷心冀望有志于此者能够开发这个“富矿”，庶几筑起“中国古典外交学”这座学术大厦，俾矗立于欧亚大陆东方地平线上！

**黎　虎**

**谨识于碣石之滨“山海同湾”**

**2017 岁杪**